黒田彩加 著
KURODA Ayaka

イスラーム中道派の構想力

現代エジプトの社会・政治変動のなかで

ナカニシヤ出版

凡　例

(1) 本書におけるアラビア文字のラテン文字転写については，原則として『岩波イスラーム辞典』(2002年）の方式に拠った。

(2) エジプト人名および地名におけるアラビア文字「ジーム」の表記については，一部の人名を除いて，アラビア語エジプト方言の発音を採用した。

(3) クルアーンの引用における節番号はカイロ版（標準エジプト版）に拠った。

目　　次

凡　例　*i*

序論　イスラーム中道派と現代世界……………………………… 3
——思想と実態の理解にむけて——

1　はじめに　3
2　本書の主題と目的　5
3　対象とする地域と時代　7
4　先行研究の課題と本書の意義　8
5　研究の問い　18
6　研究の方法　19
7　本書の構成　20

第1章　イスラーム政治思想の今日的位相と現代国家論…… 23

1　伝統的イスラーム政治思想の位相　23
2　中東における宗教性と国民国家の形成　27
3　現代イスラーム政治思想の展開　33
4　イスラーム思想史における中道主義（ワサティーヤ）の系譜　42

第2章　現代エジプトの形成とその特質……………………… 62
——エジプトにおける宗教と国家——

1　地域の重層性に関する考察　62
——エジプト，アラブ，アジア・アフリカ，イスラーム——
2　エジプト国民主義の発展とイスラーム運動の拡大　65
3　ナセル主義による国家再編　72
4　イスラーム復興運動の展開　76

5　イスラーム的中道派潮流の台頭　89
6　中道派潮流の拡大と連携　101
7　1月25日革命と政治潮流の多様化　106

第3章　イスラーム国家論と宗教共存構想……………………… 110
——サリーム・アウワーの思想的貢献——
1　はじめに　110
2　ユダヤ教徒の国外流出とシオニズム　113
3　コプト教会のエジプト性　117
4　国民統合と世俗主義論争　124
5　中道派イスラーム思想家の宗教共存論　134
6　サリーム・アウワーのイスラーム国家論　139
7　ムスリム同胞団との比較から　146
——イスラーム市民国家論——
8　アウワーの「イスラーム文明計画」論　151

第4章　現代エジプトにおける法・国家・イスラーム……… 159
——ターリク・ビシュリーの法哲学と政治論をめぐって——
1　ターリク・ビシュリーの思想遍歴　159
2　規範的文化としてのイスラーム　165
——ビシュリー思想における政教関係——
3　ムスリム－コプト共存論への貢献　170
4　現代国家とシャリーア施行問題　174
——イスラーム復興以降——
5　ビシュリー思想における中道とは何か　200

第5章　1月25日革命以降の思想潮流と中道派の眺望…… 207
1　ムスリム同胞団の隆盛と没落　208
2　エジプト2012年憲法に見るサラフィー主義の台頭　217
3　ポスト革命期のアズハル　222

*

イスラーム中道派の構想力

――現代エジプトの社会・政治変動のなかで――

序論

イスラーム中道派と現代世界
——思想と実態の理解にむけて——

1　はじめに

現代世界は，様々な政治変動や地域紛争によって大きく揺れ動いている。その軸のひとつがイスラームである。特に，われわれの世界を大きく揺るがす一因として，過激派のテロはしきりに国際的なニュースとなっている。しかし，過激派はイスラーム世界のごく一部を占める存在にすぎず，それだけを見ていてはイスラーム世界の実態は分からない。イスラーム世界においてマジョリティを形成しているのは穏健な市井の人びとであり，彼らを思想的に代表しているのが，本書で論じる「イスラーム中道派」の思想家や知識人，活動家たちである。

過激派が持つ強烈な印象にもかかわらず，一貫してイスラーム社会の主流をなしてきたのは，個人的な敬虔さや宗教実践を追求する人びとや，非暴力的なイスラーム運動を通じて，社会や政治の変革を図っていく草の根型の勢力である。彼らはわれわれから見ると，いわばイスラーム世界の「声なきマジョリティ」となっているが，彼らが日々の生活で何を感じ，何を考えているのかを知ることは，現代のイスラームとイスラーム世界を理解するうえで，きわめて重要なことである。

では，イスラーム世界から離れた現代日本に生きるわれわれが，こうしたマジョリティの声に耳を傾けるには，どのような方法があるだろうか。例えば，様々な危険を犯しながら現地に足を運び，市井の人びとの声を聴きとり，われわれに伝えてくれるジャーナリストの業績に触れるのも，ひとつの方法である。

本書では，それとは異なるアプローチを通じて，この問題に取り組みたいと思う。それは，彼らと同じ一市民として，その声をすくい上げると同時に，知識人としての問題意識から思索をめぐらし，自らの生きる世界の様々な問題に取り組もうとする，思想家や知識人，宗教者の声に耳を傾けることである。イスラーム世界の各地で，この数十年の間にどのような社会変動があったのか，社会や政治にどのような問題が横たわっているのか，人びとの間でどのような価値観のせめぎあいが生まれているのかが，日々の報道で取り上げられることは少ない。彼らの発信する思想を理解することは，現代のイスラーム世界を理解するうえで，大きな重要性を持っている。

過激派に抗するものの，世俗派とも異なる第三の存在は，普段注目されることは少ないが，現代イスラーム世界を理解するうえで，もっとも重要かつ主流派をなす存在である。イスラームに基づくパースペクティヴから，非暴力的手段を通じて，現代のイスラーム世界が抱える諸問題の解決に取り組む草の根型の勢力のことを，本書では「イスラーム中道派」と呼び，分析対象としている。広い目で見れば，過激派に対して反対の意を表明する圧倒的多数のムスリムたちも，その裾野を構成する存在であり，ここまでがイスラーム中道派勢力で，ここからがそうでないというような，厳密な線引きは存在しない。また，イスラーム中道派勢力は，伝統主義的で保守的な層から宗教的解釈の積極的な刷新を主張する層まで，その内部に多様な思想傾向を抱えており，相互批判や内部対立も存在する。しかし，内部に多様な思潮があることそのものを認め，あえてその統一を図ろうとしない点に，イスラーム中道派の特色がある。

幅広いイスラーム中道派勢力のうち，本書で取り上げるのは，中東・北アフリカに位置する国エジプトに生きる思想家たちである。日本では古代文明揺籃の地としてよく知られているが，長きにわたり，アラブ・イスラーム文化の発信地としての役割を果たしてきた国である。毎年，世界各国の学生が，イスラームに関する諸学問の権威であるアズハル大学で学ぶために，エジプトに留学している。また，アラブ世界最大の出版点数を誇るエジプトで発行された書籍は，国外に輸出され，アラビア語圏で広く読まれている。また，域内政治が外交で大きな比重を占めるアラブ諸国において，歴史的に見ても，エジプトは域内の政治を主導する存在として大きな役割を果たしてきた。

エジプトでは，1952 年の共和制成立以降，軍による実質的な独裁体制が続いた。そして，1970 年代に宗教復興が起こってからは，過激派の勃興や弾圧，強権体制に反対する市民運動の広がり，2011 年の民衆蜂起による独裁政権の退陣など，大きな政治・社会変動を経験した。

本書は，1970 年代以降のエジプト社会で活躍した，在野のイスラーム中道派の思想家たちの言論を軸に据えながら，軍事政権が復権する 2013 年以降の状況をも見据え，変容する時代状況下でのイスラーム中道派勢力の発展を考察するものである。本書で取り上げるイスラーム中道派の思想家たちは，現代のエジプト社会におけるイスラームの在り方を考察するだけでなく，エジプトの政治や社会に対する積極的な提言も行っている。中道派のイスラーム思想家たちの言論を分析することによって，本書では，アラブ・イスラーム世界が抱える諸問題に対する彼ら自身の思索と，彼らが生きてきた社会の約 50 年にわたる変動，そして，ある社会に生きる個人の思想的営為と社会的現実の間に生まれるダイナミックな関係を明らかにすることをめざしたい。

2　本書の主題と目的

本書は，総合的地域研究の方法論に基づく中東地域研究として，現代エジプトを分析対象地域とし，現代の政治思想を政治・社会の実態と連関させながら研究するものである。中心的な主題としては，世俗主義によらず，時代状況を考慮したイスラーム解釈を推進するとともに，これに基づいた社会・政治改革を呼びかけ，公的領域におけるイスラームの役割を積極的に主張する，イスラーム中道派の諸勢力（以下「中道派」と呼称）が展開している国家論と，それがエジプト政治においてもたらす様態の動態関係に着目して，総合的な考察を展開することをめざす。

エジプトでは 1970 年代に宗教復興が顕在化して以降，エジプト政府，国家のイスラーム化をめざす勢力，伝統的宗教勢力，世俗主義を擁護する勢力などの間で，宗教と国家の関係を再定義する様々な試みが行われてきた。急進派路線をとる勢力もその中から生まれたが，それに抗して，世俗主義によらず，非暴力的な手段を通じた社会や国家のイスラーム化をめざす中道派勢力の台頭も同時に進んだ。この中道派勢力とは，エジプト最大のイスラーム運動組織であるムスリム同胞団やそれに類する穏健派政党，伝統主義的なウラマー（イスラーム学者），政治組織や宗教機関に属さない思想家や知識人などを含む幅広い勢力である。本書は中道派のなかでも，特定の組織に属さない独立した立場を保ち，ゆるやかな集合体として言論活動を行う，在野のイスラーム思想家群（本書では「中道派思想家」と呼称）を研究対象とする。

中道派勢力の台頭は必然的に，国家や社会のイスラーム化をどのように進めるのか，その具体像はどのようなものかという問いを伴っている。世俗化と国家の近代化を経て，イスラーム政治論は，既存の西洋近代型の国家構造を前提とした自らの再定式化を余儀なくされている。近代国家が宗教を管理下に置こうとするなかで，いかに国家との交渉を行い，公共領域におけるイスラーム的な価値観を実現していくか，世俗主義によらずに，現代の民主政治が前提とする諸価値とイスラーム政治思想の諸概念をいかに接合するかという問題が，現代イスラーム政治思想において問われ続けている。

本書では，上記の主題と問題意識を踏まえて，次の三つの目的を設定する。

第一に，イスラーム思想史研究として，20 世紀後半以降の中道派勢力の登場およびその発展過程を明らかにすることである。具体的には，現代エジプトで政治組織や宗教機関から独立して活動する，在野の中道派思想家集団の政治思想の分析を通じて，イスラーム思想史上における中道派の貢献を明らかにする。

第二に，エジプトを対象とする中東地域研究として，宗教復興が顕在化した 1970 年代からアラブの春以降に至るまで，上記の中道派のイスラーム思想家群が，エジプトの政治・思想潮流の間で果たしてきた社会的役割を考察し，彼らの思想的位置づけを明らかにすることである。

第三に，アラブ・イスラーム諸国，広くはアジア・アフリカ諸国における政教関係をめぐる研究として，宗教復興以降のエジプトで，理念と政治プロセスの双方において，政教関係の再定義がどのように進んだのかを考察し，政教関係をめぐる言説空間における中道派勢力の位置づけを明らかにすることである。

上記の三つの目的に基づいて，エジプトの中道派勢力の掲げる政治的理念とその実態を明らかにし，アラブ・イスラーム世界における中道派研究に貢献することをめざしている。

3　対象とする地域と時代

本書において分析対象となる地域は，近代国民国家としてのエジプト・アラブ共和国である。宗教・宗派構成はスンナ派ムスリムが約 90%，コプト正教徒を中心とするキリスト教徒が約 6 – 10%であり，その他の少数宗派が１%程度である。民族構成はほとんどがアラブ人であり，その他に，主に南部に居住するヌビア系住民や，ギリシア系住民，アルメニア人なども居住している。これは他のアラブの国々に比べると，比較的単純な民族構成である。

以下に，エジプトの略史を述べる。アフリカ大陸の北東部に位置するエジプトは，古代王朝を経て，紀元前 1 世紀にローマ帝国の属州となった。東ローマ帝国（ビザンツ帝国）支配下にあった 7 世紀にイスラーム化し，その後ウマイヤ朝，アッバース朝の支配下に置かれた。シーア派王朝のファーティマ朝の統治下で，現在の首都であるカイロが建設された。そして，アイユーブ朝，マムルーク朝を経て，1517 年にオスマン帝国の領土に編入された。

太守としてエジプトに赴任したムハンマド・アリー（在位 1805 – 1849 年）の支配以降は，オスマン帝国から実質的に独立し，王朝支配が続いた。ナポレオン遠征（1798 年）を契機に西洋諸国との接触が本格化したが，近代化政策の負担から財政破綻に陥り，1882 年にイギリスの保護下に置かれることとなった。その後，反英独立闘争である 1919 年革命を経て，1922 年に「エジプト王国」として名目的独立を果たすも，その後も宗主国イギリスの政治・経済的影響は継続した。独立後に成立した立憲君主制は混乱を極め，自由将校団率いる 1952 年の 7 月革命によって，君主制から共和制へと転換を果たした。

共和制成立以降は，軍出身の大統領による権威主義体制が継続した。第 2 代大統領に就任したナセル（在任 1956 – 1970 年）は「アラブの盟主」として，社会主義に基づくアラブ・ナショナリズム（「ナセル主義」）を推進し，この時代に実質的な一党独裁制が確立した。しかし，1967 年の第三次中東戦争でイスラエルに惨敗したことを契機に，ナセル主義に対する批判と失望が強まり，70 年代以降は宗教復興が進んだ。サダト（在任 1970 – 1981 年）政権下では，支持基盤確保のための対イスラーム勢力宥和政策，社会主義経済からの脱却，イスラエルとの和平など，それまでの政策の転換が進められた。また，アラブ社会主義連合による一党独裁から，連合内での多元的政治制度の導入，さらに連合そのものの解散を経て，複数政党制への転換が進められたが，その後継たる国民民主党の結成により，その後も権威主義体制は継続した。ムバーラク（在任 1981 - 2011 年）政権は，海外からの民主化圧力を受けつつも，イスラーム勢力を含む野党勢力の抑圧を継続した。2011 年の 1 月 25 日革命によってムバーラクが退陣し，30 年以上にわたる独裁体制が倒れた。民政移管を経て，ムスリム同胞団を母体とする自由公正党が最大議席を獲得するとともに，同胞団出身のムハンマド・ムルスィー（在任 2012 - 2013 年）が大統領選で勝利した。2013 年の軍事クーデタによって同政権は退陣し，現在は再び，軍出身のアブドゥルファッターフ・スィースィー（在任 2014 年 - ）が大統領に就任している。

本書では，エジプトにおける国民国家の素地が成立した 1840 年代から，スィースィー政権期まで幅広い時代に言及する。ただし，主眼を置くのは，イスラーム復興が顕在化した 1970 年代以降から，「アラブの春」を経てイスラーム主義勢力による政権であるムルスィー政権が崩壊するまでの時期とする。

4　先行研究の課題と本書の意義

本研究は，①現代イスラーム思想研究，②現代エジプト研究，③エジプトを事例としたアラブ・イスラーム諸国の政教関係研究の三つの研究分野にまたがるものである。それぞれの分野の先行研究およびそこから見出せる課題は，以下のとおりである。

(1) 中道派に対する思想研究の不足

本研究は，現代イスラーム思想のなかでも，とりわけ政治思想の分野に焦点をあてている。政治思想の分野では，19 世紀末から 20 世紀前半のアラブ世界に焦点をあて，初期の自由主義的思潮を担った勢力の一部として，イスラーム改革運動の巨塔であるムハンマド・アブドゥフやラシード・リダーの思想を評価するホウラーニー［Hourani 1983］，アブドゥフとリダーの政治思想を，イスラーム法学の諸原則と西洋近代的な自然法の観点から検討したカー［Kerr 1966］をはじめ，19 世紀末から 20 世紀前半の改革思想を扱った研究が充実している。

アブドゥフやリダーは，今日でも中道派・改革派の思想的源流とみなされている。上記の研究以外にも，この時期のイスラーム改革思想の研究が充実しているのに対し［Adams 1933; 飯塚 1990, 2008］，イスラーム復興以降の改革派運動・中道派潮流との間には，わずかな例外を除いて，研究史上の断絶が存在している［Zollner 2009; Osman 2011］。それは，カー［Kerr 1966］がアブドゥフやリダーの試みをすでに過去のものとして評価したように，1928 年に誕生したムスリム同胞団による改革思想の単純化・大衆化や，ナショナリズムと社会主義の隆盛を背景とした，20 世紀中盤におけるイスラーム思想・運動の存在感の低下や急進化が，これらの研究史的断絶の一因である。

1980 年代以降の中東研究は，優れた研究も含めて，概して台頭する過激派に対する強い関心によって支えられてきた［Sivan 1985; Kepel 1993; Gerges 2009］。様々なイスラーム主義運動があるにもかかわらず，キリスト教の「原理主義」の概念を無批判に援用するとともに，運動の暴力性を強調・自明視した研究が，研究史の大きな一角をなしている。90 年代前半になると，イスラーム国家の樹立を目標とするイスラーム運動は概して失敗し，代わって個人的な敬虔さに収斂していくであろうとする論調が生まれた［Roy 1994］。ロワの研究は，暴力的な運動から，様々な政治的制約のもと，合法的な政治参加を試みる運動までを一律に失敗した運動とみなすものであり，現在では多くの批判がなされている［Schwedler 2011; Woltering 2014］。

一方で，オリエンタリズムから自由であろうとする一部の研究者は，過激派中心の世界観への対抗として，イスラームにおける開明的な世界観を強調してきた。しかし，人びとによって解釈され，時に動員される対象としてのイスラームの在り方を見落とし，本質主義的な見解に終止しているという点で，これらの研究は一部の過激派研究と表裏一体の関係にある［Ismail 2003］。アーセフ・バヤートは，バーナード・ルイスらによる中東における民主主義の不可能性の議論に加え，ジョン・エスポズィト，ジョン・ヴォル，ハーリド・アブー・ファドルらのアメリカで活躍する研究者や知識人の著作を指して，「『懐疑派』も『擁護派』も，方法論的アプローチにおいてテクストへの排他的なコミットメントという点では共通しており，聖典（クルアーンとハディース）の文字通りの読解から議論を引き出している。それらのテクストが，日々の生活を生きる個々のムスリムの市民にとってどのような意味をもつか，驚くべきことにほとんど注意を払っていない」と批判する［Bayat

2007: 4]。もっともバヤートの研究は，価値体系としてのイスラームが解釈され動員される過程に注目するために，具体的な思想研究の対象を持たない。また，ハーリド・アブー・ファドルのように，自身が思想研究の対象となるような人物の事例では［Johnston 2010］，彼が行う思想研究と思想発信の境界は限りなく曖昧であり，バヤートの指摘にもある程度の留保が必要であろう。このような思想研究と思想発信の境界の流動化は，欧米諸国で教育を受けたムスリムが積極的に研究成果を発表するようになって以降，特に顕著である。

本書は，イスラームの改革的な解釈を提唱する中道派思想家の知的営為を扱うが，彼らの思想はもちろん，聖典クルアーンやハディースのテクストを源泉としつつも，イスラームの知的伝統，彼らの生きる地域の社会的・歴史的・政治的コンテクスト，思想家個々人の理性の統合によって成り立つ解釈のひとつである。本質主義によらない思想研究のためには，思想が拠って立つ様々な通時的・共時的なコンテクストを解明する必要があり，それゆえに地域研究の手法が有用である。

近年存在感を高める宗教的厳格主義のサラフィー主義も含めて，急進派・過激派に対する思想研究が充実する一方で［Wiktorowicz 2004; Meijer 2009; Wagemakers 2012］，中道派に対する思想研究は一貫して不足した状態にある。そもそも，「中道派」と呼ぶにせよ，「穏健派」と呼ぶにせよ，あるいはどのような呼称であれ，急進派とは異なる思想的軸を持つ人びとや集団を，固有の存在として認識する動き自体が希薄であった。

日本の研究史を振り返ると，世界的な名声を博したウラマーであるユースフ・カラダーウィーの活動に着目し，彼の著作に見られる「イスラーム的中道派潮流（tayyār al-wasaṭīya al-Islāmīya）」という自己規定を，イスラーム改革運動の巨頭であるリダーの「中道のイスラーム改革派（ḥizb al-iṣlāḥ al-islāmī al-mu‘tadil）」と結びつけて論じた小杉［1994］の研究がその最初期にあたるだろう。研究史を世界的に見ても，穏健派／中道派は，そのはるか前から存在していたにもかかわらず，過激派の台頭とともに徐々に学界で認知されるようになった草の根的勢力であり，その草分けと言えるベイカーの書［Baker 2003］（次項参照）も，時系列から見ると 9.11 同時多発テロ以降の出版である。

個人を対象とした思想家研究に関しては，公共圏におけるイスラーム運動や思想運動の存在感が高まるにつれ，スーダンのイスラーム運動の指導者であるハサン・トゥラービーの政治論や，チュニジアのイスラーム運動「ナフダ」の指導者であり，長年ロンドンに亡命していた思想家であるラーシド・ガンヌーシーのイスラーム民主主義論など，政治運動の指導者の思想を分析する研究が登場した［Moussalli 1999, 2001; Tamimi 2001］。中道派ウラマーのユースフ・カラダーウィーに関する個人研究も，比較的充実した状況にある［小杉 2003, 2006; al-Dīb 2004; Krämer 2006; Gräf and Skovgaard-Petersen 2009］。

これらの研究と同様に，本書も第3，4章で個別のエジプト人思想家に着目するが，個人に対する思想研究を超えた意義をいかに見出せるかが，思想研究として問われている。ラシード・リダー，カラダーウィー，デーオバンド派のウラマーなど，地域と時代を超えたウラマーの共通した関心に着目し，学者間の合意形成について考察したザマーン［Zaman 2012］や，民主主義と多元主義，西洋観，ナショナリズム，イスラーム経済，ジェンダーなどの重要な主題に注目し，イスラーム思想史的伝統の現代的再構築の動向を明らかにしたファールーキーとナーフィウ［Taji-Farouki and Nafi 2004］のような，個人に対する思想研究の域にとどまらず，中道派全体の眺望を解明しうる研究が必要とされているが，まだその蓄積は十分ではない。

一次資料やインタビューに基づく政治プログラムの分析を積極的に採用した，イスラーム主義運動の穏健化に関する研究は2000年代前半から増加している。政治参加の機会拡大に伴ってイスラーム政党のイデオロギーが穏健化することを論じたヨルダン・イエメンの比較研究［Schwedler 2006］，ムスリム同胞団のイデオロギー的変容を論じた研究［El-Ghobashy 2005a; Harnisch and Mecham 2009; Wickham 2015］，エジプトのワサト党の事例を扱った研究［Wickham 2004; Norton 2005; 横田 2006］などがある。

一部の思想研究者は，権威主義体制下で政府の抑圧への適応手段として，あるいは政治参加の機会において最大限の支持を得るための手段としてなど，イスラーム主義運動の穏健化の構造的動機のみが注目を集め，文化的側面を含む穏健化の多様な側面が見落とされる可能性を危惧している［Høigilt 2011］。ブラワーズの研究［Browers 2009］は，「構造的文脈から知的・イデオロギー的な文脈に，政党からそれを超える個人のネットワークに移行することで，『包摂・穏健化』『協力・穏健化』テーゼに貢献すること」［Browers 2009: 9］をめざし，アラブ・ナショナリズムや社会主義，イスラーム主義の思想的接近の様態を一次資料に基づいて分析した。一方，「包摂・穏健化」

理論の社会科学的手法による実証を試みてきたシュウェドラーは，ブラワーズの研究は集団から個人への視点の移行といった範疇を超えるものであり，穏健化に伴う構造的インセンティブを見落としていると批判する［Schwedler 2011: 366］。

シュウェドラーの批判は的を射ているが，そもそもブラワーズの研究は，言説分析や思想研究の手法に依拠しており，シュウェドラーらとまったく異なる方法論を採用している。ブラワーズとシュウェドラーの方法論的対立に関して，筆者自身は，穏健化に伴う知的コンテクストの研究が，包摂・穏健化理論に結果として寄与することはあっても，包摂・穏健化理論への寄与そのものを研究の目的として設定することには，思想研究としての限界があったと考えている。そのような意味で筆者は，ブラワーズの目的設定にも，シュウェドラーの批判にも限界を見出している。ある政治・社会運動のイデオロギー的穏健化が，構造的動機によるものなのか，内発的な知的変容によるものなのか，その程度を計測することは，結局は不可能である。そもそも思想研究は，個々人による言説発信の動機やインセンティブを問い，計測するものではない。

イスラーム主義運動の言説の変容を論じるにあたって，構造的動機と並んで，運動が立脚する知的系譜への着目が必要なことは言うまでもない。本書が研究対象とする中道派思想家が，人権や民主主義に関するイスラーム主義運動の言説形成に影響を与えてきたことは頻繁に指摘されている［Stacher 2002; Wickham 2004, 2015］。一方，研究関心がムスリム同胞団やその他のイスラーム政党に集中するなかで，独立した思想家である彼らは必然的に周縁的な存在として位置づけられ，同胞団との組織的／思想的区別も曖昧にされてきた。中道派研究において政治運動の展開のみに着目することは，イスラーム政治思想が持つ知的文脈とその運動実践の連関を見逃す可能性がある。本研究は，上記の社会科学からの批判にもかかわらず，ブラワーズ［Browers 2009］が提示した「構造的文脈から知的・イデオロギー的文脈へ」という問題関心を共有する思想研究の視座に立ち，なおかつエジプト地域研究への貢献をめざす。

上記の研究動向から見出される課題としては，以下のとおりである。第一に，20 世紀後半以降に台頭した中道派研究を通じて，イスラーム改革運動以後の政治思想史の断絶を埋めることである。第二に，イスラーム主義運動が立脚する思想史的文脈を把握することである。そのために，イスラーム主義研究における周縁化された存在としてではなく，中道派思想家を中心に据えた思想研究を行う必要がある。

(2) 現代エジプトにおける中道派思想家の評価

本書は，エジプト地域研究の一環として，同国における中道派の発展を考察することを目的としている。前節では，中道派に対する思想研究の不足を指摘したが，エジプトの中道派に対象を限ると，研究の現状は以下のとおりである。

エジプトの中道派思想家を対象とする最初のまとまった研究は，R. W. ベイカーの『恐怖なきイスラーム――エジプトと新しいイスラーム主義者』［Baker 2003］である。「新しいイスラーム主義者（New Islamists）」としての中道派思想家の存在を詳らかにしたベイカーの研究は，エジプト研究だけでなく，中東研究にとっても画期的なものであった。

イスラーム主義研究に対するバイアスに自覚的な研究が主流となった現在では，ベイカーの研究が持つ欠点も明らかとなっている。彼の研究は「新しいイスラーム主義者」の思想や活動を詳らかに紹介するという目的の域を脱していない散漫な記述が多い。また，思想家が立脚する知的系譜に対する考察が不十分であるとともに，ヘイギルト［Høigilt 2011］が指摘するとおり，エジプトの言論界において，中道派思想家とは異なる思想傾向を持つ人びととの関わりを十分に明らかにできていない。ベイカーの後続の著作［Baker 2015］も，中東地域研究を専門としない一般読者を対象としているために，有用な情報を含みつつも，同様の課題を抱えている。

ポルカ［Polka 2003］は，エジプトの文化をめぐる公的言説における中道派思想家の役割を考察した。中道派思想家が世俗主義とイスラーム主義の間の調停者としての役割を果たし，時に両者から挟撃されることを論じている。中道派と他の思想潮流との関係性に注意を払ったポルカの研究は，その一方で，中道派の思想潮流の内部に現れる多様性については十分に注意を払っていない。既往研究の多くは，エジプトの中道派思想家が，意見の相違を抱えつつも改革志向で共通する集団を形成していることを認めながら，具体的にそれがどのような相違であるかについては，十分に明らかにしていないのである。

ヘイギルト［Høigilt 2011］は，中道派ウラマーであるカラダーウィー，俗人のイスラーム説教師であるアムル・ハーリド，中道派とみなされることの多いイスラーム思想家ムハンマド・イマーラの３名を研究対象に選定し，言説分析の手法を用いて，彼らの用いる修辞や語りの手法，人称の用い方が，彼らの世界観をいかに表現し，読者との距離にいかに作用しているかを明らかにした。彼らの言説の個別の特徴を解明するとともに，現代エジプトにおいて彼らが果たす政治的・社会的役割を考察した，独創的な研究である。従来の研究に多いムスリム同胞団やワサト党との関係において，中道派思想家の言説を扱うのではなく，カラダーウィーやアムル・ハーリドなど，イスラームに関する語りによって権威を獲得するウラマーや説教師との比較の俎上に置いた点が，思想研究として画期的である。

ヘイギルトは，非アラブ圏の中道派研究の問題点として，中道主義をイスラーム運動の政治的輸入物とみなしており，そのイデオロギーに内在する文化的構成要素を過小評価していることを指摘している［Høigilt 2011: 49］。前項で触れたように，イスラーム主義運動のイデオロギー的変容に着目する研究が充実する一方で，これらの知識人は，イデオロギーの穏健化に貢献した存在として周縁化されてきた。さらにヘイギルトは，中道派に対する思想研究が一般的な記述にとどまり，質量ともに厚みを欠いてきたことを指摘する。

ヘイギルトが指摘する中道派研究の問題点は正鵠を射ており，エジプトの他潮流との関係にも着目しつつ，中道派思想家の言説をより広範な公共の言説空間に位置づけるという点で，筆者は彼の問題意識を共有している。しかし，本研究は比較研究の手法はとらず，むしろ個別の思想家の著作内容を，特定の主題ごとに検討することによって，思想家の独自性を明らかにすることをめざしている。彼が採用した人称の用い方や修辞の用い方に着目する言説分析の方法とは異なり，古典的とも言える思想研究の手法をとることによって，個々の思想家の知的営為を包括的かつ多方面から明らかにすることも可能だと考える。

エジプトの中道派が位置づけられる知的系譜や，彼らの言説が位置する社会的文脈の双方によく注意を払った研究が，R. スコットの『政治的イスラームの挑戦』［Scott 2010］である。同書は，豊富な一次資料とインタビューの分析に基づき，イスラーム政治思想における宗教間関係の理論の変容を，現代エジプトの事例から明らかにした重要な研究である。それゆえ必然的に，市民間の平等や国民的連帯に関する執筆活動を行ってきたエジプトの中道派知識人（wasatiyya intellectual）の思想的貢献に相当の分量が割かれている。スコットの研究は，宗教共存論という限定的な主題でありながら，イスラーム政治思想の革新を論じるうえで，前近代と近代以降の国家存立の論理の変容そのものが問題であることを明確にした点が，思想研究として優れている。さらに，イスラーム政治思想における宗教共存論という特定の主題を取り上げた研究であるために，キリスト教徒からの反応や，ムスリムとキリスト教徒の間に生まれる共通の思想的素地を描出することに成功した。本書の第3章，第4章では，スコットと同様に宗教共存論に注目し，中道派思想家であるサリーム・アウワーとターリク・ビシュリーを取り上げる。ただし，彼らの政治思想の全体のなかにこれを位置づけるとともに，キリスト教徒以外の諸勢力と中道派思想家の関係性や，それぞれの知識人の思想的内実を記述するという点において，本書は新たな研究史上の貢献をめざしている。

さて，ヘイギルトの著作のなかで，刺激的であるにもかかわらず欧米圏でほとんど注目を集めていない研究として紹介されたのが，イスラーム政治思想を専門とするエジプト人研究者による『独立系イスラーム主義者――アイデンティティと問い』［Diyāb 2002］である。ディヤーブの研究は，彼が提示する基準に基づいて慎重に選択された「独立系イスラーム主義者（al-Islāmīyūn al-mustaqillūn）」の言説の内容と方法論を，複数のテーマ（歴史観・他者への態度・大衆への態度等）に基づいて分析した研究である。豊富な一次資料の分析の結果，中道派の思想はあくまで「復興主義的革新」の域にとどまるとディヤーブは評価している。ディヤーブの研究も決して例外ではないが，ベイカーが中道派思想家を高く評価したのとは対照的に，社会科学を中心として近代的な学問的訓練を受けた中東出身の研究者には，中道派思想家に関して辛辣な見方を採る者も多い［Abaza 1999; Akhavi 2003］。これらの研究は，ナスル・ハーミド・アブー・ザイドやサイード・アシュマーウィー，ハサン・ハナフィーなど，イスラーム的な知的伝統と近代的価値体系の脱構築を試みる思想家や文筆家に比して革新性を欠くものとして，中道派思想家を否定的に評価する。こうした評価は，中道派の思想が立脚するエジプト社会の特質や宗教性を見落とすという過ちに陥りかねない(1)。人びとの宗教性が非常に高い社会において，思想家たちの言説が何を反映し，どのような意味を持つのかは，丁寧に検討されなければならないはずである。

逆に，言うまでもなく，大衆の声と思想家の訴えかけを同一視することはできない。エジプト社会の思想的停滞，思想的寛容性の低さを指摘するバヤート［Bayat 2013b: 219-220］は，中道派思想家たちの「近代主義的プロジェクト」への試みを認めつつも，その言説が有意な影響力を持ってこなかったことを指摘する。これらの指摘の総合から判明するのは，保守的で宗教的な社会の声をすくいあげると同時に，自身が内面化する近代的価値観，宗教的伝統，社会の間でジレンマを抱えながら，可能な限りのイスラーム思想の革新に取り組む思想家としての姿である。思想家が立脚する様々な文脈のなかにあらわれる複雑なジレンマを，「復興主義的革新」と評価することはあまりにたやすい。

以上の研究動向から指摘できる課題は，以下のとおりである。第一に，個々人の思想家に対する質・量ともに厚みのある思想研究を行い，中道派の思想潮流内部の多様性を明らかにすることである。第二に，中道派が立脚するエジプト社会の宗教性に十分注意を払って，中道派思想家の言論と社会的位置づけを評価することである。そのために，他の思想的アクターや宗教的アクターとどのようなイデオロギーを共有し，どのような点で相違が見られるのかを考察する必要がある。

(3) エジプトにおける政教関係研究の射程

1990 年代までのエジプトの政教関係研究は，国家のイスラーム化を求める勢力と，一部のウラマーやイスラーム主義者を取り込む一方，政権のレジティマシーを脅かす勢力については排除を進める体制側という構図を描いてきた［Rubin 2002］。

こうした研究は，イスラーム運動のめざす「国家のイスラーム化」の過程を単線的で抽象的なものとしてとらえるとともに，政府の役割も単純化してとらえている。多くのイスラーム運動のマニフェストが，抽象的で楽観的な言説に基づいてきたのは事実だが，近年では，タラル・アサドをはじめとする世俗主義研究［アサド, T. 2004, 2006］に影響を受けて，世俗と宗教の境界を決定づける権力的アクターとしての国家の役割や，公的領域における世俗的要素と宗教的要素の交渉過程に注目する研究が登場しつつある［Agrama 2012; Scott 2014］。一例として，既存の法令のシャリーア適合性を審査する役割を担った最高憲法裁判所に関するロンバルディの研究［Lombardi 2006］は，最高憲法裁判所の用いる理論がどのようなイスラーム思想史的系譜に基づいているかを考察することによって，イスラーム思想史の伝統と世俗的な法制度の連関の解明に成功している。同様に，ムスリム同胞団がシャリーアの施行を政治的イデオロギーの中心に据えるなかで，既存の司法制度をどのようにとらえているか考察したスティルトの研究［Stilt 2010］も，同様の示唆に富む。イスラーム主義思想の分析のうえで，国家の役割を考慮に入れることは必要不可欠な作業であり，これは1月25日革命以降の政教関係研究にも言えることである。スコット［Scott 2014］は，1月25日革命以降のエジプト研究の多くが，革命以前の世俗主義体制とムスリム同胞団政権の政策的断絶を強調しすぎていると批判し，「世俗的」「市民的」「宗教的」など，政教関係を描くのに用いられる分析概念の流動性を見落とすべきではないと主張する。

エジプトにおける国家とイスラームの関係をめぐる論争そのものを取り上げた研究は，1990年代からなされている。ムスリム同胞団のイスラーム国家論とそれに反駁する政権側の論理のどちらにも，イスラーム思想史上の正当性があることを論じた飯塚正人の研究［飯塚 1993］，政治プロセスに目配りしつつ，一次資料に基づいて政教関係をめぐる紙上論争やシンポジウムの内容を追った研究［O'kane 1993; 小杉 1994; Flores 1997; 勝畑 2010］などがある。これらの研究は，世俗主義とイスラーム主義の間に存在する対立軸や，両者の間に存在する思想的共通項の解明に成功しており，本研究がその研究成果に負うところは大きい。中道派研究は，これらの論争関係の理解の深化に貢献するものである。

また，学術研究・教育・イスラームの教導などの複合的機能を兼ね備えた国内の公的な宗教機関であるアズハル，宗教的意見の発行を担うファトワー庁，エジプト政府の関係に関する研究も，エジプトの政教関係研究の重要な一角をなす［Eccel 1984; Skovgaard-Petersen 1997; Zeghal 1999; Moustafa 2000］。いずれの研究も，アズハルを政府に従属する一枚岩の組織とみなすのではなく，政府の管理下に置かれつつも，潜在的な影響力を行使し，内部に多様な思想的傾向を抱える組織としてアズハルを描いている。「アラブの春」以降のエジプトの政教関係については，ムルスィー政権が短期間で崩壊したこともあり，研究の蓄積が未だに十分ではない。革命以降のアズハルの変容［Brown, J. 2011; 長沢 2014］，アズハル文書の発行を契機にアズハルが打ち出すイデオロギーを考察したパロリン［Parolin 2012］，政治綱領や立法府での議論を通じて，ムスリム同胞団とアズハルの緊張関係を考察したスコット［Scott 2012］は，イスラーム主義政権の誕生によって政教関係が変容する際に，イスラームをめぐる多元的な権威の間で，いかなる均衡や交渉が発生するのかを示している。すなわち，エジプトにおける政教関係は，政府対イスラーム主義勢力という単純な構図ではなく，アズハル，ムスリム同胞団，サラフィー主義勢力といった一枚岩でない多様な勢力のなかで，立法府や司法府といった様々な権力との関係性を考慮に入れながら，交渉と変容を見るものなのである。

以上の研究動向から見出される課題としては，以下のとおりである。第一に，イスラーム運動の目標を単純化してとらえるのではなく，一次資料を通じてその具体像を明らかにすることである。第二に，イスラーム運動の目標を解明するにあたって，現代エジプト国家を世俗国家として単純に評価するのではなく，むしろ現代国家とイスラーム運動の目標の間に生まれる，世俗と宗教をめぐる交渉過程に注意を払うことである。革命後の政教関係の再定式化にあたっては，イスラーム主義勢力内部の多様性や各アクターの持つ多様な政教関係観に注意を払い，各アクターの間に生まれる共通点と相違点，革命以前の継続性と革新性に注意を払った検討を行う必要がある。

本書は，上記で示した①中道派に対する思想研究の不足，②エジプトの中道派思想家に対する研究の不足，③国家とイスラーム主義のそれぞれに対する単線的な理解という先行研究の課題を解決し，中道派研究の空白を埋めることに，研究史上の意義を見出すものである。

5　研究の問い

本研究では，上記の先行研究が抱える課題を解決し，**2**で掲げた三つの目的をみたすために，以下のような研究上の問いを設定する。

第一に，イスラーム政治思想史の系譜のなかで，現代エジプトの中道派思想家はどのような点で既存のイスラーム政治論を継承し，どのような点で革新性を示してきたか。

第二に，宗教復興が顕著となった1970年代からアラブの春以降に至るまで，エジプトの知的・社会的空間における，中道派思想家の位置づけと役割はどのようなものであったか。また，他の政治・社会潮流との中道派思想家の関係はどのようなものか。

第三に，エジプト国家と現代イスラーム政治論の間で，政教関係をめぐる理念や実践においてどのような相互交渉，接近，対立が見られたか。宗教復興以降のエジプトで，様々なアクターの間で政教関係はどのように議論されてきたか。そのなかで，在野の中道派思想家に代表される中道派勢力の位置づけはどのようなものか。

6　研究の方法

上記で提示した課題に対して，本書では理論・原典・フィールドワークを柱とする，地域研究の方法論に基づいた研究を行う。

理論としては，スンナ派のイスラーム政治思想の理論を用いた。中道派思想家をイスラーム思想史上の文脈に位置づけ，現代におけるイスラーム政治の継続性と断絶性を考察するために，古典期のイスラーム政治理論から現代に至るその変容までを検討した。

また，本書において特に力を入れたのが原典研究である。思想家が直接著した言語であるアラビア語に触れ，その読解を通じて，彼らの思索とともに，それが拠って立つ深い社会的・歴史的コンテクストを理解することは，地域研究にとって不可欠の作業である。本書では原典研究として，研究対象とするエジプトの中道派思想家が著した著作・論考・新聞記事などのアラビア語文献の分析を行った。必要に応じて，アラビア語で著されたその他の一次・二次資料も参照している。

フィールドワークとしては，2012年7－10月，2014年6－8月，2015年8－10月，2017年1－2月の計4回にわたってエジプト・カイロに滞在し，上記の思想家や関係者に対する直接のインタビュー，図書館や書店でのアラビア語文献収集と聞き取り，現地での観察を行った。この作業を通じて，一般市民の思想家たちに対する反応を把握することをめざした。

これらの研究手法に基づき，中道派の思想家たちが立脚する通時的な思想史的文脈を考察するとともに，彼らが1970年代から2010年代のエジプトにおいて活動を続けてきた社会的文脈を統合することをめざした。

7　本書の構成

本書は五つの章と，序論・結論からなる。

第1章では，中道派の登場背景となる，イスラーム政治思想の発展過程を扱う。伝統的イスラーム国家の存立原理を，イスラーム法と統治機構と主権者の関係，統治者の義務，他の宗教共同体との関係性などの点から検討した後，これが国民国家の形成によって瓦解した過程を取り上げる。その後，伝統的イスラーム国家の解体に対する危機感から生まれた現代イスラーム政治思想と古典期の理論の分水嶺がどこにあるのかを考察する。西洋近代的な価値観との邂逅や法の世俗化，近代的政治制度の導入を経た新たな問題意識のもと，現代イスラーム思想は，古典期にはなかった様々な主題を論じるようになっており，そのなかからは急進的な思潮も生まれている。最後に，現代イスラーム思想における鍵概念のひとつである「中道主義（ワサティーヤ）」の発展過程を，現代イスラーム世界における知的権威の問題と関連づけながら論じる。

第2章では，国民国家として成立して以降のエジプトが，エジプト国民主義・アラブ民族主義・イスラーム主義という，対象とする範囲の異なる三つの政治的イデオロギーの間で，どのような政治的・社会的変容を遂げてきたかを考察する。体制によるイスラームの動員と過激派の隆盛が進むなかで，イスラームに基づく社会改革を唱える在野の中道派思想家が登場し，彼らの言説が政治運動の領域にまで拡大した過程について論じる。また，一次資料の分析を通じて，中道派思想家の台頭の背景やその基本的特徴についても明らかにする。また，イスラーム主義運動の中道化が進むとともに，中道派思想家の言説が政治運動の領域に波及するにあたって，中道派のイスラーム運動であるムスリム同胞団と中道派思想家との関係がどのようなものであったかを考察する。

第3章では，イスラーム復興以降のエジプトで顕在化した社会問題として，宗教間関係の問題に注目する。現在エジプトにおいて問題となっているのは，主にムスリムとキリスト教徒間の宗派対立，一部ムスリムによるキリスト教徒の襲撃だが，その前段階として，1950 年代以降国内からユダヤ教徒が流出し，人口動態に大きな変化が生じた経緯を述べる。これは，エジプトにおける宗派対立を，イスラーム主義による脅威論の立場から論じるのではなく，宗派対立を増幅する役割を国家が部分的に担ってきたことを考慮に入れるためでもある。章の後半では，思想研究として，中道派思想家のひとりであるサリーム・アウワーの宗教共存論，およびそれを保障する枠組みである政治論を，一次資料とインタビューに基づいて考察する。

第4章では，中道派の思想家・法律家・歴史家であるターリク・ビシュリーを取り上げ，彼の政教関係論，ムスリム－コプト共存論，シャリーア施行論争に対する立場，近年のエジプト政治に対する発言など，彼の思想を多角的観点から分析することを試みる。第3章と異なり，特定のイシューに基づく分析ではなく，思想家本人を「切り分ける」分析手法を採る。それは，ビシュリーという思想家の遍歴や，他の中道派思想家に比べても際立つ著作で扱う主題の多様さが，20世紀から今に至るまでエジプトという地域が抱える政治や社会，文化の諸問題を体現するものとして，考察する価値が高いと考えるからである。また，第4章では，1970年代以降のエジプトで政治化したシャリーア施行問題の展開を主題として，国法とシャリーアの関係を決定づける司法界の役割や，最高法規たる憲法とシャリーアの関係をめぐる思想運動，シャリーア施行にかかる思想史的課題などの諸論点の考察を深める。これを通じて，イスラーム法と近代国家およびその法制度の間に横たわる緊張関係の様相を明らかにするとともに，これらの問題群に対するビシュリーの政治・法思想の位置づけと意義について論じる。

第5章では，2011年の1月25日以降のエジプトの政治状況をアクターごとに考察することで，エジプトの多様な政教関係論の再定式化の様相を解明すること，革命後の言説空間における中道派思想家の位置づけを解明することをめざす。特に，革命後に制定されたエジプト2012年憲法を主な分析対象とし，従来の体制が立脚していた政教関係の構造がどのように継承されたか，各勢力のめざす国家観に向けてどのような修正が施されたかを確認する。ムスリム同胞団，サラフィー主義勢力，世俗リベラル勢力，アズハルなどの各勢力が定義する政教関係が，どのような思想的基盤を共有し，どの部分を決定的な相違点としているのかを明らかにする。さらに，1月25日革命以降の中道派思想家たちの発言を分析し，彼らが変動する社会・政治状況のなかで自らをどのように位置づけているのかを考察する。そして中道派思想家を含めた，中道派勢力全体の眺望を考察する。

最後に，各章における考察と分析の結論を踏まえたうえで，本書全体の結論を述べる。

第1章

イスラーム政治思想の今日的位相と現代国家論

1　伝統的イスラーム政治思想の位相

イスラーム政治思想の体系の中心を貫くのは，啓示を通じて神から下された聖なる規範であるシャリーアである。シャリーアは「イスラーム法（Islamic law）」とも訳されるが，礼拝や断食などの信仰行為に関わる規定から，婚姻や遺産相続に関わる民法，刑法，国際関係法，国家構成法に至る様々な規則を含む，神命に基づく包括的な規範体系である。

イスラーム初期から現代に至るまで，イスラーム政治思想は，シャリーアを受け入れた信徒たちが共同体を形成し，統治機構が共同体内におけるシャリーアの施行に責任を負うという理念型に一貫して支えられてきた。

アラビア語には，「イスラームは宗教であり国家（al-Islām dīn wa dawla）」という，宗教と政治の不可分性を自明視する表現がある。その歴史的契機となっているのが，啓示を受けた預言者ムハンマドが，紀元622年に，アラビア半島の都市マッカでの迫害を逃れて，当時ヤスリブという名の町であったマディーナに移住した「聖遷（ヒジュラ）」である。預言者ムハンマドを政治的・軍事的指導者として戴き，宗教的紐帯で結ばれた信徒たちの共同体（ウンマ）は，その成立の当初から，シャリーアを通じて下された神意を地上に実現させるという義務を負っていた。紀元632年のムハンマドの死後，残された共同体の構成員は，預言者に率いられていた共同体をいかに継続させるかという課題に直面した。クルアーンにも預言者ムハンマドの言行にも，具体的な統治の方法には言及したものはなく，結果として「アッラーの使徒の代理人（khalīfa rasūl allāh）」として，「代理人」を意味するカリフ（khalīfa）が共同体から選出されることになった。ムハンマドの盟友であったアブー・バクルが初代カリフとなり（在任 632－634 年），ウマル（在任 634－644 年），ウスマーン（在任 644－656 年），アリー（在任 656－661 年）によるいわゆる「正統カリフ時代」がそれに続いた。預言者を長として始まったウンマは，やがてカリフを長とする統治・行政機構を備えた国家へと拡大していった。カリフ位は，人びとの合意によって選ばれ，臣下によるバイア（統治委任の誓い）を交わすものとされていたが，ムアーウィヤがウマイヤ朝を開いて以降は，形式的な選出と誓約に基づく実質的な世襲となった。

中世のイスラーム国法学の金字塔であるマーワルディー（974－1058 年）の『統治の諸規則』によれば，カリフの公的な任務は以下の 10 点に集約される。すなわち，①確立された原則およびウンマの父祖たちの合意したことに基づいて，宗教を守ること。宗教を改変から守り，ウンマが過ちを侵すのを防ぐこと，②互いに争う人びとの間を裁定し，争いを絶つこと。正義を広め，害を防ぐこと，③イスラーム世界の防衛，④神が禁じたことを犯すことを防ぎ，信徒の権利の侵害と毀損を防ぐために，刑罰を課すこと，⑤辺境地帯の防衛，⑥神の真理を確立するため，改宗を呼びかけた後にもイスラームに敵対的態度をとる者に対し，改宗か庇護を受け入れるまでジハードを遂行すること，⑦戦利品と自発的喜捨を集めること，⑧給与の支払いや財務庁に固有の任務の遂行，⑨任務の委任や資金の取扱いにあたって，信頼できる人物をあてること，⑩ウンマの政治と宗教の防衛を高めるため自ら国事を監督すること，である［アル＝マーワルディー 2006: 31-32］。すなわち，これらの任務の最終的な目的は，イスラームという宗教の防衛と共同体の維持という点にある。

イスラーム法は個人と共同体の生活の全体を統括する規範だが，法的事項に言及したクルアーンの「法的規定の節」の数は 500 節程度にとどまる。そのため，イスラーム法学者たちが，第一の法源である聖典クルアーン，法的事項に関する数多くの言及を含む預言者の言行（スンナ），第三に合意（イジュマー），第四に類推（キヤース）という主に四つの法源に基づいて，法規定と学説を整備した(1)。イスラーム法の施行は統治者の義務であったものの，法学者の学説の蓄積からなる不文法（法曹法）であったため，それは 19 世紀末まで法典として起草されることはなく，主として裁判や法見解の発行を通じた運用に拠っていた。行政細則に関わる成文法であるカーヌーンや，各地の慣習法がそれを補足していた。

西洋近代国家とイスラーム国家の違いは，国家・主権・法のそれぞれの関係に求められる。法を作るという概念が乏しく，必要に応じて慣習のなかに存在する法を見出し，問題を処理するという法観念が一般的であった中世とは対照的に［福田 1985: 273］，ヨーロッパでは，16 世紀にジャン・ボダンが「国家の永続的にして絶対的な権力」として主権を定義し，立法権をもっとも重要な権力として論じた。西洋近代国家は，国民が等しく主権を保有するリベラル・デモクラシーを前提としており，現在でもその法は，主権者たる国民の意思を反映して国家が法を制定するという，いわばボトム・アップ的な構造をとる。

一方，イスラーム法の理論では，法が国家の上位概念として位置づけられている。シャリーアを受け入れた人びとが共同体を形成し，その領域内でのシャリーアの施行を保証するために統治機構が作られる。ウンマは神によって下された規範であるシャリーアに包摂される空間であり，統治機構はウンマを基礎としてその領域内でのシャリーアの施行に責任を持つ下位機構という位置づけにとどまる。ウンマの統治機構がシャリーアの施行に責任を負う様式が確立されたことで，イスラームにおける国家の理念として，政治と宗教を分けて考える発想はついに生まれなかった。政治と宗教が分化しておらず，二つを分けて考えることのないこの社会認識を，小杉泰は「政教一元論」と名付けている［小杉 1994］。イスラーム政治思想では，神は被造物たる人間に対して権利（ḥaqq）を有し，政治的行為を含む人間のあらゆる行為に対して，法規範を通じた拘束力を持つ。その意味で，主権は神に帰属し，国家およびウンマはその行使権を保有するにすぎないし［小杉 1994: 20-21, 30］，西洋近代の主権概念に照らし合わせても，立法者たる神を無視した主権概念というものは構想できない。西洋型の近代国家とイスラーム国家の理念型のモデルの対立は，19 世紀以降表面化し，人民主権と神の主権の対立は 20 世紀半ばにはイスラーム思想史上の重要な主題となった。

ハナフィー学派の法学者であるアブー・ユースフ（798 年没）がアッバース朝カリフのハールーン・アッラシードの命令によって著した法学書『地租の書』が，政治思想に関する最初期の著作とされているが，伝統的なイスラーム諸学の範囲内では，政治思想は元来独立した分野ではなく，統治行為に関する規定を扱う法学，預言者の後継に関する問題を扱う神学，啓典解釈学などの範疇で論じられてきた［小杉 2006: 48-50］。また，前近代の著作には，統治者が備えるべき資質や美徳を論じたもののほか，統治者への助言のような形式をとるものが多く見られた。

10 世紀頃にはカリフは実質的な政治権力を喪失し，各地で実権を握った政治指導者である「スルターン」に権力を委任するようになっており，むしろこの時期のカリフ制の衰退に伴って，カリフの権能に関する理論の定式化が進んだ。中世のイスラーム法学者による統治論の金字塔であるマーワルディーの『統治の諸規則』も，ブワイフ朝の軍事指導者（アミール）による簒奪に対して，アッバース朝カリフの権威を正当化し，二重権力状態に理論的説明を与えることを目的として執筆された。マーワルディーの貢献は，カリフ（イマーム）に必要な条件やその義務を定めたことに加え，カリフの選挙人とカリフ有資格者の契約関係を通じて，実質的な世襲制となり，各地の軍事指導者に実権を握られていたカリフの選任を理論化したことにある。しかし以降の政治思想においては，カリフ位の就任の根拠として力による簒奪を認めたイブン・ジャマーアを極致として，現状追認的な議論が支配的であった。

この状況に対して，カリフ論およびその後の実権論に代わって，シャリーア中心の政治理論を提示したのが，マムルーク朝期に生きたハンバル派法学者のイブン・タイミーヤ（1263 - 1328 年）である。主著『シャリーアによる統治（al-siyāsa al-shar'īya)』において，社会でもっとも強い権力を持つゆえに，領内でのシャリーアの施行を保証するというウンマ全体に課せられた義務を，国家権力が担うべきであると論じた［湯川・中田 1991］。善を勧め，悪を禁じる(2)（al-amr bi-l-ma'rūf wa al-nahy 'an al-munkar）という監督義務（ヒスバ ḥisba）を果たすためにも，シャリーアに従って国家と社会の運営がなされなければならないとする彼の議論は，急進派にとどまらず，現代におけるイスラーム国家の在り方を模索するすべての勢力に，大きな影響を与えている。政治理論上のイブン・タイミーヤの業績は，「カリフ制を中心に据えた従来のスンナ派政治論を否定し，イスラーム法をイスラーム的政治システムのメルクマールとする新しい政治論を構築した」［中田 2002: 160］ことにあった。イスラーム法学において，法学上認められた法源においてしかるべき典拠が見当たらない際，個人の推論と思索によって新たな解釈を導き出す知的行為を，アラビア語で「イジュティハード（ijtihād）」と呼ぶ。既存の法見解に盲従せず，イジュティハードや公益（マスラハ maṣlaḥa）を考慮することの重要性を著作の各所で論じたほか，統治者にとってのシューラー（協議 shūrā）の重要性とその拘束力についても言及するなど［イブン・タイミーヤ 1991: 149-152］，19 世紀以降の改革運動につながる多くの功績を残している。さらに，シャリーアを中心にする彼の政治思想体系は，擬制としてのカリフ制が最終的な解体に向かう 19 世紀末以降に，改革運動に継承されることになる。近代国家のアリーナでイスラーム政治理論のモデルを実現しようとする際に，ムスリムの思想家や活動家が参照したのも，イブン・タイミーヤが構築した「シャリーアによる統治」を中心に据える政治理論であった。

2　中東における宗教性と国民国家の形成

(1) 中東におけるミッラ的宗教観

本節では，伝統的なイスラーム国家と近代以降の国民国家の存立原理の相違を探るために，中東地域における宗教・宗派および民族性をめぐる原理に注目する。中東は，民族のみならず宗教・宗派の構成が多様であり，現代に至るまで宗教・宗派対立の問題が絶えない。筆者は，宗教・宗派対立の原因を教義の問題に還元する本質主義的見解や，逆に宗派対立を共同体間の社会・経済的対立の問題のみに帰する還元主義的立場にも与しない(3)。ただ，これらの現代的問題を紐解く手がかりとして，かつ，現代におけるイスラーム的政治体制の樹立を求める思想運動の論点を考察するうえでも，伝統的なイスラーム国家における宗教・宗派間の関係性の論理がいかなるものであり，近代以降どのように変容したかを概観することは有用だと思われる。

中東における宗教観として重要な点は，宗教が単なる教義や実践としてだけでなく，社会性を備えた共同体的なものとしてもとらえられることである。社会性を帯びた宗教共同体は，アラビア語で「ミッラ（milla）」と呼ばれる(4)。中東においては，人は生まれたときから，イスラーム，キリスト教，ユダヤ教など，何らかの宗教に属している。モスク，教会，シナゴーグといった礼拝の場や，断食など宗教関係の行事は彼らの生活と深い関わりを持っている。生活規範はそれぞれの宗教が定める法に拠っており，信仰意識の強弱にかかわらず，人は宗教と関わりを持って生活することになる。特に近代以前，婚姻は原則として同じミッラに属する者同士の間で行われ，子どもが生まれることでその新たな構成員が再生産される。

生まれたときから所属するミッラが定められている点，同じ宗派に属する者には集住の傾向が見られる点などから，ミッラを通して築かれる人間関係と地縁・血縁には，ある程度の類似性が見られる。たとえ互いに面識がない者であったとしても，同じ宗教に属する者は同じミッラの構成員として認識される。あらかじめ所属が定められているにもかかわらず，改宗による変更可能性を残している点，人びとの生活をとらえる概念であると同時に抽象的概念としてとらえることが可能であるという点で，ミッラ概念は地縁・血縁集団に比べて独特のものと言える。人間は何らかのミッラに必ず所属しているという基本認識，および宗教を「宗教・社会共同体」としてとらえ，ミッラに従って生活する態度を，小杉は「ミッラ意識」と呼んだ［小杉 1989: 44］。また，同じミッラに属していても，異なる言語を話すエスニック・グループがそのなかで細分化され，お互いに相違の意識を有しているのが現状であったが，近代以前は，こうした民族意識は宗教意識の下部に温存され，政治的に決定的な意味を持つに至っていなかった［鈴木董 2007: 202］。これらのアイデンティティは重層的で，状況に応じた特定のアイデンティティの表出や，その境界が伸延する「アイデンティティー複合」［板垣 1992］によって特徴づけられる。

聖遷が行われた当時，マディーナにはユダヤ教徒の諸氏族が居住していたが，ムハンマドは彼らと，現在「マディーナ憲章」と呼ばれる誓約を結んだ。ムスリムと他宗教の信徒の関係を律した初の文書であるこの憲章は，重複を含む約50条の文章からなる。内容上の要点としては，①ムスリムたちは単一の共同体であり，宗教的結合は血縁的結合に優先すること，②ユダヤ教徒に対する信教の自由と安全の保障，③ムスリムとユダヤ教徒は国家に包摂され，マディーナ内部での安全と外部からの防衛を課せられること，④対外関係におけるムスリムの統一，対外関係におけるムスリムとユダヤ教徒の協調，⑤国家における神とムハンマドの権威の優越，⑥安全保障の提供は重視されるが，国家の敵には安全は保証されないこと，⑦国家の安寧を脅かす者と犯罪者に対する処罰，⑧ムスリムとユダヤ教徒が戦費を共同で負担すること，の計8点にまとめられる［小杉 2006: 120–121］。

なお，マディーナ憲章には，イスラームの支配下に置かれた他宗教の信徒に歴史的に課せられていた人頭税（ジズヤ）に関する規定は含まれていない。また，歴史的に不明瞭な点が残るものの，630年から631年にかけて，アラビア半島南西部のナジュラーン地方征服の際にも，改宗を拒否した現地のキリスト教徒との間に盟約が結ばれている。これらの盟約や，２代目カリフであるウマルが637年にイェルサレム司教と結んだ「ウマルの盟約」を起点として，ムスリムと他宗教の信徒の関係に関する理論的整備が進んだ。

イスラームのミッラは他のミッラと，人頭税の支払いを条件とし，信仰の維持，戦闘参加義務の免除などを定めた「庇護の契約（ʻaqd al-dhimma）」を結ぶ。ムスリムによる庇護（ズィンマ dhimma）を受ける非ムスリムは，庇護民（ズィンミー dhimmī）としてカテゴライズされた(5)。キリスト教徒やユダヤ教徒は「啓典の民（ahl al-kitāb）」と呼ばれ，庇護の契約の対象となったが，スンナ派四大法学派の学説では，イランへのイスラーム拡大に伴って，ゾロアスター教徒もズィンミーに分類されるようになった(6)［Friedmann 2015: 127-128］。

このプロトタイプに立脚して樹立された政治体制を小杉［2006: 394-396］は「主権ミッラ体制」と呼ぶ。イスラームのミッラは「主権ミッラ」として，国家の主権に関する部分を担当し，他のミッラの安全保障に関して責任を負った。イスラームの覇権のもとで，イスラーム以外のミッラは各宗教法を維持し，それぞれの宗教や婚姻に関わる民事事項の範囲で自治を行ったが，教会やシナゴーグの建設・修理，公共の場での服装や振る舞いに対して細かな制限が課された。後代に統治機構が整備され，契約の範囲や領土そのものが拡大していくにつれ，主権事項に実質的な責任を負うのは，国家機構の中枢部へと移行した。こうしたミッラ体制が行政機構として完成したのが，オスマン帝国のミッレト制度である(7)。帝国の制度上，各宗派はミッレト集団として編成され，宗派の最高指導部が各ミッレトの最高責任者となり，貢納の義務を負うとともに，民事レベルの行政事項の実施権と裁量権を持った。生命の安全を保障され，各共同体内での宗教法による自治が認められていた帝国内の非ムスリムの状況は，マジョリティ集団への同化の強制か排除が基本であった前近代の諸社会の状況に照らせば，寛容で多元的なものであった。しかし同時に，この多宗教の共存は，改宗によってムスリム共同体に同化しない限り，非ムスリムを社会の平等で対等な構成員とみなさない「不平等の下に共存を許容されるにすぎない」様式であり，新しい政治意識の流入とともに不安定化する必然性を抱えていた［鈴木董 2007: 205］。政治的にはいわゆる「二級市民」であるユダヤ教徒やギリシア正教徒の富裕層が経済活動を通じて特権階級化したことも，この構造を不安定なものとした。

(2) 国民国家の形成と近代化

本項では主にアラブ地域を支配していたオスマン帝国の解体と国民国家の形成の状況について論じる。19 世紀前半から西洋諸国は，オスマン帝国内に居住する非ムスリムの共同体と，経済的・政治的利権に基づく親密な関係を築いていった。オスマン帝国に対してもっとも初期から関心を抱いていたのは南下政策を進める帝政ロシアであった。1774 年のキュチュク・カイナルジャ条約によって，ロシアはイスタンブールにおける正教会建設と保護の権利を獲得し，やがてこれが帝国領全体の正教会教徒に対する保護権へと拡大した。1798 - 1801 年のナポレオンのシリア・エジプト地方への遠征によって，イギリス・フランスを含む西欧列強はオスマン帝国分割への関心を本格化させた。フランスはユニアット派およびマロン派キリスト教徒と，ロシアはギリシア正教徒と，イギリスはドゥルーズ派およびユダヤ教徒と親密な関係を築き，武器や資金の援助を行った。オスマン帝国が西洋諸国と対外戦争を行う際には，従来のイスラーム的伝統に基づいて非ムスリムは徴兵されなかったが，領内に居住する非ムスリムが西洋諸国と関係を深めたことは，帝国の依拠していたミッラ的政治体制の安全保障の根幹を揺るがした。さらに，宗教に代わって民族を第一義的なアイデンティティかつ基本的な政治単位とみなすナショナリズム思想の流入は，ギリシア人らによる独立運動を引き起こし，帝国の弱体化を加速させた。

1856 年 2 月に，オスマン帝国皇帝アブデュルメジト 1 世（1823 - 1861 年，在位 1839 - 1861 年）は，イギリス大使の圧力のもと，改革勅令を発布した。これに先立つ 1839 年に発布され，帝国の近代化改革の方針を定めた「ギュルハネ勅令」が，非ムスリムの生命や名誉や財産の保護に言及しつつも，イスラームの伝統を基本的に踏襲したものであったのと対照的に［新井 2001: 50-51］，この勅令は帝国内非ムスリムに焦点を合わせて，より直截的な表現によって，近代化と自由の保障をめざした一方で，ギリシア正教徒に対するロシアの保護権を弱めることも目的としていた［中岡 1991: 66-68］。具体的には，全臣民の財産・生命・名誉の保障の原則と，キリスト教徒および非ムスリム臣民の享受してきた特権の保障の再確認，オスマン皇帝および各コミュニティの指導者により承認されたキリスト教聖職者とユダヤ教ラビの終身叙任の原則，信教の自由と改宗強制の排除，宗派・民族によらないすべてのオスマン帝国臣民の帝国官僚・軍人養成学校への入学許可，ムスリムと非ムスリムの訴訟およびキリスト教徒とその他の非ムスリム間の訴訟のための各宗教法を尊重する混合法廷の導入，宗派・民族を超える公課負担の平等，非ムスリム徴兵法の公布，公文書における非ムスリムへの侮蔑的表現の廃止，地方議会と最高司法審議会における非ムスリムの参加などの項目が含まれていた。1876 年のミドハト憲法では，帝国の臣民をひとしく「オスマン人」として定義している。この状況下で，宗派と民族を超える帝国臣民としてのオスマン人概念を提唱する思潮が生まれ，アラブの名望家や知識人たちにも一定程度受容されたが［Campos 2010］，最終的にはトルコの中央集権化に対する各地の反発や，それに付随する帝国の混乱のなかで挫折している。

1842 年に名望家のシハーブ家の支配が終了した山岳部レバノンは，北部のマロン派行政区と南部のドルーズ派行政区に分割され，1861 年まで総督支配下に置かれていた。1860 年に山岳部レバノンとダマスカスにおいてキリスト教徒とムスリムの大規模な衝突が起きたことを契機に，西欧諸国がレバノン周辺の行政的独立をオスマン帝国に要求した［末近 2005: 86］。その結果，1861 年の「レバノン統治組織基本法」により，レバノンを帝国政府直轄領とすることが決定した。皇帝に直属する県の行政長官（ムタサッリフ）は非レバノン人のカトリック教徒であることが定められたが，その任命にあたっては列強 6 か国の承認が必要とされた。これは事実上，山岳部レバノンが内陸部のシリアから切り離されて西洋列強の支配下に置かれたことを意味し，後にマロン派キリスト教徒主導の国家アイデンティティ形成に影響を及ぼした[(8)]［末近 2005: 86］。この山岳部レバノンの例にならって，1878 年のベルリン会議では，オスマン帝国内のアルメニア人キリスト教徒の代表団が，キリスト教徒を知事に置く自治区の設置を要求している［ローガン 2017: 36］。

第一次世界大戦中の 1916 年に英・仏・露の 3 国間でサイクス・ピコ協定が密かに結ばれ，フランスが歴史的シリアの北部にあたる現在のレバノンとシリア，イギリスが歴史的シリアの南部にあたるヨルダン，パレスチナおよびイラクの大半を支配下に置くことが決定した。イェルサレムを含むパレスチナ中部は3国の共同管理とすることが定められた。サイクス・ピコ協定は，地域の地理・民族・宗派等の要素を考慮せずに国境を分割したものであり，中東における宗教・宗派対立の淵源のひとつとなった。第一次世界大戦で同盟国側として参戦したオスマン帝国が敗戦国となったことで，帝国内のアラブ諸州は，協定の定めるところに従って複数の国家に分割された。残された領土であるアナトリアも，英仏伊とギリシアの占領下に置かれた。これに対して東西のアナトリアで抵抗運動が生まれ，1920年4月にはアンカラでトルコ大国民議会政府が樹立され，その首班としてサロニカ（現ギリシア）出身の軍人ムスタファ・ケマルが選出された。反帝国主義運動を進めながら，オスマン政府軍とも戦ったアンカラ政府は，1922年にスルタンを国外に追放することに成功し，ここにオスマン帝国は滅亡した。1923年7月のローザンヌ条約によってトルコの独立を列強各国に認めさせるに至った後，10月にトルコ共和国が宣言された。新生のトルコ共和国大統領となったムスタファ・ケマル・アタテュルクは，近代化の条件としてフランスの世俗主義（ライシテ）に相当する「世俗主義（ラーイクリキ）」を国家原理に掲げ，カリフ制の称号の廃止，世俗的教育への統一，シャリーア法廷の廃止，スーフィー教団の集会場や聖廟の閉鎖などの政策を実行した。

19世紀以降の西洋列強の進出によって中東，とりわけアラブ諸国は大きな政治・社会・文化的変容を経験する。法制度においても，西洋から実定法が導入され，イスラーム法が統括する領域は，婚姻や離婚などに関わる家族法，遺産相続などの一部民法へと縮減した。これは，国家の上位概念としてのイスラーム法という理念を根本から覆すものであった。さらに，科学や軍事技術，近代国家の運営に必要な行政や法律上の知識を教授する学校が，国家権力によって新たに設立された。これに伴って，マドラサ（学校）において，師と弟子が個人的関係を通じてイスラームに関する諸学問の知識を伝える伝統的な教育方式は，近代教育との並立状態に置かれ，やがて後者に取って代わられるようになった。実定法の導入と近代教育の登場によって，ウラマーは知識に関する特権的な地位や，裁判官と教師というかつて有力であった職業の選択肢も喪失し，国家権力による管理も進んだ。

エジプト（1922年），イラク（1932年），レバノン（1943 - 1944年），シリア（1946年），ヨルダン（1946年），リビア（1951年），スーダン（1956年），チュニジア（1956年），アルジェリア（1962年）と各国の独立が進むと，共和制に移行した国々を中心に，伝統的なイスラーム国家体制に代わる新たな国家原理として，一国ナショナリズムや，人工的な国境線に対する異議申し立てを含意したアラブ民族主義が有力なイデオロギーとなった。レバノンの場合は，ミッラ的宗教意識を継承する形で，国内の要職と議席を18の公認宗派の間で配分する「宗派制度（ターイフィーヤ）」を新しい政治原理として採用した。しかし，国内のシーア派住民人口の実情に応じた政治資源の配分がなされなかったことによる政治・社会の不安定化を背景に，1975年以降に内戦へと発展してゆく。従来の主権ミッラ体制が「多数派のムスリム－少数派の非ムスリム」による多数派と少数派の枠組みに基づいた安全保障体制を確立し，20世紀のアラブ民族主義が，アラブであるか非アラブであるかを基準に「多数派－少数派」という枠組みを設定したのと対照的に，レバノンの宗派体制は，国内に「多数派」を設定することそのものを拒絶する政治体制であり，国家の安定に関わる枠組みそのものをその存立基盤から原理的に欠いていたのである［小杉 2006: 394-397］。いかなる国家原理を選び取るにせよ，少数派の存在しない国家を作ることは理念的に不可能であり，可能であるとしたら，それは単なる同化主義でしかない。少数派の自由と権利の問題は，イスラーム世界にとどまらないあらゆる国民国家が抱える問題である。

宗派制度の失敗にとどまらず，アラブ民族主義が，新たな「多数派－少数派」の枠組みを作り出すことに失敗したばかりか，世俗的な民族主義を選び取ったために，宗教的アイデンティティを抑圧する結果をもたらしたのだとすれば，宗教復興以降に，「多数派」であるムスリムとしてのアイデンティティに立脚して，イスラーム主義者の間から新たな国家原理を模索する動きが誕生したのは，必然だったとも言えるだろう。

3　現代イスラーム政治思想の展開

(1) 現代イスラーム国家論の誕生

オスマン帝国が衰退に向かう19世紀以降，西洋思想の影響を受けながら，国家，宗教，民族の関係をめぐって新たな思潮が生まれてゆく。オスマン帝国下では，アブデュルメジト1世による西洋化改革「タンズィマート」(1839－1876年）を契機として，「統一と進歩教会」に加わった知識人層（青年トルコ人）が，「自由・平等・友愛・公正」のスローガンを掲げた改革思想を担い，反専制政治と立憲制を要求した。アントニー・ブラックは，イスラーム法の再解釈であるイジュティハードの門を再び開いたのは，後述のアフガーニーより青年トルコ人だという説を示している［Black 2001: 294］。

また，19 世紀末のイスラーム改革運動の前段階として，ハンバル派の法学者ムハンマド・イブン・アブドゥルワッハーブ（1703 - 1792 年）が率いたアラビア半島のワッハーブ運動や，同時代のインドに生まれた思想家シャー・ワリーウッラー（1703 - 1762 年）の啓典解釈学やハディース学などの著作活動を通じて，本源的なイスラームへの回帰をめざす思潮が生まれている。

インド大反乱とそれに続くイギリスによる植民地化に危機感を抱いたジャマールッディーン・アフガーニー（Jamāl al-Dīn al-Afghānī）（1838 - 1897 年）は諸国を遍歴し，植民地主義に対するムスリムの連帯を説いた。また，その弟子のエジプト人，ムハンマド・アブドゥフ（Muḥammad ‘Abduh）（1849 - 1905 年）は，「理性と啓示の調和」を唱え，時代状況を考慮した啓典の再解釈によって，西洋文明の科学技術とイスラームが両立可能であること，理性によるイスラーム理解が可能であること，伝統的な宗教教育の改革の必要性を主張した。アブドゥフは既存のイスラーム解釈に盲従するウラマーたちの姿勢を批判し，現代性に適合しうるクルアーンの再解釈の必要性を唱えた。アブドゥフの姿勢は，預言者ムハンマドと教友（サラフ）の時代のイスラームへの回帰をめざしてクルアーンとハディースのテクストを直接参照し，その解釈に基づいてイスラーム法の現代的再構築を行う「サラフィー主義（salafīya）」によって特徴づけられる。

トルコ共和国成立の前年である 1922 年に，大国民会議において，国民主権の原則に反するとしてスルタン制の廃止が決定された。この結果，スルタンは国外への亡命を余儀なくされ，オスマン帝国は消滅した。その後，残されたカリフ位にはオスマン王家の一員が選ばれて即位し，ここにカリフ位は，実権を持たない象徴的存在にとどまる「精神的カリフ制」となった。1924 年に開催された共和国議会では，本来的に統治に関わる権力を持った存在であるカリフは共和制とは相容れないとの議論が展開され，議会の圧倒的多数による挙手でカリフ制度の廃止が可決された［新井 2013: 89］。広域にわたるイスラーム国家であり，名目的ではあるもののカリフを擁した政体であったオスマン帝国の消滅は，各地のムスリムにウンマの危機に関する認識をもたらした。

アブドゥフは理性と啓示の調和を説いたが，その弟子は主に二つの派閥に分裂した。一方は，女性解放を説いたカースィム・アミーン（1863－1908年），アズハル総長として教育課程などの改革に取り組んだムスタファー・マラーギー（1881－1945年，アズハル総長在任1928－1929, 1935－1945年），民族主義運動の指導者となるサアド・ザグルール，アリー・アブドゥッラーズィク，ルトフィー・サイイドなど，アブドゥフの思想のうち理性主義の側面を色濃く受け継ぎ，現地の教育改革や民族主義を担ったエリート層である。

もう一方は，ラシード・リダー（1865－1935年）によって代表される思想潮流である。リダーは，師アブドゥフとともに刊行した「灯台」を意味する雑誌『マナール（al-Manār)』誌上で，『マナール啓典解釈』を師に代わって執筆し，彼らの学派の中心をなす運動である，啓典の再解釈のイニシアティブを取った。師のアブドゥフと異なり，カリフ制の解体を目の当たりにしたリダーは，その再興に関わる詳細な議論を展開し，フランスの委任統治下にあるシリアの独立運動にも携わった。『マナール誌』は，モロッコからインドネシアに至るまで幅広く読まれた。彼らの知的系譜に連なり，『マナール』誌上で執筆を行い，その論調に共鳴した知識人たちを「マナール派（the Manarist School)」［Adams 1933］と呼ぶむきもある。

リダーが展開した議論は，「ウンマ復興に不可欠と考えられたシャリーアの再解釈と，統一の象徴たる唯一無二のカリフの再生とを課題として，この両者を結合させた」イスラーム国家論であった［板垣・飯塚 1991: 269］。スルタン制の廃止がトルコ共和国議会で決議された1922年12月に，リダーは『マナール』誌上にて，後に主著として出版される『カリフ制および最高イマーム職』の連載を開始した。彼はそのなかで，カリフ制がイスラームの義務であることを説き，カリフ選挙人を意味するイスラーム諸学の有識者「解き結ぶ人びと（ahl al-ḥall wa al-‘aqd)」によってカリフが選出されるべきことを論じた。リダーは，マーワルディーが挙げたカリフが備えるべき七つの性質（公正さ，法的問題に関して判断を下す知識，事物の認識にかかる聴覚・視覚・言語能力の健全さ，四肢の運動能力，臣民を統治して公共福利の増進を促すような見識，イスラームの領域を防衛する気概，クライシュ族の血統）［アル＝マーワルディー 2006: 9-10］に加えて，イジュティハードに必要な知識という条件を付け加えた。また，マーワルディーらのカリフ論を踏襲しつつも，「解き結ぶ人びと」に対する「協議（シューラー)」をもっとも重要なカリフの義務として新たに設定し，拘束力が生ずると論じた[(9)]。前近代には，シューラーが拘束力を持たない統治者への勧告事項にとどまっていたこと，シューラーが後にイスラーム民主主義論の根幹に関わる概念として発展したことを鑑みて，小杉［1987: 33-34］は，伝統的なイスラーム政治論と現代イスラーム政治論の分水嶺のひとつがシューラーの義務化であるとして，リダーのこの点の画期性を高く評価している。

国家論としてのイスラーム政治論を模索しようとする動きは，アフガーニー以降に生まれたものである［Ayubi 1991: 8］。スンナ派のオスマン朝に続き，イエメンのザイド派のイマーム制，オマーンにおける穏健ハワーリジュ派のイマーム制崩壊など，伝統的な政治体制の崩壊にあたって，古典期のイスラーム政治論が現実の政体を追認する性格を持っていたのに対し「イスラームの政治理論は再び，現実の体制を認証するよりも，『あるべき体制』を論じるものになった」［小杉 2006: 54］。リダーがカリフ制再興に関する理論の精緻化を行った一方で，そのオルタナティヴとして，カリフの不在を前提とした「イスラーム国家」という概念も近代以降に生まれた［Enayat 1982: 69］。カリフ制の解体およびオスマン帝国の消滅という危機的状況にあって，あるべき政治体制を模索する思想運動が活発化したものの，イスラーム的な統治・国家がどのようなものを指すのか見解が分かれるために，政治思想における百家争鳴の状況が生まれた。

大衆的基盤を欠いていたマナール派の思想が，社会全体のイスラーム化を志向する大規模な運動へと変容していく素地も形成されつつあった。アブドゥフやリダーを含むこの時期の改革派ウラマーの大多数は，農村や都市部の小規模な家庭の出身であり，既存のウラマー階層と強く結びついた現状を維持することに特段の利益を見出していなかった［Nafi 2004: 40］。「伝統的組織による独占からイスラームを解放することによって，俗人や近代的なムスリム知識人，職業人が，イスラームについて語る素地を準備した」とナーフィウ［Nafi 2004: 53］が述べるように，改革派ウラマーとしての彼らの台頭そのものが，大衆運動の出現の兆しとなっていた。

1928年に，エジプト人の学校教師であるハサン・バンナー（Ḥasan al-Bannā）（1906－1949年）が，彼の思想に共鳴した同志とともに，ムスリム同胞団（al-Ikhwān al-Muslimūn）を設立した。バンナーの思想は，独立後のエジプトの立憲政治の混乱に対する危機意識，世界恐慌による社会不安，かつての宗主国イギリスの干渉，２度の世界大戦でのアラブ地域の混乱など，植民地主義に対する強い問題意識に裏づけられていた。バンナーはリダーの講義にも足を運んでいたが，大衆運動を通じて，個人から家庭，社会へと拡大する包括的なイスラーム化路線によって，ウンマを改革し救済するという単純な議論を採用した。マナール派の継承者としてのバンナーの自己認識は，彼がリダー没後に『マナール』誌の刊行を数年間担っていたことからもうかがえる。

ムスリム同胞団は，その後シリア，ヨルダン，クウェート，パレスチナなどアラブ諸国の各地に支部を作り拡大したが，超国家的なイデオロギーを掲げるがゆえに，既存の領域国家に対する対抗姿勢をとる1950－1960年代のイスラーム政治運動は，概してアラブ・ナショナリズムを掲げる権威主義体制のもとで弾圧された。エジプトのムスリム同胞団は，1949年に秘密警察の銃撃によって，最高指導者のバンナーを失う[(10)]。1952年の７月革命においては革命勢力である自由将校団に対して協力的な姿勢をとったが，後に対立姿勢を強め，同胞団内部の特別機関によるナセル暗殺未遂を契機として，主要幹部の処刑や懲役刑などの大規模な弾圧を経験した。シリアのムスリム同胞団も，アラブ社会主義の風潮が強まるにつれて低迷し，1963年のバアス党政権成立以降は激しい弾圧を受け，1982年の反政府運動の激化のすえ，政府軍の掃討によって壊滅状態に陥った。

(2) イスラーム復興の進展と世俗化論批判の登場

20世紀中盤まで優勢であった近代化論では，産業化・工業化が進むにつれ社会の世俗化が進むものと考えられていたが，1970年代に入ってから中東諸国の各地で，イスラームの原則を掲げる政治運動の台頭や，慈善・教育活動，モスク建設運動，宗教番組の増加などの社会現象が徐々に顕在化するようになった。その特筆すべき要因として，シェパード［Shepard 2004: 86］は以下の３点を挙げる。第一に，世俗的政権がかつて約束した発展や正義を民衆にもたらすのに失敗したことである。そのもっとも象徴的な事例であり，イスラーム復興の直接の契機として言及されるのが，1967年の第三次中東戦争の敗北である。第二に，西洋の倫理的ヘゲモニーが衰退し，核武装競争や大量消費主義などをはじめとして，西洋が以前に比べて倫理的に魅力的な存在でなくなったことである。第三に，世俗的政権がおおむね大衆教育に成功し，彼らに台頭の余地が生まれたことである。

そうした宗教復興の潮流のなかでも，アメリカへの経済的従属への不満を背景とした民衆のデモによって，1979 年 2 月にイランで王制のパフラヴィー朝が倒され，国民投票に基づいて「法学者の統治（velayat-e faqih）」を基本原理とするイスラーム共和国の樹立が宣言されたことは，現代における宗教国家の復活として世界中に衝撃を与えた。

イスラーム共和国の制度では，国民投票によって国会議員と大統領を選出する制度が整えられ，行政・立法・司法の三権分立と，選挙による政権交代が実施されることになった。一方，「法学者の統治」の理念を実現するべく，シーア派法学の最高権威のみが就任できる最高指導者，最高指導者の任罷免に関わる専門家会議，国会で審議された法案に関する拒否権を持ち，国家の統治がイスラーム的に正しく行われているか監督する監督者評議会が，三権を優越する形で設置された。それまでのイスラーム運動の言説が楽観的で抽象的なマニフェストに終止することも多いなかで，「共和国」という近代的政治体制と「イスラーム的統治体制」の統合が可能であることを，イラン・イスラーム革命の事例は示した［末近 2018: 94-99］。

同年 11 月には，サウディアラビアでワッハーブ派のイフワーン運動の流れをくむ武装集団がカアバ神殿を占拠する事件が発生し（マッカ事件），東部州でシーア派住民の暴動が発生した。さらに，同年 12 月に起こったソ連のアフガニスタン侵攻に対して，アラブから多数の義勇兵が参加した。イラクでは，1982 年にシーア派の政治運動組織であるイラク・イスラーム最高革命評議会が設立され，1983 年にはヌマイリー政権下のスーダンで，ハッド刑[(11)]を含むイスラーム法の全土への施行が宣言された。また，アルジェリアで長らく一党独裁制を敷いていた民族解放戦線が複数政党制への移行を宣言したが，1990 - 1991 年の地方・国会議員選挙でイスラーム救国戦線が勝利を収めた結果，これを無効とする軍のクーデタが発生し，同国は内戦状態に陥った。これらの政治運動はシャリーアを施行するイスラーム国家の樹立を求める点で，イデオロギー的に共通している。

かつて，従来の世俗化をめぐる学術的議論では，社会の近代化が進むとともに世俗化も進むと考えられていた［Berger 1999］。しかし，この近代化理論は，近代化の象徴としての世俗的な西洋と，後進性と結びついたイスラーム社会という，オリエンタリズムを照射した二項対立を生み出してきた。また，中東に関する近代化理論では，トルコのアタテュルクやイランのレザー・シャーなど，世俗主義政策を推し進めた人物を高く評価するという偏向が指摘されている［Eickelman and Piscatori 1996: 23］。

また，ホセ・カサノヴァは，1994 年の著作『近代世界の公共宗教』で，単一の理論として通用している世俗化のパラダイムが不均質で統合されていない三つの命題からなっていることを指摘し，世俗化を①「宗教的制度や規範から世俗的領域が分化していくという意味での世俗化」，②「宗教的信仰や実践が衰退していくという意味での世俗化」，③「宗教が私事化された周辺的領域に追いやられていくという意味での世俗化」という 3 種類の用法に分解した［カサノヴァ 1997: 268］。カサノヴァは，このうち第一の命題については，未だに近代世界の趨勢として有効であるとしたが，第二，第三の命題に関しては，むしろ市民社会における公共宗教という形での台頭が見られると論じた。カサノヴァの研究は，著者の認めるとおり西洋諸国の事例のみを対象としており，中東における公共宗教の様式について考察する場合にはまた別の示唆が得られることも推測されるが，世俗化論を解体したという点で意義は大きい。

このようにして，欧米のアカデミズムにおける世俗主義の偏向や，近代化論を前提とした世俗化論を，欧米以外の地域に適用することに対する批判が強まっていった。1980 年代頃から，宗教と世俗の境界を検討する学術的議論では，1960 年代に盛んとなった世俗化論そのものに対して疑義が呈されるようになった。かつて世俗化理論の擁護者であった宗教学者のピーター・バーガーは，1999 年の論文で，「われわれが世俗化された世界に生きているという前提は誤っている」として，自身を含む社会科学者や歴史学者が貢献してきた世俗化理論の誤りを認めている。

> ……その理論の鍵となる考え方は，まさに啓蒙主義にたどることができる。その考え方は単純で，近代化は必然的に，社会と個人の精神の双方において宗教の衰退をもたらすというものである。そしてまさに，この鍵となる考え方こそが誤りだと分かったのである。正確に言えば，近代化は，特に一部の地域では一定の世俗化の効果を持ってきた。しかし，近代化は〔同時に〕世俗化に対抗する力強い運動をも引き起こしてきた。また，社会レベルでの世俗化は，必ずしも個人の意識レベルでの世俗化

とは結びついていない。多くの社会で，特定の宗教組織が権力や影響力を失う事態は起こってきたが，新旧の宗教的ビリーフや実践は個人の生活のなかで継続しており，時に新たな組織形態を採ったり，宗教的熱狂の爆発へと至ったりしている。逆に，ある組織が代表している宗教を，ごく少数の人びとだけが信仰・実践しているときでさえも，宗教的とみなされるその組織が社会的・政治的役割を果たすことがありうる。［Berger 1999: 2-3］

20 世紀のアラブ・イスラーム諸国において世俗主義が根づかなかった原因には，①西洋型世俗主義モデルの限界，②西洋法とイスラーム法の間の理念的相違の 2 点が挙げられる。西洋では，宗教戦争に対する反省を出発点として，教会の政治権力からの排除をめざす「国家と教会の分離」が政教分離原則の中核をなしていた。しかし，イスラームの国家モデルにおいては政治と宗教は未分化であり，スンナ派では，ウラマーは理念上あくまで国家権力と独立した俗的な存在であり，法の解釈権を有するにすぎない。

また，キリスト教が「信仰」を基礎とする宗教であるのに対し，イスラームの宗教の基礎は法にある。シャリーアは神と人間の関係を垂直的に律する法体系であり，神と人間の関係を定める儀礼行為規範（イバーダート）も，人間同士の関係を定める法規範（ムアーマラート）も，法規範としては水平的な関係にある。キリスト教的な聖／俗権という図式に沿う形で，包括的法体系であるシャリーアを公的／私的領域に分割する発想自体はイスラームには存在しなかった［Ayubi 1991: 50-51］。結果的に，中東諸国において導入された世俗主義とは，イスラーム法を漸進的に西洋法に置き換える「法の世俗化」であった。西洋における世俗化が，歴史的段階に伴う漸進的な下からのプロセスとして発展したのに対し，イスラーム世界における世俗化は，国家機関の近代化や教育・司法改革を通じた上からの急進的なプロセスとして進行した［Hashemi 2009］。その結果として，イスラーム世界における世俗主義の思想的基盤は弱いものにとどまり，社会の主流とはならなかったばかりか，西洋法とイスラーム法という異なる法体系が併存した状況を生み出した。

ここで問い直されているのは，世俗主義は寛容，自由，平等などの価値観と結びついたモダニティのための前提条件なのかということである。宗教法というものが自らの宗教の至上性を前提としている以上，それを国法として採用したときに，他宗教に対して完全な自由を保障することが可能なのかという疑問が残る。その点で，世俗主義は宗教・宗派に関わらない政治的自由をもたらすものと考えられてきた。19 世紀以降，シリア・レバノンのキリスト教徒を含むアラブ人思想家たちが，大小様々のナショナリズムや自由主義を主張した背景には，伝統的イスラーム国家がすでに保障しえなくなった自由を，より近代的・西洋的な様式で希求する発想がある。

しかし，20 世紀を通じて世俗主義を採用した中東の国家の多くで，世俗主義は独裁的性格を持つ政府と結びつき，かえって個人の宗教的自由を阻害する例を多く生み，人びとの間に世俗主義への疑念をもたらした［澤江 2008a: 422; Keane 2000: 36］。また，サウディアラビア出身の人類学者であるタラル・アサドも，世俗化論を検討する際の前提として，そもそも世俗主義が寛容のための手段であるという前提自体を問うべきであると論じる。アサドは近代の規範的価値としての世俗主義に対して疑問を呈し，不寛容な世俗主義社会や寛容な宗教的社会といったものがありうると指摘する［Asad 2005: 3］。

近年では，イスラーム運動を抑圧するものと従来みなされてきた世俗主義国家とイスラームの関係にも注目が集まりつつある。ウンマの復興をめざし，新たな政治秩序の樹立をめざす点で，本来イスラーム政治運動は既存の領域国家を否定するという側面を持つが，現在では領域国家を所与のものとしつつ，その内部でのイスラーム法の採用をめざすタイプの運動が主流となっている。これらの運動は，世俗的な既存の体制の非イスラーム性を非難することによって，そのレジティマシーに疑問を呈している。そのため既存の体制は，自身のレジティマシーを確保し，イスラーム主義の存立を支える社会の要請に応えるためにも，部分的なイスラーム法採用などのイスラーム化政策を進めざるをえない。

しかし，近年注目されているのは，そうした「やむをえない」イスラーム化を行うのではなく，むしろ国家原理のなかにイスラーム的要素を積極的に，あるいは当然のこととして導入する国家像である。例えば，アラブ諸国の多くは，保守的な君主制諸国であれ，革新的で世俗的な共和国であれ，国家の統治原理を説明する憲法のなかに，イスラームを国教とする条項を挿入している。中東における保守的な君主制の多くは，古典期のイスラーム王朝で実践されてきた臣従の誓い「バイア」の様式を踏襲していることや，預言者の血統によってもたらされる聖性を統治のレジティマシーとして利用している。

強力な世俗主義を推進してきた共和国も例外ではない。例えばエジプトの事例ではアグラマが，善を勧め悪を禁じる「ヒスバ」と呼ばれるイスラーム思想上の概念が，エジプトの司法制度のなかでどのように実践されているかを考察している［Agrama 2012］。アサドの理論的影響を受けたアグラマは，エジプトは宗教国家か世俗国家という終わりのない問いに代わって，宗教と世俗の境界線がどのように引かれるのかを問うべきであると論じる。エジプトにおいて，近代国家に特徴的な西洋的法制度とイスラーム的な制度がどのように接合されているかについては，本書の第4章で詳細な検討を行う。

4　イスラーム思想史における中道主義（ワサティーヤ）の系譜

(1) イスラーム政治思想の現在

イスラーム世界において世俗主義が思潮として根づくことはついになかったものの，世俗主義を擁護する主張が過去になかったわけではない。エジプトの裁判官であったアリー・アブドゥッラーズィク（1888－1966年）は『イスラームの統治の諸規則』（1925年）において，カリフ制は神意によらない単なる政治体制であり，共同体の政治体制の選択はムスリムに委ねられているとして実質的な政教分離の主張を行ったが，スンナ派の宗教権威であるアズハルはこれに激怒し，彼のウラマーの資格を剥奪した。この筆禍事件以降，イスラーム学界ではイスラームの政教一元原則が確認されたが［中田 1996: 96］，今日においても実際の「イスラーム的な政治」が何を指すのかについては見解が分かれている。

1940年代後半から60年代にかけて，イスラーム運動が総じて各国で弾圧されるようになると，既存の体制の非イスラーム性を強調する思想が生まれたが，そこで再び問題となったのが，国家の存立基盤と権力の源泉であった。聖典クルアーンが「大権はアッラーにだけ属し（al-ḥukm illā li-llāhi），かれ以外の何ものにも仕えてはならないと〔アッラーは〕あなたがたに命じられた」（ユースフ章40節）との記述がある。国家存立の源泉である究極的な主権がアッラーに属することは，イスラームの思想史的伝統において自明視されてきた。しかし，中東諸国の近代化は，主権者としての人民の意思を反映する実定法（西洋法）優位の，二元的な法体系に基づく法制度をもたらした。(12)

パキスタンの思想家アブル・アアラー・マウドゥーディー（1903 - 1979 年）は，『イスラーム国家の第一原理』において，アッラーの「主権（ハーキミーヤ）」（ḥākimīya/ウルドゥー語 ḥākimīyat）を主張し，人民主権を否定した。20 世紀中盤を代表するエジプト人思想家のサイイド・クトゥブは，1954 年に逮捕された後獄中で 10 年を過ごし，マウドゥーディーのハーキミーヤの理論を軸とした社会論・政治論を説いた。アラブ社会主義の全盛期に生きたクトゥブの仮想敵は，共産主義と無神論であった。クトゥブが展開した思想は，現代世界を「イスラーム社会／非イスラーム社会」の二分法に基づいて分類し，後者をイスラーム以前の時代を指す「ジャーヒリーヤ社会」として，その打倒を唱えるものである。神の主権に由来しない権力に基づく統治機構や，神が定めた以外の法で裁判を行う司法制度を持つならば，たとえ統治者がムスリムであったとしても，それは非イスラーム社会であると主張した。クトゥブの思想的特徴は，人民主権に立脚する近代国家の否定と，ムスリムに対して不信仰者（カーフィル）であるとする不信仰者宣告（タクフィール）をいとわないタクフィール主義にある。1966 年にアラブ諸国から助命を求める嘆願が多く集まったにもかかわらず，クトゥブはその影響力を危惧するナセル政権によって処刑された。元は同胞団の流れをくみ，パレスチナ人のイスラーム学者であるタキーウッディーン・ナブハーニー率いるイスラーム解放党も，マウドゥーディーやクトゥブと同様の姿勢を採った。過激派の思想的源流として言及されるクトゥブだが，彼自身は生涯にわたって文筆家としての地位を貫いている。実際に武装闘争路線へと向かっていったのは，クトゥブの処刑によって既存の体制への不信感を深めた人びとであった。彼の後継である弟のムハンマド・クトゥブは，兄サイイドの死後，兄の思想の深化に貢献するとともに，「世俗主義」という新たなイデオロギーを自らの仮想敵に設定した［西野 2013: 86-89］。

クトゥブの思想は，近代国家の政治・法構造と，それが存立する民主主義的基盤に対する否定を含んでいるが，イスラームと民主主義が両立可能かという問いは，外部の研究者のみならず，イスラーム復興の時代に生きるムスリムによっても，何度も投げかけられてきた問いである。クトゥブやその系譜に連なる思想潮流は，こうした神の主権とウンマの統治権力の関連づけや，イスラーム思想における党派性の忌避に由来する政党制への疑問視から「民主主義（dīmuqrāṭīya）」をイスラームに反するものとして理解した。

『20世紀におけるイスラーム思想』［Taji-Farouki and Nafi 2004］の序文は，20世紀のイスラーム思想の特徴を，第一に，文化的伝統の内部での発展というよりは，外的な課題に対して反応することによって発展する構造となっており，しばしば啓蒙主義以降のヨーロッパ思想の要素を取捨選択した折衷主義をとること，第二に，20世紀のグローバルな戦争，消費主義，相対主義的な哲学，資本主義などによって「確実性」が危機にさらされるにつれて，モダニティの性質を問い直すようになっていることと概括している［Taji-Farouki and Nafi 2004: 9］。近代以降のイスラーム思想は，伝統的かつ固定的な規範と，変容する社会・政治状況の接合という難題に対して常に取り組んできたと言える。20世紀初頭における，有形・無形の資本を通じた西洋の進出や，20世紀後半におけるグローバル化の問題など，変容する時代状況は，過去と現在に対するムスリムたちの絶え間ない再解釈を生み出している。汎イスラーム主義，ナショナリズム，近代国家の効用，社会主義などの様々な要素をムスリムたちが受容し，失望するなかで，20世紀のイスラーム思想というものは，単なる伝統の受容と復興にとどまらず，確実性やモラリティ，変わりゆく時代認識に対する安定性を模索するものとなっている［Taji-Farouki and Nafi 2004: 9］。

第一の指摘に関連して，現代のイスラーム政治論が，かつてのような体制の認証的性格ではなく，あるべき体制について論じるようになったとはいえ，その様相はかつての伝統的な統治論とはまったく性格を異にする。中田考は，植民地主義を通じた西洋との邂逅を経たイスラーム政治論の変容を，「西欧的政治理念を先取りし，尚かつその限界を超えるものとしての，あるべき『イスラーム的政治』の姿を描く」ものとして表現している［中田 1990: 79］。「西欧的政治観とは異なるイスラームに独自な政治理念を抽出しようとの外見にもかかわらず，『民主主義』，『法治主義』，『人民主権』，『平等』などをキーワードとする古典的西欧政治学の枠組みのなかで，『イスラーム的』政治理念を『再構成』せざるをえない」と述べる中田［1990: 79］の指摘は，現代イスラーム政治論の不可逆的変容を的確に表現している。現代のイスラーム政治論は，主権論や公益（マスラハ）論，人権論からカリフ論に至るまで，その指向性も多岐にわたるが，そのいずれも，このような指摘とは無縁ではいられない。

20世紀末からは，イスラームと民主主義が思想的に両立しうるとするムスリム思想家や研究者からの議論が提起され，現在ではこれが主流的見解となっている。現代の政治論では，「公益」「公正（‘adl, ‘adāla）」などに加えて，「シューラー」などの概念を通じて民主主義が論じられる傾向にある。

特にシューラーは，一部の思想家や政治活動家によって，西洋的な民主主義に対応する概念として提示されている。英語圏では1992年にアズィーザ・ヒブリーが「イスラーム的立憲主義と民主主義の概念」と題された論文を発表した。ヒブリーは，シューラーの原則，統治者の選出の原則などを検討し，「様々なムスリムの国家の民主的性質を発展させようとする彼ら自身の試みは，もし適切に実施されるならば，必ずしもイスラーム法による統治と衝突しないばかりか，実際にはそれを強化しうるだろう」と結論づけている［al-Hibri 1992: 27］。

そのほかに，人権（ḥuqūq al-insān）概念についても，20世紀における人権意識の高まりや立憲主義の定着の影響を受けて，これを定式化しようとする試みが見られる。

イスラーム法学において，人権に該当する概念は古くから存在しており，シャリーアの最終的な意図を追求しようとする「シャリーアの目的論（maqāṣid al-sharī‘a）」の範囲内で論じられてきた。アブー・ハーミド・ガザーリー（1058－1111年）が，シャリーアの目的は，宗教，生命，理性，子孫，財産の保護であると定式化し，アブー・イスハーク・シャーティビー（1320－1388年）が，シャリーアの諸規範が意図しているのは，現世および来世における人間の福利の実現であると論じ，この分野の議論をさらに展開させた。

しかし，西洋において個人の自由が，長い歴史のすえに権力から獲得した絶対不可侵のものとみなされるのに対し，イスラーム社会の伝統では，公正の規範に照らして人びとが互いに責任ある主体として権利を保障しあう，権利と義務の均衡が重要であり，権利のみを切り離して論じる伝統が存在しなかった［澤江 2008b: 359］。

人権概念の受容と定式化に関する初期の試みとして，エジプト出身の思想家ファトヒー・ウスマーン（1928－2010年）が，1961年の著作『イスラーム思想とその発展』［‘Uthmān 1969］で多元主義と人権の受容を呼びかけた［El-Affendi 2004: 183］。また，第二次世界大戦以降，中東諸国の大多数で抑圧的体制が成立したことも，市民たちの間で人権や政治的自由に関する意識を高める契機となった［澤江 2008b: 358］。民主主義の思想的定着に関しても，中東における強権体制の成立という同様の背景が指摘できる。

人権概念の広がりを示す一例として，エジプト，パキスタン，サウディアラビアなどの各国代表が参加するロンドンに拠点を置く市民組織「イスラーム評議会」が 1981 年に発表した「人権に関する国際的イスラーム宣言（Universal Islamic Declaration of Human Rights）」，1990 年にイスラーム諸国会議機構（OIC，現在のイスラーム協力機構）が発表した「人権に関するカイロ宣言（The Cairo Declaration on Human Rights in Islam）」がある(13)。前者の 1981 年の宣言は，その名称からも見てとれるように，1948 年に国際連合第 3 回総会で採択された「世界人権宣言（Universal Declaration of Human Rights）」を意識したものであり，その典拠としてクルアーンとハディースに言及している。一方，イスラーム法に基づく人権論は，西洋的な人権論と衝突することも多い。それは「イスラーム法がもつ強制力の源泉は，神命の権威と人間の信仰であるため，世俗主義を前提とする西洋的な人権論とは議論がかみ合わない」ことによる［小杉 2002: 516］。これらの人権宣言においても，「背教」として禁じられているイスラームからの改宗を含む信教の自由や，宗教批判や冒瀆に関連する表現の自由，女性の権利，同性愛者の権利問題などの分野で，議論が十分に精緻化されていない状況にある(14)。

本書の主題である中道派思想家も，この西洋との思想的背景の相違を前に，アブドゥフやリダーをはじめとするイスラーム改革派の基本姿勢を継承しつつ，これらの問題に啓典解釈や法解釈の刷新によって応えることをめざしている。本書の第 3 章では，非ムスリムの権利について，基本的人権概念の流入や国民国家の成立を踏まえたうえでイスラーム思想家の間から生まれてきた理論について検討を加える。

(2) 思想としての「中道主義（ワサティーヤ）」

広範な主題を含む現代のイスラーム政治論のうち，特に改革的なイスラームの再解釈に対して，学術界では「リベラル・イスラーム」［Kurzman 1998］などの分析概念が提示されてきた。クルツマンは，イスラーム世界において過去 2 世紀に議論されている「宗教社会学的な解釈の三つの伝統」として，伝統的イスラーム（customary Islam），ワッハーブ主義やイスラーム主義を含む復興主義的イスラーム（revivalist Islam），両者のいずれとも異なるリベラル・イスラーム（liberal Islam）の 3 種の伝統を提示した［Kurzman 1998: 5-

6]。リベラル・イスラームは復興主義的イスラームと同様に，イスラームの先例に戻ることを呼びかけるが，伝統主義と復興主義の双方を，経済的発展，民主主義，法的権利などのモダニティの享受を妨げる「後進性」ゆえに批判する点に特徴がある。しかし，現在，「復興主義的イスラーム」のうちの多くの運動や知的営為が，改革的なイスラーム解釈へのコミットメントを深め，少なくともモダニティの物質的な側面を相当受容していることを考えれば，この「復興主義的イスラーム」と「リベラル・イスラーム」の境界はすでに変容し，現代のアカデミズムの目から見ると区別のつきがたい，理解が難しい分類となっている。また，多種多様な思想傾向を持つリベラルなムスリムを，イスラーム的伝統との関係性において検討するという視点に立脚しているため，クルツマン自身も認識しているように，必然として，ラディカルな宗教哲学的方向をめざす思潮（いわゆるタアウィール主義）から世俗主義，改革的なサラフィー主義に至る様々なイデオロギーを包摂している概念であり，微細なイデオロギー的差異を考察するのには不適である。

アラビア語圏に注目すると，20 世紀後半から 21 世紀にかけてのイスラーム思想の発展を考察する鍵概念となるのが，「ワサティーヤ（al-wasaṭīya）」である。ワサティーヤとは，「中央」を意味するアラビア語「ワサト（wasaṭ）」の形容詞である「ワサティー（wasaṭī）」から派生語として抽象名詞化したものであり，「中道主義／中庸思想」を意味する言葉である。

聖典クルアーンには「このようにわれは，あなたがたを中道（ワサト）の民となした（wa kadhālika ja‘alnā-kum ummatan wasaṭan）。それは，あなたがたを人びとに対する証言者とし，使徒をあなたがたに対する証言者とするためである」（雌牛章 143 節）との表現があり，ここから派生した用語である。この節の「ワサト」をめぐっては「正義」や「善」などの様々な訳語が充てられている(15)［Gräf 2009: 215］。

イスラーム法学を専門とし，現在マレーシアで活躍するアフガニスタン出身の知識人，ハーシム・カマーリーは，「穏健さ，あるいはワサティーヤ（同義のアラビア語: tawassuṭ, i‘tidāl, tawāzun, iqtiṣād）は，正義と強く結びついており，過激さの間で中間の立場を採ることを意味する」と明快に定義している［Kamali 2015: 9］（括弧内原文）。

「tawassuṭ」は「wasaṭ」と同じ「w, s, ṭ」の語根を持つ語であり，「中間（wasaṭ）の立場を採ること」を意味する。「i‘tidāl」は「穏健」，「tawāzun」は

「均衡」,「iqtiṣād」は「中庸」を意味するアラビア語であり,「ワサティーヤ」と互換的に,時に同義語として用いられるが,これらの語のほうがより古典的な概念である。穏健や中庸の反対語にあたるのが,「過剰」を意味する「ghulūw」や「過激」を意味する「taṭarruf」である。過剰(ghulūw)である人びとを「ghulāt」と呼ぶが,これはもともとシーア派やハワーリジュ派に対して使用されていた言葉であり,歴史性の強い古典的な用語である。

この語の正確な成立時期や出所は分かっていないが,グレフ[Gräf 2009]は,英語の centrism,ドイツ語の zentrum,フランス語の centrisme などの西欧由来の概念が影響を与えた可能性を指摘している。「ワサティーヤ」という語の使用は,20 世紀中盤のアズハル出身のウラマーに見られるが,その用法は著者の間で異なる。1961 年にムハンマド・マダニー(1907 - 1968 年)が『イスラームの中庸思想』[al-Madanī 2007]を執筆しており,クルアーンの2章 143 節をはじめとして,クルアーンの章句を援用しながら「ワサティーヤ」概念の検討を行っている。

> この研究の目的は,「イスラームの中庸思想(ワサティーヤ)」を表明することにある。それは,諸規定(aḥkām)と諸原則(mabādi')と模範から来るところの〔イスラームの〕正義,二つの極の間に立つ〔イスラームの〕存在,人びとが善と悪,真実と偽,敬虔さ(salāḥ)と堕落,真っ直ぐであることと曲がっていること,穏健(qaṣd)と過剰(ghulūw),様々な問題や生活の側面において人びとが直面する対となる概念を区別するうえで立ち返る,判断のための秤のことである。アッラーがこの教えによってそのお慈悲をムスリムに下されたときに,〔同時に〕彼らにお定めになったこの「中庸思想」は,聖なるクルアーンの節が述べるように,ムスリムを「人びとに対する証言者」となされた――あるいは,当然としてそのようになった。すなわち,穏健(mu'tadil)で中庸(mutawassiṭ)な諸規定や,正しい諸原則,人間の性質と完成された高きものの間を結びつける高度な模範を含むこのシャリーアが,正道をゆく中庸な正義(khayr)のウンマをなしたことは当然である。それは,ある事柄において一方に逸脱することはなく,ある事柄において正しい道(ṣirāṭ)に背を向けることもない。穏健の性質を持ったウンマであり,その性質が天性のものとなるように訓練されたウンマである。[al-

Madanī 2007: 31-32]

マダニーはさらにこの後「中庸思想の諸現象」と題された章で，①（精神と肉体からなる）人間の性質の和合，②人類の状況の認識，③生まれた持った本性に従い，本能的衝動を正すこと，④信仰箇条の明白さおよび儀式が容易であること，⑤シャリーアにおいて確立された諸原則，の5点に分けて論じている[(16)]。また，20世紀を代表するイスラーム法学者のムハンマド・アブー・ザフラ（1898－1974年）の著書『イスラームのもとでの人類社会』（1967年）でも，「イスラームの中庸思想」と題された章があり，精神主義と物質主義の間の中庸という意味で用いられている［Gräf 2009: 234n8; Abū Zahra 1981: 147-162］。これらの著作で表明されているのは，人間の本性を尊重し，正しい宗教実践を行うことによって，正義に基づく共同体を実現するという姿勢である。

マダニーが述べたような立場を起点として，近年では，イスラーム主義の政治言説におけるその影響が非常に大きくなっている。イスラーム世界が西洋思想と接触し，国民国家体制やグローバル化する世界に組み込まれてゆくなかで，急進主義に拠らない，時代状況を考慮したイスラームの原則によって問題の解決を図る立場のことを指す。

「ワサティーヤ」という概念は比較的歴史が浅いが，その思想的源流はより深いところにある。19世紀末から20世紀初頭にかけてのイスラーム改革運動は，ホウラーニー［Hourani 1983: 193］が指摘するように，欧化主義者と伝統墨守派の間を行く運動として登場した。例えば，20世紀初頭のイスラーム改革思想の巨人であるラシード・リダーは，保守的なウラマーとヨーロッパの理性主義の賞賛者の間の位置を占める存在としての第三者の集団を構想し，これを「穏健イスラーム改革党（ḥizb al-mu‘tadil al-islāmī al-iṣlāḥī）」と名づけていた。この語は，西洋化を進めるか伝統に執着するかという当時の思想的対立軸を示唆したものでもあり，それに対する中道的立場をリダーらは提示したと言える。

1920年代のアリー・アブドゥッラーズィクの筆禍事件を経て，1950年代にも，アズハル出身の著作家ハーリド・ムハンマド・ハーリド（1920－1996年）と，ムハンマド・ガザーリー[(17)]（1917－1996年）が世俗主義の是非をめぐって論争を行っている。1950年にハーリドは『われわれはここから始める』

を出版し，「①政治からのウラマー排除という意味でのアズハル改革，②機会均等・農地改革・資源国有化・労働者の福祉・家族計画などの『社会主義』政策の導入，③女性への参政権付与といった多くの改革プラン」［勝畑 2009: 192］を提案し，宗教政府の権威の解体を試みた(18)。これに対し，当時ムスリム同胞団に在籍していたムハンマド・ガザーリーは，翌年に著書『われわれはここから学ぶ』を出版し，ウラマーの政治介入や専制の可能性ゆえに政教分離を主張するハーリドの議論に対して，政治から分離したイスラームはありえないとの立場から徹底的な論駁を行っている。

1960年代にはイスラーム運動の弾圧や社会主義・無神論思想への危機感を背景に，サイイド・クトゥブが「ジャーヒリーヤ論」を明確化するが，それと時を同じくして，ムスリム同胞団から決別したファトヒー・ウスマーンのような，穏健派の思想家も生まれている。1942年頃にムスリム同胞団に加入したウスマーンは，50年代に2年間の収監を受けた後，同胞団の秘密機関問題への失望などもあって組織を離れた。ウスマーンの娘による評伝［Osman 2011: 98-103］は，当時の同胞団最高指導者ハサン・フダイビー（1891－1973年，在任1951－1973年）とウスマーン，サイイド・クトゥブの関係を描いており興味深い。フダイビーは，同胞団の最高指導者に選出される以前は裁判所の判事を務めており，バンナーと親交はあったものの，同胞団の活動には秘密裏に参加するにとどまっていた。ウスマーンの評伝によれば，ハサン・フダイビーは，古典期のイスラーム思想や法学論に通暁し，アンダルスの神学者・法学者であったイブン・ハズム（994－1064年）の著作をウスマーンに紹介するなど，彼に多大な思想的影響を与えた。同様にフダイビーは，法曹出身の人物であるために，フランス語の高い運用能力を有していたほか，女性に対する宗教教育の問題に対して，創設者バンナーより先進的な立場をとった。しかし，組織指導者としての資質に欠けたフダイビーは，結果的に組織内の急進派の暴走を止めることができず，ウスマーンを失望させた。同胞団を脱退したウスマーンは，1969年にエジプトを発ってからは活動の場を海外に移した。イスラーム法やハディースの豊かな典拠に依拠しながら，男女平等や宗教多元主義を訴える著作活動を続け，最終的にアメリカで生涯を終えた。英語圏の読者に向けてクルアーンの概念を百科事典的に説明し，ムハンマド・アブドゥフとムハンマド・イクバールに捧げた大著『クルアーンの概念――主題による読解（*Concepts of the Quran: a Topical Reading*）』など，英語による著作で知られている。

軟禁状態下で政治的実権は持ちえなかったものの，ハサン・フダイビーは一貫して同胞団内部の暴力主義に反対する態度を貫いていた。これに呼応するように，1960年代末には同胞団内部で，サイイド・クトゥブの思想に明確に反駁する動きが生まれていた。1967年2月に完成し，投獄中の同胞団員の間で流通した著作『裁判官でなく宣教者（*Du'āt lā Quḍāt*）』は，ムスリム同胞団のクトゥブ主義からの決別を示した著作としてよく知られている。現在では，ハサン・フダイビーが正式な著者とされているが，ゾルナー［Zollner 2007］は，実際には彼の息子のマアムーン・フダイビー（1921－2004年，同胞団最高指導者在任2002－2004年）や，第3代最高指導者となるウマル・ティリムサーニー(19)（1904－1986年，在任1973－1986年）のほか，神学や法学の専門家であるアズハルのウラマーたちが編纂・執筆に携わったと推定している(20)。『裁判官でなく宣教者』は，クトゥブの主著である『道標』には言及していないものの，タクフィール主義への非難など，クトゥブ以降の思想潮流に対する反駁を明確にめざしている。同書はクトゥブに代わって，パキスタンの思想家マウドゥーディーを例に挙げ，彼が提唱した「ハーキミーヤ」の概念の存在を，クルアーンとスンナに言及がないことを根拠に否定している［Zollner 2009: 150–151］。

宗教復興を背景に，1970年代以降は，イスラームの伝統を現代において問い直す流れが加速した。一例として，1974年には，現在まで続く論壇誌『現代のムスリム』誌が創刊された［Shboul 2004: 51］。イスラーム思想家・法律顧問であるジャマールッディーン・アティーヤが創刊に携わり，創刊の言葉で，以下のように述べている。

> この雑誌は，イスラーム法学の遺産を新たに提示すること，その思想や原理を，現代の法思想や原理と比較すること，イスラーム法の諸原則と理論を確立することに関心を持っている。しかしこの雑誌は，この範囲にとどまらない，イジュティハードの雑誌である。……この雑誌は，個人と集団，民衆と政府，地方，地域，世界といった様々な基準で〔進んでいる〕イスラーム運動（al-taḥarruk al-islāmī）を導き，その発展に貢献しようとするものである。すなわち，シャリーアの施行のために費やされている努力に対して，研究と評価を行うということである。本雑誌

のシャリーア施行への関心が言いたいのは，ムスリムたちは現実の生活においてイスラームを生きるのであり，有徳都市（al-madīna al-fāḍila）の樹立を望んでいるのではないということである。それゆえ本雑誌は，人びとの生活と社会から離れた，理論的な学術研究に閉じこもることをしない。すなわち，模範的な理論に終始したり，先達のウラマーたちが，各々の時代や環境においてもたらした解決策を繰り返したりするのではなく，今日の人びとが直面している諸問題の解決を試みる「現実主義（al-wāqiʻīya）」の原則から出発するのである。［ʻAṭīya 1974: 7-8］

創刊号には，在野の著名人であるファトヒー・ウスマーンやサリーム・アウワーが寄稿しているほか，法源学や啓典解釈学に関する論考が論者から寄せられている(21)。現在カタルで活動するウラマーであるユースフ・カラダーウィー（Yūsuf al-Qaraḍāwī）（1926年－）も，この雑誌の第1号（創刊号の次号）から論考を寄せている。カラダーウィーは，「イスラーム的中道派潮流（tayyār al-wasaṭīya al-Islāmīya, あるいは単に al-wasaṭīya）」として，中道主義の概念の確立に貢献するとともに，中道的な思想潮流の形成を国際的に主導した人物である(22)。

カラダーウィーは，エジプトのナイル・デルタ中央部に位置するガルビーヤ県の農村に生まれた。マナール派の門人にあたるムスタファー・マラーギーが総長を務めていた時代のアズハルに学び，大学卒業前の1942年から43年頃に，ムスリム同胞団の活動に加わった［Krämer 2006: 186］。1949年に最初の収監を受けたが，イエメンの改革派法学者であるシャウカーニーに関する議論，女性の権利に関する議論，バンナー思想に関する仲間への講義などを経験し，獄中での仲間との議論から思想形成上の大きな影響を受けた［Zaman 2012: 20］。1954年のムスリム同胞団に対する政権側の大規模な弾圧の際にも，2年間の収監を受けている。1960年には最初の有名な著作『ハラールとハラーム（許されたものと禁じられたもの）』を出版した。わずかな期間を除いて，エジプト国内における教導活動を禁止されていたカラダーウィーは，1961年にアズハルの海外部門に職を求め，当時まだイギリスの保護下にあったカタルに移住した。そこでカタル大学シャリーア・イスラーム研究学部の創設に関わり，その後長らく学部長を務めた。

カタルの衛星放送局アル＝ジャズィーラ（1996年設立）で放送された番組

『シャリーアと生活』でカラダーウィーは，医療倫理，性，世界政治などの現代的な問題を扱い，一躍有名となり，名声を高めた。さらに，ウラマーとしてはもっとも早い先進的な段階で，ウェブサイトの運営にも力を入れ，彼の個人サイトのほかに，ポータルサイト「イスラーム・オンライン」を創設した。主著に『ザカートの法学』のほか，中道主義を論じた著作には『中道主義とその特徴に関するいくつかの言葉』『イスラーム覚醒――拒絶と過激化の間で』などがある。歴史研究のみならず，近現代イスラーム思想の研究でも知られるドイツ人研究者クレマーは，カラダーウィーの自己表象とその受容を以下のように述べる［Krämer 2006: 198］。

> カラダーウィーは自らを，イスラームを代表する声，偉大な伝統に熟知しながら独立した精神の持ち主，理性的，実践的，良識的な人物として描いており，私が思うに，彼はそのようなものとして広く認知されている。ここで鍵となる概念は，先ほど述べたような，バランス，穏健，調和，プラグマティックな現実主義である（tawāzun, i‘tidāl, jam‘, wāqi‘īya, maydānīya）。

小杉［2006: 301-302］によれば，カラダーウィーに代表されるイスラーム中道派潮流は，①イスラームの本源性と現代性の統合，②イスラームのなかの不変要素と可変要素の平衡，③硬直性・外部追従などからの解放，④包括的なイスラーム理解といった点をその思想的特徴としている。

特定の二つの対立軸を設定し，両者のバランスをとる方法論そのものは，『ハラールとハラーム』などの彼の出版活動の最初期から観察できる。1970年代初頭には，社会主義と資本主義の両者に代わるオルタナティヴとして「ワサティーヤ」の語を用いていたが，1980年代以降は，世俗主義と過激派の両者から距離をとる意味でこの概念を用いるようになっており，時代状況に応じて思想的な対立軸を変容させていることが見て取れる［Gräf 2009: 219-221］。

以下のカラダーウィーの著述では，改革性に欠けた宗教的厳格主義と世俗主義の中間を模索するイスラーム的な中道主義の姿勢がよくあらわれている。

> これらのイスラームの紐帯から乖離している世俗主義者たちと，現代か

ら乖離した厳格主義者たちの間。イスラームを純粋な源泉から理解し，それを個人・家族・社会・国家という，生活のための完全な道であると信じる「イスラーム的中道派」潮流は，〔両者の間に〕立つ。イスラームと時代をその目で見つめ，有益な古いものと，良き新しきものを統合し，改革的なサラフィー主義を信奉し，固定されたものと可変のもののバランスをとる。また，理性の尊重，思想の革新，宗教におけるイジュティハード，世界における創造を呼びかけ，現代の技術のうちもっとも良いものを吸収する。民主主義は，それが伴う様々な欠点を取り除き，必要とされるイスラームの諸価値と諸規定を加えたあとでは，イスラームに非常に近いものだと考える……［al-Qaraḍāwī 1999: 9］

アブドゥフやリダーに代表される中道派の源流が伝統主義と欧化主義の対立を主要な対立軸としていたのに比して，現在の中道派は，急進・過激派と世俗主義の両者を拒否する立場を確立した。もっとも，前述のカマーリーが「中間の立場に対して，二つの過激派や二つの側が必ずしも存在する必要はないのかもしれない。例えば正義は中道的な立場であるが，二つの立場がその側面を固めているわけではない」とも述べている［Kamali 2015: 14］。

カラダーウィーが提唱したなかでも特に重要な概念に，「集団的イジュティハード（al-ijtihād al-jamā‘ī）」というものがある。かつてはイスラーム法において推論行為を行う際に，イジュティハードの有資格者（ムジュタヒド）は単独で問題に取り組んでいたのに対して，カラダーウィーは，現代的な問題群に対して，集団で対処することを提唱する。2004 年には「ムスリム・ウラマー世界連盟（al-Ittiḥād al-‘Ālamī li-‘Ulamā’ al-Muslimīn）」を設立し，初代会長に就任したが，これも集団的イジュティハードの実践に向けた動きの一環と評価することができるだろう。同連盟は，本書の第 3 章で扱う思想家であるサリーム・アウワーを事務局長としたほか，モーリタニア出身で，現在は湾岸諸国を中心に活躍するウラマーのアブドゥッラー・ビン・バイヤ（2013 年副会長辞任），『シャリーアの目的論』を専門とするモロッコ人ウラマーのアフマド・ライスーニー，チュニジアの穏健派イスラーム政党ナフダ党の党首でもある思想家のラーシド・ガンヌーシー，サウディアラビアのサラフィー系ウラマーであるサルマーン・アウダなど，様々なバックグラウンドを持つ政治家・ウラマー・思想家が参画した。(23)

1970年代の同胞団の復活以降，カタルに居住するカラダーウィーと同胞団の正式な関係は不透明であり，もはや同胞団に正式には所属していないとみなすむきもある。しかし両者の関係は良好であり，カラダーウィーは，複数回にわたる同胞団最高指導者への就任要請を，一貫して断ってきたとされる［Krämer 2006: 196］。しかし，2011年のアラブの春以降，カラダーウィーはムスリム同胞団のイデオローグとしてきわめて政治化された存在となった。アラブの春以降の彼の言説は，中道派の思想家という自己認識に基づく思想的発信であることに変わりはなくとも，その内容や位置づけが，同胞団の政治的立場ときわめて密接に結びついた状態にある。

カラダーウィーより一世代年長にあたるムハンマド・ガザーリーも，中道派の端緒として言及されることがある［Baker 2003］。1953年までムスリム同胞団の政治局に在籍し，当時の同胞団を支えるイデオローグのひとりであった。サウディアラビアやカタルで教鞭を執ったほか，1980年代にアルジェリアのイスラーム大学の学長となり，事実上，同国の大ムフティーとなった［Johnston 2007a: 165］。権力闘争の結果による政治局追放後も，同胞団系の出版社から著作を出版するなど，ガザーリーと同胞団の関係は継続したが，「生涯を通じた大胆でオリジナルな解釈は，同胞団の考え方にしばしば見られる息苦しい限界をはるかに超越している」と評価されている［Baker 2009］。政治思想家としてのガザーリーは，ラシード・リダーと同様に，シューラーの概念を中心に据えてイスラーム国家を擁護したほか，過激派が依拠しがちな典拠の薄弱なハディースを排することに努めた。

(3) 政治運動における中道主義の拡大
――ポスト・イスラーム主義論との関連をめぐって

20世紀後半を通じて，過激派の台頭と並行して，非暴力路線を貫き，体制への合法的な政治参加をめざすイスラーム運動が発展してきた。代表的なものとしては，クトゥブ主義を放棄して以降のエジプトのムスリム同胞団，ヨルダンのイスラーム行動戦線，モロッコの公正開発党などがある。また，近年では大統領による権威主義化が進むが，トルコの公正発展党も，かつてはイスラーム色を維持すると同時に国内の経済成長を重視したプラグマティック路線の「トルコ・モデル」として注目を集めた。

権威主義体制下で選挙を通じた合法的政治参加を試みる「選挙参加型イス

ラーム主義（electoral Islamism）」と関連して，シュウェドラーは，ヨルダンとイエメンのイスラーム政党の比較研究を通じて，「多元的なプロセスに包摂された政治アクターの思想は，包摂の結果としてより穏健になる」とする「包摂・穏健化」仮説の実証を行った［Schwedler 2006］。

これらの運動は，多くの場合，内部に深刻な世代間対立や思想的差異を抱え，思想的には保守から革新まで幅広いスペクトラムを含むが，イスラームの原則に基づいた社会・政治改革を視野に入れ，暴力主義を放棄した合法的な政治参加を模索する点で，イスラーム中道派勢力の一端を担っている。

また，1990年代後半から2000年代にかけての急進派の衰退を背景に，イスラーム主義運動が，国家の樹立やシャリーアの施行という従来の目標から別の段階へ移行しつつあることを論じるポスト・イスラーム主義論が登場した。フランスの社会学者オリヴィエ・ロワは，著書『政治的イスラームの失敗』［Roy 1994］のなかで，イスラーム国家の樹立をめざすイスラーム主義の試みはすでに失敗したと述べ，それに代わって，イスラームが個人の信仰実践の領域へと縮減していく過程を「ポスト・イスラーム主義」と呼んだ。しかし，イスラーム国家の樹立をめざす政治運動と，個人の信仰実践は両立不可能なものではないうえに，政治運動から個人の信仰実践への移行は不可逆的で必然的な過程なのか，そもそもイスラーム主義運動が衰退したと言えるのかという点で，ロワの議論には疑問が残る。ロワの議論は，非政治的な信仰実践に集中する態度こそが穏健であると断定する誤った議論につながりかねないものであり，イスラーム主義が多様な地域的・時代的コンテクストに対応して柔軟に変化させる，政治的態度や政治言説のダイナミクスをも見逃す可能性がある。

ロワのポスト・イスラーム主義論に代わって，近年広く支持を集めているのが，アーセフ・バヤートのポスト・イスラーム主義論である［Bayat 2007, 2009, 2013a］。バヤートは，ポスト・イスラーム主義の既存の運動との違いを以下のように表現する。

> それは宗教性と権利を，信仰と自由（freedom）を，イスラームと解放（liberty）を融合させる努力を象徴している。それは，義務の代わりに権利を，ひとつの権威ある声に代わって多元性を，不変の聖典よりも歴史性を，過去に代わって未来を強調することによって，彼らの頭のなか

にあるイスラーム主義の根本的な原理を変容させようとする試みである。
［Bayat 2013a: 8］

選挙参加型イスラーム主義は穏健ではありうるが，それ自体でポスト・イスラーム主義とはならない［Bayat 2013a: 26］。さらにバヤートは，ポスト・イスラーム主義を単なる穏健化（moderation）の観点から理解することは，上記のような運動の特質を隠すことになるうえに，穏健化という概念自体がそもそも描写的であり，変化のダイナミクスや方向性を特定できない分析力に欠ける概念であると批判する。「穏健化」は，過激主義からの決別を意味する相対的な概念であり，イデオロギーの種類ではなく程度に関する概念である点を問題視する［Bayat 2013a: 26–7］。

「リベラル・イスラーム」［Kurzman 1998］とポスト・イスラーム主義の関連について，バヤートは「リベラル・イスラームが，現代的デモクラシー，市民的で非宗教的な国家，人間の発展に適合するようにイスラームを解釈することならば，かなりの部分をポスト・イスラーム主義の思想と共有している」と述べたうえで，ポスト・イスラーム主義は，それが計画する（projects）ものだけでなく，それが乗り越えようとするものも視野に入れる概念であるとして，従来のイスラーム主義との決別を強調する［Bayat 2013a: 27］。

バヤートの「ポスト・イスラーム主義」は，これまで「改革派運動」のような曖昧な名称でまとめられてきたイスラーム主義運動のうちもっとも先進的な試みを，独立した分析対象として概念化した点で，研究史的貢献は大きい。本書で研究対象とするエジプトの中道派思想家たちの営為にも，ポスト・イスラーム主義において特徴的な「計画（project, mashrūʻ）」などの語彙をはじめ，ポスト・イスラーム主義の様式を敷衍しているものが多くある(24)。その点で本書は，バヤートをはじめとするポスト・イスラーム主義研究の成果や理論に負うところは大きい。

ただし本書では，「イスラーム的中道主義」およびそれに立脚する「イスラーム中道派勢力」を，一定の地域的実態に基づく分析概念として採用し，ポスト・イスラーム主義を主たる分析概念として用いることはしない。イスラーム的な言説をめぐるエジプト社会の保守性を「思想的停滞」とバヤートがネガティヴに評価していることも示唆的だが［Bayat 2013b］，エジプトの政治思想やプログラムを検討すると，従来型のイスラーム主義とポスト・イスラーム主義的な言説の分化が進んでいない例も多く見られる。また，ポスト・イスラーム主義は，イスラーム主義と同時並行で起こりうる時間軸の制限を受けない概念だが，本書では，19世紀末に遡る思想的源流のなかに，中道派の思想運動を位置づけてその歴史性を評価したいと考えるからである。

(4) 権威の断片化現象と知の体系の変容

20世紀中盤に，アズハルのウラマーが用い始めた「中道主義」という言葉は，現在では人口に膾炙し，イスラーム主義者の政治言説にも見られる用語となっている。当初アズハルのウラマーが論じた「中道主義」が，イスラーム運動の言説のなかでも拡大した背景には，アズハル・ウラマーでありながらムスリム同胞団と関係を持つ数少ない人物であるカラダーウィーやガザーリーの貢献が大きい(25)。さらに現在では，ウラマーや政治運動家，在野の知識人，説教師たちの自己認識の間で，誰が中道主義を代表し，語りを行う主体か，そもそも中道主義とは何を指すのかという競合が，いっそう進展している。急進派思想と異なり，先鋭的な主張を持たない中道主義が実際どのような要素によって構成されるのか，その解釈は人によって異なる。

イスラームをめぐる議論や解釈が宗教的権威によって独占されるものでなくなり，イスラームについて語る多元的な権威が現れる現象を，アイケルマンとピスカトーリは「権威の断片化（fragmentation of authority）」と呼んだ［Eickelman and Piscatori 1996: 131-135］。

かつてエジプトだけでなくイスラーム世界では，ウラマーのみが，イスラームの知に関する専門家として独占的な地位を占めていた。しかし，多くの場合，イスラーム諸国の世俗化政策は，伝統的にイスラームに関する知的権威であったウラマー層を国家による管理下に置くようになった。ウラマー層の有力な財源であった寄進財産は，多くの場合国家に接収され，彼らは俸給によって国家に管理される存在となった。また，近代的な大学が創設され，世俗的高等教育が享受されるようになったことも，ウラマー層の社会的後退を招いた。

宗教的権威の国家権力への従属，近代教育の整備と20世紀後半におけるその爆発的拡大は，イスラームにおける専門教育を受けていなくとも，イスラームをめぐる解釈や議論を行う人びとを生み出し，スーフィー教団の導師，世俗的な高等教育に関わる人びと，医師，軍人など，様々な階層出身の人びとが語り手として認知されるようになった。

20世紀エジプトの事例では，近代的な師範学校として設立されたダール・アル＝ウルーム[(26)]を卒業した小学校教師であり，その後ムスリム同胞団の創設者として著作活動や組織運営を行ったハサン・バンナーが典型的な例である。1950年代のムスリム同胞団のイデオローグであったアブドゥルカーディル・アウダ（1906－1954年）や，サイイド・クトゥブも，世俗教育を享受したものの積極的にイスラーム政治論の著作を著した人物である。クトゥブはバンナーと同じくダール・アル＝ウルームの出身であり，1940年代までは文学評論家として大学で教鞭を執っていた。

しかし，「権威の断片化」現象には，ウラマー層の後退と近代教育を受けた知識人の台頭だけでなく，イスラームに関する語りを享受するリテラシーを持った読者層の存在が必要である。エジプトにおいて大衆教育が整備されたのは，1952年の7月革命以降のことであり，多くの学生がより高次の教育を修了するようになるのは，1960年代末から70年代初頭にかけてのことである。[Eickelman and Piscatori 1996: 39-40]。モロッコでは，1950年代末から大衆教育が始まり，オマーンやイエメンでは1970年代初頭に開始された[Eickelman and Piscatori 1996: 40]。イスラーム諸国において大衆教育の基盤が整備され，識字率が向上してはじめて，多様なイスラーム解釈が市井の人びとによって享受されるようになった。

70年代以降のエジプトの事例でも，近代教育の拡大とイスラーム復興の進展は，世俗教育を受けながらイスラームについて語る著作家・思想家・説教師の登場をもたらした。カイロ大学医学部を卒業した医師であり，マルクス主義を経て最終的にイスラームの信仰へと回帰した知識人，ムスタファー・マフムードは，2009年に世を去った後も絶大な人気を誇り，現在もカイロ市内のあらゆる場所で，著作のブックレットが販売されている[(27)]。ムスタファー・マフムードが博士号を持つ医師であり，近代教育の権威ある学歴と称号とを有していたことが，市井の聞き手による彼の語りへの社会的承認をもたらした。近年では，宗教教育を専門としない世俗的な大学教育を受けながらも，イスラーム説教師として活躍するアムル・ハーリド（1967年－）やムイッズ・マスウード（1978年－）も，イスラームの解釈や実践をめぐるエジプトの言説空間において重要な位置を占めている[(28)]。本書の第2章以降で取り上げるカマール・アブー・マジュド，サリーム・アウワー，ターリク・ビシュリーをはじめとする，在野の中道派思想家たちも，世俗教育のバックグラウンドを持つ，イスラームに関する新たな語り手たちの一部である。

さらに近年，「権威の断片化」現象に関連して，上記に挙げた人びとよりさらに創造的で，革新的な知的解釈を行う語り手が台頭している。これらの人びとの多くは，ウラマーの主たる専門領域であるイスラーム法学や哲学の正式な訓練をほとんど，あるいはまったく受けていないムスリムの男女である［Norton 2003: 20］。土木技師でありながらクルアーンの現代的解釈に関する著作があるシリア人のムハンマド・シャフルール（1938 年 -）などがその典型である。800 頁を超えるシャフルールの代表作『書物とクルアーン――ある現代的読解（*al-Kitāb wa al-Qur'ān: Qirā'a Mu'āṣira*）』は，シリア・レバノンにおける正規版とエジプトにおける海賊版だけでも数万部販売され，さらに，同書が発禁などの処分を受けているサウディアラビアを含む他の国々でも，コピーが流通した[(29)]［Eickelman 2006: 298］。シャフルールのような人物の台頭は，多くの人びとが彼の著作を読むことができ，宗教的権威と伝統の思想を再解釈する必要性や，イスラームの概念を現代社会に適用する必要性を理解することができる前には想像できなかったことであった［Eickelman 2006: 298］。

また，イスラーム運動や思想のグローバルな動態に注目してきたアメリカ人研究者マンデヴィルの著作では，シャフルールのほか，イランの知識人であるアブドゥルキャリーム・ソルーシュ（1945 年 -），モロッコ出身の社会学者であるファーティマ・メルニースィー（1940 - 2015 年），イスラームに改宗したアフリカ系アメリカ人女性であり，クルアーン解釈で知られるアミーナ・ワドゥード（1952 年 -），インドネシアのヌルホリス・マジド（1939 - 2005 年）などの名が挙げられている［Mandaville 2007: 318］。

「権威の断片化現象」と並行して，社会現象であるイスラーム復興は，一部のウラマーの復権ももたらした。例えばアズハルで教育を受けたウラマーであるムハンマド・ムタワッリー・シャアラーウィー（1911 - 1998 年）は，エジプトにおけるテレビ放送の黎明期に台頭し，宗教相を務めるとともに，国営放送で長きにわたって活躍した[(30)]。

もっとも，既存の社会階層の制約を受けない革新的なイスラーム解釈が提示される一方で，「権威の断片化」現象は，個々人のムスリムが自らの選好に適したイスラーム解釈を選択し，時に実践としてそれに従うという点で，急進派の台頭とも軌を一にしている。

本書は，現代エジプトにおける中道的なイスラーム政治言説の発展を考察するものであるが，本来，「誰が中道の思想家か」という問いは学術的に解答を与えることのできない問題であり，当事者たる思想家・知識人・ウラマーや，読者層・聞き手であるムスリムの個々の認識に依存する[(31)]。思想の内容そのものを問う前に，「ウラマー中心主義のエジプト人」［Scott 2014: 144］とスコットが表現したように，ウラマーとしての専門的教育を受けていない知識人の思想的権威を認めない人びとや，対照的に，体制に従属的であるとしてウラマーの権威を信任しない人びとも存在する。

多様な語り手と聞き手が存在するなかで，裾野が広い概念である「中道主義」を定義することは難しい。しかし，こうした現地でのゆるやかで多様性をもった認識に厳密に立脚すると，本書で扱う思想家たちを，独自性を持つ集合体として扱うことの限界があらわれてしまう。そのため，本書では，思想を発信する側・受容する側それぞれの認識，新たな知識人が登場しつつあるというゆるやかなコンセンサス，思想的傾向や内容など，様々な分析要素を折衷的に取り入れた分析概念を用いる。序論で述べた「世俗主義によらず，時代状況を考慮したイスラーム解釈を推進するとともに，これに基づいた社会・政治改革と，公的領域におけるイスラームの役割を積極的に主張する諸勢力」を，本書では「イスラーム中道派」勢力と呼称している。そのため，バヤート［Bayat 2007: 7］が「穏健なイスラーム――より正確に言えば，消極的な敬虔さ（passive piety）」と表現したような信仰の在り方とは，穏健なイスラーム解釈や信仰実践を肯定・支持する基盤を共有しつつも，社会改革への志向性を基点とした異なる分析対象としてとらえている。

次章では，近代以降のエジプトのアイデンティティや政治イデオロギーの変遷を詳述するとともに，宗教復興以降の同国において，中道派勢力が台頭・発展した過程について考察する。

第2章

現代エジプトの形成とその特質

——エジプトにおける宗教と国家——

1　地域の重層性に関する考察

——エジプト，アラブ，アジア・アフリカ，イスラーム——

エジプトは現在の正式名称を「エジプト・アラブ共和国」という。公用語はアラビア語であり，国民の90％以上がスンナ派ムスリムである。その他には，キリスト教の一派であるコプト正教徒をはじめとする宗教的少数派が居住している。1986年の政府統計によれば，キリスト教徒の人口比は全人口の5.7％とされるが，1996年および2006年の人口調査では宗教・宗派別人口比は調査されていない(1)。この数字が実際の人口比より低く算出された可能性も否定できず，90％程度のムスリム，最大でも10％程度のキリスト教徒，その他の宗教的少数派からなる人口構成とみなすことで，研究者間で大まかな合意を見ている状態にある。また，シーア派ムスリムもわずかに居住しているが，その実数すら把握できていない状態にある。近年になってシーア派に対する攻撃の事例が報告されている(2)。

国土面積は101.1万平方キロメートルであり，全体の人口は2017年時点で約9480万人にのぼる(3)。首都カイロには，エジプト全人口の約10％にあたる954万人が居住しており，周辺都市を含めて，人口2000万人を超える首都圏「大カイロ」を形成している。地理的にはアラビア半島からシナイ半島を通じ，紅海を挟む形でアフリカ大陸の北東部へと連なっている。シナイ半島と隣接する形で，東部にはパレスチナ・ガザ地区がある。北部には2番目に人口の多い都市であるアレキサンドリアがあり，地中海に面している。西部は砂漠地帯を挟んでリビアに連なっており，南の国境は北部スーダンに連なる。

エジプトの歴史は，紀元前3000年頃のメンフィスを首都とする初期王朝時代にまで遡る。前2670年頃の古王国（第3－6王朝），前2040年頃成立の中王国（第11－12王朝），前1550年成立の新王国（第18－20王朝）をはじめとして，ナイル川を中心に古代文明が栄えた。紀元前30年にプトレマイオス朝がローマに征服されたことにより，エジプトはローマ帝国の属州「アイギュプトス（Aigýptos）」となった。紀元63年のマルコの伝道の際には，多くの住民がキリスト教に改宗したが，639年から643年にかけてアムル・イブン・アース率いるイスラーム勢力によって征服され，以降の数世紀をかけて，キリスト教徒の大多数はイスラームに改宗した。現代のエジプト人の多くは，アラビア半島から流入したアラブ人との混血を経た，古代エジプト人の末裔と考えられる［谷垣 2000: 50-51］。アラビア語で「軍営都市」を意味する用語「ミスル（miṣr）」は，エジプトのアラビア語名ともなっている。アラビア半島から進出したイスラーム勢力に征服された後，エジプトはウマイヤ朝，アッバース朝の支配下に入る。エジプト・シリアを支配下においたトゥールーン朝（868－905年）の短期的な独立があったものの，同朝の滅亡後にはアッバース朝の版図に復帰した。ウマイヤ朝の滅亡後は，アッバース朝の君主が代々カリフ位を継承していたが，10世紀にイベリア半島の後ウマイヤ朝，北アフリカのファーティマ朝の支配者がそれぞれカリフを名乗ることにより，カリフ位の鼎立状態が生まれた。

969年に，シーア派イスマーイール派の王朝として成立したファーティマ朝（909－1171年）の第4代カリフであるムイッズがエジプトを征服した。ムイッズ治下の10世紀に首都として建設されたカイロは，現在もアフリカ大陸最大の人口を擁する都市となっている。12世紀から13世紀にかけてはアイユーブ朝，14世紀はマムルーク朝の支配を受けた。16世紀以降にはオスマン帝国の属州という地位に置かれた。19世紀のムハンマド・アリーの統治下で帝国から独立し，国民国家形成が進んだが，一時期イギリスの保護国となった。1952年に王制から共和国へと移行した後，アラブ諸国との合併の試みや中東戦争を経て，その地理的範囲は著しく変動した。現在の国境が確定したのは，エジプト・イスラエル平和条約（1979 年）で定められたシナイ半島返還が完了した，1989 年のことである。(4)

降水量が年間を通じてきわめて少ないエジプトにおいて，人が居住している地域は国土のわずか 3 %にすぎない。エジプトの産業は，労働人口の約半分を占めるサービス業のほかに，ナイル川を水源とする農業生産が労働人口の約 30%を占める［Masoud 2011a: 400］。ナイル川は古代文明を生み出した源として認識されるとともに，これを水源とする農業は「エジプト国民＝農民」という意識の形成に大きく寄与してきた。

民族的構成としては，人口の 9 割がアラブ系であり，他の東アラブ諸国に比べて，比較的民族や宗教の同質性が高いと考えられる。また，他のアラブ人に比して，部族的アラブに対する血統意識は弱い。部族的紐帯は，エジプト南部や砂漠地帯で機能しているが，他のアラブ諸国に比すれば，その影響力は限定的と言えよう。

国民国家エジプトの形成過程は「エジプト人／エジプト国民とは誰なのか」という問いを常にはらんでいる。ナイル川を基盤とする水利社会であり，独自の文明を確立してきたエジプトは，国民意識を比較的容易に形成する土壌を有していたものの，当然のことながらエジプト国民は決して一枚岩な存在ではなく，「エジプト国民」という概念から疎外された少数派も含んでいる。遊牧民，アラブ系・非アラブ系の双方を含むユダヤ教徒，19 世紀に綿花経済の形成に伴って移住してきたギリシア人やシリア人の子孫などがそのなかに含まれる。南部に居住するヌビア系の少数派も，近年になってその文化復興が進むものの，エジプトのナショナル・アイデンティティにおいては周縁化された存在であった。

民族・宗教の同質性の相対的な高さにもかかわらず，エジプトが持つアイデンティティは多様かつ重層的で，前章で「アイデンティティー複合」［板垣 1992］として言及したように，状況によってゆるやかに優先度が変動するものである。エジプトが「エジプト」「アラブ」「イスラーム」という複合的な要素を持っているという認識は，知識人たちを中心として多くのエジプト人に共有されている。このアイデンティティの複合性は，近代エジプト思想において知識人たちによって頻繁に取り上げられてきた。エジプトの個性をどこに求めるかというナショナル・アイデンティティをめぐる一連の論争は「エジプト的性格（al-shakhṣīya al-miṣrīya）論」と呼ばれている。(5)

エジプトは20世紀の中東政治において「アラブの盟主」として活躍してきたが，それまでにエジプトの地理的範囲は当時の情勢に従って頻繁に変動している。古代ローマの文明的遺産とエジプトの結びつきを強調する地中海的なアイデンティティ，エジプト・ナショナリズム，「ナイル峡谷」の概念を強調しスーダンと一体化した超域的ナショナリズム，アラブ・ナショナリズム，第三世界のアジア・アフリカ諸国との連帯を強調する反帝国主義など，現在に至るまで，政治・社会状況や地理的範囲に応じて，様々なイデオロギーと社会意識の変遷があった。本章の以下の節では，本書の主題であるエジプトの政教関係や，後の章で扱うエジプトの宗教間関係を理解するうえで前提となる，国民国家エジプトの形成過程と社会意識の変容を概観する。そののち，本書の主題であるイスラーム運動の隆盛とそのなかでの中道派勢力の発展について考察する。

2　エジプト国民主義の発展とイスラーム運動の拡大

(1) エジプトの近代化と国民主義の誕生

エジプトの近代化は，エジプトが名目上はオスマン帝国の属州であったムハンマド・アリー朝期に開始された。マケドニア出身のアルバニア系の軍人であったムハンマド・アリー（1769－1849年，在位1805－1848年）は，1801年にエジプト太守として任地に到着し，実質的にオスマン帝国の権威から独立してエジプト統治を開始した。ムハンマド・アリーの統治政策は主にトルコ語を用いて行われ，当初，行政機構や軍における高い地位は，彼への忠誠度の高いアルバニア人，トルコ人，白人マムルークにのみ与えられていた。1845年以降，アラビア語が行政における公用語としてトルコ語に代わって使われるようになり，土着のアラブ系の人物が高位を占めるようになった(6)［Vatikiotis 1991: 63］。

ムハンマド・アリーは勢力の拡大をめざしてスーダン，シリア，アラビア半島へと軍事遠征を行った。しかし，イギリスの主導によるヨーロッパ列強の介入が行われ，1840年にレバノンに上陸した英国・オーストリア・オスマン帝国連合軍にエジプトは敗北した。ムハンマド・アリーはシリアとアラビア半島から撤退を余儀なくされ，同地域の支配を放棄した。これによって国民国家エジプトの基本となる版図が確立された。その見返りとして，オスマン帝国の宗主下におけるエジプト支配がムハンマド・アリー一族の権利として認められ，「太守」の名称は「副王（ヘディーヴ）」に改められた。なお，スーダンについては支配が継続された。

ムハンマド・アリーの工業化・近代化政策のうち特に重要なのが，徴兵制の導入である。農民に基盤を置いたこの徴兵制度は，それまで村落単位の帰属意識しか持たなかった農民に対して，後年の国民意識の基盤となる，より広範な共同体意識をもたらした［山口 2011: 38-39］。オスマン帝国のアブデュルメジト1世の勅令によって，1856年にはコプトにも徴兵制が適用されるようになった。この徴兵制は，エジプト国民すなわち農民という国民概念の形成にも寄与していた。徴兵制の導入の過程において遊牧民（ベドウィン）は徴兵から免除された。これによってエジプトの遊牧民は，エジプト国民概念の範疇から外れることとなった。

近代以前までアラブ・イスラーム世界において第一義的なアイデンティティであったのは，宗派・宗教的所属であった。前近代のエジプト・ムスリムの認識においても，エジプトは第一にイスラームのウンマの一部であり，これを国民国家エジプトへと変質させるためには，新たな国民意識の創出が必要とされた［加藤 2008: 115］。

リファーア・タフターウィー（1801－1873年）は，エジプト国民意識の形成という問題を追求した最初の思想家である。彼は「郷土への愛」を国民意識の基盤にあるものとみなし，この「郷土」の範囲をエジプトに設定した(7)。この郷土はエジプトに居住する全ての人びとにとって共有可能なものと考えられていた(8)。彼の思想の一部は，ムスタファー・カーミル（1874－1908年）やサアド・ザグルール（1859－1927年）に代表される，独立運動で活躍した民族主義の政治家に受け継がれている。

地中海から紅海・アラビア海を通じる形でインド洋に連なるという地理的特性から，エジプトは列強諸国にとって戦略的に重要な位置にあった。このような背景から，アッバース・ヒルミー（在位1848－1854年）からサイード（在位1854－1863年）統治期にかけて，アレキサンドリア－カイロ間（1855年開通）およびカイロ－スエズ間（1855年開通）を結ぶ鉄道が建設された。続いて一大事業としてスエズ運河の建設が計画されたが，1856年の運河建設開始から1869年の開通までに，賦役を課せられた農民たちのうち約2万人が死亡したとされる。こうした公共事業の実施は継続的かつ莫大な財政支出を要し，1876 年までにエジプトは債務不履行状態に陥り，まもなく英仏の財政的支配下に置かれた(9)。

このような政治的経緯のもと，エジプトの民族運動は，反英植民地闘争という形で登場した。1881－82 年にかけてアフマド・オラービー大佐（1841－1911 年）が台頭し英雄として扱われた背景には，国家の上層部がトルコ系の人物で占められるなかで，オラービーがアラブ系の士官の代表的人物であったこと，農村出身の人物でありエジプト国民を代表する人物とみなされたことが挙げられる。アラブ系士官として軍隊内部で台頭したオラービーは副王タウフィークに対してしばしば強硬な要求を突きつけ，1882 年には民族主義的性格の強いバルーディー内閣の軍事大臣に就任して実権を握った。5 月にはオラービーは副王の廃位を要求し全面対決に至り，それと同時期に各地でオラービーを指導者と仰ぐ民衆による反英運動が展開された。1882 年 7 月から 9 月にかけてエジプト軍と英軍が衝突した結果，勝利したイギリスは実質的にエジプトを保護国化した。1912 年には，正式に保護国化が宣言されている。

オラービー革命は挫折したが，「エジプト人のためのエジプト」をスローガンにした 1919 年革命には，職業や宗派を問わずあらゆる社会階層からなる人びとが参加した。サアド・ザグルールを指導者に戴く民族主義政党であるワフド党が，この革命を主導した。エジプト人の多くは，宗派対立は宗教的少数派の保護を口実とした西洋諸国の介入を招くということを強く認識しており，特にキリスト教徒とムスリムの連帯はいっそう強調された。対英闘争が盛んになった独立期前後においては，同じ祖国を基盤とする宗派を超えたエジプト国民としての一体性が，エジプト人にとって重要なアイデンティティとなっていた。このような領域ナショナリズムは，一般的にアラビア語で「ワタニーヤ（waṭanīya）」と呼ばれている。

ルトフィー・サイイド（1872－1963 年）は，エジプト・ナショナリズムの形成に重要な貢献を果たした人物である。青年期にはムハンマド・アブドゥフの門下に属しており，1907 年にウンマ党の創設者のひとりとなった。日刊紙『ジャリーダ（新聞）』の編集人としてエジプトの民族運動の膾炙に尽力し，1920 年代以降は政界とは距離をおいて教育を通じたエリートの養成に専念した。真の独立や国の成熟のために教育を重視するのはアブドゥフ門下の共通した特徴であったが［Hourani 1983: 181］，彼はイスラームのウンマやアラブの連帯には関心を示さず，もっぱらエジプトの近代化の必要性を主張した。ルトフィー・サイイドをはじめとするこの時期の思想家にとって，ネイションとは言語や宗教によってではなく，何よりも領土によって規定されるものであった［Hourani 1983: 176-177］。

1919年革命後，停滞する独立交渉のさなかの1922年に，イギリスは4点の留保条項を付与して，エジプトの独立を一方的に宣言した。その留保条項とは，①エジプトにおけるイギリスの通信の保障，②外国からの直接間接のあらゆる干渉に対するエジプトの防衛，③エジプトにおける外国権益および少数民族の保護，④独立はスーダンには及ばないことの4点からなるものであり，独立後も宗主国としてのイギリスの影響力は強く残存することになった。形式的な独立を果たした翌年に制定された1923年憲法は，当時もっともリベラルであると評価されていたベルギー憲法（1831年）を参考にしており，基本的人権の保障，国民主権，三権分立などの規定を含んでいた。憲法草案の起草過程で，宗派別の議席を導入する提案がなされたが，国民を分断させる条項であるとしてコプトとユダヤ教徒の委員それぞれに拒否された。1924年には最初の議会選挙が実施され，下院215議席のうち188議席を獲得してワフド党のサアド・ザグルールが初代首相に就任した。

1919年革命とそれに続く1920年代前半の対英闘争，新たに登場したリベラルな政治体制は，新たなエジプトのイメージを模索しようとする知識人の運動を促した［Gershoni and Jankowski 1986: 82］。特に，名目的独立と同じ年である1922年のツタンカーメンの墓の発見は，エジプトのナショナル・アイデンティティを古代文明に求める運動のなかでもとりわけ大きな契機となった［Reid 2003］。1920年代前半には，エジプトのアイデンティティの源流を古代エジプト文化のなかに見出し，現代におけるその連続性を強調するファラオ主義や，ターハー・フサインが中心となって提唱した，エジプトを地中海文明との連続性においてとらえる地中海主義のような思潮が登場した。古代エジプト文明は，イスラームとキリスト教のどちらよりも先に到来したエジプト人共通のアイデンティティであると考えられたため，1919年革命後のエジプトの世俗主義傾向にも合致した。イスラームはエジプト文明が経てきたひとつの段階にすぎないと考えられており，エジプト主義的なアイデンティティへの回帰が新しいエジプトの本質をなすものとみなされた［Vatikiotis 1991: 312］。

1930年代後半のパレスチナ情勢の悪化まで，エジプト国内におけるパレスチナ情勢への関心は希薄であり，イスラーム組織であるムスリム青年協会やシリア・パレスチナ系の亡命者など一部の集団に限定されていた。例外的に，1929年にアラブ人とユダヤ人の武力衝突が起こった「嘆きの壁」事件の際に，はじめてパレスチナの状況が注目された，しかし，世俗系の新聞は，パレスチナ問題を教訓としてエジプト国内の宗派の連帯を訴える論調を採り，パレスチナ問題を国内的な関心へと読みかえる傾向があった［Jankowski 1980: 6-7］。

1920年代から30年代前半のエジプト政治においてもっとも活躍したのは，ムスリムとキリスト教徒の国民統合を主張し，富裕な地主や法曹を主な支持層とする世俗リベラル系のワフド党であった。しかし，議会と国王が対立し繰り返し憲法が停止され，政党政治が機能しなくなるにつれて，国民の間にはワフド党が主導を握る政党政治への失望が広まった(10)。同時に，1930年代後半からパレスチナ情勢が悪化するにつれて，ムスリムが多くを占めるエジプト国民の間に懸念が広がったにもかかわらず，エジプト・ナショナリズムという思想は有効な対策手段を打ち出すことができなかった。

(2) イスラーム運動の拡大と弾圧

近現代エジプトのイスラーム運動は，大戦間期に誕生したいくつかの大衆運動組織にその端緒を求めることができる。19世紀末からエジプトでは，ムハンマド・アブドゥフやラシード・リダーらのマナール派の思想運動が始まっていたが，1920年代にはマナール派の思想を受け継ぎながら，より大衆化された運動が出現するようになった。そのなかで，エジプトを超えて国際的にもっとも拡大したものが，1928年にスエズ運河地帯の小都市イスマーイーリーヤで，小学校のアラビア語教師であったハサン・バンナーが，6人の同志とともに設立したムスリム同胞団である。同胞団設立の前年には，YMCAをモデルとしたムスリム青年協会（Jam'īya al-Shubbān al-Muslimīn, YMMA）という社会活動に重点を置いた組織もカイロで設立されており，バンナーもこれに参加している。また，1933年に設立された「青年エジプト」は，ワフド党の流れをくむ民族主義的性格の団体であったが，1940年に「イスラーム国民党」と宗教の名を冠した名称に改め，急進的性格を強めていった。

ムスリム同胞団は当初，説教，教育活動，モスクの建設，運営など教育活動に重点を置く地域密着型の運動を展開した。当時の同胞団の支部数と団員数についてはいくつかの説が存在しており，正確な数字は判明していない。同胞団に関する古典的研究で知られるミッチェルは同胞団の支部数について，1929 年 4，1930 年 5，1932 年 15，1938 年 300，1940 年 500，1949 年 2000 という数字を挙げている(11)［Mitchell 1969: 200］。また，1946 年の時点で，国内に 500 の支部，100 万人の団員，他国に 50 万人の団員がいたとバンナーが述べている。小杉［2006: 248］では，40 年代後半には団員とシンパの合計が約 100 万人に達したとする説が紹介されており，当時のエジプトの人口が約 2000 万人と推定されていることを考えれば［横田 2006: 32］，同胞団の勢力は，当時の政治情勢にとってきわめて重要な意味を持っていた。

1939 年に行われた第 5 回総会で，バンナーは同胞団の活動の柱を次のように定義した。すなわち，①イスラームの原典へ回帰する「サラフィー主義のダアワ（呼びかけ）」，②預言者のスンナにすべてを立脚する「スンナの道」，③内面の浄化をめざす「スーフィーの真理」，④ウンマの統治・外交の改革を希求する「政治組織」，⑤責務に耐えうる強健な肉体を創出する「スポーツクラブ」，⑥知識と学習を推進する「知的・文化的団体」，⑦正しい材の活用をめざす「経済的企業」，⑧イスラーム社会の病弊を解消し，ウンマの快癒をめざす「社会思想」である［横田 2006: 34-35］。この時期には，同胞団は当時の社会・教育活動から発展して，政治・経済分野への進出をめざす総合的な活動路線を採用していた。「イスラームの包括性」に立脚する行動主義は，現在に至るまで，イスラーム思想や政治運動を貫く論理として機能している。

ヘイワース・ダン［Heyworth-Dunne 1950: 31］は，1927 年から 1947 年にかけてエジプト国内には 135 のイスラーム系団体が存在したと述べ，その性格を①宗教的，②政治的，③社会的，④慈善目的の 4 種に分類している。また，この時期のイスラーム系団体としてスーフィー教団も社会的な役割を担っていた(12)。これらのイスラーム運動のうち同胞団を含む複数の団体は，1930 年代後半から政治的性格を強め，1945 年のヌクラーシー内閣の成立以降は政府から弾圧を受けるようになった。1948 年に同胞団の解散命令を発令したことがきっかけで，ヌクラーシー首相は同胞団の特別機関によって暗殺された。その報復として，1949 年に同胞団最高指導者のバンナーが政府の秘密警察の銃撃を受け死亡した。

世界恐慌の発生語，悪化する政治・経済状況のなかで，包括的な社会改革を志向するムスリム同胞団のような大衆組織が支持を集めていった。ムスリム同胞団は元来，パレスチナに積極的な関心を有していた。1935 年にバンナーの弟アブドゥッラフマーンが，イェルサレムのムフティーであり，パレスチナの民族運動を指揮する名望家アミーン・フサイニーを訪問したのをきっかけに，パレスチナに対する義勇兵の派遣・資金援助などの活動を行った[Mitchell 1969: 55-58]。これらのイスラーム大衆運動は，エジプト社会の包括的なイスラーム化をめざすと同時に，パレスチナに義勇兵を送る運動を実施するなど，既存のエジプト国境に縛られない政治運動を志向していた。

1952 年の 7 月革命の際には，ムスリム同胞団は，革命を担った軍内部の集団である自由将校団に協力的な態度をとり，両者の間には一時的に良好な関係が生まれた。そもそも，自由将校団は，イデオロギー的には反英闘争とエジプトの現状への不満のみを共有する集団であり，組織の内部では，社会主義に影響を受けた派閥と同胞団に影響を受けた派閥が存立していた(13)[Dekmejian 1971: 21]。1953 年に結成された大衆動員組織「解放機構」では，同胞団の有力メンバーであるサイイド・クトゥブが書記長に任命された。

しかし，ナセル政権成立以降は①クルアーンに基づく統治，②統治と軍の関係，③農地改革の水準，④立憲制の 4 点の政策をめぐって政権と対立関係へと移行していった[‘Abd al-Ḥalīm 1975: 68-96]。特に，1954 年 10 月のナセル暗殺未遂は同胞団の大規模な逮捕・弾圧を招き，裁判によって，バンナーの跡を継いだ当時の最高指導者ハサン・フダイビーや同胞団幹部のアブドゥルカーディル・アウダを含む 7 名が死刑判決，7 人の同胞団員が終身刑，後の第 3 代最高指導者ウマル・ティリムサーニーを含む 2 名が懲役 15 年の判決を下された(14)[Mitchell 1969: 160-161]。ティリムサーニーを含む多くの同胞団員は，国内の様々な地域の監獄に送られ，長期の収監や重労働を経験した。また，逮捕を免れた団員も，多くが湾岸諸国やヨーロッパなどの国外へと逃れた。1965 年にもサイイド・クトゥブや女性団員のザイナブ・ガザーリーをはじめとするメンバーの逮捕，翌年のクトゥブの処刑など，同胞団に対する激しい弾圧は続き，その間の組織は地下活動を強いられた。

3　ナセル主義による国家再編

(1) 1952年7月革命と権威主義体制の確立

1930年代以降のエジプトは，パレスチナ問題に対する国民感情の盛り上がりなどから，イスラームと深く結びついた汎アラブ主義が有力な思想潮流となりつつあった(15)。また，軍のスエズ進駐の継続など，かつての宗主国イギリスの影響も根強く，外交や社会問題に対応できない既存の政権への不満も高まっていた。

1948年にイスラエルが建国され，これに反対するアラブ諸国はイスラエルに宣戦布告を行った。当時のエジプト国王であったファールークは，準備不足を懸念する閣僚の声を押し切り，国民の不満を解消するために参戦を決定したが，結果として敗北した。支配領域の変化という観点からは，第一次中東戦争の結果，エジプトはパレスチナのガザ地区を獲得した。

第一次中東戦争の敗因のひとつに，ヨルダンのアブドゥッラー国王とエジプトのファールーク国王を中心とする，パレスチナ問題の主導権をめぐるアラブ諸国の連携の欠如があった。これを受けて軍将校を中心に，現政権の打倒とアラブ統一をめざす動きが高まった［山口 2011: 305-306］。このような王政打倒をめざす動きのなかで，軍内で設立された集団のひとつが，ガマール・アブドゥンナースィル（以下ナセルと表記，Jamāl ʻAbd al-Nāṣir）（1918－1970年，大統領在任1956－1970年）率いる自由将校団（1949年設立）である。自由将校団は，反英ナショナリズムとエジプトの現状への不満を除いて，共通のイデオロギーを持たない集団であったが，中心メンバーの結束，ナセルのリーダーシップ，諜報ネットワークによる優れた情報収集，競合する他の集団や宮廷の動きをいち早く封じる能力によって，軍内部での優位を獲得した［Dekmejian 1971: 20-22］。また，軍内部におけるキリスト教徒の割合が7％であったのに比して，自由将校団の構成員はすべてムスリムであった。彼らは厳密には，士官学校の教育費を担える程度には財産のある中産階級の出身であったが，ムハンマド・アリー朝の君主と異なり，外国にルーツを持つ集団ではなかったため，「人民の息子」というイメージを打ち出すことができた［Dekmejian 1971: 21］。

1952年の7月革命によりファールーク国王が退位し，実質的に王政が終了し，自由将校団による政権が樹立された。自由将校団は革命指導評議会（Revolutionary Command Council, RCC）と改称し，国民の支持が篤いムハンマド・ナギーブ将軍（1901－1984年）を首相に任命した。(16) RCCはさらなる権力の確立をめざして，1953年1月にすべての政党の解散と禁止，財産の凍結を行った。また，革命前の1942年から7月革命までの間に閣僚を務めていたワフド党・自由党・サアド党メンバーの政治的権利と公民権を10年間凍結する決定を下し，対立する要素の排除を進めた。55年から56年にかけては，共産主義運動に対する排除も進んだ。また，学生運動についても同様であった。政党が解散させられた後，1953年の「解放機構」，56年の「国民連合」などの国民動員組織が作られ，62年の「アラブ社会主義連合（Arab Socialist Union, ASU）」へ発展解消していった。

1953年6月には正式に王制の廃止が宣言され，エジプトは共和制に移行し，ナギーブが大統領を兼任した。しかし，RCC内部ではナギーブとナセルの対立が徐々に深刻化していた。ナギーブはもともと，自由将校団のメンバーではなかったにもかかわらず，国民の支持を得るために要職に招かれた人物であり，首相を務める間に国民の間で人気と名声をさらに高めていた。また，革命の主要メンバーより年長世代に属し，立憲制への回帰をめざしていたナギーブは，RCCの議長でありながらその政策に批判的であった［Vatikiotis 1991: 384］。1954年2月にナギーブは大統領，首相，革命指導評議会議長を辞任し，首相に就任したナセルが実質的な権力を確立した。1954年のナセル暗殺未遂の際に，ナギーブはムスリム同胞団と協力していたという名目のもとに，自宅軟禁状態に置かれ，ナセルの権力基盤の確立が進んだ。

(2) ナセル主義政策の諸側面

1962年5月にナセルは『国民行動憲章』を発表し，科学的社会主義に乗り出すことを宣言した。ナセルが掲げたイデオロギーであるアラブ・ナショナリズム思想とそれに基づいた政策は，ナセル主義と総称されている。

アラブ・ナショナリズムは元来，19世紀後半にオスマン帝国統治下の東アラブ地域のキリスト教徒知識人が中心となって担った思想であり，エジプトにその起源を持っていない。ナセルの功績は，アラビア語を話し西欧列強の支配に苦しめられるエジプト国民の文化的アイデンティティとして，アラブ・ナショナリズムを形成し，大衆化したことであった［オスマーン 2011:

83］。ナセル主義はアラブ民族の統一をめざしており，エジプトはその盟主として行動することが想定されていた。1956 年に制定された憲法では「エジプトの民はアラブのウンマの一部であり，エジプトはアラブ国家である」との言明がなされ，これはナセル死後の 1971 年憲法でも維持された［Choueiri 2000: 181］。

1950 年代から 60 年代は，エジプトの地理的境界が大きく変動した時期であった。従来，エジプトを含むナイル川流域は，「ナイル峡谷」と呼称されてきた。1954 年にナセルは，スーダンをエジプト・イギリスの共同統治領とする「スーダンに関する 1899 年協定」の破棄を決定した。これはナセルが国民国家エジプトの範囲からスーダンを除くことを意味していた［加藤 2008: 127］。

ナセルはアラブの統一思想を実現するべく，他のアラブ諸国との連合を積極的に進めていった。ナセル主義の第一の試みが，シリアとの連合である。国民投票でも圧倒的に支持され，1958 年にシリアと連合した「アラブ連合共和国」は，その性急な連合とシリアによる反発から 3 年で終了した。シリアとの連合が解消された後もエジプトは「アラブ連合共和国」と名乗り続け，ナセルの死後になってようやくこの呼称は変更された。1963 年にバアス党政権下のシリア，イラク，エジプトが連邦制をとる「アラブ連合共和国連邦」案が持ち上がり，エジプト国民からも熱狂的な歓迎を受けたが［Owen 2000: 69］，ナセルとバアス党の対立のため，宣言が発行されたのみで挫折した。さらに，64 年 5 月にはイラクとエジプトの政治統合が計画されて準備作業が行われたが，イラク国内の政変を理由として 65 年 10 月に放棄された［小杉 2006: 320-321］。

ナセルの打ち出したアラブ・ナショナリズム思想は，国民の宗派的差異をできるだけ排除することをめざしていた。一方で，ナセルがアラブ・ナショナリズムを呼びかける相手はもっぱらエジプトおよびその他の地域のムスリムに集中しており，国内のキリスト教徒コミュニティに対してはもっぱら無関心であった［Hopwood 1991: 164］。

1960 年に着工されたアスワン・ハイダムは，当初は 50 年代半ばのエジプト経済の行き詰まりを打開するために構想されていた。しかしアメリカの圧力によって世界銀行に融資を断られたことから，ナセルは 1956 年のスエズ運河の国有化を宣言するに至った。続く第二次中東戦争によってアスワン・

ハイダムは完全に政治化された存在となった。

アスワン・ハイダム建設がもたらした負の遺産として，エジプト南部に居住するヌビア系住民は，居住地域からの移住を余儀なくされた。これに関して長沢［2013: 272］は，「大文字の民族主義」であるアラブ民族主義の開発理念と結びついたアスワン・ハイダムの大規模工事が，国内の少数民族の犠牲の上に成り立っていたと批判している。

反植民地主義・反帝国主義のイデオロギーを掲げるナセル政権は，アラブ域内の社会主義政権および植民地主義解放闘争の支援を積極的に行った。アルジェリアの独立闘争を軍事的・財政的に支援するとともに，イエメン内戦への介入を行った。エジプトは共和制の北イエメンを支援したが，エジプトとの地形の差や南イエメンのゲリラ攻撃に苦しみ，大きな軍事的損失を被った。イエメン内戦によるエジプト軍の疲弊は，1967 年の第三次中東戦争の敗因のひとつとしても指摘されている(17)。

1967 年 6 月のイスラエル軍の奇襲に対してエジプト軍は 6 日間で敗北し，シナイ半島とガザ地区を失った（第三次中東戦争）。エジプト軍の戦死者は 1 万人以上にのぼり，直接的な経済損失は約 10 億ドルに達した。さらに，シナイ半島を占領されたことによって，エジプトはシナイ半島の石油収入とスエズ運河の船舶通行料をも失うことになった。第三次中東戦争の敗北は，エジプトが中東問題を先導することをめざしてきたナセル主義およびアラブ・ナショナリズムの挫折を示す象徴的な出来事であった。この敗戦は，世俗的ナショナリズムの失墜として宗教復興の遠因となったほか，ナセル主義に関わる諸政策の批判も引き起こした。

ナセルは敗戦の責任を負って 6 月 9 日に辞意を表明したが，国民の慰留デモが発生したことを盾に翌日辞意を撤回し，権力基盤の再確立に努めた。その後もアラブ域内政治への関与を続け，1970 年 9 月にヨルダン政府とパレスチナ解放機構（PLO）の間で発生したヨルダン内戦を，緊急アラブ首脳会議を招集して調停した直後に急逝した［山口 2011: 351］。

後任のサダト（Muḥammad Anwar al-Sādāt）（1918－1981 年，在任 1970－1981 年）は，脱社会主義政策をとり，自らの対抗勢力であるナセル主義勢力の排除を進めていった。特に周辺諸国の反対のなかサダトが推し進めた 1978 年のキャンプ・デーヴィッド合意，1979 年のエジプト・イスラエル平和条約は，エジプトがアラブの盟主としての路線を放棄し，エジプト一国主義への道を本格的に歩み出したことを意味していた。

その後のアラブ諸国は，民族の統一という路線を放棄し，既存の国家システムの存在を前提としながら，外交などによって国同士の経済・政治協力を模索していく新たな地域システムの編成へと移行していった。アラブ域内での人の移動は現在に至るまで活発に続いており，文化的な融合が1970年代以降進行している。しかし，アラブ統一を提唱するナショナリズムであるナセルの思想に共鳴する人びとは，現代エジプトにも一定数存在し続けている(18)。

4　イスラーム復興運動の展開

(1) サダトのイスラーム勢力宥和策と対イスラエル和平

第三次中東戦争の敗戦に象徴されるアラブ民族主義の挫折とサダト大統領の政策を背景として，イスラーム復興運動が社会のあらゆるレベルで顕著となったのは1970年代のことである。

1970年のナセルの死去に伴って，当時副大統領であったサダトが後任の大統領に就任した。大統領に就任した当初のサダトは明確な権力基盤を持っておらず，前大統領派の左派勢力を排除することが彼の重要な課題となった。そのための対抗手段として，かつて7月革命の際に自由将校団と同胞団の連絡役を務め，従来イスラーム運動と距離が近い立場にあったサダトは，イスラーム勢力を動員する政策を採用した。投獄されていた同胞団系政治犯の釈放や亡命者の帰国を許可するなど，イスラーム運動に対する規制を緩和し，自らを信仰の篤いムスリムとしてアピールする戦略を採った(19)。

サダトは自らの権力基盤を確保するために，当時エジプトの大学で強い影響力を持っていた左派系の学生組織に対抗して，各地の大学に「イスラーム団」と呼ばれる学生組織を設立した。当初この集団は，試験用テキスト・コピーの廉価販売，男女別スクールバスの実現，セミナーやキャンプの開催などの社会活動を学生に対して実施していた［横田 2006: 113］。ナセル期にはほとんど関心を払われていなかったスーフィー教団に対しても奨励策がとられた。

ナセル政権期に弾圧されていたムスリム同胞団は，非合法のままではあったが活動の再開を許され，1975年3月には，投獄されていた同胞団メンバーの釈放が完了した［伊能 1993: 105］。1976年3月に同胞団が申請した宗教団体としての結成許可は却下されたものの，かつての機関紙と同名の月刊誌『ダアワ』の発行は許可された［Cantori 1981: 85］。同誌の流通部数は，1979年までに約8万部に達したと報告されている［Rutherford 2008: 83］。組織として非合法状態のままであるというジレンマは以降も長らく続いたが，1977年に医療奉仕活動を目的とする民間慈善団体として「イスラーム医療協会」を立ち上げて以来，社会活動部門に力を入れ続けた。

同胞団は，イスラーム病院における低価格での医療行為の提供，貧困地区における食料配給センターの創設，最貧困地区における人道的な支援活動などを実施した。これらの活動を通じて，政府が提供しきれない社会福祉を提供するとともに，自らのレジティマシーを主張し支持基盤を拡大していった［オスマーン 2011: 121-122］。1992年10月にカイロで発生した地震の際も，同胞団は政府に先立って，医師団の派遣など被災者の救援を行ったが，これが政府の危機感を招き，同胞団への緩和政策から締め付けへの転換点となったとする分析もある［El-Ghobashy 2005a: 381］。

このようなイスラーム勢力に対する宥和政策と並行して，1971年5月の「整風革命」によって，サダトは親ソ連派の副大統領・ASU事務局長であったアリー・サブリー（1920－1991年）らの排除に成功した。また，「門戸開放」を意味する経済開放政策「インフィターフ」によって，社会主義経済からの脱却を図った。一方，世界経済に組み込まれたことで国内では格差が拡大し，社会福祉を通じたイスラーム運動の拡大や，社会不安に起因する過激派台頭の遠因ともなった。

ムスリム同胞団のような体制外の組織ばかりではなく，与党の側もイスラーム復興に合わせて活動を拡大させた。『イスラームの旗』紙は，与党・国民民主党の機関紙『マーユー（5月）』紙の別紙宗教欄として1981年7月に創刊されたが，82年1月に週刊紙として独立した。シヴァン［Sivan 1990: 132］は，数字が水増しされている可能性を指摘しつつも，その流通部数が公式発表で70万部に達したと述べている。

モスク建設運動，女性のスカーフ着用率の再上昇などの社会現象が観察されるようになったほか，近年ではテレビやラジオを利用した説教師の活動も目立っている[(20)]。また，王政期やナセル期には，全書籍に占める宗教書のシェアは8－9%であったが，70年代にその数字を伸ばし，70年代末には19%のシェアを占めるまでになった［Sivan 1990: 131］。1981年9月8日付の政府系日刊紙『グムフーリーヤ（共和国）』の統計によれば，エジプトにおける私設モスクの数は，1970年時点での2万棟から1981年には4万6000棟に増加し，うち6000棟のみが宗教省の直接管理下に置かれていた(21)［Ansari 1984b: 129］。モスクの増加は続き，1991年時点で，当時の宗教相の発言によれば9万1000棟（うち私設モスク4万5000，小規模礼拝所1万），92年の『アーヒル・サーア（時評）』誌の統計によれば，私設モスクの数は6万棟に達した［Wickham 2002: 98］。また，人権団体である「ミドル・イースト・ウォッチ」の統計では，93年時点でエジプト国内のモスクの数は17万に達し，うちわずか3万棟のみが政府の管理下にあるとされた［Wickham 2002: 98］。

また，1970－1980年代におけるエジプト人労働者の湾岸諸国への流出も，イスラーム復興に影響を与えた。石油ブームによって個人の資産が増大し，湾岸諸国やエジプト人富裕層が出資者となって，カイロの庶民的地区での私設モスクの建設やイスラーム的な奉仕団体の発展を支援した［Wickham 2002: 122］。また，1974年から85年にかけて，300万人以上のエジプト人がサウディアラビアを中心とする湾岸諸国への出稼ぎに行っていた。その多くは下層階級・下位中産階級の出身であり，帰国後にエジプトのナイル・デルタ地方や，ナイル川上流域にあたる上エジプト地方（エジプト南部），次いでカイロやアレキサンドリアに，サウディアラビアで支配的な社会的・文化的な環境と価値基準をもたらしたとされる［オスマーン 2012: 117］。エジプトの南部にあたる上エジプト地方は，部族意識が弱いエジプトにあって，部族的紐帯が比較的機能している保守的な地域に属する。また，歴史的に人口に占めるキリスト教徒の人口が多く，しばしば宗派紛争や過激派による襲撃が発生することになった。

1971年に公布された新憲法では，第2条の国教条項に「イスラーム法の諸原則は立法の主たる源泉のひとつである」という文言が付け加えられた。さらに1980年に四つの条文について改正が行われ，国家体制に関する文言が「社会主義体制」から「社会主義的民主体制」へと改められ，ナセル主義からの脱却が強調された。1973年の第四次中東戦争（10月戦争）後，サダトは1962年に創設されたアラブ社会主義連合（ASU）から複数政党制への移行を図り，1977年にASUは実質的に解体された。第2条の国教条項は，「イスラーム法の諸原則は立法の〔唯一の〕主たる法源である」との文言に改められたが，一連の憲法改正や，イスラーム主義勢力の政治進出を通じて，西洋法由来のエジプト法をイスラーム化すべきとする声が強まり，社会的にも強い支持を得た（第4章参照）。

サダト政権期において，現代エジプトの形成上のメルクマールとなる出来事は，1977年11月のイスラエル電撃訪問に始まり，キャンプ・デーヴィッド合意を経て1979年のエジプト・イスラエル平和条約に至る一連の和平交渉であろう。サダトのイスラエル訪問に至る背景として，77年1月の食糧暴動(22)など国内の不安要素に直面したサダト政権が，負担となる外部の対立を解消する必要性を感じたことが指摘されている［Vatikiotis 1991: 415］。

1971年には，「アラブ連合共和国」に代わって「エジプト・アラブ共和国」が国名に採用されたが，これも大きな反対にはあわなかった［Owen 2000: 72］。戦争に疲弊したイスラエルとの1973年の10月戦争後の国内の空気や，エジプトはアラブのために必要以上の血を流したという国民感情は，アラブ・ナショナリズムからエジプトへの一国回帰を進めるサダトに有利に働いた。

1967年戦争の後，スーダンとリビアでそれぞれ革命政権が成立し，シリア，エジプト，リビアの間では「アラブ共和国連邦」が成立していた。しかし10月戦争によってこの連邦は自然停止し，サダトが対イスラエル和平路線を採ったことで完全に消滅した［小杉 2006: 321］。キャンプ・デーヴィッド合意によってシナイ半島が正式に返還され，現在のエジプト国境が確定した。イスラエルとの単独和平に踏み切ったエジプトは周辺のアラブ諸国から非難を浴び，エジプトは一時「アラブ連盟(23)」を除名され，連盟本部はカイロからチュニスに移された。また，84年まで「イスラーム諸国会議機構（OIC）」の参加資格も停止されている。イスラエル和平が遠因となり，1981年10月6日の，10月戦争開戦日を記念するパレードの最中に，サダトは軍内部のジハード団のメンバーによって暗殺された。

イギリスで活躍したギリシア系のエジプト史家であるヴァティキオティスは，サダト政権後期におけるエジプト人の自己認識の変化を以下のように表現している。すなわち，1970年代からエジプト人の間では，アラブ連帯の挫折に対するナセル自身の落胆を部分的に反映して，イスラエルとの和平の必要性が徐々に感じられつつあった。この感情は73年の10月戦争以降特に本格化し，アラブ民族主義政権の成立から25年ぶりに，エジプト人は「島国的な自己認識」へと戻り，エジプトの国益への関心を取り戻した［Vatikiotis 1991: 415-416］。しかし，イスラエルに対する反感が消えたわけではなく，対イスラエル政策におけるエジプトのリーダーシップと支援の大きさや，アラブ世界におけるエジプトの役割の大きさを他のアラブ諸国に対して強調する論調が生まれた［Vatikiotis 1991: 416］。サダト暗殺後，副大統領から大統領の地位に昇格したムバーラクは，キャンプ・デーヴィッド合意にそのまま従うことを速やかに宣言した。

アラブ・ナショナリズムが退潮する一方で，和平条約に根拠を持った対イスラエル関係は体制のみに限定されており，エジプト国民のすべてがこれを受け入れていたわけではない［Vatikiotis 1991: 461］。2006 年の 7 月から 8 月にかけて発生したイスラエルのレバノン攻撃に対して，カイロ大学やアイン・シャムス大学，アズハル大学の学生たちがデモを行ったが，エジプト政府はこれらのデモに対して曖昧な態度を取り続けた。さらに，同年にハマースがガザ地区の選挙で勝利を収め，イスラエルが同地区の封鎖を行った際に，ムバーラクがエジプトとガザ地区の国境を封鎖して物流を途絶えさせたことは国民の広い反発を招いた［オスマーン 2011: 247］。イスラーム政治運動の論理では，エジプトが放棄した対イスラエル闘争は，同じムスリムであるパレスチナ人を救済するものとして，エジプト人ムスリムの重要な義務と感じられ続けている。

(2) 宗教復興と 1970 年代以降のイスラーム運動

宗教復興に伴って，宗教的厳格派にあたるサラフィー主義も活発となった。サラフィーとは，「父祖」を意味するアラビア語「サラフ（salaf）」を語源とするもので，クルアーンとハディースの字義通りの解釈を重視し，ムハンマドとその教友からなるサラフの世代のイスラームを厳格に守ることをめざす人びとのことを指す。近代のサラフィー主義思想はムスリムの堕落を非難し，啓典に立ち返る側面からイスラーム改革運動と高い親和性を持っていたが，現代のサラフィー主義者は，それとは一線を画した宗教的厳格派として認識されている。武装闘争路線を採る「サラフィー・ジハード主義（salafi jihadism, al-salafīya al-jihādīya）」，政治志向の「サラフィー主義運動（salafi movement, al-ḥaraka al-salafīya）」，非政治的で教導や個人的実践に集中する「知的サラフィー主義／静的サラフィー主義（salafi quietist, al-salafīya al-ʻilmīya）」

など，内部に様々な活動，思想傾向を抱えている。

1970年代後半は，サダトが各地に設立した「イスラーム団」内部のサラフィー主義者達の間で分裂が進んだ時代でもあった。全国各地に設立されたイスラーム団のうち，カイロ大学などを中心に活動する穏健派はムスリム同胞団に合流し，一部はアレキサンドリアを拠点とする「ダアワ・サラフィーヤ（サラフィー主義の教導）」のような，教宣活動に集中する非政治的な団体へと加入していった。一方，上エジプト地方を中心に活動するイスラーム団はより急進化していった[24]。暴力の行使を拒否するムスリム同胞団の戦略は，急進化したイスラーム団には受け入れがたいものであった。社会の「倫理的腐敗」を排するため，音楽活動や洋画の上映の妨害，キリスト教徒が運営する酒屋の襲撃，映画館建設や男女混合の旅行に対する妨害活動など，共同体に対する攻撃が行われたほか［Meijer 2009: 195］，政府に対する抗議活動を通じて，一部のサラフィー主義運動はより暴力化していった。

また，同胞団が政治参加を模索しはじめたことで疎外されたクトゥブ主義的な分派の多くが，部分的にはナセル政権期の弾圧に対する反動として，急進化した「イスラーム団」や「ジハード団」，元ムスリム同胞団員のシュクリー・ムスタファー率いる「タクフィール・ワ・ヒジュラ（不信仰者宣告と聖遷）」などの過激派組織に流入していった。これらの過激派のなかには，ナセル主義がもはや担いえなくなった民族主義的なエートスが流れ込んでおり［小杉 1994: 243］，イスラエルとの和平路線を採用するサダト政権に対する敵意は激しいものとなった。

軍事工科大学でのテロ（1974年）に始まり，タクフィール・ワ・ヒジュラによるザハビー前宗教相の誘拐・殺害事件（1977年），ジハード団とイスラーム団によるサダト大統領暗殺（1981年10月），イスラーム団のスポークスマン殺害に対する報復として，マフグーブ人民議会議長暗殺（1990年），スィドキー首相暗殺未遂（1993年），イスラーム団によるエチオピア訪問中のムバーラク大統領の暗殺未遂（1995年）など，急進派勢力によるテロ事件は90年代半ばまで続いた[25]。また，1996年のカイロでのギリシア人観光客銃撃事件などでは，体制が依存する外貨収入を途絶させることをめざして，外国人観光客が襲撃の対象となった。なかでも，もっとも悲惨な事例となったのが，1997年11月に，暴走したイスラーム団の細胞が外国人観光客らの無差別銃撃を行い，日本人10名を含む外国人観光客58名，エジプト人4名を合わせて計62名が殺害されたルクソール事件であった。

これらの事件を受けて，政府が徹底的な過激派の掃討政策を行ったこと，民衆からの支持を受けなかったこともあり，これらの過激派運動は徐々に衰退していった。さらに，脱過激派政策も進められ，ムバーラク政権期には，1500人以上のイスラーム団のメンバーが，非暴力を宣誓することによって釈放された［Rubin 2013: 41］。政府による弾圧を受けたあと，多くの幹部が非暴力路線への転換を宣言するようになった。武装闘争路線を採らない宗教的厳格派であるサラフィー主義は，依然エジプトで有力な思潮として，教育活動や慈善活動などを継続した。近年までサラフィー主義勢力は地方でも組織化されていない勢力にとどまっていた。しかし潜在的な支持者は多く，サラフィー勢力は1月25日革命を通して組織化され，政治の場へと進出を図るようになった。

急進派の動きとは対照的に，1980年代以降の同胞団は，選挙を通じて権威主義体制下での部分的な政治参加をめざす大きな戦略転換を行った。エジプト憲法は今に至るまで宗教に基盤を置く政党を禁止しているため，同胞団は他の政党と連合を組み，独立系候補を選挙戦に送り込む戦略を採った。

1984年にティリムサーニー指導下の同胞団はワフド党と連合を組み，全448議席中389議席が与党・国民民主党のものとなったなかで，58議席を獲得することに成功した。そのうち8議席が同胞団系の候補者のものであり，ほかに連合に参加した非同胞団員のイスラーム系候補者が2議席を獲得した。しかし世俗主義を党是とするワフド党との協力には限界があったため，他の政党との連携が模索された［El-Ghobashy 2005a: 379］。

1987年には第4代最高指導者のハーミド・アブー・ナスル指導下で，イブラーヒーム・シュクリー率いる社会労働党，自由党と連携して「イスラーム協約」を組んで選挙に参加した。このとき有名な「イスラームこそ解決(al-Islām huwa al-ḥall)」のスローガンが用いられ，同胞団は36議席を獲得して実質的な野党第一党となった。この時同胞団は7条からなる選挙プログラムを配布し，そのなかにはコプトは完全な市民であること，シャリーアの施行と法典化は長大なプロセスであり，刑法のイスラーム化に限定されないすべての法的構造を目標としていること，政府系のアルコール工場やナイトクラブの閉鎖などを訴えた条項が含まれていた［El-Ghobashy 2005a: 379］。これに対してイスラーム団のような急進派組織は，世俗的な体制を肯定し，体制の建設に寄与するものとして，同胞団の選挙参加に否定的な態度をとった［El-Ghobashy 2005a: 379］。同胞団の選挙結果は，1990 年選挙は 1 議席に終わり，1995 年は議席を獲得できなかったが，2000 年の選挙では 17 議席，2005 年には 34 議席を獲得して実質的な野党第一党となった。しかし，2005 年選挙での同胞団の躍進によって危機感を持ったムバーラク政権は，後の章で論じるとおり，法的手段を用いて同胞団を弾圧する政策へと転換した。同胞団は法的には非合法な組織であり続けたため，同胞団を母体とする政党の登場は，2011 年の 1 月 25 日革命以降の「自由公正党（Ḥizb al-Ḥurrīya wa al-ʻAdāla）」結成を待たなければならなかった。同胞団の政治参加に伴って浮上したシャリーア施行問題については，第 4 章で詳細な検討を加える。

(3) 宗教機関アズハルの変容

さて，社会の各層でイスラーム復興が進展するなかで，伝統的なイスラーム学府であるアズハルはどのような変容を遂げたのであろうか。

アズハルは，カイロに基盤を置くスンナ派イスラーム最大の宗教組織・機構である。その機能は多岐にわたり，モスク，ウラマー組織，大学，中・高等学校，法学委員会，教導組織，出版局などを包括している。アズハル・モスクの建設は，ファーティマ朝期に新都としてカイロが造営された 970 年に遡る。当初はシーア派イスマーイール派の学院であったが，アイユーブ朝以降はスンナ派の教育機関として発展を遂げた。

アズハル総長（shaykh al-azhar）はアズハル機構全体の頂点に立つ位であり，この職位はオスマン朝期の 17 世紀に設置された。アズハル総長は「大イマーム（al-imām al-akbar）」とも呼ばれ，現在は共和国大統領による任命制となっている(26)。アズハル総長は閣僚と同格の地位を持ち，宗教相に相当する「ワクフ相」は，閣僚ではあるものの，宗教的文脈においてはアズハル総長の格には及ばない(27)［小杉 1986: 966］。

また，アズハルに関連する機関として，ファトワー庁がある。ファトワーとはイスラームに関わる法判断であり，信徒の求めに応じてファトワー発行の有資格者（ムフティー）が自らの見解を述べる。同機関のトップには，「国家ムフティー」とも呼ばれる大ムフティーが任命される(28)。国家ムフティーは，アズハル総長と等しく公の注目を集める人物だが，後者に比べて国家からの独立性が低いとみなされることがある［Brown 2012: 13］。

アズハルは，イスラームの中道主義を体現する宗教機関・教導組織としての自らのイメージを推進し，他者からもそのように受け止められている［Brown, N. 2011; Bano 2015］。バノ［Bano 2015: 84-85］は，アズハルにおける中道主義の出現をもたらした要因として，マッカ巡礼の途中にカイロに逗留した各地の学者がイスラームの多様性をもたらしたこと，10 世紀から 12 世紀にかけて，多くの学者がバグダードやアンダルシアの政治不安から逃れてカイロに向かい，地域差のある多様なイスラームがカイロで一定の収束をみたこと，アズハルの内部に様々な権威ある地位が存在していたため，組織内で多様な言説が保たれたことという三つの要因を指摘している。

アズハルは，教育・ファトワー発行・イスラーム学研究など様々な機能を担う総合的な教育・研究機構だが，教育面におけるその中道主義については，上記のマスーダ・バノの研究が現地調査に基づく豊富な情報を含んでいる。

> アズハルの中道主義的イスラームの決定的な特徴は，カリキュラムにおいてスンナ派四法学派を等しく代表していることである。……アズハルの事例では，鍵となるスンナ派の四法学派の網羅を強調することで，厳格さやワッハーブ主義的解釈の排他的な傾向に反対する穏健なムスリムへの訴えかけが行われている。アズハルのもっとも強い魅力は，ひとつの学派へのタクリード（厳格な盲従）に代わって，様々なイスラームの立場の範囲内で行われる，議論の多様性と豊かさをとらえるその能力にこそにある。これがまさに，「中道主義的」イスラームの基礎を形成するものにほかならない。［Bano 2015: 81］

一方，他の中東諸国の例に漏れず，エジプト政府も近代以降，宗教機関を自らの管理下に置くことを試みてきた。そのためアズハルは，あらゆる組織を自らの管理下に置こうとする政府とのたえまない競合関係を経験してきた。

これまで宗教機関の国家からの独立性を担保していたのは，主としてワクフ財（寄進財産）の運用による財政基盤の存在であった。しかし，アズハルの試験制度に関する詳細を定めた 1872 年以降の法令を皮切りに，アズハルに関する複数の法令が施行され，国家による改革と管理が進んだ。例えば 1908 年の法令は，アズハル総長，当時のハナフィー学派の大ムフティー，その他のマーリキー学派，シャーフィイー学派の代表的ウラマー，副王のアラビア語秘書，ワクフ局の局長からなる行政組織「高等評議会」を設け，政府によるアズハル管理の道筋を作るものであった［Dodge 1961: 139］。副王アッバース・ヒルミー2世の治下で1911年5月に施行された法令では，エジプト各地に複数存在した学院が首都のアズハルをトップとする形で正式に序列化され，アズハルの初等・中等・高等教育コースのカリキュラムの内容と修業年限が細かく定められた［Dodge 1961: 140-141］。さらに，アズハルの教師と学生の政治的な活動や，教師が許可無くアズハルの外で働くことが禁止され，欠席・欠勤に関する罰則も定められた［Dodge 1961: 142］。これにより，ウラマーの社会的な存在意義を支えてきた前提である，政治権力からの独立性と自律性が失われることとなった［八木 2011: 50］。

1952年以降，アラブ・ナショナリズムが国家イデオロギーとして掲げられる一方，革命の主力となった自由将校団のメンバーは宗教的モチーフも利用していた。自由将校団の一部メンバーは，金曜礼拝の説教の際にイスラームの偉大な指導者たちとして言及されることを好んだほか，ムスリム同胞団との対立が激しくなった1953－1954年に，ナセルはマッカ巡礼を行っている［Barraclough 1998: 237］。

ナセルは，国内ではムスリム同胞団に，国外ではイスラーム世界の盟主としての地位を模索するサウディアラビアの影響力に対抗するため，宗教的レジティマシーを独占することをめざしていた。アズハルのウラマーが改革によってナセルに従属するようになれば，それはナセルのレジティマシー確保に寄与すると考えられていた［Zeghal 1999: 374; Moustafa 2000: 5］。このような背景のもと，1961年にアズハルの改革に関する法律が施行された。アズハルの改革を規定した1961年第103号法の内容は，主に人事改革と教育内容の刷新の二本柱からなっていた。すでに1952－1953年には，アズハルのワクフ財を宗教省（ワクフ省）の管理下に置く法令が施行されており，アズハルは自律的な財政基盤を失っていたが，1961年法で正式に宗教省の管轄下に置かれ，総長職を含む人事権などの重要事項も，大統領および宗教省が統括することになった。すべての財源は国家のチャンネルを通じて分配されるようになり，アズハル出身でない官僚が組織に対して影響力を持つことになった［Moustafa 2000: 5］。1908年法で設置されたアズハル高等評議会は，政府任命の「大学教育の専門家」を3名，宗教省・教育省・司法省・財務省からなる4省の代表をメンバーに含むこととなった［Eccel 1984: 499-500］。

1911年に設立されていた，アズハル総長とウラマーの互選に基づく任命制であった「大ウラマー機構（hay'a kibār al-'ulamā'）」は廃止され，「イスラーム研究機構（Majma' al-Buḥūth al-Islāmīya）」が代わりに設置された。

一連の改革と並行して，アズハルの年間予算は，1952年から1966年の間に，153万7000エジプト・ポンドから700万エジプト・ポンドと4倍以上に増加したが［Moustafa 2000: 6］，その組織的自律性は著しく減退した。

近代教育の導入に従って，裕福なアズハル出身者の子弟は，アズハル以外の教育機関に入学する傾向が広がっており，1961年改革法の導入時点で，アズハルの学生は，主に庶民階級や農村部の出身者から構成されていた［Zeghal 1999: 376］。自然科学系科目を含むカリキュラムによって教育を受けた近代的教育機関の出身者に比して，アズハル出身者は就職市場で不利であり，アズハル出身の学生が自らの低い地位に不満を持つ事態となっていた。

教育改革としては，初頭・中等教育において自然科学系の科目が新たに追加されるとともに，従来はシャリーア学部，アラビア語学部，神学部の3学部から構成されていたアズハル大学内に，薬学部，医学部，工学部などの理系の学部が新設された。また，一般の中学・高校出身者に対しても，アズハル入学の門戸が開かれることとなった。アズハルの学生数は一連の改革を通じて増加したものの，一般の大学への入学に失敗した者がアズハルに流入するなど，むしろ学生のレベルの低下が問題となった。

アズハルは，時として政府の決定に正当性を与える機関としての役割を期待された。1953－1954年のムスリム同胞団弾圧の際には，当然政府を支持する側に回り，サイイド・クトゥブが主著『道標』（1964年）を出版した際にも，彼をイスラーム最初の異端的分派とされる「ハワーリジュ派」として批判した［Barraclough 1998: 238］。

サダト大統領がイスラエルとの和平に踏み切った際も，当時の大ムフティーであったジャーダルハック・アリー・ジャーダルハック（1917－1996年，在任1982－1996年）をはじめ，他のアズハルのウラマーやファトワー委員会も，イスラエルとの和平はクルアーンや預言者ムハンマドの見解とも一致するとの判断を下した［Skovgaard-Petersen 1997: 233–236］。

また，アズハルはスンナ派イスラームを代表する宗教的権威として，過激派に対抗する役割をしばしば期待されている。1982年にアズハル総長に就任したジャーダルハックは，ファトワー庁の大ムフティーの在任期間中，サダトを暗殺したジハード団のマニフェスト『隠された義務』(ムハンマド・アブドゥッサラーム・ファラグ著)に論駁する長大なファトワーを発行した。この功績によりジャーダルハックは，就任したばかりのムバーラク大統領によって，1981年1月に宗教相に任命された。さらに2か月後にはアズハル総長に就任し，過激派を非難する声明を発行し続けた[Skovgraad-Petersen 1997: 228; Moustafa 2000: 10-11]。

しかし，ナセル期以降の政府によるアズハル支配や度重なるウラマーの動員は，市井のアズハルに対する尊敬を減退させていた。そのため，過激派に対する正統で信頼できる神学的反論を行うという政府のアズハルに対する期待は，政府の政策そのものに起因する困難を伴うこととなった[Moustafa 2000: 11]。同時に，アズハルを管理し，動員しようとする政府の正当性にも疑いが持たれるようになった。

また，ナセルが推進したアズハル改革は，1970年代以降のアズハル・ウラマーの政治化をもたらした[Zeghal 1999]。政府がウラマーに依存するほど，アズハルの政府に対する潜在的影響力は上昇する。アズハルが政府の決定に従い続けるのと並行して，政府に対してイスラーム化を求める圧力をかける関係が生まれた。

アズハルの地位向上を模索する内部からの動きも長らく続いていた。1973年にアズハル総長に就任したアブドゥルハリーム・マフムード(1910-1978年，アズハル総長在任1973-1978年)は，公共の場におけるアズハルの地位向上のために積極的な活動を行った。彼は1976年にはアラブ諸国にアズハルへの寄付を要請する書簡を送付し，そのなかで，アズハルは常に社会主義などのムスリム社会の危険を象徴する逸脱した教義に対して闘ってきたと主張した[Zeghal 1999: 378]。アズハルの宗教的権威として機能してきた側面と，公的な地位向上を模索する側面の双方がよくあらわれた事例である。

また，アズハルの拡大は，アズハル出身でありながらも時に組織に対して批判的な言動を行う多様なウラマー層「周縁的ウラマー(peripheral ulema)」[Zeghal 1999]を生み出した。一例として，イスラーム団の理論的指導者であるウマル・アブドゥッラフマーン(1938年-)は，ファトワー発行を通じて過激派勢力に対して大きな影響を与えた。

アズハルは時に，ムスリム同胞団やサラフィー主義者，その他の独立した著作家をはじめとするイスラーム主義勢力と潜在的な協力関係をとり，世俗主義やイスラームの教義の根幹を侵す宗教研究を非難することがある。宗教復興以降，宗教批判を含む芸術作品や，聖典の無謬性に疑問を呈する研究活動に対する弾圧的批判が増加し，言論界の危機感を招いた。実際は，このような動きは1970年代以降に特徴的なものではなく，古くはアリー・アブドゥッラーズィクの1925年の著書『イスラームと統治の諸規則』ターハー・フサインの1926年の著書『ジャーヒリーヤ時代の詩について』の出版時にも，同様の批判が行われている。文学者ナスル・ハーミド・アブー・ザイド（1943－2010年）に対する訴訟事件[29]のほか，世俗主義陣営の代表的人物であったファラグ・フォウダ（1946－1992年）のジハード団メンバーによる暗殺（1992年），ノーベル賞作家であるナギーブ・マフフーズの筆禍事件と暗殺未遂[30]（1994年）など，アズハルや在野の思想家たちによる批判の域を超えて，過激派が知識人や作家を「背教者」として断罪・襲撃する事件が発生した。イスラーム思想家であり，エジプトの最高裁長官を務めたムハンマド・サイード・アシュマーウィー[31]（1932－2013年）は，サダト大統領暗殺に対するジハード団に対する厳しい判決のみならず，そのリベラルなイスラーム解釈ゆえに，アズハルをはじめとする諸勢力から激しい批判を浴び，過激派からは何度も殺害予告を受けることとなった。1995－1996年だけでも，背教の疑いで知識人に対して起こされた訴訟は18件にのぼり，7冊の書籍と1本の映画が禁止された［Rubin 2002: 169］。

あるエジプト人研究者は，この状態を「アズハルは自身を『中道的な』宗教機関として描いているにもかかわらず，アズハルとは異なるパースペクティヴからイスラームを解釈する，あらゆる批判的な分析の表現の自由を侵害している」［Sika 2012: 71］と表現している。

表現の自由の問題は，2010年代に至るまでエジプト社会で議論を巻き起こし続けているが，その背景には，宗教権威であるアズハルや同胞団，イスラーム知識人・思想家のみならず，社会における少なからぬ層が，イスラームの基礎的価値に対する批判的表現に対して敏感になるエジプト社会の宗教性の問題がある。

5　イスラーム的中道派潮流の台頭

（1）中道派思想家群の特徴と分類

以上のように，1970年代以降のエジプトでは，政治志向の有無を問わず，イスラームに基づく実践が拡大したが，一部では政治運動の過激化が進んだ。それに対抗するように，イスラームの穏健・改革的理解を提唱する思想潮流も台頭した。その背景のひとつには，1970年代以降のナセル主義の衰退に伴って，一部の左派の知識人が，部分的あるいは全面的な転向を経て，穏健なイスラームをイデオロギーとして支持するようになったことが挙げられる。

第一章で論じたように，こうした改革的な思想潮流を「イスラーム中道派潮流（tayyār al-wasaṭīya al-Islāmīya, あるいは単に al-wasaṭīya）」と形容したのが，エジプト出身のウラマーのユースフ・カラダーウィーである。また，彼より10歳ほど年長であるムハンマド・ガザーリーも，中道派ウラマーの先駆者として言及されることがある。両者はウラマーであると同時にムスリム同胞団に属していた。また，彼らほど注目を集めることは少ないものの，同胞団を脱退して西洋に活躍の場を移したファトヒー・ウスマーン，同胞団の第2代最高指導者であるハサン・フダイビーなどは，1950年代から女性の権利問題などに関する言及を行っている。また，ムハンマド・ガザーリーと同世代にあたり，エジプトの時代状況に対する危機感に基づいて，イスラーム文明に関する研究を進めた在野の著作家として，アンワル・ジュンディー[(32)]（1917－2002年）がいる。

カラダーウィーやガザーリーがアズハル出身のウラマーで，同胞団員としての活動歴を持つのに対し，1970年代後半から80年代初頭にかけてアズハル以外で高等教育を受け，同胞団とは一定の距離を置いた，独立した社会的立場で活動する中道派の思想家たちが台頭した。彼らは民主主義や人権論への共通した関心を有しており，イジュティハードに基づき現代性に適合したイスラーム理解によって，これらの問題に取り組むことをめざしている。これらの思想家は，新聞やテレビ番組など各種メディアへの登場や著作の出版を通じて，エジプトの公共空間における地位を確立していった。また，雑誌や新聞での紙上論争や，シンポジウムでの討論を通じて，異なる立場に属する知識人やアナリスト，活動家との交流を深めていった。

弁護士・文筆家のカマール・アブー・マジュド（Aḥmad Kamāl Abū al-Majd）（1930年－），エジプトの行政裁判所の判事を長く務めたターリク・ビシュリー（Ṭāriq al-Bishrī）（1933年－），弁護士のサリーム・アウワー（Salīm al-ʻAwwā）（1942年－），ジャーナリストのファフミー・フワイディー（Fahmī Huwaydī）（1937年－）が代表的な存在である。これらの人びとを，小杉［2003: 301］は「近代文明の本質を十分に理解し，現代的状況を適格にとらえたうえで，イスラーム的知の現代化をめざしている人々」として，「開明的イスラーム派」とも呼んでいる。この4名がまとめて言及される理由のひとつに，思想的な共通点もさることながら，いずれの人物も政党や特定のイスラーム運動に属さず，独立した立場を保っていることが挙げられる。

カマール・アブー・マジュドは，本業は憲法分野を専門とする弁護士である。1950年にカイロ大学法学部を卒業し，1958年に，違憲審査に関する論文で同大の博士号を取得した［Diyāb 2002: 15］。ミシガン大学への留学経験を持ち，修士号を取得している。60年代にはアズハルで公開講義を行ったことがあり，イスラーム研究機構のメンバーにも任命された。その後，カイロ大学法学部教授を務めたほか，1971年から73年にかけて青年相，1973年から75年まで情報相に任命されている(33)。イスラーム国家を支持しつつも，反テロリズムの姿勢を明確にし，体制側や世俗主義者との対話を訴え続けてきた。また，エジプトの国家人権評議会の副議長を務めていたが，2011年2月に罷免されている。主著に『対立でなく対話を』『現代イスラームのビジョン』などがある。

ファフミー・フワイディーはジャーナリスト，著作家として活動している。彼の父は司法省の役人であり，バンナー時代の初期同胞団に加わった経歴を持つ人物である。ファフミー自身は同胞団には加入しなかったものの，高校在学中の1950年代半ばに『ダアワ』紙にカリカチュアを掲載し，2回の収監も経験している［Baker 2015: 168］。その後，カイロ大学法学部を1961年に卒業した。卒業前からアフラーム紙の宗教面の編集に関わり，その後クウェートの月刊誌『アラビー』や，全イスラーム世界を対象にしたロンドンの英語雑誌『アラビア』誌の編集に携わった［Baker 2015: 169］。1984年に『アフラーム』紙に復帰し，副編集長・論説委員を経て，2006年に同職を辞した後は『シュルーク』紙上などで執筆活動を行っている(34)。主な著書に『庇護民でなく，対等の市民として』『イスラームと民主主義のために』『内部から見たイラン』などがある。イスラーム革命後のイランに最初の民間機で入国した人物でもあり［Baker 2015: 167］，近年も国際情勢に関する発言は多い。

サリーム・アウワーは，本業は商業紛争などを中心とする国際派の弁護士である。ロンドン大学で比較法学の博士号を取得した後，国内外で教鞭をとったほか，スーダンなどで法律顧問の活動を行ってきた。エジプト国内では，法曹としての立場を活かし，イスラーム主義勢力の弁護活動を行ったほか，社会学者・人権活動家のサアドゥッディーン・イブラーヒームとともに，過去の人民議会選挙の監視活動にも関わっている(35)。NGO「文化と対話のためのエジプト」事務局長，ユースフ・カラダーウィーが設立した「ムスリム・ウラマー世界連盟」初代事務局長など，様々な団体での役職を務めたほか，2012年のエジプト大統領候補に立候補したことでも知られる。著書のなかでは，特に『イスラーム国家における政治体制』が，加筆修正を重ねながら広く読まれ続けており，英訳もされている。ムスリム－コプト関係を中心とする彼の宗教共存論に関しては，第3章で詳細な検討を加える。

ターリク・ビシュリーは，フアード1世大学（現カイロ大学）を卒業後，長きにわたってエジプトの判事を務めた人物である。かつては左派の世俗主義者であったが，第三次中東戦争の敗北をきっかけに，穏健派のイスラーム思想家へと転身を遂げた代表的な人物として知られている。法曹としての知見に基づいたイスラーム法に関する著作のほか，歴史研究の著作も多く，『エジプトにおける政治運動』や『国民的枠組みにおけるムスリムとコプト』の2冊で特に知られている。民主主義の実現と国民の連帯に深い関心を持つ思想家であり，2000年代には政府批判をいっそう強めた。彼が2004年に発表した市民的不服従を呼びかける声明「私はあなたたちに不服従を呼びかける(36)」は，ムバーラクの大統領五選に反対する反政府運動「キファーヤ運動（正式名称：変革のためのエジプト運動）」が発生する部分的契機になったとする指摘もある［El-Ghobashy 2005b; Hirschkind 2012］。

近年の活動としては，2011年の1月25日革命の直後に，軍最高評議会の要請を受けて憲法改正委員会の委員長に就任し，移行プロセスの一翼を担ったことで知られている。ビシュリーの長男とアウワーの長女が結婚しているため，両者は縁戚にあたる(37)。第4章では彼の思想を全面的に扱い，国家観，宗教共存論，シャリーア施行論争をめぐる立場など，彼がこれまで論じてきた主題について検討してゆく。

サリーム・アウワー（著者撮影）

ターリク・ビシュリー（著者撮影）

本書では，これらの思想家を「中道派思想家群」として，「既存の政党や知的権威から一定程度独立して活動を行い，現代に適合した包括的なイスラーム理解を志向する，改革派の知識人からなる緩やかな集合体」と定義して，以降の章で分析の対象とする。

ディヤーブ［Diyāb 2002］は，アブー・マジュド，アウワー，ビシュリー，フワイディーの4名を「独立系イスラーム主義者」と呼び，「独立系イスラーム主義者」を選定する基準として，以下の5点を挙げている［Diyāb 2002: 26-30］。

①組織レベルでアズハルなどの宗教組織から独立しており，メディアや教育的組織からも独立していること(38)。

②アズハルに象徴される聖典主義と，広範囲にわたる個人的解釈(39)の間に自らを位置づけていること。

③思想レベルでは，自由の問題，〔エジプトやアラブ・イスラーム世界の〕過去や女性の権利に関する批判的研究に取り組むとともに，ハサン・ハナフィー（1935年-）(40)，ナスル・ハーミド・アブー・ザイド，アシュマーウィーのような革新主義者（ta'wīlī）と伝統主義者の双方から距離を置いていること。

第1章では，権威の断片化によって革新的なイスラーム解釈を行う動きが生まれていることを論じたが，これらの知的営為のなかには，革新的な解釈ゆえに，共同体のなかで限られた支持しか集めえないものもある。上記に挙げた中道派の思想家たちは，聖典の比喩的解釈を重視するような革新的な立場を採るわけではなく，彼らに対して時に護教的かつ保守的な立場に立つことがある[(41)]。一般的に上記の思想家たちは，表現の自由とは共同体の基礎的な価値体系を侵害しない範囲内で保障されるべきものであるという立場を採っている。

ディヤーブが挙げる残りの基準は以下のとおりである。

④本源性（aṣāla）を呼びかける人びとと，現代と調和することで精一杯になっている人の間に位置づけられること。

この「本源性」という語は，初期イスラームを模範とし，クルアーンとスンナの字句的解釈を模範とするサラフィー主義の立場を示唆するものだが，時代状況との調和を視野に入れ，厳格な字句主義に拘泥しないバランスのとれた立ち位置をとるのが彼らの特徴である。

⑤政治的レベルでは，実際は穏健なイスラーム主義にシンパシーを有しているにもかかわらず，自らが政治的派閥を超えた立ち位置にいるとみなしていること。

政治的派閥を超えようとする自己認識は，筆者が中道派思想家のひとりであるサリーム・アウワーに対して実施したインタビューでも確認できる。これらの思想家は，特定の派閥を形成するのではなく，「原則」に対する合意に基づき，内部に相違を抱えたままの，ゆるやかな「潮流」の形成をめざしている。

> すべての潮流は中道派潮流（tayyār al-wasaṭīya）と呼ばれるべきです。同じ集団や人びとの間に違いはあるでしょうが，彼らをともに集めることは，状況がばらばらであるよりもはるかに力強いのです。これは自然な人間の現象です。〔物事の〕80％に合意していれば，われわれは同じ潮流に属しています。しかし，われわれはまだ20％において異なる意見を持っています。……ビシュリーとファフミー・フワイディー，私自身に加え，この20年でムハンマド・イマーラの名前を加えることができるでしょう。……われわれは問題の90％に対して合意し，すべての

原則に関して合意しています。[42]

この合意を受け入れることが〔イスラームの〕中道主義の一部であることを考えれば，彼らをイスラーム中道派と呼ぶことは正しいと言えるでしょう。もしこの合意を受け入れないのならば，それは中道主義ではなくサラフィー主義です。われわれはこの合意を受け入れ，主な原則について合意しています。われわれは，正確な実態として，中道派潮流と言えるのです。これらの潮流はエジプトにおいて，これらの4人の人びと〔アウワー，ビシュリー，フワイディー，イマーラ〕によって代表されています。[43]

ここでアウワーが名前を挙げたムハンマド・イマーラ（Muḥammad ʻImāra）（1931年－）も，同じく在野の著作家である。ナイル・デルタ北部のカフル・シャイフ県出身のイマーラは，高校まではアズハルで学んだが，大学以降はカイロ大学に設立された近代的な高等教育機関であるダール・アル＝ウルームで学び，博士号を取得した。彼がアズハル学院高等部卒業後に学んだダール・アル＝ウルームは，当初アズハル出身者に対して従来の科目に加え自然科学系の科目を教授し，教員養成を図る学校として設立されたものである。ムスリム同胞団のハサン・バンナーやサイイド・クトゥブなど，通常の高校からの入学者もあったが，アズハル出身者との関わりも深い教育機関であった。

青年期には社会主義に傾倒していたが，後にイスラーム主義に転向した点で，ビシュリーと同じ思想遍歴をたどっている。近代イスラーム思想研究で知られており，アフガーニー，アブドゥフ，カワーキビーらの全集の校訂や思想研究を行っている。イマーラは，宗教教育と世俗的な大学教育の双方を享受した背景から「ウラマー，イスラーム主義者，独立したイスラーム知識人の間隙を埋めることのできる人物の例」［Scott 2012: 149］であり，アズハル内の組織であるイスラーム研究機構にも属しているほか，2015年まで，アズハルが発行する『アズハル』誌の編集長を務めた。多作で知られる人物だが，著書に『イスラーム思想の諸潮流』『イスラーム典拠の解釈・硬直化・歴史性』『イスラームと統治の原則をめぐる戦い』などがある。転向後のイマーラは，反マルクス主義の傾向を明確にするとともに，リベラルな知識人に対する論駁を目的とした著作を著した。クルアーンの研究に文学批評の手法を用いたナスル・ハーミド・アブー・ザイドや，シャリーアの原則を実現しているゆえに現行のエジプト法をシャリーアと同一視する革新的議論を行ったサイード・アシュマーウィーがその対象となった。(44)

ただし，イマーラをこうした中道派の思想家に含めるべきかについては，先行研究でも議論が分かれている。例えば，ベイカーは「イスラーム主義の陣営は，有名な独立系イスラーム主義知識人のムハンマド・イマーラによっても代表されており，時としてその見解はムハンマド・ガザーリーと近いが，同じ頻度で，〔それより〕はるかに閉鎖的で包括性に欠ける精神を表明している」と述べる［Baker 2003: 278n51］。イマーラを中道派思想家に分類しつつも，その保守的で論争的な性格について指摘するヘイギルト［Høigilt 2011］のほか，中道派思想家であるアウワーをはじめとして，著者が実施したインタビューのなかでも広く認められている。しかし，イマーラの発言の多くは，保守的なムスリムにとって，穏健かつ開明的なものとして受け止められている。

逆にアウワーの認識では，かつて同じ思想的立場にあったアブー・マジュドとの訣別が示唆されている。

> カマール・アブー・マジュドも，同じくイスラーム中道派を代表していますが，政治的立場が彼とわれわれを分かつことになりました。彼は一日目はムバーラクとともにあり，二日目はムスリム同胞団とともにあり，三日目はスィースィーとともにあり，政治的観点から一貫した立場を有していません。それゆえわれわれは，彼を中道派の傘に含めることができないのです。(45)

アブー・マジュドは，かつて青年相や情報相に就任した経歴からも推察されるように，中道派の思想家のなかでは政権に近い立場にあった人物である。近年のアブー・マジュドのメディアでの発言にはスィースィー政権を批判したものも見られるが，目立った活動は確認されておらず，彼の思想的変化を知ることは困難である。しかし，1980 年代に知識人サークルでの回覧を経て，1991 年に出版された彼の著作『現代イスラームのビジョン』［Abū al-Majd 1991］が中道派の先駆的著作となったことは確かである。このように，上記に名前を挙げた知識人たちの相互関係は複雑であり，思想的立場や他の知識人への態度をめぐる差異も大きい。

また，研究者の間には，改革的イスラーム理解を推進するこれらの思想家を「中道派思想家」と呼称することに対する批判も存在する。イスラーム運動に詳しいエジプト人研究者のワヒード・アブドゥルマジードは，以下のように述べる。

> 中道派として知られている文化人や著述家であっても，彼らのもとでそれについて研究したものを見つけることはできない。イマーラは著作や発言を通じて，彼らのなかでもっとも中道主義という概念を用いてきたが，それも〔具体的な〕定義が行われていない一般的な枠組みにおいてである。［‘Abd al-Majīd 2014］

次節で検討するアブー・マジュドの著作は例外的だが，これらの思想家は，中道主義という概念について論じるよりも，その議論の内容によって自身のイスラーム理解を示すことによって，結果として，読者や他の知識人から，中道派の思想家として認識されるというプロセスを経てきた。アブドゥルマジードの指摘は事実だが，これらの思想家たちが自らの思想的位置づけを中道（wasaṭī）かつ穏健（mu‘tadil）なものとして理解していることは，本人たちの著作や語りから明らかである。

(2) 中道派思想家群の系譜と自己認識
――『イスラームの現代的ビジョン』の分析から

ポルカ［Polka 2003］は，ディヤーブ［Diyāb 2002］のような明確な定義を行っていないものの，「中道派潮流」の主だった特徴を以下のようにまとめている。それは，①サラフィーヤ（復古主義）とタジュディード（革新）の融合，②宗教・政治・社会・法・文明的側面からなる包括的なイスラーム理解，③固定的要素と可変要素の区別，④シャリーアとムスリムによる立法の区別，⑤理性と伝統の両立，⑥社会に対するムスリムの法の段階的な適用，⑦政治・社会的構造を考慮した，他国・他民族の経験から学ぶことをいとわない姿勢の計７点である(46)［Polka 2003］。

時代の要請に応じたイスラーム思想の革新を積極的に主張する点で，彼らはムハンマド・アブドゥフやラシード・リダーら，雑誌『マナール（灯台)』に拠って活動した人びと，その思想に共鳴した人びとである「マナール派」の流れをくんでいる。また，彼らはイスラームの包括的システムとしての側面を重視し，思想と行動の一体性を重視する点で，ムスリム同胞団の創設者であるハサン・バンナーの思想の流れをもくんでいる。

アブドゥフやリダーを継承する改革派としてのこれらの思想家の位置取りは，彼らが発行を主導した雑誌名にもあらわれている。1998 年 1 月に，カラダーウィー，イマーラ，社会主義から転向したイスラーム知識人のアーディル・フサイン，シオニズムや世俗主義に関する研究で知られる英文学者アブドゥルワッハーブ・マスィーリー（1938－2008 年）らが編集顧問を務め，『マナール・ジャディード』誌（「新しい灯台」の意）が刊行された。創刊号冒頭には，1898 年刊行の『マナール』誌第 1 号冒頭に掲載されたリダーの論考「マナールの使信（risāla al-manār)」が再録されており，同誌がアブドゥフやリダーの改革思想を受け継ぐ母体として構想されていることがうかがえる。創刊当初のこの雑誌は，アズハルのウラマーやワサト党（後述）の幹部，世俗リベラル系の知識人など，多様な層がこの雑誌に寄稿し，現代イスラームに関する諸問題を論じた。

「世俗主義者たちと厳格主義者の間」に立つ存在として自己を規定したユースフ・カラダーウィーと同様に，エジプトの中道派思想家たちも，過激派に与しないことを明確に表明している。例えば，ベイカー［Baker 2003: 170］で引用されている 1992 年のアウワーの論考は，「もしイスラームが力によって権力に到達するとしたら，それは現在の状況よりはるかに悪くなるだろう。今日権力にある者たちは，われわれとの対話のなかにあり，イスラームの名によって虐殺されるより，そのほうがはるかに良いのである」と述べており，彼が過激派ではなく政府のほうを，対話可能な存在とみなしていたことが分かる(47)［Baker 2003: 170］。

さらに，『イスラームの現代的ビジョン——原則の宣言』（カマール・アブー・マジュド編）の編纂経緯や内容に関する記述を検討すると，同宣言が過激派の台頭に対する危機感をもって著されたことが分かる。また，経済的な不正義や格差の拡大，社会不安をもたらした「リベラル資本主義」，革命の目的の達成のために多くを抑圧した「社会主義」というアラブ世界の二大思潮の失敗を指摘したうえで，第三の潮流としての「イスラーム潮流」が人びとの間に根づき，成長のさなかにあることを示唆し［Abū al-Majd 1992: 37-40］，現代社会の諸問題に対してイスラーム的な見地から対処する姿勢を明快にしている。以下では，同書を資料として，これらの中道派思想家群が支持する基本的な原則と，思想界・言論界における自己認識を考察したい(48)。

『イスラームの現代的ビジョン』は，1981年にアブー・マジュドが編纂に関わった『新しいイスラーム潮流に向けて』という宣言をもとにした著作である。「科学と信仰の調和および科学的手法の採用」「女性の権利」「パレスチナ問題とアラブの連帯」「経済的秩序の確立」「世界との調和の必要性」など，合計18の主題にわたって，イスラーム中道派潮流がめざすべき立場が述べられている。この宣言は，ファフミー・フワイディーや，女性解放論で知られるイスラーム思想家アブドゥルハリーム・アブー・シャッカの協力を借りて編集された［Abū al-Majd 1992: 34］。当時150人以上のイスラーム知識人に回覧されたが，出版はされてこなかった［Abū al-Majd 1992: 23］。しかし，1991年7月に，同じ思想傾向を持つフワイディーがアフラーム紙に掲載した論説「イスラーム現象のもうひとつの顔」［Huwaydī 1991］を契機に，アブー・マジュドが出版へと動いたことが序文で示唆されている［Abū al-Majd 1992: 23］。

さて，80年代初頭にアブー・マジュドが本宣言の編纂を行った背景としては，三つの要因が言及されている。第一に，イスラームのダアワを行う者たちの多くが，「イスラーム的解決（al-ḥall al-Islāmī）」という曖昧な用語を用いていたことである［Abū al-Majd 1992: 24-25］。第二に，世界的な宗教復興によって，イスラーム復興が進んだ一方，「人類史における『一般潮流』から〔自身を〕切り離す試み」に代表される，過激な要素が登場してきたことである［Abū al-Majd 1992: 25-30］。第三に，ムスリムの間でイスラーム文明への呼びかけが広がり，一部のイスラーム運動が，誤った政治的・社会的立場からイスラームの旗を掲げた結果，アラブ，イスラーム，ムスリムに対する誤解が広がったことである［Abū al-Majd 1992: 30］。

> 「イスラーム的な中道派潮流（tayyār al-wasaṭīya al-Islāmīya）」の事柄を気に留めず，多くの若者がそのスローガンを叫び，〔彼らを〕麻痺させる儀式を行っている怒りの潮流（tayyār al-ghaḍab）を過度に強調する者たちがいる。彼らは大きな過ちに陥り，現実を読み込むことを考えてい

ない。これが〔実際に〕意味するのは，穏健（i‘tidāl）と中道（al-wasaṭīya）の潮流，イスラームの目的を正しく理解し，包括的なイスラームの源泉（maṣādiri-hi al-kullīya）および不変の明文をひとしく扱うこの潮流が，アラブとムスリムの街頭において，支持者を日に日に獲得し，影響と支持者を増しているということである。［Abū al-Majd 1992: 27］

以下の文言には，既存の宗教的権威から距離を置く思想家としての自己規定が見られる。アブー・マジュドは，現代社会におけるイスラーム法の在り方に関する見解を述べたのち，彼らの思想的立場に関して言及する。

イスラームと現代社会へのその適用を呼びかける人びとの理解において，アッラーの裁定（ḥukm）と人間の立法の区別が定着しなければならない。アッラーの裁定とは，しもべの行為に関する彼の命令であり，クルアーンの章句と預言者のハディースにおける不変の要素である。現在起こっている事案に対するこの裁定の適用については，ムスリムの法判断とムスリムの立法を通じてなされる。意見やイジュティハードが多岐にわたるその立法のなかには，あやまちも正しいことも含まれる。この理解に基づいた思想的学派に属する者たちは，イスラームの名によって公式に語る者たちではなく，その名によって人びとに忠告を行う者でもない。イスラームはその名による公式な語り手を持たず，その実践（ta-ṣawwur）において，人間とその自由と責任のなかに，誰かから監督（wiṣāya）を受けることによって〔はじめて〕許される〔という種類の〕ものは存在しない。それゆえ，彼ら〔＝この学派に属する人びと〕は，人びとに対して自らが示す思想と，人びとの間でそれによって生きる行動そのものに対して同調する者なのである。［Abū al-Majd 1992: 45–46］（傍点筆者）。

これらの思想家群も，第1章で触れた「権威の断片化」現象によって記述することができるだろう。アブー・マジュドは，『イスラームの現代的ビジョン』において，アズハルの役割に関しても言及している。

もし，われわれがアズハル，および宗教教育とイスラームの教導のため

> の機関を誇りに思い，そのウラマーと宣教者が，長い世紀にわたってイスラーム，ムスリム，人類にもたらした善や知識を指摘するのが当然のことならば，——それにもかかわらず——これらの機関の能力によってもたらされることになった悲しむべき後退についても伏せてはならない。
> ［Abū al-Majd 1992: 44-45］

中道派思想家は，イスラーム学の研究機関および教導組織としてのアズハルの役割を評価しつつ，アズハルに見られる伝統墨守的な姿勢に対してしばしば批判を加えている。しかし，実のところ，世俗主義，ラディカルな宗教批判，過激なイスラーム理解のいずれをも警戒する点で，アズハルの主流派と中道派思想家の発言は，時として似通ったものとなっている。

逆に，アズハルの中道派思想家群に対する立場も，正確に推察することは困難である。しかし，伝統的な宗教権威であるアズハルは，個々の構成員の立場は多岐にわたるものの，組織の権威に挑戦し，自身と異なる宗教的解釈を行うアクターに関して否定的な立場を取りやすい。

> ……原理主義的活動に同調的でない宗教的エリートは，長い歴史的遺産を持ち，国内外で大きな社会・宗教的名声を持つ，アズハルのエスタブリッシュメントのなかで組織化されている。彼らは国家からの支援と，説教台とメディアの双方へのアクセスを享受している。……アズハルのウラマーは一般的に，これらの宗教的権威を奪取する者たちの精神的・知的リーダーシップを受け入れようとはしない。［Eccel 1984: 520］

総じて，アズハルと中道派思想家は，「中道主義」を発信する主体として，ある種の競合関係にあると言える。国家による管理が進んで以降，アズハルの自律性や市井での信頼は低下しつつあるが，保守的なエジプト人ムスリムの多くにとって，アズハルによる中道主義の訴えかけは，内容面よりも，その確立された伝統と権威ゆえに，時に，組織力を持たない個々人の中道派思想家より優先して，あるいは両者の区別なく受容されるものである。

次節では，エジプト最大のイスラーム系勢力であるムスリム同胞団と独立系の中道派思想家の関係を検討するとともに，思想・言論界のみならず，いかにして中道主義がイスラーム系勢力のなかに拡大していったかを詳述する。

6　中道派潮流の拡大と連携

(1) イスラーム運動の中道化

これらの思想家たちの登場に加えて，同胞団が武装闘争路線からの決別を明確化し，中道化を進めつつある。さて，「復活」以降の同胞団は，リベラル系の活動家や研究者のみならず，内部メンバーから批判されるような保守的性質を残しながらも，クトゥブ主義と決別し，過激派とは一線を画すイスラーム運動組織として独自の発展を見せるようになった。さらに，他党との連携による政治参加と，社会慈善活動を通じた組織の拡大と理念の実現を主要路線とするようになった。さらに，イスラーム政治運動に対する国際社会の注目が高まっているなかで，多くの組織が外部の批判を想定して穏健な発言を打ち出すようになっているという側面も指摘できるが，内発的動機としての中道化が進んでいる面も強い。

1967年の著書『裁判官でなく宣教者』で反クトゥブ主義を明確化するとともに，1970年代以降の同胞団は，最高指導者ティリムサーニーのもとで，宣教活動（ダアワ），社会的慈善活動，他政党との戦略的連携による政治参加など，複合領域にまたがる活動を進めた。それは，過激派が既存の体制の存在をそもそも認めず，体制への政治参加も拒否するのとは対照的であった。その一方で，政治参加を放棄し，慈善活動や社会活動のみに集中することによる合法化路線は決してめざさなかった。[(49)]

中東地域の政治学・国際関係論を専門とするマーク・リンチが，「ムスリム同胞団をグローバルに見たとき，エジプトのムスリム同胞団は，クトゥブ主義の放浪者に影響を受けた一部の支部より，穏健で中道的な（*wasatiya*）方向に発展していったことを認識することが重要である」[Lynch 2010: 469]（括弧内原文）と述べるとおり，現在のムスリム同胞団は，非暴力主義に基づきつつ，イスラーム的な価値観に立脚した広範囲にわたる活動を行う中道的なイスラーム組織の代表格と目されている。

さらに，同胞団の中道化のなかでも重要なのが，中堅・若手世代の台頭である。1990年代同胞団の中堅メンバーであるアブドゥルムンイム・アブー・フトゥーフ（1951年－），イサーム・イルヤーン（1954年－），後に同胞団を脱退して「ワサト党」設立を主導するアブー・アラー・マーディー（1958年－）

らが，改革派として知られる人物である。彼らはいずれも，サダト大統領が各地の大学に設立したイスラーム団を母体として，学生運動に携わった経験を持つ[(50)]。これらのイスラーム団出身の指導者は，学生組合での活動を通じて，様々な学生のニーズをすくい上げ，異なるイデオロギーを持つ指導者たちと交渉する手腕を獲得してきた。イスラーム復興により登場した様々な組織のなかから同胞団を主体的に選択したのち［横田 2006: 115-116］，学生運動で培った手腕を同胞団での活動に活かしてきた。

さらに，これらの改革派中堅世代が活躍したのが，権威主義体制下で，人民議会と並ぶ数少ない政治チャンネルとして機能する職能組合の場である。エジプトでは，教師，弁護士，医者，エンジニアなど様々な専門職別の組合が存在するが，ムバーラク政権が「もはや回避できなくなった国政の『民主化』を，人民議会を通じてではなく，職能組合を通じて実現する」［飯塚 2001: 113］という選択を採ったため，組合内での権力掌握が国政進出のうえで重要となった。ここでも，イスラーム団から合流した中堅・若手世代のメンバーたちは，組合内で異なる政治的意見を持つ構成員も含む全体の利益形成を見据えた活動を行うことで，幅広い政治的視野と手腕を獲得するとともに，組合内での支持を強めていった[(51)]。

以下に紹介するのは，中道派の思想家がその組織からの独立性と自らの専門分野を生かして，思想的に共鳴する（元）同胞団員に対する協力を行った例である。1996 年 1 月に，同胞団の政党設立問題をめぐって，中堅メンバーである当時 37 歳のアブー・アラー・マーディーらが，同胞団首脳部にあたる指導局と対立し，新政党「ワサト党（Ḥizb al-Wasaṭ)」の設立申請を行った[(52)]。この政党は「ワサト（中道)」の名を冠していることからも見て取れるように，イスラーム文明に含まれる倫理的諸価値を強調する「文明としてのイスラーム」や「イスラーム的民主主義」などの思想を党綱領の全面に打ち出し，キリスト教徒や女性党員の受け容れに積極的な姿勢をとった。同党の創設に関わった主要メンバーのなかに，キリスト教徒知識人のラフィーク・ハビーブが加わっており，同党の姿勢を体現するかのような存在として注目を集めた[(53)]。ハビーブは『文明的中道主義――思想と運動の挑戦』のような著作を執筆しており，キリスト教徒でありながらもムスリムの知的系譜のなかで発展してきた中道主義への同調を見せている。

中道派に属する弁護士・独立系思想家であるサリーム・アウワーは，ワサト党の理念に賛同し，党外の法律顧問として同党の設立を支援し，設立申請却下の際の訴訟手続も担当した。ワサト党の政党申請は却下されたが，ワサト党メンバーが構成員の多くを占めるNGO「文化と対話のためのエジプト」の設立申請は，2000年に社会問題省の認可を得て，その事務局長にアウワーが就任した。また，アフラーム政治戦略研究所に所属する政治アナリストであり，世俗リベラルの立場に属するワヒード・アブドゥルマジードもNGOの運営委員会に加わった［Stacher 2002: 423］。

ウィカム［Wickham 2015: 68-69］によれば，のちにワサト党設立へと向かう同胞団の改革派はあくまで活動家であるため，彼らの思想的典拠として著名なイスラーム思想家の発言を引用する必要があった。ウィカムがワサト党党首のマーディー，幹部のイサーム・スルターン，サラーフ・アブドゥルカリームに行ったインタビューでは，ワサト党の政党綱領に思想的影響を与えた人物として，全員が第一にアウワー，第二にビシュリーを引用したと報告されている［Wickham 2015: 336n51］。同様に，スタッヒャー［Stacher 2002: 418f11］も，「イスラーム的民主主義に関するカラダーウィーの見解，市民社会に関するサリーム・アウワーの見解，国民的計画，司法の平等，シャリーアに関するビシュリーの見解，文化的真正性と人権の分野におけるイマーラの見解は，一般的に中道派の貢献とみなされている」と論じている。

ワサト党のような政党の登場は，同胞団との差別化を打ち出すという戦略的理由のほか，ムバーラク政権下で政治改革をめざして世俗系勢力と協働した政治的学習の結果でもある［Wickham 2004］。しかし，ワサト党の結成に臨んだ創設メンバーは，ムバーラク政権からの圧力のみならず，同胞団からの強い圧力にさらされることになった。

その後のワサト党と同胞団の関係については，横田［2006: 139］によれば，ワサト党結成時に強硬姿勢で臨んだ当時の最高指導者マアムーン・フダイビーの死去と，それに続くマフディー・アーキフ（1928－2017年）の最高指導者就任（2004年）など，両者の関係修復をうかがわせる事例も見られる。アーキフは，ワサト党の中心メンバーより年長世代に属するにもかかわらず，かつて彼らとともに同胞団の合法政党化の議論を担った経験を持つ人物である。ワサト党は同胞団との関係を危惧する政権および同胞団指導局との軋轢によって，長らく正式な設立認可を受けずにいたが[(54)]，革命後の2011年2月に正式に結党が認められ，小規模な勢力ではあるものの革命後に実施された人民議会選挙では９議席を獲得した。

また，ワサト党の設立を否定した同胞団本体も，暴力の行使を否定して合法的な政治参加をめざすという戦略の採用にとどまらず，近年では，自らの政治的見解を表明するにあたって，「中道主義（ワサティーヤ）」の語を積極的に用いるようになった。世俗リベラル系勢力からの批判に応えるため，同胞団はしばしば，自らの政治観が過激なものでないこと，人権や民主主義に対する尊重姿勢を有していることをアピールすることとなった。同胞団が2007年に国内の主要な知識人にむけて配布した綱領でも，「イスラームは信仰箇条でありシャリーアであること，宗教に強制があってはならないということ[(55)]，シャリーアはすべての市民の権利を考慮し，……イスラームにおいて過激なものはなく，同様にそれが中道の教えであり寛容のための手段であることをわれわれは強調したい」（序論）［al-Ikhwān al-Muslimūn 2007］との表現がある。聖典クルアーンの文言に由来すると同時に，人権や民主主義に関する訴えかけを含意する語として，「中道主義」という概念は，ある種のスローガンのように，イスラーム主義組織の間で積極的に共有されるようになった。同胞団の政治綱領の具体的な内容や文言については，後の章で検討の対象とする。

(2) 中道派思想家群から見たムスリム同胞団

上記で紹介した中道派のイスラーム思想家たちと，ムスリム同胞団をはじめとするエジプトにおけるイスラーム運動は，どのような関係にあるのだろうか。

中道派の端緒を開いたカラダーウィーは，1942－1943年頃に同胞団に加入した後，現在でも同胞団との強いつながりを持つ。また，アズハル出身のウラマーであるムハンマド・ガザーリーも，1953年まで同胞団政治局に属していた経歴を持つ。後に同胞団を離れて欧米で活躍したファトヒー・ウスマーン，同胞団とは異なる「左派イスラーム」の思想的アプローチを通じて，イスラーム的伝統とモダニティの関係性を追求しようとしたハサン・ハナフィーをはじめとして，ムスリム同胞団は，かつて穏健派を含む多くの知識人が参画するプラットフォームとして機能していた。多くのイスラーム知識人の青年期にあたる1930－1950年代にかけて，同胞団は広い活動展開を見せており，正式に加入するか否かにかかわらず，当時の青年層の多くにとって，身近な組織であった。

一方，ベイカー［Baker 2003: 3］が「同胞団の外から独立した批判勢力として現れた新しいイスラーム主義者たち」と形容しているように，現在では中道派の知識人の多くが，同胞団と一定のコネクションを持ちつつも，同胞団に加わることなく独立した活動を行っている。

ムスリム同胞団はエジプトにおいて，ムルスィー政権期のわずかな期間を除いて非合法組織であり，ナセル政権期には激しい弾圧を経験してきた。そのため，社会福祉に力を入れる非暴力路線を堅持する一方で，完全なメンバーシップを得るために膨大な時間を要するなど(56)，秘密主義的な側面も持つ。また，エジプト最大のイスラーム系組織である同胞団は，クトゥブ主義やサラフィー主義に共鳴する者から，イスラーム主義を掲げない組織や活動家との積極的つながりを持つ人物まで，異なる思想傾向を持つ個人や集団が併存する，多様性を持った集団である。

独立して活動する中道派の思想家たちも，実際には同胞団に対する批判も数多く行っているにもかかわらず，個人のみならず国家や社会におけるイスラームの価値を支持する立場ゆえに，しばしば同胞団と思想的に同一視されるか，同胞団員と誤認されてきた(57)。

ムスリム同胞団に対する批判の一例として，ファフミー・フワイディーは，「20 世紀を通じた現代イスラーム思想運動」と題された 1999 年のインタビュー記事で，ムスリム同胞団はかつて多くの思想を生み出す学派であったが，同胞団を脱退して一般的な潮流に加わる人びとが増えたことから，現在エジプトの同胞団に価値ある思想を見出すことはできないと論じている［Huwaydī 1999: 214］。

また，彼は同じインタビューのなかで，「潮流（tayyār）」と「運動（ḥaraka）」を比較し，前者を「思想的つながりで結ばれた多くの人間を含む幅の広い流れ」，後者を「思想的つながりを組織的つながりへと発展させるもの」と説明している。運動は計画を実現するための手段でなければならないが，いくつかの状況のなかでは目的と化してしまう。そして同胞団もこのあやまちのなかに落ち込もうとし，運動と組織の聖化が起こったとフワイディーは評価する［Huwaydī 1999: 213］。彼の構想では，ムスリム同胞団のように具体的な組織を形成する「運動」よりも，多くの人間をゆるやかな思想的連帯によって受け入れる「潮流」のほうが望ましいものとされている。

また，ターリク・ビシュリーは，エジプトの大衆運動を担った存在としてムスリム同胞団を評価する。創設者バンナーとクトゥブの思想を比較し，前者を人びとの間に広がり，その結びつきをもたらした「絆を結ぶ思想」，後者を他者からの孤立に象徴される「絆を断ち切る思想」との評価を下している［al-Bishrī 1996: 32-33］。それと同時に，バンナーの政治的日和見主義，一貫性の欠如，立場の乱用などを批判している［Binder 1988: 256］。

このように，思想として共有する部分がありながらも，中道派の思想家と同胞団は，「潮流」と「運動／組織」という違いのみならず，思想的にも異なる部分が多くある。上記のフワイディーの議論に見られるように，独立した言論活動を行う中道派の思想家は，あえて特定の運動組織を形成せず，様々な思想的派閥を受容する「潮流」に属する者であることを，積極的に評価している。これらの中道派思想家たちは，同胞団やワサト党のような組織にあえて参画せず，必要に応じたNGOやシンポジウムへの参加，政権と運動をつなぐ形での弁護活動のような形で，市民社会形成に寄与することをめざしてきた。

7　1月25日革命と政治潮流の多様化

2011年に起こった1月25日革命は，その2年後に発生した政治変動も含めて，エジプトの政治・社会・文化のあらゆる領域における変容をもたらした。エジプトの民主化運動は，2010年冬にチュニジアで発生した反政府デモの動きが中東各地に波及した，いわゆる「アラブの春」のなかで発生した。2010年12月17日に，チュニジア内陸部の都市スィーディー・ブージードで，失業中の青年ムハンマド・ブーアズィーズィーが焼身自殺を図ったことをきっかけに，チュニジアの各地に反政府デモが広がっていった。この動きはヨルダン，リビア，イラン，バハレーン，イエメン，シリアなどの中東各地に広がり，エジプトでも「警察の日」[(58)]である1月25日にカイロの中心部に位置するタハリール広場に約4万5000人が集結してムバーラク大統領の辞任を要求した。

チュニジアの反政府デモに触発されたエジプトの民主化運動は，その前段階として，2004－2005年にかけて行われた「キファーヤ運動」や「4月6日運動」[(59)]に代表される，エジプトの社会運動の流れをくむものであった。この運動は，「変革を求める3月20日運動」，ムスリム同胞団，共産党，尊厳党など，政治的指向性を異にする15の組織の連携によって生まれた［ホサム 2011: 110］。ムバーラク政権に対する直接批判というタブーを破った点，政界をリベラルにするための公的な合意形成を始めた点で意義あるものだった［Dunne and Radwan 2013: 89-90］。さらに，こうした民主化運動の起点は，ナセル体制に民主化を要求した1968年運動に求めることができる［長沢 2012a: 52-60］。

2011年にエジプトで反政府運動が起こった主な背景には，議会選挙（2010年11月－12月）におけるムバーラク大統領の次男ガマールへの権力継承を見据えた不正，それに先立って同年6月に発生していたハーリド・サイード事件(60)，2011年初頭にアレキサンドリアで発生した教会テロに対する警察の捜査(61)への怒りなどが含まれていた［長沢 2012a: 104-111］。2月6日に副大統領のウマル・スレイマーンの呼びかけで，政権・反政府勢力間で国民対話が行われた。デモの人数は2月上旬には200万人規模に達し，2月11日にスレイマーンがムバーラクの辞任とエジプト軍最高評議会（Supreme Council for the Armed Forces, SCAF）への全権移譲を発表した。

1月25日革命が国民のエジプト人意識を高揚させたことは，一般書に至るまで広く指摘されている［加藤・岩崎 2011; 鈴木恵美 2013］。特に，デモの最中に金曜礼拝が行われた際，礼拝するムスリムが攻撃されないように，コプトがムスリムを円陣で囲んだ出来事は，宗派を超えたエジプト人の連帯を示す象徴的な光景であった。

ムスリム同胞団は一連の抗議運動において，組織としては慎重な姿勢を貫き，一連のデモを通じてイスラーム的なスローガンの使用を厳しく制限した。しかし長年の組織動員で培った技術を生かし，18日間にわたって，タハリール広場内の治安維持や医療を担うことでデモを支えた［川上 2012: 249-257］。

また，長らくカタルに居住し，同胞団との関係の強いイスラーム学者であるユースフ・カラダーウィーが急遽帰国し，2月18日に，タハリール広場で金曜礼拝の説教を行った。

上記の宗教を超えた国民の連帯や，革命を通じて宗教性の薄いスローガンが用いられたことは，1月25日革命がきわめて世俗的な革命であったとの印象を与える。しかし実際には，この革命は一部の人びとに対して，エジプト人の国民意識だけでなく，アラブ諸国の一員としてエジプトを認識する意識や，イスラームの原則を重視する意識を活性化させる効果も持った。1月25日革命を通じて，ムスリム同胞団をはじめとするイスラーム政治運動およびそれを支持する人びと，従来非政治的な存在であったが革命期に政治化したサラフィー勢力，キリスト教徒など宗教的少数派の権利を擁護する立場に立つ世俗主義の支持者，アラブ民族主義およびナセル主義に同調する勢力，小規模で多岐にわたる左派勢力など，様々な政治潮流が顕在化した。

革命後には，ムバーラク政権期には認可されなかった政党の設立申請が容易に認められるようになり，諸政党が分立する状況となった。そのなかには，ムスリム同胞団の方針に反対する若手メンバーが1996年以来設立申請を続けてきた穏健派イスラーム政党のワサト党や，ジハード団を母体とする建設発展党，コプト出身でエジプト有数の財界人であるナギーブ・サウェイリスが結成した自由エジプト人党，中道左派のエジプト社会民主党，2012年大統領選挙で健闘したナセル主義者のハムディーン・サッバーヒー（1954年-）が，1996年以来設立申請を続けてきた尊厳党などが含まれている。

ムスリム同胞団も，自らを母体とする政党である自由公正党を設立した。また，同胞団内部で周縁化されてきた複数の改革派メンバーが，革命以前に比べて自由度の高まった政治状況のなかで，同胞団を脱退して独自の政党を立ち上げるか，他のイスラーム系政党へ合流する選択をとった（第5章参照）。同胞団の改革派を牽引する存在であったアブドゥルムンイム・アブー・フトゥーフは，大統領選挙出馬をめぐって同胞団から追放処分を受けた後，自らが党首となって強いエジプト党を結成した。

従来のイスラーム政治運動は，概して体制に完全に取り込まれるか，政治の場から排除されながら体制と直接対決するかのいずれかであった。同胞団が非合法化されたナセル政権期においても，ナセルは当初から同胞団の排除をめざしていたわけではない。ナセル暗殺未遂以降，同胞団はサダト政権期に活動規制を緩和されはしたものの，非合法状態に置かれたままであった。同胞団員は選挙でも独立系候補として立候補せざるをえず，かつて同胞団が繰り返してきたイスラーム法復活要求も，体制からある程度周縁化された主張にすぎなかった。

しかし，1月25日革命がもたらしたのは，同胞団の活動が合法化され，国家のイスラーム化が政治の場で議論される現実的な問題となって立ち現れるようになった状況であった。2011年から2012年にかけて行われた人民議会選挙は，組織化に失敗した青年勢力の後退をみたもののおおむね民主的な手続きを経て実施され，自由公正党が主導する民主エジプト連合が全 508 議席中 235 議席を獲得して政権政党となった。また，いわゆる宗教的厳格派であるサラフィー主義勢力も，政党を結成して議会政治の場へと進出した。サラフィー系政党の連合「イスラーム・ブロック」が獲得した議席数は，ヌール（光）党 107 議席，建設発展党 13 議席，アサーラ（真正）党 3 議席の計 123 議席となっており，自由公正党に次ぐ第 2 党になった。

さらに，2012 年 5 月から 6 月にかけて実施された大統領選挙では，自由公正党副党首のムハンマド・ムルスィーが 1 次投票で約 25％を獲得し，空軍出身であり 2011 年 1 月から 3 月にかけてムバーラク政権の首相を務めたアフマド・シャフィークと決選投票に進んだ。決選投票では得票率 48％のシャフィークに対し 51％という僅差で競り勝ち，はじめての文民出身大統領に就任した。こうしてムスリム同胞団が政権政党となり大統領を輩出した結果，エジプトのイスラーム国家化が現実的かつ本格的な問題となった。

第３章

イスラーム国家論と宗教共存構想

――サリーム・アウワーの思想的貢献――

1　はじめに

イスラーム国家におけるムスリムと非ムスリムの関係をいかに規定するかという問題は，イスラーム国家という概念が何を指すのかという問題も含めて，1970年代に始まった宗教復興以降，イスラーム政治論上の重要な論点であり続けてきた。

第1章でも触れたように，前近代においては宗教に基づく共同体（ミッラ）が基礎的な社会単位として機能しており，「ズィンマ」と呼ばれる庇護契約がムスリムのコミュニティとその他の宗教コミュニティの関係性を規定していた。近代国家の成立以降，エジプトを含むアラブ諸国の多くでは，この問題に対して，一般的に世俗主義やナショナリズムを通じた国民統合による解決が試みられてきた。しかし，1970年代以降に顕著になった宗教復興現象は，現代におけるイスラーム国家像をめぐる議論を再び巻き起こすこととなった。エジプトは人口約9480万人（2017年）のうち9割程度をスンナ派ムスリムが占め，スンナ派イスラームの中心地であるアズハルを擁する。一方で，人口の6－10%程度をコプト・キリスト教徒が占める。1970年に就任したサダト大統領のイスラーム的イメージ強化策のためもあり，エジプトでもイスラーム運動が活性化するとともに，ムスリム－コプト間の宗派紛争の件数が急激に増加している。エジプトはアラブ諸国のなかでは比較的民族的・地理的同質性が高く，1919年革命に象徴されるようなエジプト・ナショナリズムによる国民の連帯も，有力な潮流として存在し続けてきた。そのため，イスラーム運動は基本的に1970年代以降に宗派紛争を再燃させる要因として描かれ［Ansari 1984a］，運動そのものの穏健化や，イスラーム運動・思想の内部から模索されている宗派紛争解決に向けた動きは，十分評価されてはこなかった。

本章ではこれに対し，エジプトの中道派思想家たちのイスラーム国家論・宗教共存論を分析する。ハッダード［Haddad 1995］やニールセン［Nielsen 2002］など，エジプトにおける宗教共存論に関する断片的な研究に引き続いて発表されたスコットの研究［Scott 2010］は，前近代から現代に至るイスラーム国家の構造的変容に注目しながら，現代のイスラーム政治思想や政治運動の言説が，古典期のイスラーム思想を継承しつつも，異なる宗教的所属を持つ市民間の平等をいかに定式化しているかを考察した，手堅い先行研究である。古典期と現代イスラーム思想の間の時間軸を研究上の視座とし，両者の継続性と断絶を明らかにした点，中道派思想家に対するコプトからの反論にも触れている点で，同研究の学術的意義は大きい。

本章は，こうした宗教共存の理論を，より広範な中道派思想家たちの政治的マニフェストのなかに位置づけることをめざしている。本書で「宗教共存論」と呼称している彼らの議論は，いわゆる宗教間対話とは異なる次元で展開されている。実際に思想的な論点となっているのは，国民の平等原理に基づく近代国民国家と，イスラーム主義勢力が擁護する「イスラーム国家」の理念が両立するのかという問題であり，その宗教共存論の検討にあたっては，各勢力が掲げる「イスラーム国家」像の詳細が明らかにされなければならない。また，宗派対立の遠因を検討すると，政府による政策に宗派問題を深刻化させる要因があることが判明する［Elsässer 2014］。その点でも，長らく政府批判を行ってきた中道派思想家の打ち立てる政治理論は検討に値する。

本章の後半部では，中道派に属するイスラーム思想家であるサリーム・アウワーに焦点をあて，彼の国家論と宗教共存論に検討を加える。アウワーは法律家およびイスラーム思想家として国際的に活躍してきたが，2012年エジプト大統領選挙に出馬するなど，現在もエジプト政界に対して強い関わりを持つ。彼の思想の検討を通じて，エジプト政治や社会の変動と連関し続けている，中道派のイスラーム国家論の発展を明らかにできるものと思われる。

また，ムスリム同胞団の政治綱領とアウワーの思想を比較することで，先行研究において長らく区別されてこなかった両者の思想的相違を明らかにし，エジプトの政治・宗教言説の多様性を明らかにする一助としたい。

本章で留意したいのが，これらの思想家の発言や思想を過度に美化することなく相対化しつつ，その思想的意義を評価することである。世俗的なリベラリズムを擁護する論者たちだけでなく，イスラーム主義運動に従事する当事者，知識人，文筆家など多くの人びとが，宗教復興以降，あるべき宗教間関係について発言している。彼らの発言の典型的な例が，イスラーム世界における宗教的マイノリティに対する寛容性の強調である。しかし，エジプトのユダヤ教徒の離散について研究したベイニンの以下の発言は，常に留意されるべきであろう。

> 中世のユダヤ教徒が，キリスト教ヨーロッパよりもムスリムの土地において，一般的によりよい扱いを受けていたことには，多くの研究者が賛成するだろう。そして，現代のアラブ系ユダヤ教徒の歴史には，ナチスによる大量虐殺に比較しうるものは何もない。しかし共同体と個人は，特定の瞬間に生きるのであって，広範な歴史的傾向のなかに生きるのではない。たとえわれわれが，市民的平等という基準によって判断しないとしても，それは啓蒙主義以前のヨーロッパと同様，前近代のムスリム世界においても実現していなかった理想であり，エジプトのユダヤ教徒に対する社会的に構造化された差別は，時折発生する事例というレベルを超えて存在してきた。[Beinin 1998: 17]

歴史的に見られた非ムスリムに対する寛容と，現在まで続く構造化されてきた差別は，両立しうるものである。また，本書では，こうした構造化された差別の淵源を，ムスリムの感情のみに求める立場を採らない。エジプト政府の政策やエジプト司法も，その責任の一端を担っている。そのために，本章ではまず，ユダヤ教徒をはじめとするムスリム・コプト以外の共同体の歴史をたどることで，エジプトにおける宗教共同体の存立構造そのものが，20世紀前半の社会運動と国家政策の結合した結果であることを論じたい。

2　ユダヤ教徒の国外流出とシオニズム

現代エジプトの宗教間関係について論じる際，問題となるのは，ほとんどの場合ムスリムとキリスト教徒の関係である。人口の約1割を占めるコプトは政治的にも大きな存在だが，国民国家としての現代エジプトの形成過程に関与していたのは，決してムスリムとコプトだけではない。エジプトには1950年代まで数万人のユダヤ教徒が居住していたが，政治的事情から国内で排除され，そのほとんどが海外へと流出した。本節では，現代の政治・宗教言説において捨象されているエジプトのユダヤ教徒について部分的に触れ，ムスリム－コプトのみから構成される宗教間関係について問題提起を行いたい。

エジプトのユダヤ教徒は，アラビア語話者である土着のラビ派や非オーソドックスのカライ派，16世紀以降エジプトに移住してきたその他の多くのユダヤ教徒から構成される，ベイニンが「異種混淆」と表現したようなコミュニティであった。カライ派，ラビ派ら土着のユダヤ教徒の人口は，7万5000人から8万人と言われたエジプト・ユダヤ教徒のうち，1948年時点で2万人程度を占めていたと考えられる［Beinin 1998: 2］。

> 異種混淆性は，決してエジプトのユダヤ教徒に特有のものではない。それと分かる文化的・政治的な統一体としてのエジプトの長い歴史をナショナリストたちは誇るけれども，それは〔実際には〕セム的要素や，アフリカ的な要素によって構成されてきたものである。多神教徒，ムスリム，キリスト教徒，ユダヤの宗教文化，アラブ・イスラーム的なハイカルチャーの伝統，日常言語の生き生きとした様式。エジプトはギリシア，ローマ，キリスト教，アラブ・ムスリム，そして近代ヨーロッパの文化的要素を，結果として「エジプト人」性を減じることなく，吸収してきたのである。［Beinin 1998: 6］

こうした異種混淆性が，ユダヤ教徒の国外流出や，20世紀の歴史言説，宗教復興以降のエジプトにおいて，ある程度実態を失い，捨象され，認識されがたくなっていることは否定できないだろう。

16世紀にスペイン系のユダヤ教徒（スファラディーム）がヨーロッパでの迫害から逃れてオスマン帝国統治下のエジプトに移住し，その後19世紀の副王イスマーイール統治期に，綿花経済の形成に伴って東ヨーロッパから移住する人びとが現れた。1860年代から1897年までにエジプトのユダヤ教徒人口は6000人から2万5000人に増加し，うち約半数にあたる1万2507人が外国籍の保有者であった［Cohen 1973: 47-48］。ロシア・東欧系であるアシュケナジームとスファラディームのユダヤ教徒はヨーロッパ居住区に居住し，カピチュレーションによる特権を享受していた。彼らの多くが西洋式の教育を受けており，アラビア語能力には乏しかった。対照的に，イエメンや南アラビア系のユダヤ教徒は自らのシナゴーグの周辺に居住していた［Krämer 1989: 112］。

1920年代まで，エジプトのユダヤ教徒の地位はおおむね安定した平和的なものであったと考えられる。中産階級のユダヤ教徒とムスリムの関係がほぼ商取引の領域にのみ限定されていたのに対し，ユダヤ教徒のエリート家庭は，ムスリム，コプト・キリスト教徒，レバント系，ヨーロッパ系のエリートと教育や生活様式，利害などを共通させており，密な交流を保っていた［Krämer 1989: 229］。ユダヤ教徒と他宗教のコミュニティの交流の低さに関しては，個人に対して適用されるそれぞれの宗教法の違いや，それに起因する通婚の少なさがその背景として指摘できる(1)。中東における宗教のありようとしてある程度共通していることだが，宗教共同体（ミッラ）ごとの集住が見られる地域の場合，異なるミッラに属する信徒同士の交流は限定的なものになることが多い。一方，それぞれの宗派のエリート層や名望家層は，共通の利害のために交流を持つ傾向がある。

1930年代のエジプト社会は，大衆運動の広がりとアラブ主義への同調という新たな現象をみた。30年代から悪化したパレスチナ問題は，エジプトの民衆の間の多くにパレスチナ人への同情的な空気を呼び起こし，アラブ主義的への同調が見られるようになった。このアラブ主義は，かつて歴史的シリアで展開された文化的なアラブ主義とは異なり，イスラーム的傾向を強く持ったものであった。

第二次世界大戦期前後にヨーロッパでシオニズム運動が盛んになり始めたことは，エジプトのユダヤ教徒社会に大きな影響を与えた。しかし，そもそも，シオニズムの背景となったヨーロッパのような「ユダヤ人」に対する人種差別[(2)]はエジプトには存在していなかった。近代ヨーロッパで発生した「反セム主義」は，ユダヤ系を中心とするいわゆる「セム語族」「セム系民族」を攻撃対象とする風潮であったが，アラブ諸国ではユダヤ教徒もムスリムもひとしくセム系とされるアラブ民族であるため，反セム主義の主張自体が効力を持っていない。パレスチナ問題発生以前のアラブにおいてユダヤ教徒に対する差別は皆無ではなかったが，それは人種に基づく差別ではなく，ムスリムと非ムスリムという二分法や政治的事情に由来するものであった。

ヨーロッパ由来のシオニズム運動に対して，数世代にわたってエジプトに居住してきたカライ派などの土着ユダヤ教徒はほとんど耳を傾けなかった［長沢 2012b: 253］。また，スファラディーム系の指導者層も，伝統的な共存の枠組みが維持されることを望み，シオニズムの主張を容易に受け入れなかったと考えられる［長沢 2012b: 253］。また，シオニズムの流入によってエジプト社会における彼らの地位が脅かされることを恐れたことも理由のひとつに考えられる。スファラディーム層のハハム・バシー[(3)]であるハイイム・ナフームなど，指導者のほとんどは，エジプト国家への忠誠とパレスチナ人への連帯を表明した［臼杵 1998: 133］。

しかし，本来エジプトや他のアラブ諸国のユダヤ教徒とは無関係に進行したパレスチナにおけるシオニズム運動は，シオニズムを受容したのが一部のユダヤ教徒に限定されていたのにかかわらず，ムスリムのユダヤ教徒に対する敵意を呼び起こすことになった。

ムスリム同胞団や青年エジプト党が主導した反ユダヤキャンペーンに対して，当時の政権は特に積極的な干渉を行わなかった。ユダヤ教徒の陰謀論を説く冊子も多く流通した。ヨーロッパのファシズム思想がエジプトに流入し始めたこと，1942 年以降ドイツ軍がエジプトの西部から北アフリカに向けて侵攻しつつあったこともユダヤ教徒を脅かした。この頃のエジプト政治は，政府がイギリスに対して強攻策をとることができず，国王と議会の対立のなかで議会政治が機能停止状態に陥っており，大衆動員による「街頭の政治」が力を持ち始めた時代であった。特に，ムスリム同胞団や青年エジプト党など，反植民地主義を打ち出すイスラーム系組織が増加しつつあった。1936 年にアングロ＝エジプト条約によってイギリスがエジプトの治外法権の廃止と国際連盟加盟を支援することが決定され，実際に 1937 年のモントルー条約によってカピチュレーションの正式な廃止が宣言された。これは富裕層のユダヤ教徒が危機感を覚える大きな契機となった。

1945年11月2日に，青年エジプトのメンバーの主導によってカイロのユダヤ教徒地区の襲撃が行われた。シナゴーグへの放火が行われたほか，病院，老人施設，ユダヤ教徒の店舗が被害を受けた。被害を受けた店のなかにはムスリムやキリスト教徒が経営する店舗も含まれていたが，これはユダヤ教徒の店と区別ができなかったことによる［Cohen 1973: 49］。

1947年7月に施行された会社法も，ユダヤ教徒の地位を悪化させる結果を招いた。同法は，合弁会社の取締役会の40％以上をエジプト国籍保有者とするよう定めるとともに，労働者に占めるエジプト国籍保有者の数を75％以上とし，全給与のうち65％以上をエジプト人労働者に配分するよう明記した［Cohen 1973: 88］。これは外国企業の排斥をめざした法令であったが，当時のユダヤ教徒のうちエジプト国籍を保有している者は15％にすぎなかったため，彼らにとって大きな打撃となった(4)［Cohen 1973: 49-50］。

1950年1月に第5次ナッハース内閣が成立し，ワフド党が再び政権の座につくと，反ユダヤ政策は一旦停止した。その後7月革命を経てナギーブ将軍を首班とする政権が成立しても，反ユダヤ政策は行われなかった。

その後成立したナセル政権は，1954－1955年初頭にかけて，イスラエルのスパイ容疑などを理由に数十名のユダヤ教徒を逮捕したのを皮切りに，反ユダヤ政策を進めていった。1956年のスエズ戦争の際には，政府が敵性国民と指定した人びとの資産凍結や身柄拘束が実行された。その対象にはイギリス・フランス系の資本に加えてユダヤ教徒の資産も含まれていた［長沢 2012b: 256］。ナセルはシオニストとユダヤ教徒の差異を意識的に矮小化し［Beinin 1998: 245］，パレスチナ問題に干渉する際に，必ずしもシオニズムに同調していなかった国内のユダヤ教徒を敵性国民として措定する政策を採った。国外に出自を持つことが多いエジプトのユダヤ教徒は，エジプト・ナショナリズムにもアラブ・ナショナリズムにも包摂されえない存在であった。

スエズ戦争を契機としてユダヤ教徒の国外流出は本格化し，1956－1957年にかけて4万人から5万人が国外に移住した［Krämer 1989: 221］。1967年時点の国内人口は2500人から3000人程度に減少し，80年代以降は300－400人程度になったと考えられている［Krämer 1989: 221］。1998年に国内の研究機関から出版された『エジプトの宗教状況1995年』第2巻では，エジプトに居住するユダヤ教徒の人口は100人以下で，その大半が高齢に達すると推計されている［‘Abd al-Fattāḥ 1998: 108］。

現在のエジプトでは，イスラーム（特にスンナ派），キリスト教，ユダヤ教の3宗教が公認宗教としての地位を得ている。しかし天啓宗教のひとつとして公認を得ていたとしても，エジプトのナショナリズムの歴史のなかで，ユダヤ教徒は排除されてきた。

国家としてのエジプトは，世俗的性格を持つものとして描かれがちだが，ナセル政権は，現代のエジプトの宗教共同体の存立状況に対して非常に操作的な役割を果たしたと言える。世俗主義的であるか，宗教的性格を持つかにかかわらず，国家権力はその性格として，国内の宗教的共同体に対して権力を行使し，介入しうる存在である［Scott 2017］。1920年代までのエジプトは，コプトのほかに多様な出自からなるユダヤ教徒や，ギリシアやシリアからやってきた外国人などの多くのマイノリティを抱えていた。エジプト社会は，30年代以降に流入したシオニズムやイスラームと強く結びついたアラブ主義などによって分断されていくことになった。エジプトはその後，権威主義体制の動員政策のもとで，ムスリムとキリスト教徒――特にコプト正教徒ののみの二者のみから構成される国民統合を模索する方向へ舵を切っていった。

3　コプト教会のエジプト性

(1) エジプト・コプトの概要

エジプト政府の公式統計は，エジプトの全人口の6％程度をキリスト教徒としているが，土着の教会であるコプト正教会は，実際の数字は20％に達すると強く主張している。ナセルに近い立場にあった知識人のムハンマド・ハサネイン・ヘイカルは，1983年の著書で，ナセル時代に実施された統計に基づいて，コプト人口を人口の11.6％と推計しており，ある研究者はこれを「現実的な数字」と評している［Tadros, M. 2013: 33］。ただし現在では，政府の提示した6％という数字は毎年増加するコプトの移民数を考慮すれば不自然と言えるほど少なくはなく，統計が取られた時点での最小値であったと考えられている［Ibrahim, S. 1996］。そのうちエジプト土着の教会であるコプト正教会に所属する信徒が約95％を占め，中東に居住するキリスト教徒最大のコミュニティを形成している。

「コプト」の語源は，ギリシア語でエジプトを意味する「アイギュプトス

(Aigýptos)」から派生したとする説が有力である。エジプトのキリスト教化は，ローマ帝国支配下の紀元42年頃に聖マルコの伝道によって開始され，その後4世紀ほどをかけて進行した。ディオクレティアヌス帝時代には迫害を受け，その後キリスト教五大総主教座のうちひとつがアレキサンドリアに置かれるなど，エジプトは古代キリスト教世界の中心地のひとつとして発展していった。

451年に開催されたカルケドン公会議において，エジプトの諸教会を統括する立場であるアレキサンドリア総主教キュリロスは，キリストに神性と人性の両方が宿るとする両性説を否定した。この結果，アレキサンドリア総主教座は，三位一体を主張するローマ・カトリックから分離して，代々総主教を戴く非カルケドン派東方教会に属する独立した教会として発展した。これが現在のコプト正教会にあたる。その他に，コプト・カトリック（ローマ法王の首位権を認めるが，コプト典礼を維持する点でローマ・カトリック教会と異なる），プロテスタント教会の中心として独立したコプト福音教会などの諸宗派が存在している［谷垣 2000］。現在では，「コプト（qibṭ/aqbāṭ）」はコプト正教会の信徒に限らず，エジプトのキリスト教徒全体を指す呼称として用いられている(5)。

しかし7世紀にアラビア半島からイスラームの侵入を受けた後，住民のイスラームへの改宗が徐々に進んでいった。コプトはイスラームの支配下で庇護民（ズィンミー）としての扱いを受けた。キリスト教徒のみならず，ユダヤ教徒やムスリムにとっても悪政で知られるファーティマ朝の君主ハーキム（在位996－1021年）のもとでは，コプトの男性に対する重量のある十字架と黒いターバンの着用義務，馬への騎乗の禁止，教会の大量破壊など，差別的規定の発布と迫害が行われた。また，マムルーク朝期にも数度の大規模な迫害を受けている。現在エジプトに居住するコプトは，イスラームへの改宗を行わなかった人びとの子孫である。古代エジプト語の流れをくむエジプトの日常言語であったコプト語は，マムルーク朝期に日常言語としては完全に消滅し，現在は典礼の際に使用されるのみである。

現在，コプトの居住地は，首都カイロ（特にショブラー，ヘリオポリスなどの北部），アレキサンドリア，上エジプト（特にミニヤーとアスユートの2県）に集中しており，ムスリムに比べて都市部への居住割合が多いことが指摘されている。1976年の統計ではあるものの，コプトの県民人口に占める割合は，上エジプト地方のアスュート県で19.99%，ミニヤー県で19.38%，ソハーグ県で14.16%に達する［谷垣 2000: 53］。

農村部では農業に従事しているほか，都市部ではゴミ収集人から会社員，会社経営までコプトが就く職業は，ムスリム同様多岐にわたる。特に薬剤師や弁護士などの分野にコプトが多い。コプトは断食，イースター，クリスマスなどの宗教行事や，コプト独自の名前[(6)]や入れ墨などの習慣を持つ。

古代エジプト人の流れをくむ人びとと，7世紀以降エジプトに侵入してきたアラブ人は通婚により完全に混血が進んだと考えられており，ムスリムとコプトはほとんどエスニックな出自を共有している。ムスリム女性のスカーフやコプト独自の入れ墨などの慣習を除いては，外見だけでムスリムとキリスト教徒を区別することは困難である。農村部では，両者は灌漑設備や農耕に関する行事を共有しており，生活習慣は非常に似通っている。そのため，農村部のコプトにとっては，都市に居住する富裕層のコプトよりも，むしろ同じ農村のムスリムのほうがより近しい存在である。もっともこのことは，ムスリムとコプトの間に同胞意識が生まれることを必ずしも意味していないが，20世紀を通じて，両者の交流はますます深まっていった［Carter 1986］。一方で，コプト教会は，自分たちが古くからナイル峡谷に住み続けてきた古代エジプト人の末裔であること，「真のエジプト人」であることを強く主張している［Hasan 2003: 20］。

宗教復興以降に頻発した宗派紛争やコプトに対する襲撃のほか，現代のエジプト社会でコプトが直面する困難としては，以下のような事例が挙げられる。まずは，公的セクターにおける代表性の低さである。歴史的にコプトが活躍してきた部門である財務省では，現在でも比較的コプトの占める比率が高いものの，秘密機関や国家機密に関わる省庁では，「安全保障上のリスク」に関わる存在として，コプトの採用率は非常に低い［Pennington 1982: 169］。差別の存在を予見して，若いコプトが特定の職業を最初に自身のキャリアから排除してしまうことが，特定の職業における代表性の低さを加速させている［Elsässer 2014: 69］。同様に，昇進に関する差別も，公的セクターと私的セクターの双方で指摘されている。

また，教会建設問題とコプトの改宗問題は，しばしば宗派紛争の原因となっている。エジプト法では，キリスト教徒が教会を新規に建設する場合および既存の教会を改修する場合は，当局からの許可が必要となる[(7)]。しかし，当局の許可を得るのに時間がかかるために，コプト側は既存の住宅を教会として使うか，無許可で教会の修理を行うなどの対応をとらざるをえず，しばしばムスリム住民との衝突の原因となっている。教会建設の許可にあたっては，1934年に当時の内務大臣であるエザビー・パシャが発した教会建築許可を判断する10か条の基準が現在まで受け継がれ，参照されることになっている。当該基準には，教会がモスクから離れていること，教会がムスリムとキリスト教徒どちらが多い地区に建設されるのか明らかにしたうえで，ムスリム人口が多数派の地区の場合，教会建設に対する反対がないこと，教会建設用地が農耕地でない空き地であること，などの項目が含まれている。しかし，この80年以上前の基準は，現在の市街や村落におけるモスクの数を考えると，実質的に教会建設を阻害するものとなっている。

改宗問題とは，離婚や経済的動機を理由としてムスリムに改宗したキリスト教徒の再改宗の権利が認められていないこと，および改宗をめぐってムスリムとコプト住民の衝突がしばしば発生することである。エジプトでは，婚姻や遺産相続などの分野は，各宗教・宗派ごとの個人地位法が管轄している。コプト正教会は教義上信徒同士の離婚を認めておらず，離婚を望むコプトの女性はしばしば「ムスリム女性と他宗教の信徒の婚姻は認められない」というムスリムの個人地位法の規定を利用してイスラームに改宗する。これが，真偽は別として「コプトの女性が誘拐され改宗させられた」という噂を引き起こし，両者の衝突につながる例が多い。タドロス［Tadros, M. 2013］によれば，統計にはあらわれていないものの，近年では，人間関係が密であり，些細ないさかいが宗派紛争に発展するリスクが高い農村部から，親戚を頼って都市部のコプト集住地域に移住する人びとが増加している。

コプト正教会以外に，エジプトではギリシア正教，カトリック，プロテスタント（特に長老派系），アルメニア正教会などの教会が存在する。これらの教会は，19世紀以降に西洋から宣教師が派遣され，コプト教会の信徒が改宗するという形でその信徒数を増やしてきた(8)。歴史的な事例に基づくと，コプト正教から他宗派への改宗の動機には，正教会への後進性と腐敗に対する不満や，より近代的に見える，西洋との密接で有益なつながりをもたらしうる宗派への魅力などが挙げられるようだ［Carter 1986: 8］。コプトの宗派間対立という主題は，本書で扱える範疇を超えているが，そのような事情から，コプト正教会は信徒の減少に対して非常に敏感であり，他宗派との間に緊張関係を抱えている。

(2) 近現代政治史におけるコプト

エジプトが名目上まだオスマン帝国治下にあった1855年12月に，非ムスリムに対する人頭税の徴収は廃止された。さらにその翌月に，オスマン帝国君主アブデュルメジト1世が勅令を発布したことを契機に，それまでムスリムに限られていた徴兵制がコプトに適用されることになった。人頭税の廃止は，コプトにとって，金銭と引き換えに徴兵義務を免れるものであったため，歓迎を受けなかった。徴兵の導入は，当初はコプトからの激しい反発をみたものの，やがて受け入れられ，現在までコプトとムスリム双方からの徴兵が制度的に続いている。

ムハンマド・アリー朝下で，近代的な教育機関が整備されるようになると，これを社会的地位の上昇ととらえたコプトは，子弟に対して積極的に教育の機会を与えた。また，西洋人宣教師らによって設立されたミッショナリー・スクールで英語教育が行われていたことから，イギリスの保護統治期に財務官僚などを中心として多くのコプトが登用され，この時期にはエジプト人官僚の約半分をコプトが占めていたとされる。ブトルス・ガーリーなどのコプト出身の首相も誕生した。コプトのなかからは，地主階級のエリートも数多く誕生している。コプトのなかには，同じキリスト教徒であるがゆえにイギリスが彼らの利益を擁護してくれるものと期待する人びともいたが，イギリスはムスリム－コプト関係については無関心であった。

オラービー革命の際には，ムスリムとコプトの双方がエジプトの独立を求めて運動に参加したが，反英・反植民地闘争のなかで生まれた一部の政治的言説は，コプトにとって必ずしも共感できるものではなかった。反植民地闘争を説いた思想家・活動家であるアフガーニーの弟子であるアリー・ユースフは，世界中のイスラームの連帯を訴える『ムアイヤド』紙（1889年），続けて，より攻撃的な『ミクヤース』紙を創刊し，「不信仰者に対する闘争」を呼びかけた。「不信仰者」がイギリス人およびヨーロッパ勢力のことを意図していたとしても，彼の言説からコプトが潜在的に排除されていたことは明らかである［Behrens-Abouseif 1982: 195］。

独立後の1920年代から30年代にかけてのエジプト政治では，世俗的なエジプト・ナショナリズムを掲げるワフド党が活躍したが，そのなかにはマクラム・ウバイドなど多くのコプト出身の指導者が含まれていた。また，エジプトで1920年代に流行したファラオ主義的風潮は，コプトによって積極的に支持されたばかりか，すでにコプト語復興運動などの形をとって，19世紀の終わり頃から始まっていた(9)。さらに，サラーマ・ムーサー(10)（1887－1958年）のような一部のキリスト教徒知識人は，エジプト・ナショナリズムの派生形として地中海主義を支持した。この思想のなかでは，エジプトのキリスト教徒とキリスト教的ヨーロッパのつながりが想起されていた［Carter 1986: 102-104］。20世紀のシリアにおいて，ミシェル・アフラクらシリアのキリスト教徒がアラブ・ナショナリズム政党であるバアス党を設立したのに対し，エジプトのキリスト教徒は自らをアラブ人であると積極的にみなすことはせず，もっぱらファラオ主義や地中海主義によって構成されるエジプト・ナショナリズムを支持し続けた。

1919年革命後に制定された1923年憲法の過程で，宗教的少数派のための議席割当てを設ける案がコプトとユダヤ教徒の委員によって拒否されたことは，前章でも触れた。この事実は現代のムスリムとコプトの関係をめぐる議論でもしばしば引用されている［al-Bishrī 2011a］。しかし，イギリスのエジプト支配の退潮や国内の経済状況の悪化，議会政治の機能不全などによって，エジプト政治におけるコプトの立場は徐々に変質していった。世界恐慌以降，コプトが富を占有しているという言説が生まれたほか，1936年にアングロ＝エジプト条約の調印によってカピチュレーションの廃止が合意されると，民族運動におけるコプトの参加の重要性が薄れていった［Carter 1986: 293］。1946年までに議会制に基づく政党政治が機能不全を起こし，政治的な断片化が進むと，少数で議会の優勢勢力となりうる宗教的少数派のための議席割当て案が，再びコプトにとって重要なものと映るようになった［Carter 1986: 293］。

1950年代からは，コプト教会は体制と複雑な関係に置かれることになった。1954年7月にコプト過激派である「コプト民族(11)（al-Umma al-Qibṭīya）」がユサーブ総主教を誘拐し，辞任の書類に署名させる事件が発生した。このコプト・コミュニティ内部での内紛の結果，政府は，手続き上はマジュリス・ミッリー（信徒会議）と主教会議の要請に従う形で法令を発布し，ユサーブを罷免した(12)。これは総主教の任免に政府が介入することを正当化する出来事であった［伊能 1993: 191］。1955年には宗教裁判所が廃止され，コプト独自の領域は家族法に限定されることとなった。さらに1962年にはマジュリス・ミッリーが廃止されたが，コプトは比較的これを冷静に受け止めた［伊能 1993: 193］。

1960年代を通じてナセルとキュリロス総主教は親密な関係を保ち，反帝国，汎アラブ主義，汎アフリカ主義をイデオロギーとして打ち出すうえで，団結したエジプトというイメージの形成に寄与した［Ibrahim, V. 2011: 178］。対ユダヤ教徒政策を通じて，ナセル政権がムスリムとコプトのみから構成される国民統合への志向を強めていく一方，彼は国内のコプトよりアラブ諸国のムスリムたちに関心を有していた。

ナセル主義は宗教や宗派による差異に無関心な世俗主義であり，むしろコプトの利益を減じる方向へと作用した。ナセル政権以降のエジプトでは，大臣のうち少なくとも一名をコプトから入閣させるという慣行が生まれ，サダト政権下でその人数は2名から3名に増加した(13)［伊能 1993: 195–196］。ワフド党政権期にコプト出身の有力な政治家が活躍したのに比して，ナセル期に入閣したコプトは，政権を担う革命指導評議会によって任命されたテクノクラートであり，コプト社会内での活動を通じて指導的地位を獲得した人びとではなかった。そのためコプトの間では，これらの政治家がコプト社会の政治的要求を十分代表できていないという不満が存在していた。ナセルが実行した土地政策(14)は不動産を所有するコプトのエリート層に打撃を与えたほか，ユサーブ総主教の罷免以降，体制による教会への介入も増加した。このような背景から，1960年代から富裕なコプトは海外へ移住するようになり，1977年まででカナダとアメリカへの移民の数は8万5000人に達した［Ibrahim, S. 1996: 16］。

このような過程を経て，コプト社会の指導者層はワフド党系の政治家から教会指導者らへと変容していった。1908年に開始された日曜学校運動は，当初は他の教会の宣教活動に対抗する目的を持っていたが，1940年代以降に社会慈善活動として爆発的に拡大し，やがて政治的役割を担うようになった。

1971年に総主教に選出され，2012年に死去したシェヌーダ3世は，エジプト北部のワーディー・ナトルーン地方の砂漠で修道院再興運動に従事した修道士出身の人物である。彼は総主教に就任した後，コプト正教会と信徒の利益を擁護するべく，サダト・ムバーラク期のエジプト政府に対して強硬な主張を繰り返した。サダト大統領のイスラーム法復活の試みに対しては対決姿勢を明確にした。ムバーラク政権期には，体制と総主教は協力的関係をとるようになり，政府から総主教に与えられた教会建設許可を，シェヌーダ自身が主教の忠誠度に応じて教区に配分するという，「ミッレト・パートナーシップ」と呼ぶべき関係が築かれた［Sedra 1999: 227-228］。この関係を通じて，総主教のみがコプト・コミュニティの声を政治の場で合法的に代表する状態が生まれた。

近年のコプト・コミュニティには，主に都市部において，自らの政治的要求が教会によって代表されることに反発する人びとが増加している［Scott 2010: 65-66］。教会側はコプトを独立した政治的・社会的実体であるとみなしているが，一部の上流階級の間には，キリスト教を単なる宗教であるとみなし，共同体としてのコプトを否定する動きが広まっている［Hasan 2003: 204］。コプト教会にとって，信徒の間での世俗的風潮の強まりや教会権威への抵抗は，イスラーム運動の隆盛に劣らない大きな脅威となっている。ムスリムとの平等や国民の連帯を訴えてきたコプト・コミュニティの言説は，近年では，むしろムスリムと異なったコプト独自の生活様式を維持する権利や，自身の政治的表現を行う権利を主張する方向へと変化しつつある［Hasan 2003: 266］。一方，農村部においてはコプト教会の権威は依然として強力な状態にある。

4　国民統合と世俗主義論争

(1) 20世紀における国民統合問題

現在，エジプト政府はイスラーム，キリスト教，ユダヤ教のみを公式な宗教として認めており，その他の宗教に属する人びとについては，公式に認められた3宗教ほど十分な権利が保障されておらず，イスラーム法がしばしば適用される。

少数ながら国内に居住する，公認の3宗教以外に属する信徒は，エジプトの公共生活のなかで周縁化されている。バハーイー教徒の事例がこれにあてはまる。バハーイー教は19世紀のイランに起源を持つ，シーア派の要素を取り入れた普遍宗教である。19世紀半ばにイラン・イラクで興った新宗教であるバーブ教の弾圧と教祖の処刑後，その後継となった。モーセ，イエス，ゾロアスター，ムハンマドなどの預言者を通じた神の顕現を信じるが，ムハンマドを最後の預言者とするイスラームと異なり，バハーイー教の祖バハーオッラーこそがもっとも新しい預言者であり，その啓示には歴代の預言者のすべての啓示がすべて含まれると主張した。バハーイー教は，19 世紀後半にエジプトに伝来し，19 世紀末頃から改宗運動が本格化した［Pink 2003: 411］。1924 年には全国精神行政会が立ち上げられ，出版社も設立されている。また，独立した宗教としての公認を得ようとする運動もこの時期に始まり，バハーイー教に基づいた個人地位法の編纂，宗教共同体（ミッラ）としての地位を求める議会への請願運動などが行われている［Pink 2003: 411-412］。1950 年代末には，国内のバハーイー教徒人口は約 5000 人に達したが，1960 年に当時の大統領ナセルが，バハーイー教に関する組織の解散と禁止を命じたことによって，国内のコミュニティの発展は停止した。組織の財産は凍結され，政府が統括する「クルアーン保存協会」にあてられることになった［Pink 2003: 412］。

現在でも，エジプト国民が携帯を義務づけられている ID カードには宗教を示す欄が設けられているが，バハーイー教徒については，ムスリム，ユダヤ教徒，キリスト教徒のいずれか別の宗教で登録されるか，ID カードを持たないという選択がなされている［Scott 2010: 89］。公認宗教をめぐる問題は，人びとの宗教生活に積極的に介入する国家としてのエジプトの性格が如実にあらわれている事例であると言えよう。そもそも，公認宗教というものを最高法規において設定すること自体が，宗教生活に対する国家からの干渉行為であることは一見して明白である。もっとも，歴史的なバハーイー教の公認運動に対する政府の消極的態度には，ムスリムが多数派を占めるエジプト社会において，その政策が容認されず，激しい反発が予想されたことが，大きな要因を占めている。エジプトにおいて，多数派を占めるムスリムの感情も考慮に入れた，権威主義体制の介入的態度は，「公の秩序（al-niẓām al-ʻāmm, public order）」という語によって正当化されている。

さて，20 世紀以来，国民統合という主題は，多くのエジプト人の関心を集める，もっとも重要な問題のひとつであり続けてきた。本節では，ムスリムとキリスト教徒の関係を中心に，20 世紀以降の国民統合の問題を取り上げるとともに，宗派対立が発生し始めた 1970 年以降の世俗主義論争を扱う。

田村［1986］によれば，ムスリム－コプト関係が問題となるのは，1900 年代初頭と 1970 年代以降の二つの時期に大別される。前者の対立はイギリス統治下の社会・政治情勢のなかで，後者はサダト政権下でイスラーム復興が進展するなかでのことであった。

近代エジプト史において，キリスト教徒の少数派問題は西洋列強がエジプトに介入する口実となってきた。そのことは当のエジプト国民自身によってよく自覚されており，ムスリムとコプトの連帯を強調する動きがしばしば発生した。キリスト教徒らは自身が「マイノリティ」として表象されることを，それ自体が列強の論理に加担する行為であるとして一貫して拒否し続けてきた。

1910 年に，コプト出身の首相ブトルス・ガーリー（在任 1908－1910 年）が暗殺され，コプト・コミュニティを脅かす結果となった。彼の暗殺は，イギリスに対する 2008 年までのスエズ駐留の容認，検閲の復活，英国との共同統治を定めたスーダン・コンドミニアムの調印，1906 年のディンシャワーイ事件(15)の判事経験などにより，国民の反感を買ったことがその理由と考えられている。1911 年 3 月にはアスュートに 1158 名のコプトの代表が集まり，公立学校における宗教教育の自由と上級管理職ポストの解放を訴えた［田村 1986: 40］。これに対してムスリム側が，カイロ市内の郊外に位置するヘリオポリスで全ムスリム会議を開き，コプトの要求を一切認めないことで一致した。しかし，ムスリムとキリスト教徒の間の緊張は，「エジプト人のためのエジプト」をスローガンに掲げた 1919 年の革命運動の文脈にいったんは吸収されていった。イギリスからの独立後に制定された 1923 年憲法の起草時に宗派別議席の導入が提案されたが，宗派主義は国民の分断を促進させるものとして，憲法起草委員会内のキリスト教徒・ユダヤ教徒の委員自身によって却下された。宗派主義を国家原理に採用しなかったエジプトの選択を，クレマー［Krämer 1998: 37］はレバノンの宗派制度導入と対照的なものと評価している。

ナセル期にはほとんど見られなかった宗派紛争が目立って発生し始めたのは，1970 年代以降のことである。エジプトの著名な社会学者がまとめた報告書［Ibrahim, S. 1996］は，1953 年から 1993 年の間に発生した「宗教的暴力」と「コプトに対する暴力」の件数を示している。イブラーヒームは宗教的暴力とコプトに対する暴力を区別して集計しているが，ナセル期に発生した宗教的暴力の件数は，1953 年に 2 回，1956 年に 2 回，1964 年に 2 回の計 6 回に限定されており，コプトに対する攻撃として記録されているものはない。しかし，1972 年のハーンカ村での衝突を皮切りに，宗教的暴力は 1972 年以降で 404 件（1993 年には年 174 件で最大値），コプトに対する攻撃は 111 件（1992 年には 33 件で最大値）記録されている［Ibrahim, S. 1996: 22］。

ただし，伊能［1993: 219-220］は，アラブ・ナショナリズムを掲げたナセル期の諸政策のうちに，後に宗派紛争を激化させる原因がすでに潜んでいたことを指摘している。伊能によれば，ナセル期の学校教育を柱とする民主化政策によって，高等教育が普及し，新しい政治・社会意識を持った社会層が出現した。特にこの恩恵を受けたコプトのなかからは，非宗教的なはずの学校教育の根底にあるイスラーム的要素に批判的になるとともに，自らの宗教的アイデンティティを自覚する者が現れた。

また，非宗教的な単一政党である ASU は，国民の利害対立を否定し，ひとつのチャンネルを通じた政治参加の様式を提供するものであった。政治的上昇の機会は少数派であるコプトにとって限定されたものとなり，新中間層のコプトが自らの少数性，宗派性をさらに自覚する機会となった［伊能 1993: 220］。アラブ・ナショナリズムが国内の地方的利害を超克するものとして働く一方，それはアラブ・アイデンティティが内包するイスラーム性をコプトが意識する方向にも働いた［伊能 1993: 220］。

イスラーム法復活が問題となるさなか，1972 年夏に各地で小規模の宗派間衝突が発生したことをうけて，9 月にサダトは「国民統一保護法」を発布し，宗派対立の防止を狙ったが，同年 11 月にハーンカ村の衝突が発生した。カイロの北方 20 km にある同村で，コプト聖書協会の建物が夜間に何者かによって焼き払われた事件に端を発する。この焼き討ちに抗議して，コプト教会はカイロから司祭を送りミサを開いたが，ムスリム側はデモを行い，村のコプト所有の不動産を破壊する行動に出た。

さらに，1980 年 1 月にアレキサンドリアで発生したイスラーム過激派による教会爆破事件に抗議して，シェヌーダ総主教はその年のすべてのイースター行事を中止する決定を下した。サダト大統領が 5 月初めに訪米した際，在米のコプトがホワイトハウス前で反サダトのデモを行った。これに対してサダトは，帰国後の国会演説でシェヌーダを攻撃し，コプト系の新聞，日曜学校の開催を禁止するに至った(16)。その直後に，憲法第 2 条の修正案が国民投票において承認された［伊能 1993: 197］。

コプトはしばしば，1970 年代半ばから登場した過激派イスラーム運動の攻撃対象ともなった。例えば，ミニヤー県を中心として，イスラーム団のメンバーが，宝石商，金細工商，薬剤師，商人のコプトに対して人頭税の支払いを求め，支払わなかった場合には殺害する旨の脅迫を行う事件が発生した［三代川 2010: 142］。

1981年にカイロ北東部のザーウィヤ・ハムラー地区で起こった両者の衝突は，非常に規模の大きいものとなり，17名が死亡，112名が重軽傷を負った。約40フェッダーンの広さを持つ同地区は国有地となっており，1945年以降，ミニヤー県を中心とする上エジプト地域からの移民が増加していた。サダトの経済開放政策以降，同地区の経済状況は著しく悪化していた。1979年に開始された，他地区のスラム住民をザーウィヤ・ハムラーに残されたわずかな土地に再定住させる政策の実施中に事件は発生した［Ansari 1984a: 408-409］。紛争の発生原因についてはコプトとムスリムの間の小さないさかいがきっかけになったという説，イスラーム団がコプトに割り当てられた土地をモスク建設に用いようとしたという説など，諸説がありはっきりしない［Scott 2010: 73］。宗教とは無関係な個人同士のいさかいや，経済・社会状況の変化を背景とする社会不安が，大規模な宗派間の紛争へと発展していく現象は頻繁に観察される。上エジプトのソハーグ県に位置する村で，1998年と1999年の2回にわたって衝突が発生したコシェフ村事件も，こうした事例に含めることができる。

ザーウィヤ・ハムラーの事件後，イスラーム団の指導者であるウマル・アブドゥッラフマーンによって，キリスト教徒を3種に分類するファトワーが出された。そのなかでキリスト教徒は，①ムスリムを殺害する人びと，②ムスリムを害するために金銭と武器によって教会を支援する人びと，③ムスリムにいかなる害も与えない人びとの三つのカテゴリに分けられたが，第一のキリスト教徒に対しては「目には目を，歯には歯を」の原則を適用し，第二のキリスト教徒からは富を奪うことによって対応するべき旨が述べられた。第三のキリスト教徒に対してはいかなる害も及ぼしてはならないとされたが，このファトワーによって，富裕層のコプトに対する攻撃が正当化されることとなった［Ansari 1984a: 415］。ムスリムの急進派の言説には，アブドゥッラフマーンのファトワーに顕著であるように，コプトを絶対的な他者とみなし，財産や生命に関わる根本的自由を侵害しうるものが含まれる(17)。

一方，コプトの急進派は，コプトのみが真のエジプト人であり，ムスリムはアラブの征服によってエジプトにやってきた他者にすぎないとして，ムスリムとコプトの双方を構成要素とする国民国家形成のイデオロギーを否定する傾向にある(18)。問題をいっそう複雑としているのが，海外に移住したコプトの存在である。コプトの迫害の是正を訴えてロビー活動を行う在外コプトは，エジプト人の間では，トラブルを引き起こす急進派とみなされており［Elsässer 2014: 125］，エジプト社会から外部化された異質な他者となっている。「調和と正義に代わって，迫害と暴力」に言説の論調を転移させてしまう点で，彼らの言説もやはり，「国民の団結に関する伝統的なナラティヴに対する侵害」にしかならない［Elsässer 2014: 129］。

また，コプト女性の離婚と改宗をめぐってローカルな衝突が発生する例は，現在に至るまで続いている。2004 年 12 月に，コプト聖職者の妻であるワファー・クスタンティンがイスラームへの改宗を宣言したことは，様々な組織を巻き込んだ事件へと発展した。この改宗は，コプトの家族法では現在に至るまで認められていない，信徒同士の離婚を目的としたものだったと考えられている。しかし，コプト正教会および在米コプトのロビー団体であるアメリカ・コプト連合は，この改宗をムスリム側の強要によるものだと主張した。ワファー・クスタンティンは当初，治安警察の保護下に置かれていたが，後に教会に引き渡され，教会側はクスタンティンがイスラームには改宗していない旨を宣言した(19)［Scott 2010: 1-2］。クスタンティンは修道院にいるという事実が教会によって発表されたが，彼女は現在に至るまで姿を現していない。

コプトとムスリムの相違を過大評価することは，エジプトにおける宗教共同体の状況を正確に描出することを妨げる。複数の研究が指摘するように，ムスリムもコプトも，共同体の維持のために保守的な規範に従うからである。例えば，女性の改宗事件に見られるような家父長制的規範の維持［Hasan 2003; Tadros, M. 2013］，宗教的タブーや根本教義を侵しうるような表現の自由の制限［Elsässer 2014］などである。ムスリム共同体でもコプト共同体の内部でも，改宗は非常にデリケートな問題とされている。比較的複雑でない社会構成とはいえ，異なる宗教コミュニティが存立する社会の上に立つのが，権威主義的・介入主義的な国家であること，国家の司法や政策そのものが差別を温存する構造となっていること，コプト教会のヒエラルキーやワファー・クスタンティン事件に象徴されるように，宗教的コミュニティの内部にも信徒を抑圧する権威主義的な傾向が見られることは留意するべきだろう。

(2) 世俗主義論争の展開と国民統合

以上のようなムスリム，コプト，ユダヤ教徒の三者の関係史の蓄積からは，国民統合が20世紀前半からエジプト社会の重要な課題であり続けてきたことが理解される。1970年代以降にイスラーム政治運動が国家のイスラーム化を要求し始めると，国家とイスラームの関係をいかに規定するかが国民統合の問題とも重なって重要な問題となった。それらの問題はサダト大統領の対イスラーム勢力宥和政策に伴って浮上した。

1971年に制定された憲法で，サダトは脱ナセル主義を図るとともに，国教条項の後半部分にシャリーアを立法の源泉とする条項を付け加えた（「イスラームは国教（dīn al-dawla）であり，アラビア語は公式の言語である。シャリーアの諸原則は立法の主たる法源〔のひとつ〕である（mabādi' al-sharī'a al-Islāmīya maṣdar ra'īsī li-l-tashrī'）」）。

1954年の弾圧以降投獄されていたムスリム同胞団員も釈放され，復活以降のムスリム同胞団は，最高指導者ティリムサーニーの指導下でシャリーアの施行を体制側に要求した。これは既存の体制をそのまま承認しうるものであり，そのためにアズハル機構の伝統的なウラマーたちと協力する余地が生まれた［飯塚 1993: 52–53］。また，司法省から背教に対する死刑を定める背教法法案が提出されるなど，政権側にもシャリーアの施行に向けた動きが見られた[(20)]。一連のシャリーア施行を求める運動に対して，コプト正教会側は当然強硬な反対キャンペーンを行った。1977年以降，シャリーアの非ムスリムへの適用に関する会議を主催し，それが国連憲章で保障された人権を侵害し，イスラームで禁じられた宗教の強制に抵触するものであるとしてエジプト政府を非難した［Ansari 1984a: 402; Peters 1988: 246］。さらにコプトの政治的代表性の低さ，官僚制や公共セクターにおける比率の少なさも同会議において問題とされたが，1976年に実施された人民議会選挙でコプト出身の候補者が一人も当選しなかったことから，これ以降，政治的代表性の低さはさらに悪化した［Ansari 1984a: 402］。前述の背教法法案に関しても，コプト正教会は1977年9月に5日間のハンガーストライキを実施し抗議活動を行った。また，1977年10月9日付の『イェルサレム・ポスト』紙は，アメリカのコプト・コミュニティが同事案に関してカーター大統領に介入を求めたと報じている［Altman 1979: 217］。

1980年には，国教条項のさらなる改正によって，後半部分が「シャリーアの諸原則は立法の〔唯一の〕主たる法源（al-maṣdar al-ra'īsī li-l-tashrī'）である」という定冠詞al-を付け加えた文言に改められた。この文言は，エジプト法にシャリーア以外の法源が存在する可能性を否定するものであった。

サダトによる対イスラエル和平の後，ムスリム同胞団と体制側の関係は悪化した。イスラーム法復活を求める声とそれに反対するキャンペーンに対して，サダト大統領は1981年9月に同胞団最高指導者のティリムサーニー，コプト教会のシェヌーダ総主教（1985年1月に復位），コプトの有名な著述家であるミラード・ハンナー（1924－2012年）をはじめ，宗教を問わずこの論争に関与した人びとを投獄し，イスラーム法復活の是非をめぐる論争自体を弾圧する政策を採った。また，同年の第496号令によって，ティリムサーニー指導下で1976年より復刊していた同胞団機関紙の『ダアワ』，コプト系の『ワタニー』紙，社会主義系だがイスラーム色の強い『シャアブ』紙など複数の雑誌・新聞の認可が取り消されたほか，イスラーム医療教会やコプト正教改革協会など複数の宗教系協会が解散命令を受けた［三代川 2010: 81-82］。

この弾圧は，合法野党が消滅して正式な政治参加の道が絶たれた結果，それによって代表されえなかった過激派路線による武装闘争が増加する結果を招いた［小杉 1994: 249］。エジプト軍将校ハーリド・イスラームブーリーをはじめとするジハード団のメンバーによってサダトが暗殺されたのは，この弾圧の約1か月後のことである。

ムバーラク政権は国際的な圧力もあり，民主化や法の支配を段階的に進めざるをえなかったが，それによってイスラーム系勢力が選挙を通じて伸長する結果を招いてきた。ムバーラク期においてシャリーアの実施が問題となったのは，1984年総選挙でムスリム同胞団が野党第一党となったときのことである（第4章参照）。

イスラーム法施行をめぐる賛成・反対キャンペーンが幅広い勢力間で展開される一方，言論のレベルでは，国家原理としてイスラームを採用すべきかどうかという論争がムスリムの間で起こった。

こうした議論はしばしば公開論争という形で行われたが，これは「興隆しつつあるイスラーム派に対して世俗的国家像を擁護する――つまり，『世俗国家』の是非が問題とされる」［小杉 1994: 258］という形をとっている点で特徴的なものであった。知識人たちは自らを「イスラーム主義者

(Islāmīyūn)」「世俗主義者（‘almānīyūn)」という枠組のなかに規定し，それぞれの陣営に参加した。例えば1986年には，全国医師組合の主催のもと，フアード・ザカリヤー（1927年-），ユースフ・カラダーウィー，ムハンマド・ガザーリーを登壇者とし，コメンテーターにアーディル・フサインと第4章で取り上げるターリク・ビシュリーを招聘した世俗主義をめぐる会合が開催された(21)。同会合で，ガザーリーは世俗主義政府が外来のものであることを主張し，フアード・ザカリヤーは，現代社会にはシャリーアが想定しなかった様々な問題が存在し，無謬でない人間によって運用されるためにシャリーアによる統治には限界があること，世俗主義による政府は，シャリーアではなく信仰を受容するものであり，インド，レバノン，パレスチナで発生する宗派問題を解決しうるものであると主張した［Gallager 1989: 211］。これに対してカラダーウィーは，イスラーム法の根拠となる曖昧な章句に関してはイジュティハードの余地があるために，人間による法の運用は，決してシャリーアの価値を減じるものではないと反論した［Gallager 1989: 211］。

同じ年に，「イスラームの旗」紙主催でも同様の論争が行われている。「イスラームの旗」紙は与党である国民民主党（NDP）系の新聞であり，この論争に対してイスラーム支持の立場をとった。同紙の立場はNDPの立場を必ずしも代表していないうえに，選挙民の関心を集めたいという背景があったことは事実だが，様々な潮流を含む与党内部においてもイスラーム法施行を支持する勢力が伸長していたことを意味していた［小杉 1994: 265］。

世俗主義側としてこの公開論争に参加したファラグ・フォウダは，エジプトにおいて宗教と国家の分離が完全に不可能であることを認めながらも，イスラーム的統治を，①イスラームは統合的なプログラムを持っていない，②正しい政治は試行錯誤の原則に基づくべきであって，イスラーム法の論理である許容と禁止の原則によるべきではない（世俗主義は試行錯誤の原則であり真理の相対性に立脚する），③イスラーム的統治が国民統合の障害となる可能性の3点に分けて批判した［小杉 1994: 261-265］。

1992年には，同じくファラグ・フォウダ，ムハンマド・アフマド・ハラファッラー（左派ナショナリスト政党であるタガンムウ党の指導者のひとり）の世俗派と，マアムーン・フダイビー（後のムスリム同胞団第6代最高指導者），ムハンマド・ガザーリー，ムハンマド・イマーラのイスラーム派に分かれたシンポジウム「宗教国家と市民国家の間にあるエジプト（Miṣr bayna al-Dawla al-Dīnīya wa al-Madanīya)」がカイロ国際ブックフェアにて開催され，約３万人の聴衆を集める盛況となった。イスラーム国家をめぐる一連の論争が国民の幅広い関心を集めていたことが分かる。

勝畑［2010］は同シンポジウムの議事録を使用して，この論争に関する詳細な分析を行った研究である。このシンポジウムのなかで，ハラファッラーは，預言者が神から権力を受ける宗教国家と異なり，現代は人民から権力を受ける市民国家の時代であると主張した(22)［勝畑 2010: 12-13］。現在のエジプト憲法は，国教をイスラームであると定める一方で，「主権は国民のみに属し，国民は権力の源泉である」と定めている。一方，理念としてのイスラーム国家は主権をアッラーに見出すため，ここに矛盾が発生する。また，フォウダはテロリズムへの懸念と，イスラーム主義勢力の間の具体的プログラムの欠如からイスラーム国家批判を行った。

それに対して，イスラーム主義者側は，①預言者は国の首長であり，イスラームは「宗教と国家（dīn wa dawla)」であるということ，②自らが望む法によって統治されることはもっとも重要な人権であることを一致して主張している［勝畑 2010: 14］。また，ハラファッラーの批判に対してフダイビーは，国家の長は人民の意思で選出されるべきという点に同意し，フォウダの批判に対しては，具体的プログラムを建てようにも政党擁立嫌疑で逮捕される現状があることを挙げた。また，シャリーアを実施する政府を求めるものの，その政府が無謬であるとは考えていないと反論した［勝畑 2010: 15］。イスラーム国家はそもそも市民的（マダニー）であり，聖職者階級による神権国家とは異なるとする主張は，ティリムサーニーやマアムーン・フダイビーの時代から現代に至るまで，同胞団の主流をなす主張として受け継がれている。

フダイビーの反論は世俗主義陣営にも受け入れられ，このシンポジウムは，最終的には，両陣営が一定の合意をみて終わっている。世俗主義陣営の巨頭として活躍したフォウダは，その後，新ワフド党を脱退し無所属で 1987 年人民議会選挙に出馬したが，結果は落選に終わった。1992 年 6 月にイスラーム団のメンバーの銃撃を受け，命を落としている。

また，1997 年にムスリム同胞団の参加した地方議会選挙中に行われたインタビューで，当時の最高指導者のマシュフールは，イスラーム国家ではキリスト教国家と対決する際に，忠誠を確保するためにキリスト教徒を軍の最高ポストから除外する旨，国からの保護の代わりに人頭税を徴収するつもりである旨を語った［El-Ghobashy 2005a: 389］。マシュフールのインタビューは，ムスリム同胞団の穏健化に関して，寛容な運動を装った集団という疑いを強めただけであった。ムスリム同胞団が選挙参加を通じて，急進派と一線を画した集団として活動してきたことは確かだが，このように保守派と改革派の間で未だに方針が一貫していない状態にある。また，同胞団が将来的な政党設立を視野に入れ，2007年に国内の知識人たちに配布した政党綱領の草稿も，同様の議論を引き起こした(23)。同綱領では，女性と非ムスリムが国家の高位の職に就任する権利の否定と，立法に際して，当該法令がイスラーム法と合致しているか諮問を行うウラマー集団の創設（第4章参照）の2点が，主に問題となった(24)。

以下の節では，中道派思想家の掲げる宗教共存論を概観するとともに，そのなかでもサリーム・アウワーの思想を詳細に検討する。また，2011年の議会選挙にあたってムスリム同胞団を母体とする自由公正党が策定した綱領を用いて，ムスリム同胞団のムスリム－コプト関係に対する見解を検討する。

5　中道派イスラーム思想家の宗教共存論

中道派の宗教共存論は，後述するように細かな差異はあるものの，包括的アプローチに基づいている点で共通している。スコット［Scott 2010: 133］も指摘するように，既存のネイション・ステイトの現実を受け容れ，エジプト的なアイデンティティを重視する点に，エジプトの中道派の思想的根幹がある。

例えば，カマール・アブー・マジュドの『イスラームの現代的ビジョン』は，「祖国の一体性と祖国の同胞愛の必要性」の原則について述べた節で，宗派問題について以下のように述べる。

> ムスリムの思想家と教導者たちが採用するどんな実践プログラムも，ムスリムの利益のみを考慮するようであってはならない。イスラーム的なプログラムの特徴は，すべての集団による祖国への奉仕において，イスラーム的な価値と諸原則から出発することを意味するのにほかならない。これらの価値は，ムスリムの精神にその根を持っており，同様の在り方で，キリスト教徒のもとにも蓄え（raṣīd）を残している。われわれはこ

の思想を通じて，宗教の価値とその諸原則によって，国内での活動を正しく導き，国内のすべての集団が社会に奉仕することを追求している。［Abū al-Majd 1992: 55］

エジプトの生活面でこの数年爆発した宗派対立の波は，社会生活から宗教を切り離すことが宗派問題の解決にならないばかりか，それに対抗することを避けて逃げることだという，間違いのない証左である。生活から宗教を分離するという絶対的意味での世俗主義は，多くの宗教が存在する社会において，宗派問題の正しい解決策になりえない。この観点から世俗主義は，病から病人を解放するために，病人を殺す〔ような〕ものである。世俗主義は――このことに基づくと――人類の一体性，その生活の一体性，その構成要素の結びつきに基づくイスラームの基本的性質にまったく逆らう原則である。［Abū al-Majd 1992: 55-56］

中道派の思想的特徴は，イスラームが包括的な価値体系であることを強調し，なかでもその教義ではなく文明としての側面を重視し，その普遍的価値を強調する点にある。イスラーム文明には，「公正」などの社会における伝統的価値が反映されており，これはムスリムと非ムスリムの双方に共有可能であるとする論が展開されている。この点は，例えばワサト党が掲げる「文明的イスラーム（al-Islām al-ḥaḍārī, al-Islām ka-al-ḥaḍāra）」論［Ḥizb al-Wasaṭ al-Miṣrī 1998］などの名称にも象徴されている。エジプトの中道派思想家の議論において，ナショナル・アイデンティティの存在は比較的重視されており，キリスト教徒がエジプト・アラブ・イスラーム文明の創造の際に重要かつ協同的な役割を担っていたことが強調される。また，スコットによるインタビューのなかでムハンマド・イマーラが論じたように，ムスリムとキリスト教徒に共通する，アラブ・イスラーム世界の伝統的な倫理的価値を反映したものとしてシャリーアをとらえようとする傾向がある［Scott 2010: 134］。

クレマー［Krämer 1998: 41］が指摘するとおり，イスラーム国家と非ムスリム市民をめぐる現在の議論では，古典期に端を発する差別的法規定はすでにほとんど関心の対象ではない。従来，非ムスリム問題を論じる際に話題に挙げられてきたのは，人頭税などに代表される差別的法規定の存在であった。しかし，エジプトでは人頭税の徴収は1855年に廃止されているうえに，現在はムスリム・キリスト教徒双方による植民地解放闘争への参加や国民皆兵制を理由として，人頭税の徴収を不要とする論調が大勢を占めている。

現在の論点は，もっぱら非ムスリムと政治領域の関係性に絞られている。近年顕著な傾向が，イスラーム主義勢力や世俗派などその思想傾向を問わず広まっている市民権（muwāṭana）への関心である。これはアラビア語の w, ṭ, n を語根として，西洋の「citizenship」に対応して 20 世紀に造られた語である。

アラブ・イスラーム世界において，「市民（muwāṭin）」の概念を最初に採り入れたのは，エジプト・ナショナリズムの祖でもあるリファーア・タフターウィーである（第 2 章 **2** 参照）。また，1960 年代には，左派の影響を受けたアラブ知識人たちが，統治者と市民の関係の検討を通じて，「市民権」に関する考察を深めた［Browers 2017］。かつて非ムスリム問題は，イスラームの共同体（ミッラ）とキリスト教・ユダヤ教など他の宗教共同体との間で結ばれた庇護契約の問題としてとらえられていた。市民権論は，非ムスリムの権利・義務をズィンマに基づく共同体ベースの契約としてではなく，個人ベースの市民権へと権利と義務の体系として移行させていこうとするものである。西洋における一般的な市民権に関する通念は，個人と国家の関係や，市民権に付随する権利などを含意しているが，エジプトにおいて議論されている市民権では，市民権の定義や具体的内容よりも，イスラーム国家における平等の問題に関心を集めがちである［Parolin 2009: 123-124］。すなわち，エジプトにおける議論では，ムスリムと非ムスリムの平等を保障する手がかりとして市民権が機能することが想定されている。

イスラーム主義勢力が提唱する市民権論とは，ムスリムと非ムスリムの双方に，それぞれの宗教的帰属に応じた権利と責務を課し，それによって両者の平等が図られるとするものである。これに関連して「同じ権利，同じ義務（la-hum mā la-nā wa ‘alay-him mā ‘alay-nā）」という言葉が頻繁に用いられている［al-Qaraḍāwī 2005; al-‘Awwā 2012b］。西洋における人権概念が歴史的経験を通じて発展してきたのに比して，現代イスラーム思想においては，人間は権利と義務の概念を有する社会契約の規範を生まれながらに与えられており，神によって諸権利を授けられて生まれてきたと論じられている［Leghari 1997: 54］。権利と義務の概念を平等と関連づけて論じる背景には，このような発想があると考えられる。市民権論に関しては，かつてパキスタンのマウドゥーディーが非ムスリムの「限定された権利」を主張しており，この議論は現代においても広く認められている［Parolin 2009: 124］。それとは対照的にエジプトの中道派は，市民権において両者の平等を図ることをめざしてきた。具体的な権利・義務の内容に関しては，次節のアウワー思想の分析で明らかにしていくことにしたい。

中道派を中心とする市民権論は，2000年代以降同胞団やワサト党のような組織にも影響を与えている。スコット［Scott 2010: 164］は，「市民権はズィンマをより近代化・文脈化した形式である」という議論を想定したうえで，「ズィンマと重なる部分はあるものの，包摂と参加の倫理に向けて移行し，ムスリムと非ムスリムの紐帯を強調している点で異なる」との評価を下している。また，ズィンマと異なる点として，ズィンマが共同体を基本単位とする義務と保護を定めているのに対し，市民権は個人に付与される性質のものであることが挙げられる。

イスラーム的観点に立脚する市民権論には，複数の批判が寄せられている。例えばクレマー［Krämer 1998: 40–42］は，権利と義務を相関的にとらえる発想は，特に改革派の場合，非ムスリムの宗教的自律性を尊重した平等を実現し，宗教に関するアイデンティティを保とうとする論理に立脚していると指摘している。一方，たとえ改革派の知識人がイスラーム国家における国籍や投票権を認めたとしても，非ムスリムに重要な政治的・法的・軍事的地位が認められない限り，非ムスリムに対する「muwāṭinūn」という語の使用は，「市民（citizens）」ではなく「同国人（compatriots）」という意味合いの語法でしかないと指摘する。そのため非ムスリムは「muwāṭinūn」であると同時に「庇護民（dhimmīyūn）」となりうると指摘している。

スコット［Scott 2010: 144］のインタビューにおいてコプト系知識人のサミール・ムルクスが批判している点も，クレマーと本質を同じくしている。ムルクスは，市民権とは同胞団が政治的に弱い立場にあるときに用いる用語であり，政治的に強い立場にある際は，市民権に言及するのを避けて，コプトに対して「国のパートナー」という語法を用いると批判する。西洋から輸入された概念である限り，市民権という概念が，イスラーム主義勢力の言説空間において操作的に用いられている側面は否めない。

また，アフラーム・ウィークリーなどの記者を務めたタドロス［Tadros, M. 2012: 103–114］は，同胞団の市民権論に対して以下の3点を批判している。

第一に，同胞団が提唱する市民権は，ムスリムと非ムスリムを「われわれ」と「彼ら」の二分法に基づいてカテゴライズするものである。第二に，同胞団の歴史解釈は，非ムスリムの植民地解放闘争への参加を「イスラーム文明を守るためのもの」として歪曲して読み込むものである。第三に，同胞団の市民権論は非ムスリムに完全な権利・平等を保証しえないとする。タドロスの書［Tadros 2012］は同胞団に対して非常に懐疑的な著作だが，その指摘するところは，イスラーム系勢力と世俗派の間に横たわる市民権観の根本的相違を示している。

世俗主義あるいはイスラーム的という二つの市民権論の本質的な差異は，世俗原理に基づき宗派の差異によらない市民の平等を保障するか，宗教的自律性を尊重した平等をめざすかという点にあると考えられる。

1977年に初版が出版されたユースフ・カラダーウィーの『イスラーム社会における非ムスリム』［al-Qaraḍāwī 2005］は，非ムスリム論の分野における有名な著作である。

これを例にとると，カラダーウィーは非ムスリムの権利として，財産の保護，結婚・離婚などの宗教的な事柄を除いたムスリムに関する証言の認定，宗教的性質を持つものを除いた国家における公共職に就く権利を挙げる［al-Qaraḍāwī 2005: 9–26］。

非ムスリムが就任不可能な職は「ジハードの指揮官，喜捨を管理する職，イスラーム法によってムスリム間の訴訟を担当する裁判官，国家元首」である。国家元首は宗教的な事項を担っていることがその根拠に挙げられる［al-Qaraḍāwī 2005: 24–25］。一方，非ムスリムに課せられた義務として，「人頭税（ジズヤ）と地租（ハラージュ），商業に関する税の支払い」「民事的な法的規範（al-mu‘āmalāt al-madanīya）においてイスラームの法規定（al-qānūn al-Islāmī）に従うこと」「ムスリムの宗教実践と感情の尊重」を挙げ，さらに現代の文脈における人頭税の廃止を認めている［al-Qaraḍāwī 2005: 34］。これが非ムスリムの権利・義務の代表的なものと考えられるが，カラダーウィーの著作はムスリムの義務に関する言及を含んでいない。こうした議論は，非ムスリム論として典型的なものである。

6　サリーム・アウワーのイスラーム国家論

(1) アウワーの職業的経歴

伝統的な宗教教育を受けたウラマーである上記のカラダーウィーとは対照的に，サリーム・アウワーは，世俗的な法教育を受けた人物である。アウワーは，中道派に属すると考えられている，エジプトの弁護士・イスラーム思想家である。アウワーは1942年にアレキサンドリアに生まれた。祖父の代にシリアからエジプトに移住してきた家系の出身であり，父はハサン・バンナーの門人であった(25)。アレキサンドリア大学の法学部を卒業したのち，検察に職を得る一方，同大学院に進学したが，ムスリム同胞団の活動に関与した疑いで逮捕され，職を失った［Abdel-Latif 2003］。その後ハサン・アシュマーウィー(26)（1921－1972年）のアドバイスもあって，ロンドン大学に渡り，イスラーム法と西洋法の比較法学に関する論文で1972年に博士号を取得した。以降は，イエメン，スーダン，ナイジェリアや湾岸諸国で法律コンサルタントを務める一方，サウディアラビアやエジプト国内の大学で教鞭をとった(27)。

アフラーム・ウィークリー紙のインタビューによれば，アウワーは自らの信条から，同胞団を含むいかなる政治組織にも参加したことがないが［Abdel-Latif 2003］，1996年のワサト党設立については党の理念に賛同し，法律顧問としてその設立申請を支援した。同党を基盤に設立されたNGO「文化と対話のためのエジプト」の会長にも就任している。また，第2章で触れたように，ムバーラク期に逮捕された同胞団員の弁護活動も頻繁に行ってきた。同紙の記者は，こうした弁護活動が，アウワーの立場を政治的に定義することを困難とし，本人にとってのジレンマともなってきた可能性を指摘している［Abdel-Latif 2003］。

主著に『イスラーム国家の政治体制(28)』（1975年初版），『コプトとイスラーム――1987年の対話』（1987年），『イスラーム刑法制度の原理』（1979年初版），『表現の自由』（2003年）などがある。国際的には，「ムスリムとキリスト教徒の対話のためのアラブ連合」などの組織に参加するとともに，2004年にカラダーウィーを筆頭として設立された組織「ムスリム・ウラマー世界連盟」の初代事務局長を2010年まで務めた。

さらに，アウワーの経歴のうち際立っているのは，革命後の2012年に実施されたエジプト大統領選挙に出馬したことである。当初，独自候補者を出さないと見られていたムスリム同胞団が選挙に参加したこと，同じ穏健派のイスラーム系候補としてより政治的影響力が強く，革命後の政党戦略をめぐって同胞団を脱退したばかりのアブー・フトゥーフが出馬したこと，組織力や資金力を有さなかったことなどにより，1次選挙で落選した。実際の投票では13人の候補者中6番目にあたる約1％の得票率（約23万5000票）であった[29]。アウワーの立候補は，第5章で論じるように，政治的事情に裏付けられたものではあったが，その選挙戦においては彼の思想的マニフェストが強調された。その点で，彼の出馬は，思想家が自らのマニフェストの実現をめざして政界に進出するという画期性を有するものでもあった。独立した知識人でありながら，政界に関わり社会的要請の高い問題について論じ続けるイスラーム思想家として，本章はアウワーに着目した。

本章では，2012年に刊行された『イスラーム国家の政治体制』第10版［al-ʻAwwā 2012a］同じく2012年刊行の『宗教と国家――ムスリムと非ムスリムの関係に関する諸章』の第4版［al-ʻAwwā 2012b］，アウワーの大統領選挙綱領［al-ʻAwwā 2012c］，2007年刊行の『イスラームと現代』［al-ʻAwwā 2007］，1998年刊行の『イスラームと民主主義』［al-ʻAwwā 1998］を主な資料として用いながら，アウワーのイスラーム国家観，およびそこに見られる非ムスリムとの関係を明らかにする。

(2) アウワーのイスラーム国家構想――権利義務相関論の観点から

アウワーは現代のイスラーム国家について，彼が高く評価する思想家ハサン・アシュマーウィーの定義を引用しながら，「アッラーと最後の〔審判の〕日を信じて，時代の進歩の要請に応じて発展する，シャリーアに由来したイスラームの法（qawānīn al-Islām）を施行するムスリムの政府が樹立された国家」［al-ʻAwwā 2012a: 247］であると述べる[30]。アウワーは，シャリーアを「信仰，すなわち神と人の関係」「倫理，すなわち人間とその人自身，または人と人の日常的関係」「人間とそれ以外のものの関係を規定する法制度」の3点から理解する［al-ʻAwwā 2007: 67］。

アウワーの思想を支えているのは，今日のイスラーム国家は従来存在しなかったものであり，イスラームの原理と法規定の実施において適切なイジュティハードが必要とされているという認識である［al-ʻAwwā 2012a: 258–259］。

伝統的イスラーム国家と，西洋化・植民地化によるイスラーム法の後退を経験した現代イスラーム国家の間に断絶が存在することを理解したうえで，アウワーは議論を続ける。

> 今日存在しているイスラーム国家は，様々な種類のイスラームの統治のうち，新しい種類のものを代表している。それは，〔現代において〕模範とされる〔過去の〕イスラーム法学者たちが，彼らの時代には存在しなかったがゆえに，それに関する法規定に関心を示さなかったところのものである。……イスラーム国家の現在の姿は，イスラーム国家に対するイスラームの原理の適用とシャリーアの規定の実施において，適切なイジュティハードを必要としている。［al-ʻAwwā 2012a: 258–259］

ムスリムと非ムスリムの関係を論じるなかでも，イジュティハードによる関係の刷新を意識していることが見出せる。アウワーは非ムスリム問題を扱う際の原則として，「クルアーンとスンナの原則に従うこと」「ダール——われわれの現代的表現で言うところの祖国における協力が必要としているものを受け入れること」「人道的な同胞精神を，放置するのに代わって働かせること」の3点を挙げている［al-ʻAwwā 2012a: 251–252］。ムスリムと非ムスリムの関係が一国に収斂しない場合は，両者の関係は人道的な精神によって律されるべきであるとも主張し，エジプト一国に限定されたナショナリズムや，民族主義のみに依存するのではない関係性を柔軟に模索する［al-ʻAwwā 2012b: 62］。

もっとも，アウワーはイスラーム的な体制における非ムスリムとの立場に対する自身の見解が，決して彼ひとりの個人的見解によるものではないことを表明している。アウワーは，アズハル総長を務めたマフムード・シャルトゥート，ジャーダルハック・アリー・ジャーダルハック，シリアの高名なイスラーム法学者であるワフバ・ズハイリー，本書で言及したユースフ・カラダーウィーやムハンマド・ガザーリーのようなウラマーに加えて，ターリク・ビシュリーやムハンマド・イマーラ，ファフミー・フワイディーの名前を挙げている。さらに，こうした20世紀中盤以降に活躍した学者たちに加えて，ラシード・リダーとハサン・バンナーの立場に言及している［al-ʻAwwā 2012b: 37］。スコット［Scott 2010: 127］は，こうしたアウワーの系譜意識に関して，「自らをより保守的なイスラーム学者たちと結びつけるアウワーの選択は，イスラーム的な伝統から離れるものとして描かれることを避けようとする圧力のもとに彼があることを示している」と指摘している。すなわち，世俗的なリベラリズムを擁護する視点に立ったとき，アウワーの議論は，ムスリムを一方的に擁護する保守的なものに見えるかもしれない。しかし実際には，イスラーム主義に共感を寄せる論客のなかでは，彼の議論は相当革新的なものに属するのである。

エジプトのキリスト教徒との関係のみを論じる共存論が多いなかで，共存の対象とする人びとを拡張していることはアウワーの特徴のひとつである。彼は，ムスリムと非ムスリムの関係を律する原理として「敬虔さ」「親愛の情」「関係の良好さ」を挙げている。これは啓典の民にもそれ以外の宗教を信仰する人びとについても同様に適用される。啓典の民のほうがより多くの規定を有するだけであるとして，啓典の民以外の関係性も規定しようとしている点は特徴的である［al-ʻAwwā 2012b: 53-54］。ユダヤ教徒についても，パレスチナで占領を行うユダヤ教徒でなく，彼らの行動に同調しない者については敵とみなさないとも言明している［al-ʻAwwā 2012b: 51］。一方，ムスリムと非ムスリムの関係を，善行の推奨や良心によって解決させるようなこの論法そのものに目新しさはない。

また，本章で扱う宗教共存論の枠組みとは多少ずれるが，アウワーはスンナ派とシーア派の相互理解を積極的に主張しており，これは近年エジプトで伸長するサラフィー主義が，シーア派を激しく敵視しているのとは対照的である。スンナ派とシーア派の融和を模索する歴史はきわめて浅く，スンナ派世界の宗教権威であるアズハルが，シーア派の法学をスンナ派四法学と同等の地位を得るものとして承認するファトワーを発したのは，1959 年のことである(31)［Enayat 1982: 49-50］。アウワーの対シーア派融和論は，スンナ派世界の中心のひとつであるエジプトの思想家として，彼をきわめて特異な存在としている。

アウワーもまた，ムスリムと非ムスリムがそれぞれの権利を有し，課せられた責務を果たすことによって実現される市民権論を支持し，ムスリムと非ムスリムを「市民権の権利と義務において平等である」［al-ʻAwwā 2012b: 75］と述べる。

非ムスリムの義務については，カラダーウィーの議論を踏襲したうえで，ムスリムと同様の税金の支払い，それが国法となっているために，ムスリムと同様にイスラーム法（al-qānūn al-Islāmī）に従うこと，ムスリムの感情の尊重の3点を挙げる［al-ʻAwwā 2012a: 263］。人頭税については，安全保障のための軍役の代替物であったという事実を確認したうえで，ムスリムと非ムスリム双方が植民地闘争に参加したことを根拠に，その廃止を主張している［al-ʻAwwā 2012b: 26］。

ムスリム感情の尊重については，キリスト教徒やユダヤ教徒がムスリムに対して宣教を行うことは認められず，あくまで自らのミッラの内部に留め置かれるべきと主張する。他宗教の宣教を公に認めるならば，それはもはやイスラーム国家ではないからである［al-ʻAwwā 2012b: 126］。

これに対してムスリムには，ムハンマド以前の諸預言者の宗教の尊重，それが最善である場合を除いて啓典の民との議論を控えること，彼らに対して神と神の使徒と信仰者たちのズィンマの権利を執行すること，という宗教的義務が課せられる［al-ʻAwwā 2012a: 263］。

非ムスリムの権利としては，ムスリムの観点からは相応しくないものも含む財産の不可侵，個人の安全の保障，礼拝施設の設立の許可，老齢に達した者の生活の保障，結婚や離婚を含む宗教的事柄を除く非ムスリムの証言の受け入れが挙げられる［al-ʻAwwā 2012a: 262］。

20世紀以降に著され，非ムスリムの権利について論じた一次文献で，非ムスリムは宗教的職務を除いた国家における公職の権利を有すると論じられてきた［al-Qaraḍāwī 2005］。宗教的職務に関する公職のうちには，ジハードを実行する軍の指揮官，サダカ（自発的喜捨）を管理する職，ムスリムを対象とする裁判官，そして国家元首そのものが含まれると考えられてきた。しかしアウワーは，選挙によって選出されれば，非ムスリムによる国家元首への就任を可能と論じている［al-ʻAwwā 2012a: 262］。

> 国家元首は現代イスラーム国家において――あるいはイスラーム国家でなくとも――宗教的職務を有するとはまったくみなされない。したがって，私の考えは，もし国家元首のために開催された自由選挙において〔ある人物が〕勝利したならば，その人物の宗教が何であっても，いずれの市民も国家元首への就任を許されているというものだ。伝統的な法学が女性にこの統治権力（wilāya）を禁じるのに長らく述べてきた理由

> が，いずれも存在しないならば，男性も女性もすべて，元首への立候補とそれを獲得する権利において平等である。［al-‘Awwā 2012a: 87-88］

スコットも指摘しているように，宗教的な領域と非宗教的な領域の線引きそのものが現代イスラーム政治を論じる際の重要な問題ではあるが，この記述からはアウワーが国家元首を宗教的事項に関わる地位とはみなしていないことが読み取れる［Scott 2010: 151］。

中道派の思想家のなかでは，第 4 章で詳細に検討するように，ターリク・ビシュリーも非ムスリムの国家元首への就任が可能であることを論証している。一方，中道派の形成に大きな役割を果たしたカラダーウィーがこの説を認めていないように，非ムスリムの国家元首への就任は，あくまでアウワーやビシュリーのような一部の人物が理論的に可能と論じている段階にすぎず，実現性は低い状態にとどまっている。

アウワーの思想の特徴は，ムスリムと非ムスリムの平和的共存を構想するにあたって，法的枠組みや政治に関する諸概念を援用しながら，具体化を図っていく点にある。

> もし，現代イスラーム国家におけるそれらの権利と義務が，信仰の範疇から憲法の範疇へと移行するならば，そのことは現代イスラーム国家における権利と義務の遵守に関して，これを定めたところの原則において，少しも影響を及ぼさない。司法的には（qaḍā’an），それが憲法上の義務あるいは権利であるという点において。宗教的には（diyānatan），権利と義務がそれを定めたところの原理において，宗教的状態に回帰する点で〔これらの義務と権利は遵守される〕。［al-‘Awwā 2012a: 263-264］

上記の記述からは，アウワーが宗教的枠組みに加えて，憲法を中心とする現代国家の法的枠組みを通じた市民権の強化を視野に入れていることが明らかとなる。ムスリムと非ムスリムの関係の原点としてクルアーンの記述やマディーナ憲章を挙げる一方で，市民権論による平等の志向，立憲主義によるその強化という特徴がアウワーには見られる。

一方，アウワー思想，ひいてはエジプトの言論界で見られる，イスラーム主義的視点に立った宗教共存論の限界は，以下のような点に集約されるだろう。ムスリムと非ムスリムに課せられる権利と義務の内容については，論じている思想家・活動家ごとに細かな差異はあるものの，両者に課せられている権利と義務の内容自体がすでに不均衡であり，この市民権論が非ムスリムに対して完全な平等を保障するとは思われないという批判は妥当である。また，非ムスリムに対する権利の執行がムスリムの義務に含まれており，ムスリムが非ムスリムの権利の保障に責任を持つ構図自体は，やはりズィンマの延長線上にあるものでしかないとも評価できる。この点に関しては，アウワーは考察を加えていない。

アウワーら中道派が展開する市民権論は，世俗主義によらず宗教的帰属を重視したうえでムスリムと非ムスリムの平等を実現しようとする潮流のなかから生まれてきた観念であり，その実現をめぐっては，未だに模索のさなかにある。

また，アウワーは個人の権利保障には関心を寄せる一方で，コプト正教会に対しては「国家のなかの国家」として激しい攻撃を行っている。2010年9月15日に，コプト正教会第2位の人物であるビショイ主教に対するインタビューを契機として，ムスリムとコプトの間に大きな緊張が生まれた。教会の財産を国家管理下に置くべきという主張に対する意見を求められた主教は，「そのようなことを求める人びとは，コプトがエジプトの本来の住民であったことを忘れている。われわれは，自分たちのもとにやってきた訪問客と愛情に満ちて交流してきた」と発言し，ムスリムがエジプトにおいて本来の住民であるコプトの後に到来した客にすぎないと示唆した［Tadros 2010］。同日，アウワーはアル＝ジャズィーラ放送局のテレビ番組に出演した際に，同年8月にポート・サイードの修道院長の息子が同年8月にイスラエルから火器を密輸した容疑で拘束された事件で，教会が武器を所有しているとする世間の主張を肯定する形で，コプト教会がエジプトからの分離独立をめざして武器を準備していると非難した(32)［al-Jazeera 2010］。タドロス［Tadros 2010］が「このような政治的影響力を持つ人物から発せられたこの扇動的な主張は，モスクの外でデモ参加者たちが『われわれは客ではない！』というスローガンを叫んだように，国中で宗派に対する攻撃を引き起こすには十分であった」と述べるように，この発言は軽率であったと言わざるをえない。タドロスは，ビショイ主教とアウワーの発言の双方に対して，このような不毛な対立によって一番被害を受けるのは，社会的に周縁化された貧困層のコプトであると批判する［Tadros 2010］。アナリストのアムル・ショーバキーも，コプトの一部が急進化しており，ムスリムの世論を軽視していることは事実でありながらも，そもそもなぜコプトが急進化するのかという原因に目を向けなければならないとして，宗派紛争の沈静化を訴えた［al-Shūbakī 2010］。アウワーが非難を行う対象は，個人のコプト市民ではなくコプト正教会であるが，少数派の地位に置かれ，時にムスリムから攻撃を受けてきたコプト市民にとって，その差異は意味を持たない。このような事象を背景に，アウワーやその他の中道派思想家が展開してきた言論は，現実的文脈に置かれた際に，特にコプトからは冷ややかな反応を受ける。イスラームの中道主義に同調するコプト出身の知識人ラフィーク・ハビーブのような事例はきわめて例外的である。この事例は，コプト急進派との存在というエジプトの宗派紛争の一面を示すとともに，これまで展開してきた宗教共存をめぐる言論にかかわらず，現実の宗派紛争のさなかに置かれたときの言論人の立ち位置の困難さとデリケートさをあらわしている。

7　ムスリム同胞団との比較から
――イスラーム市民国家論――

中道派思想家のムスリム同胞団への思想的影響は，先行研究においても頻繁に指摘されてきた［Stacher 2002; Baker 2003; Scott 2010］。イスラーム国家の是非をめぐって争う世俗主義論争のなかで，1990年代の同胞団は「市民国家（dawla madanīya）」を主張し，2004年に第7代最高指導者に就任したマフディー・アーキフの指導下で，「改革イニシアティブ（Mubādara al-Murshid al-ʻĀmm li-l-Ikhwān al-Muslimīn ḥawla al-Mabādi' al-ʻĀmma li-l-Iṣlāḥ fī Miṣr）」［al-Ḥusaynī 2004; al-Jazīra 2004］を発表するなど，改革的姿勢を前面に打ち出した。これは，経済・司法・選挙・社会・教育など各種方面における改革のビジョンを示したほか，女性とキリスト教徒に対する見解などの各項目において同胞団のビジョンを明確化したものであった。

近年の同胞団が，「シャリーアの施行」や「イスラーム国家の樹立」のような語を用いて政治言説を展開しなくなったことはよく知られている。同胞団，特にその内部の穏健派と，各種政治組織や公的な宗教機関から一定の距離をおいて活動する独立系の中道派思想家は，両者とも平和的手段による国家や社会のイスラーム化を志向する「中道派」には属するものの，その思想には細かな違いも見られる。一方で，同胞団と中道派思想家の密接なつながりから，しばしば両者の思想は混同して扱われてきた。本節では，同胞団を母体として2011年に設立された自由公正党の「2011年人民議会選挙綱領（al-Barnāmaj al-Intikhābī li-l-Ḥizb, Party Platform 2011）」（http://www.hurryh.com/Party_Program.aspx）を用いながら，中道派思想家と同胞団の思想的相違点を明らかにしたい[(33)]。

まず，自由公正党は自らの国家像について，「われわれのプログラムが構想する国家は，シャリーアの権威（marji‘īya al-sharī‘a al-Islāmīya）に基づく，立憲的，近代的，民主的，イスラーム的な国民国家である」と述べる（「国家の諸特徴」節）。

「マルジャイーヤ」は「権威」を意味する語「マルジウ（marji‘）」から派生した語である。意味は同じく「権威」を意味するものの，より抽象度の高い概念である。国家や社会の基礎となる規範的な権威を意味する。

さらに，詳細な説明として「すべての市民が，平等な諸原則に基づく法が支える等しい権利と義務を享受し，宗教や人種による差別のない機会を提供する市民権の原則に立脚した国家」「三権分立に基づく立憲国家」「シューラー（民主主義）に立脚する国家」（括弧内原文）「市民国家」といった特徴を挙げている（「国家の諸特徴」節）。この市民国家に関しては，「イスラーム国家はその本源から市民的であり，それは軍が統治し，軍事クーデタによって政権に到達する軍事国家ではなく，独裁的な諸法に従ってその国を統治することもない国家である。同様に，治安機関が監視を行う警察国家ではなく，神の権威の名によって統治されないことは言うまでもなく，聖職者階級が統治を行う神政国家ではない……」との説明がなされている。通常「市民国家」という用語を用いる際には，世俗主義を擁護するリベラル派は，市民国家が世俗国家であることを前提としている。しかし，同胞団のこの語法からも見出せるように，彼らにとっての市民国家とは，独裁国家とも神政国家とも異なる国家という含意しか持っていない。同胞団を含む諸勢力は，イスラーム的な市民国家はありうる――むしろ，市民国家はイスラーム的である――という理解に基づいて自らの主張を行っているため，市民国家の宗教性と世俗性をめぐって両者が争う論争状態となっている。同胞団はこの市民国家の思想において，ティリムサーニーやマアムーン・フダイビーの思想を受け継ぎ，イラン的な聖職者が権力を有する国家モデルとの違いを強く打ち出している。

シャリーアの理解については，以下のように主張している。

> シャリーアはその性質として，教義としての側面，信仰行為としての側面，倫理的な側面に浸透しており，同時にムスリムと，祖国における非ムスリムのパートナー[34]の生活の様々な側面を規定する。……一方で，非ムスリムは家族に関する基礎的な領域や，宗教的な私的事項において，彼らの法に訴える権利を持つ。……同様にこの国家は，イスラームが〔自らの信仰と礼拝の自由に関わる〕事柄やモスクを保護するのと同等に，非ムスリムの信仰と礼拝の自由および礼拝の場所の保護に責任を持つ。（「国家の諸特徴」節）

ここで同胞団は非ムスリムの私的領域に対する各宗教法の適用を明言した。これは，後述のとおり2012年憲法および現行の2014年憲法第3条と類似した規定だが，エジプトの法制度においては従来，家族法には各宗教法が採用されているため，それを追認した表現とも言える。

コプト教会については，以下のように述べている。

> エジプトのコプト教会は，歴史を通じて主体的な役割を有してきた。……われわれは，社会の価値や倫理を維持し，エジプト・アラブ・イスラーム社会に向けられた，思想的・倫理的侵略の増大する波に対抗する領域において，エジプト教会の役割を支援する必要性を見出す。また，社会の様々な側面における家族や社会的紐帯，国民的連帯の価値を支援する。これはエジプトのあらゆる国家組織と市民社会の協働，および教会と高貴なるアズハル，宗教省，その他のイスラーム市民組織との建設的かつ主体的な対話の発展を通じてなされるものである……（「宗教的リーダーシップ」節）

伝統的な価値観を守るという共通した役割をコプト教会に対して見出している点が特徴的だが，コプトの市民に対する個別的なビジョンは示されていない。

コプトの市民に対する具体的なビジョンが，コプトの政治的要求を代表する唯一の存在となっているコプト正教会に向けられていることは，同胞団の政治的対話の相手が個々のコプト市民ではなく，コプト正教会に限定されていることを意味する。コプト市民よりも教会の側により深い関心が向けられていることから，めざされているのはあくまで共同体（ミッラ）ベースの共存であり，私的領域における宗教法の適用は，むしろ前近代のズィンマの延長線上にあると考えられる。イスラーム市民国家が，ムスリムの礼拝施設と同様に非ムスリムの礼拝施設の保護に責任を持つという構造そのものが，多数派による少数派庇護の構造を温存している。同胞団が提唱する国家論および宗教間関係論は，コプトとムスリムを分離した政治的コミュニティとしてとらえる共同体主義的側面が強く，伝統的な宗派分立に基づくものと言える。

一方，同胞団の改革派が分離して結成した政党であるワサト党に関して，アウワーは以下のような評価を行っている。

> その政党（＝ワサト党）の創設者らが彼らの党の権威の源（marji‘īya）を，ある学派やシャイフ，組織の権威（marji‘īya madhhabin aw shaykhin, aw tanẓīmin）でなく，普遍的なイスラームの権威（al-marji‘īya al-Islāmīya al-‘āmma）に置いたことは多くの人びとの関心を集めました。彼らはイスラームをムスリムと非ムスリムの両方の尊敬を集める場所とみなしています。ムスリムにとっては，それは彼らがそれに従って生き，死に，復活させられる彼らの宗教の源です。他の者にとっては，それは彼らの国を特徴づける文明の源です。思想家，学者，芸術家はこの源泉のもとで彼らの作品を創り，説教師や聖者はその言語で語ったのです。
> ［al-‘Awwā 2007: 60-61］

アウワーは『イスラームと現代』のなかで「あなたにとってこの〔ワサト党の〕文明的プログラムは何を意味するのでしょうか」という質問に対して，以下のように答えている。

> それは，そこにはわれわれの同胞であるコプト，むしろ東方キリスト教徒一般とわれわれのイスラーム文明の間の関係の真実に対する深い洞察があることを意味します。それは優越と傲慢さから発するのではなく，

すべての人びとが地上において，それを建設し活かすために継承者として任命されたものであるという事実認識から発する理解です。

……評論家のうち多くの考えは以下のようなものです。「ワサト党」はそのプログラムと組織において，その宗教の信仰者およびそれ以外の諸宗教の信仰者を含むような広がりのなかで，イスラーム文明観（ru'ya ḥaḍārīya li-l-Islām）に関する優れた表現を示しています。また，その政治的ビジョンにおいて優れた表現を示しており，それは宗教的卓越と文明の創造における人間の参加を混同しないものです。第一のもの〔＝宗教的卓越〕はその秩序を「神－人間（al-rabbānīya－al-insānīya）」の関係のなかに置き，第二のもの〔＝文明の創造における人間の参加〕は，その境界を「人類－人類」（al-basharīya － al-basharīya）の関係のなかに置いています。［al-'Awwā 2007: 61］（括弧内原文）

この表現から，独自のイスラーム文明観によって，ワサト党ひいては中道派の思想家たちが，人間の平等性原理と宗教的自律性の両立をめざしていることが分かる。

この文章はアウワー自身の姿勢表明ではなく，あくまでマーディーら同胞団の改革派出身の人びとについて書かれたものであるが，アウワーが彼らの思想を肯定的に評価していることからも，思想的な共通点は多いと考えられる。彼らのイスラーム観の主な特徴は，ムスリムと非ムスリム双方による文明の創造が強調されることや，双方に共有可能な倫理規範の体系を含んでいると考えられることである。この思想は，一般的な中道派の「文明的イスラーム」観とほぼ議論を同じくするとともに，規範的な権威を意味する語「マルジャイーヤ」と結びついた概念となっている。

それに加えて指摘しておきたいのは，文明的イスラームが従来の宗教的権威や特定の法学派，組織とは一線を画した包括的な価値体系として構想されていることである。イスラームの文明的価値観を重視する論調は，中道派を中心として一種の言説空間を作り出している。同胞団と比較すると，国家と社会の権威をシャリーアに見出すのと，文明的なイスラーム観に見出すのとでは，その包摂性に大きな差異を見出せる。次節では，アウワーの権威（マルジャイーヤ）論とその政治思想の展望を，「イスラーム文明計画」概念の検討を通じて考察する。

8　アウワーの「イスラーム文明計画」論

(1) イスラーム文明計画

本節では，アウワーのマルジャイーヤ論および彼の提唱する「イスラーム文明計画（al-mashrūʻ al-haḍārī al-Islāmī）[35]」の内容を検討することによって，アウワーが最終的にめざしている政治的目標が何なのかを明らかにしたい。

「イスラーム文明計画」とは，アウワーが自らの思想を総称して用いている用語である。2012 年大統領選に際して作成された公式ホームページ（http://www.awa4egypt.com/）では，「中道・文明的イスラーム計画（al-mashrūʻ al-Islāmī al-ḥaḍārī al-wasaṭī）」との呼称が使用されており，これらの語には相当の互換性が見出せる。

この計画については，「クルアーンとスンナにおけるイスラームの不変要素から出発し，包括的なビジョンへと進み，現実の可変のものや新しいものに対処することをめざす」計画だと説明されている［al-ʻAwwā 1998a: 19］。また，アフバール・ヨウム紙電子版で 2012 年大統領選の際に発表された政治綱領においては，「個人と共同体について，エジプトの国としての価値を高めること，エジプト的・アラブ的かつ中道的なイスラームのアイデンティティを取り戻すことをめざす。このアイデンティティは，イスラームからはそのための権威（marjiʻ）を，アラブ性からは根元でそれを結びつける絆を，それらの長い歴史からは，世界のあらゆる国々と調和のとれた関係を築くための基礎を取り入れるものである」と表明されている[36]［al-ʻAwwā 2012c］。

アウワーは多数派の意思を尊重した統治の必要性を繰り返し主張しており，イスラーム市民国家をめざす根拠のひとつに多数派および社会の意思を挙げる。

> イスラーム政府〔という名前〕によって意図されているのは，宗教政府ではない。それが意味するのは，多数が承認し――彼ら〔＝ムスリム〕は多数派の人びとである――，その法と規定に従うことに同意する法律に，ムスリム社会における政府が従うことである。国家の市民であるキリスト教徒やユダヤ教徒，あるいはすべての非ムスリムは，社会あるい

は多数派の意思を表現する法——および憲法に従う限り，国家のすべての事柄に参加する者であり，そのなかには統治に関する事柄が含まれる。この法は，民主主義以外の方法によって決定もされなければ変更もされない［al-ʻAwwā 2012a: 135］

ここでは多数派の意思に従う民主主義の擁護だけではなく，アウワーの法治国家への関心を見出すことができる。

法治国家（dawla al-qānūn）への志向性はアウワーの重要な思想的特徴のひとつであり，2012年の政治綱領においても，その必要性を提唱している。法治国家における不変の要素として「立法権力が発布する法律においてイスラームのシャリーアの諸原則に戻ること。イスラームのシャリーアや一般的諸原則（mabādiʼ-hā al-kullīya）と矛盾するあらゆる条文を取り除くため，現存するすべての法令（tashrīʻāt）を検討すること」のほかに，法の下の平等，あらゆる国家機関の前での平等，権力の分割，公正の実現のための司法，司法による行政権力の監視などが挙げられている［al-ʻAwwā 2012c］。

アウワーの主著『イスラーム国家の政治体制』［al-ʻAwwā 2012a］は2011年革命後に新版が出版されている。同版で新たに付け加えられた序文においても「……エジプトにおける国家は，憲法と法が定め，司法が裁くところのものに基づく，権威（マルジャイーヤ）がイスラームである市民国家以外の何ものでもないし，〔これからも〕そうであろうことは明らかである」と述べられており，その思想は一貫している［al-ʻAwwā 2012a: 11］。

イスラーム的な権威に基づく市民国家と，イスラームという名称を冠さない市民国家の違いは何かという問題に関して，アウワーは以下のように答えている。

イスラーム市民国家とは，他の市民国家と同様に，統治者を交代させる際に選挙を第一に行う，民主主義による国家です。どんな政府も，人びとの承認が基礎となっています。これに加えて，この市民国家〔＝イスラーム市民国家〕は，イスラームに矛盾する法を施行しません。ですから，われわれが教育に関する法を施行するとき，われわれはカリキュラムのなかに無神論のような思想を含むことはできません。無神論を教えるには，国家の教育制度の外で行うことのできる哲学研究〔の範疇〕となります。それに加えて，公法において食物に関して定める際，われわれはアルコールが公共の場で誰にでも売られることを許すことはできません。売買や耕作，国家観の平和と戦争に関してイスラーム法のなかに多くの詳細な規定があるとき，法のすべての詳細は国法のなかに埋め込まれていなければなりません。シャリーアの大半の部分を占めるのは一般的な規則です。われわれが新しい法を施行するとき，イスラームの一般的な規則を考慮に入れなければなりません。例えば，ラー・ダラル・ワ・ラー・ディラール（lā ḍarar wa lā ḍirār）の原則。あなたは他者を害する行為をなすことはできません。例えば，アル＝アーダ・ムハッカマ（al-ʻāda muḥakkama）の原則。これが意味するのは，あなたが法廷で判決を下すとき，人びとの慣習が考慮されなければならないということです。これがイスラームの権威のたったひとつの意味であり，それ以外の点では人びとは自由です。(37)

1998年の著書『イスラームと民主主義』［al-ʻAwwā 1998］では，彼のマルジャイーヤ観についてより詳細な説明がなされている。

社会の権威（マルジャイーヤ）は，そのなかの多数派の権威である。したがって，もしイスラーム諸国における多数派が，イスラームの文明的，文化的，歴史的な権威を認めるムスリムと非ムスリムの一般大衆ならば，政治的な権威はこのイスラームに属さなければならない。［al-ʻAwwā 1998a: 23］

こうしてアウワーは，文明的・文化的・歴史的なイスラームを社会の枠組みとして設定し，政治的な権威に設定することを主張する。

イスラーム文明計画に従事する人びとが呼びかけている，この制度における権威（marjiʻ）は，ウンマの政治と文化において普遍的な権威の源（maṣdar al-marjiʻīya al-ʻāmma）としてのイスラームである。同様に，〔ウンマの〕信仰，崇拝，商業，経済，すべての生活における権威の源（maṣdar marjiʻīyati-hā）である。［al-ʻAwwā 1998a: 21］

このマルジャイーヤは，ムスリムと非ムスリムにとってそれぞれ異なる意味を持つ，共有可能な価値体系であることが強調される。ムスリムにとっては，「イスラームを一般的に受け入れること」［al-ʻAwwā 1998a: 21-22］という意味を持つのに対し，非ムスリムについてはイスラームの文明的側面が強調される。

> これらの人びと〔＝同胞である非ムスリム〕に関するイスラームのマルジャイーヤは，文明的なマルジャイーヤ（marjiʻīya ḥaḍārīya）である。彼らは文明，遺産，文化，歴史としてイスラームを受け入れ，その創造にみずから貢献した。この歴史，文明，遺産，文化のうちいずれのものも，もしこの国の国民たち――ムスリムと非ムスリム――のその創造における共同の貢献がなかったならば，今日のようではなかっただろう。……彼らは元来この貢献の核心において真正であり，パートナーであり，文明と文化の利益においてわれわれと平等である。彼らは二級ではなく，われわれに新たに加わったのではなく，われわれは彼らに利益を与えるものではない。われわれと彼らは，この文明，文化，現在全世界がそれによって生きる民主主義の基礎の創造において，平等な同じ歩みのなかにある。［al-ʻAwwā 1998a: 22］

マルジャイーヤという概念を用いて，ムスリムと非ムスリム双方に対してイスラームの文明的側面について説明する上記の議論は，中道派の提唱する文明的イスラーム観の意味するところを端的にあらわしている。しかし，イスラーム文明やその遺産の普遍性，イスラーム文明における非ムスリムの重要性を強調する論調がアウワーに特有のものではないことも事実である。

むしろ，アウワーの提唱するイスラーム文明計画は，ムスリム－非ムスリムの関係論にとどまらず，現代的な社会要請に応える思想へと発展している点において重要である。

> イスラーム文明計画からなる政治的側面とは，次のようなものである。……われわれは，自由で理にかなった正しい統治（ḥukm ḥurr wa rashīd）と，すべての人びとに対する安全で適切な生活，統治者の圧制や側近の専制を恐れることなく自らの信じるところについて表現する権利が，す

べての人びとに保障されることを望んでいる。……われわれは自分自身が足ること（kifāya dhātīya）を望んでおり，あなたが今生きているその状況の代わりに，世界の発展と世界を豊かにすることに参加するならば，このウンマはその源とそのための人類の諸力を有している……［al-'Awwā 1998a: 21］

アウワーが主張している内容は，「ウンマ」の語の使用が見られるものの，宗教的差異を乗り越えようとする側面が非常に強い。むしろ，リベラルな政体や人権の保障といった，一般的に広範に受容されている概念を「イスラーム文明計画」の文脈において論じる点が特徴的である。

アウワーの思想的特徴は，以下のように総括できる。

第一に，権利と義務を相関させ，ムスリムと非ムスリムの平等を実現しようとする市民権論を，宗教的観点から支持するだけでなく，憲法の枠組みを通じて確定させることをめざしている。第二に，既存の権威から独立したイスラームの文明的側面を強調し，これがムスリムと非ムスリムの双方に共有可能であることを確認しながら，社会や政治のマルジャイーヤに設定する。第三に，法曹およびイスラーム文明計画を推進する思想家としての両観点から，法治的なイスラーム国家を志向する。各宗教の宗教的自律性を尊重しつつ，共同体単位にとどまらない個人の人権保障へも関心を寄せている点に特徴がある。アウワーはムスリムと非ムスリムの平和的共存という問題に長らく関心を抱いてきた論客だが，彼の提唱するイスラーム文明計画は，宗教共存論にとどまるのではなく，より包括的な民主主義論やイスラーム政治論などへと発展する可能性を有している。

(2) エジプトにおける宗教間関係の展望

サリーム・アウワーの思想を軸に，エジプトにおける宗教共存の在り方の現代的様態の特徴を総括すると，以下の３点にまとめることができる。

第一に，それは体制や，体制と時に対立し時に親和的行動をとる既存の宗教的権威ではなく，市民勢力によって模索されている点で，革新的な側面を持っている。第二に，近代国民国家の平等原理に立脚しつつも，宗教的自律性を尊重している。第三に，ミッラに基盤を置き，各共同体の指導部による自治を許していた前近代のミッラ的政治体制とは異なり，従来の共同体ごとに保障されてきた権利に加えて「個人の人権保障」という思想を組み込もうとする動きが見られる。そのために，ムスリムと非ムスリムにそれぞれの宗教に応じた権利と義務を課して，平等を実現しようとする市民権論の構築などが模索されている。これは都市部上流階級の一部コプト市民の間で観察される，個人の地位向上や権利保障への関心とも関連した現象としてとらえることができる。

中道派思想家の言論を検討する際，「中道派とは何か」ということが必然的に問われることとなる。中道派の思想家は1980年代から，極端な世俗主義を擁護する人びととイスラーム過激派のどちらでもない中庸を担う人びととしてエジプトの言論界で台頭した。一部のムスリム同胞団員もこの思潮を担い，穏健なイスラーム理解と社会改革を唱え，1990年代以降同胞団の有力な潮流のひとつとしてあらわれるようになった。

エジプトに基盤を置き，イスラーム的観点から社会改革を推進するうえで，既存の概念を必要に応じて過去の思想潮流から援用していく姿勢を中道派は有している。例えば，エジプトにおける国民の連帯を重視する点で，中道派は1920－1930年代のエジプト・ナショナリズムの流れをくんでいる。こうした柔軟な姿勢が，もとより知識人のゆるやかな集合体である中道派の思想家たちを，ますます曖昧な存在としてきた側面は否定できない。

また，本書で検討してきたように，市民権および市民的国家を模索する動きは，世俗派とイスラーム主義勢力の双方で観察することができるが，市民権をいかにして具体的に実現していくかという問題は，模索のさなかにあると評価せざるをえない。

また，中道派思想家の共存論に対して，共存すべき対象として考えられているコプトの人びとの反応は決して芳しくない(38)。コプト側からは，中道派思想家もそれ以外の勢力も，イスラーム国家を支持するという点で同じ思想的立場にあるものとして否定的に見られており，中道派勢力内部の思想的差異は区別されていない。また，本書で言及したように，アウワーがコプト正教会の司教に対して激しい批判を行った2010年のテレビ番組での発言は，コプト市民が彼に対する悪印象や忌避感を強める一因となった。さらにアウワーは，2013年のクーデタ後にムルスィー元大統領の弁護人に任命されている。この経歴によって，同胞団に親和的な存在としてアウワーに否定的評価を下す一部の見方はますます強まることが予想される。中道派は世俗派とイスラーム主義勢力の分断状態が続く現在のエジプトにおいて，ますます苦境に立たされている。

スコット［Scott 2010: 166-178］は，憲法第2条の国教条項に対するコプトの反応を記している。スコットによると，コプトの多くが第2条に反対しているが，国教をイスラームとする規定そのものの削除を求めている人びとは少数にとどまる。多くの場合求められているのは，「シャリーアの諸原則は立法の〔唯一の〕主たる法源（al-maṣdar al-ra'īsī li-l-tashrī'）である」のうち，他の法源の存在を排除する定冠詞「al-」の削除か，国教条項においてキリスト教やユダヤ教に言及し，エジプトが多宗教国家であると認めることである［Scott 2010: 167-170］。

それでは，本章でとりあげた中道派思想家の言論は，どのような意義を有しているのだろうか。本章で検討してきたアウワーの思想も，革命や政治状況の変動にかかわらない一貫性を有しているが，独立した思想的な位置づけそのものは，多様化する政治潮流のなかで変動してきた。中道派思想家はその社会的影響力を等閑視される一方で，同胞団とも体制側とも異なる，独立した市民勢力としての役割をたびたび期待されている。また，政治的・社会的影響力は小さいにせよ，それぞれの思想家は，エジプトの言論界・思想界においては依然として大きなプレゼンスを有している。むしろ中道派思想家や，その周辺の政治勢力は，サラフィー主義への対抗勢力として重要な位置づけにある。

エジプト社会における宗教性は根強く，個人地位法の適切な運用や宗教的自律性の維持は一貫して重要な課題であり続けている。例えば，2012年憲法第3条では，精神的指導者の選出などの一部分野において，キリスト教徒およびユダヤ教徒に対するそれぞれの宗教法の適用が明言された。この条項はムルスィー政権崩壊後に制定された2014年憲法でも維持されている。一方で，この規定が伝統的な宗派分立主義の一環として働くか，宗教的自律性を尊重する規定として働くかについては，さらなる検討が必要である(39)。

中道派思想家はムスリム同胞団のような政治組織に思想的基盤を提供する存在としてこれまで描かれてきたが，宗教共同体を尊重するだけでなく，市民権を通じた個人に対するビジョンを示していこうとする点，イスラーム文明の理解に基づいたより包括的な国家構想・宗教共存論を展開している点に特徴がある。イスラーム国家を支持する一方，宗教的自律性の尊重を市民の権利として組み込んでいこうとする点に，新たな思想的可能性を見出すことができる。

第4章

現代エジプトにおける法・国家・イスラーム

――ターリク・ビシュリーの法哲学と政治論をめぐって――

本章は，エジプトにおける宗教－国家関係という主題に関して，シャリーア施行問題を中心に考察するとともに，中道派思想家群の内的な多様性を明らかにすることを目的としている。具体的には，独立した中道派イスラーム思想家のひとりであり，40年以上の年月にわたって，裁判官として職歴を重ねてきた人物であるターリク・ビシュリーを取り上げる。彼の政教関係観，宗教共存論，シャリーア施行問題に対する立場，近年の政治論を，一次資料を通じて検討する。また，ビシュリーのシャリーア施行問題に対する立場を検討するにあたり，問題の背景として，エジプトにおける法の西洋化の過程と，それがイスラーム復興以降に問題化した過程についても扱う。これは，現代のエジプトにおける国家と宗教の関係，イスラーム復興の様態を総合的に明らかにするという本書の目的も鑑みたものである。

1　ターリク・ビシュリーの思想遍歴

本書で研究対象とする非アズハル系の中道派思想家群が，先行研究においてしばしば一般化されて扱われてきたことは，序論や第2章でも述べた［cf. Høigilt 2011］。中道派思想家群は，「国内外の事象のかなり〔多く〕の問題について決して完全な合意には達しておらず，それをめざしてもいない」［Baker 2003: 275］のであり，思想的立場や論調の違いが実際に相当見られる。

この点に関して，言説分析の方法論を用いて実証的研究を行ったのが，本書で重ねて言及してきたヘイギルト［Høigilt 2011］である。主たる研究対象としたユースフ・カラダーウィー，アムル・ハーリド，ムハンマド・イマーラの3名のほかに，補足としてファフミー・フワイディーやビシュリー，文学批評の手法を用いたクルアーン研究によって「背教者」として筆禍事件に巻き込まれたナスル・ハーミド・アブー・ザイド，世俗主義者の著作家であるサイイド・キムニーの部分的な言説分析も行っている。その結果，フワイディーとキムニーの双方が，自身の著作のなかで「対話」の重要性を主張するものの，実際には扇動的な論調によって思想的に別の派閥に属する者との対話の可能性を閉ざしていることを論じた。一方，フワイディーやイマーラと同様にイスラーム主義に共感を寄せるものの，非攻撃的で控えめな論調を採り，むしろ著述の方法としてはアブー・ザイドに近い思想家としてヘイギルトが言及したのが，本章で取り上げるターリク・ビシュリーである。

ターリク・ビシュリーは，1933年生まれの法律家・歴史家・イスラーム思想家である。浩瀚な2作『国民的枠組みにおけるムスリムとコプト』『エジプトにおける政治運動』などの執筆活動を行う一方，行政裁判所に該当する国家評議会（majlis al-dawla）の判事を奉職し，1998年に定年を迎えるまで職歴を重ねた。最終職位は第一副議長（al-nā'ib al-awwal）である(1)。

ビシュリーの思想に関する先行研究としては，バインダー［Binder 1998］が主著『国民的枠組みにおけるムスリムとコプト』『エジプトにおける政治運動』の内容を紹介し，彼の歴史解釈を，「様々な政治潮流の統合を模索する試み」として位置づけている。これと後述のメイヘルの研究［Meijer 1989］が，ビシュリーの思想を扱った英語圏における主要な先行研究である。アラビア語圏では，ビシュリーと交流のある思想家・研究者による論集・評伝があるものの(2)［Ghānim 1999a; al-'Awwā 1999］，ビシュリーが2011年革命後まで活発な言論活動を重ねているにもかかわらず，非アラビア語圏の研究史には20年以上の空白が存在していることになる。2000年代以後，ムバーラク政権による権威主義化がいっそう進むなかで，ビシュリーは政府批判を強めている。そのような文脈のなかで，彼の近年の政治論がどのような展開を見せているかは検討に値する。

中道派思想家群の一員としてのビシュリーに言及した研究［Baker 2003; Polka 2003］や，ムスリム－コプト間の宗教共存論に関するビシュリーの発言［Haddad 1995; Scott 2010］，エジプトの政教関係をめぐる論争におけるビシュリーの議論を一部引用したもの［Flores 1997］は複数点存在するものの，中道派研究全体に同様のことが指摘できるように，思想家としてのビシュリーの特質を十分明らかにしているとは言えない。

ある思想家の主張は，その人物が生きた時代の社会や政治，文化と切り離して考えることはできない。そのような問題意識に基づいて，本章では，1970年代以降のエジプトで大きな政治的問題となったシャリーア施行問題を取り上げ，この問題を軸として，ビシュリーの政治思想や法律論を検討する。イスラーム主義に共感を寄せる一方で，エジプトの司法制度という公的な場において，定年まで職務を全うしたという法律家・裁判官としての彼の側面は，研究史において注目を集めることはほとんどなかった。イスラーム主義勢力の政治的目標は，多くの場合，イスラーム法の施行を軸としたイスラームに基づく政治・社会秩序の実現にある。法律家としての実務経験を持つ彼のこの問題に対する立場は検討に値するはずだが，シャリーア施行問題に対するビシュリーの発言を取り上げた研究も，その発言の背後にある政治思想や法律論にまで踏み込むことはほとんどなかった。

以下では，ターリク・ビシュリーに関するもっとも詳細な評伝のひとつであるガーニム［Ghānim 1999b］などの資料に依拠しながら，彼の思想遍歴について詳述する。

ビシュリーは1933年にカイロに生まれた。祖父サリーム・ビシュリーはアズハル総長（在任1900－1904年，1909－1916年）であり(3)，父アブドゥルファッターフ（1951年没）は控訴裁判所長官を務めた人物である。おじのアブドゥルアズィーズ（1886－1943年）も民族運動の揺籃期に活躍した文学者であり，ビシュリーは自身の家系を，インタビューにおいて「財産と名誉の家系でなく，知識と思想の家系」［Adīb 2015］と評している。

ビシュリーはカイロ大学（1952年にファアード1世大学より改称）法学部でイスラーム法学や法学一般を学び，1953年に卒業した。在学中には，ムハンマド・ガザーリーの著作『ムスリムの信仰箇条』や，エジプト民法典の編纂を主導したアブドゥッラッザーク・サンフーリーの著作に影響を受けた［Ghānim 1999b: 86-87; Adīb 2015］。

ビシュリーは，読書を通じて西洋の政治思想や哲学，政治運動史，世界における社会主義革命などへの関心を強めていった。1960年から70年頃まで，彼は世俗主義思想を信奉し，1964－1965年頃から，現在まで続く伝統ある左派系雑誌『タリーア（前衛）』誌，『カーティブ（作家）』誌，現在も強い世俗主義的論調で知られる『ローズ・ユースフ』誌上などで執筆活動を行った［Ghānim 1999b: 88］。

ビシュリーによれば，当時の彼は「純然たる世俗主義者（‘almānī quḥḥ）」であり，彼とイスラームの関係は，「職務の基礎にあるイスラーム法学に対する自身の知識」「心や理性においてアッラーの思し召しに関係する事柄として残る，恩恵として与えられる日々の糧」「アッラーの思し召しによる健康と死」の3点からなる，きわめて個人的なものに限定されていた［al-Ghānim 1999b: 88］。ここで自らを「純然たる世俗主義者」と形容するビシュリーが，自らの精神における宗教の位置づけを「人と神の関係」として，きわめて個人的領域に限定されたものととらえていることは，エジプトにおける世俗主義の在り方を考察するうえで示唆的である。

ビシュリーは，世俗主義的な左派の立場から，エジプト社会におけるイスラームの役割を信奉する立場へと転換を遂げた思想家のひとりとして知られている。他の多くの思想家と同様に，1967年の第三次中東戦争敗北がビシュリーの思想的転換の契機となった(4)。ビシュリーは敗北の原因が何であったかについて自己批判を始め，数年間執筆活動を停止した。自らの思想的オルタナティヴを探していた1974年冬から1975年に，『現代のムスリム』誌を通じて，中道派ウラマーであるユースフ・カラダーウィーの著作に出会い，感銘を受けたことが分かっている［al-Bishrī 2004b: 358］。

ビシュリーはほぼすべての著作の改稿を行い，新たに出版した。例えば主著『エジプトにおける政治運動』の初版は，1969年8月に草稿を書き終えたあと，1970年1月に初版が刊行された［al-Bishrī 2002: 7］。しかしビシュリーの思想転換を経て，60ページ以上にわたる新たな序文「批評と再検討」を付した第2版が1982年に出版されている(5)。

ビシュリーは世俗派とイスラーム主義勢力の双方を含む，エジプト社会からの幅広い尊敬を集める人物として評価されている。ビシュリーは，外部からの評価とは対照的に，思想家としての自身を，他の思想家が自称するような「中道派」として言及したことはない。ただ，自身について「市民権の立場を主張する者，宗教的な基盤を伴う文化的所属を有する政治集団の役割を強調する者，国民的諸潮流（al-tayyārāt al-waṭanīya）――特にイスラーム的潮流と民族的潮流の合流点に立つ者」［al-Bishrī 2012: 41］と述べるのみである。自らを「エジプトの国民運動の息子」と称しつつ［Diyāb 2002: 18］，民族主義を経てイスラーム主義へと回帰するビシュリーは，エジプトに存在する三つの主要なイデオロギーの融合や共存の在り方を体現する思想家だと言える。

国家評議会時代の彼の活動としては，以下のような事例が知られている。1992 年，当時の大統領ムバーラクは，過激派を含むイスラーム主義者の掃討にあたって，政府の意に沿った判決をすみやかに下せるよう，逮捕されたイスラーム主義者の裁判を，軍事法廷で行う旨を定めた大統領令を発行した。この軍事法廷は，軍関係者が裁判を行い，上訴権も認められていないものであった。このように軍事法廷に移送されることとなった被告側弁護人は，当該大統領令は，その根拠とする 1966 年の軍事裁判法の拡大解釈であり，民間人の軍事法廷への移送は，憲法で定められた司法の平等に反するとの訴えを国家評議会に起こした。この訴訟の審理を担当したビシュリーは，1966 年軍事裁判法の拡大解釈を容認せず，大統領令に対して無効判決を下した(6)［El-Ghobashy 2016; Brown, N. 1997a: 113-114］。

近年のビシュリーの活動のうち，国内外の関心をもっとも集めたのは，ムバーラクが辞任した 4 日後の 2011 年 2 月 15 日に，軍最高評議会によって憲法改正委員会の委員長に任命されたことであろう。この人選にあたっては，「ビシュリー氏は尊敬を得ている裁判官であり，実直で清廉な人物として知られているが，イスラーム主義的な思想傾向を持っている」［*al-Quds al-'Arabī* 2011.2.15］という報道にあらわれているとおり，その人格が評価されている一方，軍の同胞団勢力に対する配慮がうかがえる(7)。憲法改正委員会の結成にあたって，軍は当初，軍の利権が保護された旧憲法を全面的に廃する必要はないと考え，大統領への権力集中を定めた条項などの部分改正によって，自らの権益が確保された状態での早期の民政移管を望んでいた［鈴木 2013: 84-85］。しかしビシュリーは，新憲法を望む世論に応える形で，憲法改正は暫定的なもので，議会選挙の後に憲法の起草委員会が組織される旨を発言した。この発言によって軍は暫定的な憲法の部分改正の後，新憲法を起草する方向へと行程を修正せざるをえなくなった［鈴木 2013: 88］。

ビシュリーを議長とする委員会は，大統領の権限を大幅に縮小した暫定憲法草案を準備し，それは 2011 年 3 月 19 日に実施された国民投票で，約 77％の賛成を得て承認された。また，関連する政党法や選挙法に対しても，必要な改正を実施した。[8] 1月25日革命に対するビシュリーの立場については，後の第5章で詳細な検討を行う。

ビシュリー思想の鍵概念として，上記先行研究によって指摘されているのが，「渡来したもの（al-wāfid）」と「受け継がれたもの（al-mawrūth）」という二つの概念である。この両者は，分析概念として80年代初頭以降のビシュリーの著作のすべてに登場している[9]［Ghānim 1999b: 98］。この「渡来したもの」と「受け継がれたもの」の2概念については，ビシュリーが自ら著作のなかで説明を行なっている。「『受け継がれたもの』とは，過ぎ去った世代から現在の社会へとつながる価値や制度，思想，および慣習や倫理，教養のことである。」［al-Bishrī 2007: 9］と述べ，「渡来したもの」については，以下のような説明を行っている。

> 選択的に渡来することのなかったものが，強制的に渡来してきた。その詳細や，何が有益で何が有益でなかったのかはさておき，事態は完全に，ある種の二重状態や分裂状態に至り，大部分の思想・教育・政治・経済・行政の基礎に浸透していた。宗教思想の隣に世俗主義思想が存立していた。宗教教育については，西洋から採用した教育が並び立っていた。シャリーアから採用される法制度について言えば，それとともに，あるいはそれを犠牲にして，フランスやその他から採用した法制度が存立していた。個人による統治制度とともに，それとは関係のない代議制が存立していた。行政における伝統的制度に，近代行政が並立するようになった。個人および家内制の生産と並んで，会社制度や共同資本による生産制度が存立した。居住区画や住居，衣服，食事についても同様であった。［al-Bishrī 2007: 12］

ビシュリーが問題視するのは，この「渡来したもの」と近代性が結びつき，一方で「受け継がれたもの」と後進性や反動性が結びついた状況である［al-Bishrī 2007: 11］。さらに，この渡来したものと受け継がれたものをめぐって，ムスリム社会に分裂が生まれている状況である［al-Bishrī 2007: 12］。

ビシュリーと親交の深い研究者であるナーディヤ・ムスタファーは，ビシュリー思想の柱のひとつを，先に言及したような「ムスリム共同体が苦しんできた『渡来したもの』と『受け継がれたもの』の間の裂け目を説明し，両者の橋渡しを通じて修復すること』と説明している［Muṣṭafā 1999］。一方，メイヘル［Meijer 1989: 40–41］は，西洋由来の近代化論や世俗化論を通じて視点を通じてエジプト史を解釈するのを拒否しても，「『渡来したもの』と『受け継がれたもの』の概念の適用がオルタナティヴを提示しているとは思われない」と批判し，ビシュリーのエジプト史の解釈の曖昧さを指摘する。

本書は，メイヘルが行っているような「渡来したもの」と「受け継がれたもの」という2概念が果たして有効かという問題には立ち入らない。同様に，ビシュリーの提示する「渡来したもの」「受け継がれたもの」という2概念が，アラブ知識人論——とりわけそのなかで最も重要な主題のひとつである，イスラーム世界において受け継がれてきた思想的な伝統を考察する「遺産（トゥラース）」論において，どのように位置づけられるかという問題にも立ち入らない[(10)]。ただ，近代になって渡来した西洋的な諸価値と制度と伝統的な遺産の間で引き裂かれているムスリム社会という認識に，ビシュリーが立脚しているという点のみを確認して，ビシュリー思想における国家とイスラームの関係の理解へと進みたい。

2　規範的文化としてのイスラーム
——ビシュリー思想における政教関係——

「イスラーム主義の知識人」としてしばしば言及されるビシュリーであるが，まずは彼の国家・社会観においてイスラームがどのような役割を果たしているのかを確認したい。

本節で用いるのは，2011年11月にエジプトの独立系日刊紙であるシュルーク紙に発表された論考「マダニーヤ（al-madanīya）とディーニーヤ（al-dīnīya）をめぐる議論」（『1月25日革命文書から』［al-Bishrī 2012］収録）と，2014年7月に筆者が実施したインタビューである。

マダニーヤ（al-madanīya）とは，英語の「civil」にあたる「マダニー（madanī）」を抽象名詞化したものである。ビシュリーの論考［al-Bishrī 2012: 155］でも述べられているとおり，通常，「軍事的なもの，軍事主義（al-‘askarīya）」との対置で用いられるほか，「民法（al-qānūn al-madanī）」のような形で，「マダニー」の語が用いられる。しかし，その他の用法として，国家と社会の基礎的な制度・組織に言及する際に「宗教的なるもの（al-dīnīya)」と対比してこの語を用いる用法がある［al-Bishrī 2012: 155］。第3章で触れたように，イスラーム政治運動の論理に同調せず，政教分離を求める人びとの間で，ネガティヴな印象の強い「世俗国家」の言い換えとして「市民国家」が用いられている。

しかし，革命後のエジプトで議論されている世俗的なるものと宗教的なるものの対立は，本来は同一のものであるとビシュリーは論じる。以降の議論で，国家におけるイスラームの位置づけを論じるにあたって，ビシュリーは，国家そのものの持つ機能と役割の検討から始める。彼は，国家を正当な暴力手段を所有するものととらえるマックス・ウェーバーの国家の定義に立脚し，その正当性を担保するものが「文化的な権威（al-marji‘īya al-thaqāfīya)」であると述べる［al-Bishrī 2012: 156］。

> 宗教的なるもの（al-dīnīya）によって意図されるのは，この〔国家と社会の〕基礎〔をなす〕組織の背後にある公共の思想的・文化的な権威（al-marji‘īya）である。国家は基礎であり，様々な構成員が共同作業を行なうことを可能にする諸状況を秩序立て，組織する……国家は様々な基礎のうちの基礎であるが，社会における諸個人と諸集団に対して，その運動の組織化と効率化のために……権力を所有している秩序である。
> ［al-Bishrī 2012: 155-156］

メイヘル［Meijer 1989: 39］が「ビシュリーはイスラームそのものが国家〔の概念〕を提供するとは考えていない。彼によれば，イスラームは，むしろシャリーアによって適切な位置で支えられた文化的な価値体系である」と論じるように，ビシュリーの立論の出発点は，イスラーム共同体の成立を国家の成立と結びつけて考える，いわゆる「宗教＝国家（al-dīn wa al-dawla)」論とは一線を画している(11)。

国家や社会の基礎となる権威・規範のことを，アラビア語で「マルジャイーヤ（marji‘īya)」と呼ぶ。これはムスリム同胞団やその他のイスラーム主義勢力によって頻繁に使われる用語だが，ビシュリーがこの語をどのように解釈しているか，以下で検討する。

> なぜ，裁判官の言葉は正しく，彼の判決が私を従わせるのでしょう？

> 法律がそう述べているからです。しかし，なぜ私は法律に従うのでしょう？　憲法がそう述べているからです。しかし，なぜ私は憲法に従うのでしょう？　ここにマルジャイーヤが現れます[12]。

ビシュリーはマルジャイーヤの持つ意味について，以下の３点に分けて説明する。

> マルジャイーヤとは，何が正しく何が間違っているか，何が妥当で何が無効であるか，ウラマーのかつての表現で言えば，何が善で何が悪であるかを表明するために，その最終的な評価において参照される，思想的原理に関わる思想的・文化的概念である。〔その評価は〕人びとの〔様々な〕振る舞いや相互関係においてなされる。上記のことを表明する方法において，〔マルジャイーヤは〕第一に，集団が信じる公共の思想的・文化的原理であり，人間集団の基礎的な結束力（quwwa al-tamāsuk）を形成するものである。それは第二に，相互関係において人びとが従う至高権力に関連して，または人びとが取引し交流するやりとりに関する諸法令に関して，社会における正当な（mashrū‘ī）諸原則がそこから発せられる，公共の思想的・文化的原理である。第三に，この公共の思想的・文化的原理は，一般的な政治集団であれ，家族・氏族・部族・宗派・職能・職業といった社会を構成する副次的な集団であれ，〔特定の〕集団を政治・社会的な集団として代表し，組織するための，政治・社会制度の構造を形成する。この原理は，これらすべての社会関係の様式を秩序立てるものである。［al-Bishrī 2012: 157］

ビシュリーの説明を概括すると，規範としてのマルジャイーヤは，①集団の結束・凝集のための力を与える，②正邪を判断する基準となるために，社会における法律・法令のもととなり，そのレジティマシーを担保する，③ある集団を政治・社会的に組織するための様式を与える思想・文化的原理という３種の役割を果たす。

そして彼の説明によれば，マルジャイーヤは「人びとが合意する文化的な形成物」であり，その社会に普及している支配的文化（al-thaqāfa al-sā’ida）を反映する。すなわち，法の正当性を担保し，集団に結束の力を与える思想的原理は，それぞれの社会の文化の反映として，それぞれの社会独自の形で選択される。

> マルジャイーヤは，人びとが合意する文化的な形成物である。人びとからなる集団は組織（tanẓīm）を必要とし，組織は運動のための指針と相互責任を確立する。……マルジャイーヤは常に，人間集団の間で，その社会の支配的文化を反映する……［al-Bishrī 2012: 157］

この支配的文化とは，「思想的現実として，あらゆる時代・あらゆる場所で〔ある国において〕市民の多数派の間に広がっており，ある国の人びとの生活のなかで，その理性や心性に浸透しているもの」［al-Bishrī 2012: 160］と描写されている。ビシュリーは特段の説明を加えていないが，彼の見解では，エジプトの歴史や社会生活のなかで，イスラームは一貫して規範的な文化であり，社会のマルジャイーヤであったということになる。

当該社会における支配的原理としてイスラームに強い信頼を置きつつも，あくまでそれが個別社会の特質に基づくものであるという相対主義的立場をビシュリーは採用している。さらにビシュリーの政治思想の独特な点は，ある国家がイスラームのマルジャイーヤを採用するとしても，そこには多様な政治体制が生まれうるとする見方である。

> 憲法がイスラームのマルジャイーヤを承認する限り，その後でわれわれが〔見解を〕違えることはありえます。例えば，大統領制，議会制，連邦制，集権制を樹立する可能性について，われわれが互いに異なることはありえますが，これらすべてはイスラーム思想が受け入れているものです。……ここでのマルジャイーヤは，ひとつの形式でのひとつの解決策を与えるものではなく，社会の多様さと多さに合わせて，解決策は多様となり，多元的になります。……私の心にある考えでは，統治（ḥukm）を規定する，単一の立憲体制が存在すると言うことはできません。それこそがイスラーム思想が述べていることです。(13)

彼はインタビューのなかで，西洋における実定法のマルジャイーヤが，民主主義体制もファシズムも同時に生み出したことを例に挙げた。ある国におけるマルジャイーヤがイスラームであり，そのことが憲法で承認されている限り，その下での政治体制に対しては多元的な見方を示している。

さて，革命後の国家観をめぐる世俗主義とイスラームの対立に対して，彼はイスラームのマルジャイーヤが世俗主義のめざす方向にも資するという議論を展開する。

> もし市民的なるもの（al-madanīya）が，それを用いて呼びかける人びとのもとで，国民集団（jamā'a waṭanīya）のための世俗的利益（ṣāliḥ dunyawī）への関心を意味するならば，もちろん集団の組織化は避けられない。……もし宗教的なるもの（al-dīnīya）が，参照される文化的原理を意味するならば――それは，国内における人びとの集団（jamā'a basharīya waṭanīya）に浸透し，その集団の団結のための力を保持することから，これもまた必要なものなのである。われわれの努力は，両者の間に対立を起こすことにあるのではなく，ひとつのものとなるために，協調を引き出すことにある。［al-Bishrī 2012: 160］

彼は，宗教的な紐帯は共同体の結束に役立つものであり，世俗的な目標を追求するうえでも有益だと論じる。ここでは「市民的なるもの」，すなわち「世俗主義」が「世俗的利益の追求」へと微妙に言い換えられているため，革命後に世俗主義勢力が問題視したイスラーム主義勢力の政治的台頭とは異なる事象を指すものとなっている。「市民的なるもの」がビシュリー独特の語法で用いられているために，彼の立論が世俗主義とイスラーム主義の対立に対して有効な答えを提示しているかは疑問が残る。しかし，彼が想定する国家におけるイスラームの在り方は，あくまで憲法を含む諸法令のレジティマシーを担保するものにとどまり，その後の国家像についてはどのような在り方でも承認する姿勢を見せている。また，本章の後半で論じるとおり，ビシュリーはムスリム同胞団やその他の勢力が1970年代以降推進したシャリーア施行問題とも一定の距離を置いている。そのため，社会において宗教的紐帯が意味を持ち，そこで様々な集団が利益を追求していくことは，市民社会における活発な社会集団の在り方とそこに根づく宗教性という，公共宗教的なイスラームの在り方を視野に入れているものとも評価することができる。

3　ムスリム－コプト共存論への貢献

第3章で部分的に触れたが，本節では，ビシュリーの主著にムスリム－コプト関係を扱った著作があることにも鑑みて，彼が中道派思想家の宗教共存論のなかでもどのような独自性を発揮してきたのか検討したい。

歴史家としてのビシュリーの主著であり，ムスリムとコプトの関係を丁寧に追った代表作が，『国民的枠組みにおけるムスリムとコプト』［al-Bishrī 2004a］である。この著作は，ムハンマド・アリー朝から7月革命に至るまで，ムスリムとコプトが，各々の宗教的要素を排除せずにいかに国民的紐帯のもとで団結してきたかを考究した著作であり，アズハルの検閲によって出版の危機にも立たされた(14)。

本節では，『国民的枠組みにおけるムスリムとコプト』，『国家と教会』［al-Bishrī 2011a］のほか，『イスラームと世俗主義の対話』［al-Bishrī 2006b］所収の論考「思想対立と宗派対立（al-Ṣirā‘ al-Fikrī wa al-Fitna al-Ṭā’ifīya）」（1987年3月発表）およびその補遺「宗派対立の主題に関する補遺（Ḥāshīya ‘alā Mawḍū‘ al-Fitna al-Ṭā’ifīya）」（1987年5月発表）を用いて，第3章で触れた中道派思想家の宗教共存論のうち，ビシュリーにみられる特徴的な論調について考察する。

ビシュリーが論考「思想対立と宗派対立」を著したのは，1972年のハーンカ村事件，アレキサンドリアにおける宗派紛争，1981年のザーウィヤ・ハムラー事件（第3章参照），1987年にエジプト中央部のベニー・スウェフとソハーグで発生した宗派紛争など，一連の事件を受けてのことである。

ビシュリーはこれらの事件に対抗して行動する民衆集団（al-jamā‘a al-sha‘bīya）の形成を呼びかける。また，コプトとムスリムは，西洋文明から信仰と自らの根（judhūr）を守るという同じ大きな目標に立っているのだと論じる［al-Bishrī 2006b: 63］。西洋を絶対的他者とみなし，そこからの自己防衛という同じ役割を担っているとする論調は，前章で論じたムスリム同胞団系の政党「自由公正党」の選挙綱領との共通性をうかがわせる。

しかし，自由公正党が「われわれは，社会の価値や倫理を維持し，エジプト・アラブ・イスラーム社会に向けられた，思想的・倫理的侵略の増大する波に対抗する領域において，エジプト教会の役割を支援する必要性を見出す」[Ḥizb al-Ḥurrīya wa al-ʻAdāla 2011a] と論じるのとは対照的に，ビシュリーは，後代に書かれた別の論考で，教会組織に対する強い不信感を表明している。

2010年に『シュルーク』紙に掲載された論考[15]「国民集団（al-jamāʻa al-waṭanīya）とミッレト制度（ミッラ体制）（niẓām al-milla）の間にある教会行政」（『国家と教会』[al-Bishrī 2011a] 所収）は，その表題が示すとおり，国民集団に包摂されることを拒み，ミッレト制度への回帰をめざしてコプトを代表するコプト教会（この場合，特に正教会）を批判したものである[16]。ビシュリーは，19世紀から20世紀にかけて，ムスリムとキリスト教徒がミッレト制度を乗り越えようとし，エジプト的な国民集団（al-jamāʻa al-waṭanīya al-Miṣrīya）の形成に向けて努力してきたことを評価する。具体的には，ムスリムにおいてはイスラーム法学における革新の努力として，統治権力における平等や，国民間での平等という概念が拡張されてきたと論じる。ビシュリー自身も，ウラマーとしての教育は受けていないものの，そのような努力を行ってきたと自負するものであろう。

しかし，一部の教会行政は，従う価値があるとみなしたイスラーム的基礎に部分的に依拠しながら，新たなミッレト制度に回帰しようとしているとビシュリーは批判する [al-Bishrī 2011a: 27]。ビシュリーは，離婚者の問題が規模としては重要度の低い問題であるにもかかわらず，教会や組織がこれを利用し，国家機関の拠って立つレジティマシーを侵害しているとみなす。本章で繰り返し論じるが，ビシュリーが国家という存在に寄せる信頼の大きさは，国家を国民集団の意思を代表する存在とみなす政治観に基づいている。

前章で扱ったアウワーと同様に，ビシュリーは現代におけるミッレト制度について否定的であり，教会がコプト市民を代表する単一の政治的アクターとして機能することを拒否する。ただし，アウワーがムスリムとキリスト教徒市民の関係性を法治国家の枠組みによって規定しようとするのに比して，ビシュリーはエジプト近代史を通じて形成されてきた「国民集団」の枠組みのなかに両者を包摂してゆこうとする傾向がある。

ビシュリーにとって，シャリーアからの平等原則の抽出は，渡来した世俗主義思想が十分に確保できない保障を担保しうるものである [al-Bishrī 2006b: 65]。ビシュリーのムスリム-コプト共存論は，歴史のなかでムスリムとコプトが外的脅威に対して共闘した歴史を見出すものであり，そこにはナショナリズムと宗教性の融合への楽観的にも近い信頼が見られる。脅威に対抗する民衆集団の形成を呼びかける議論は，後に取り上げる，ビシュリーが提唱する概念「基礎潮流（tayyār asāsī）」に近いものがあり，集団主義的な傾向も強い。

続いて，宗教的所属を超えてひとしく市民に適用される市民権に関するビシュリーの論調を確認しておきたい。ビシュリーは，イスラーム法学の大半において，ムスリムと非ムスリムの平等が実現されてきたと述べ，国家元首を含む高位の職や裁判官など国家の公共職への就任可否という残された論点に関しては，イジュティハードが必要であると論じる［al-Bishrī 2011a: 66］。彼は，ムスリムの国家における特定の職への就任に焦点をあてた検討を行うが，そのめざすところは「ズィンマの民が特定の職に就任する妥当性の程度ではなく，〔シャリーアの〕原則に適合する立憲体制（al-niẓām al-dustūrī）と，異なる宗教的所属にかかわらない平等原則を樹立する可能性の程度」を明らかにすることである［al-Bishrī 2004a: 847］。

ビシュリーは，マーワルディーの『統治の諸規則』におけるイマーム（首長）職，ワズィール（宰相）職，アミール（総督・司令官）職の条件と職務に関する議論を検討する。

マーワルディーが論じたところによれば［アル＝マーワルディー 2006: 46-63］，ワズィール職には「委任のワズィール職（wizāra al-tafwīḍ）」と「執行のワズィール（wizāra al-tanfīdh）」の２種類が存在する。執行のワズィールは，委任のワズィールに比べて担う職務が狭い。委任のワズィールが，「法を司り，行政上の不正を糾すことができる」「役人たちの任命を独自にできる」「軍隊の準備と戦争の指揮を自ら行うことができる」「国庫の資金を権限に応じて引き出し，必要に応じて使うことができる」［アル＝マーワルディー 2006: 58-59］といった権能を持ち，これを職務とするのに対し，執行のワズィールはそのような権限を持たない。非ムスリムが執行のワズィールになることには問題がない(17)。

上記の『統治の諸規則』の議論に対してビシュリーは，現代では憲法の規定が権力を拘束し，さらに憲法の範囲内で多くの法が権力を拘束する状況を重視する。マーワルディーが論じたような政治と行政における個人的権力（al-sulṭa al-fardīya）は，現代においては「機関や組織間での権力の分配」「重要事項において，個人の決定の代わりに集団の権利が据え置かれること」

という二つの原則に基づく変容を遂げたと述べる［al-Bishrī 2004a: 851］。

国の指導者を意味するイマーム職は，近代的体制（al-niẓām al-ḥadīthī）において三権に分かれている。さらに，現在の委任のワズィールの権力は，多くの立憲的集団（al-hay'āt al-dustūrīya）に分配されていることなどから，「その権能において，国家の指導者のいずれにも当てはまらない」と論じ，「めざすべき民主主義体制にも，現在の体制にも存在しない」とビシュリーは結論づける［al-Bishrī 2004a: 851］。

さらに，マーワルディーが，非ムスリムでも就任可能であり，政治的判断に参加する際は思慮と経験が必要であると述べる執行のワズィール職については，それ自体，現代の大臣や国家の高位の職に相当するものとビシュリーはみなしている［al-Bishrī 2004a: 852］。また，カーディー（裁判官）についても，現代における裁判制度が，単独の裁判官でなく複数の裁判官によって担われていること，控訴裁判所や最高裁判所のような複数の法廷を持つことから，現代において必ずしもマーワルディーの議論が適用できないことを論証してゆく。

エジプト出身のウラマーであるカラダーウィーが，非ムスリムに国家元首や宗教関係の職への就任を認めていないのとは対照的に，現代の民主主義体制下では最高位の職を含めたすべての職は，多数派の意思によって民主的に決定される役職であるべきだとビシュリーは主張する［Binder 1988: 287］。この場合の多数派とはムスリムのことを意味しており，実際には非ムスリムが国家元首になることは現実的な問題とはならないとバインダーは指摘している。ビシュリー自身も，彼の議論があくまで理論的なものにとどまり，実践的でないことは認めているようである［Binder 1988: 287］。ビシュリーが展開する宗教共存のための政治理論は，渡来した世俗主義思想によらず，共同体に受け継がれた（mawrūth）遺産であるシャリーアから，イジュティハードを通じて市民の平等原則を引き出そうとするものであり，エジプトの真正性を追求する理論的試みとして位置づけられるものである。

4　現代国家とシャリーア施行問題
――イスラーム復興以降――

(1) 近代国家のメルクマールとしての立憲主義

2 で，ビシュリーの政治思想における国家とイスラームの関係性について検討した結果，ビシュリーの政治思想は，特定の政治体制の樹立を求めるものではないことが判明した。一方，彼の政治思想において，社会的価値規範としてのイスラームと国家をつなぐのが，憲法の国教条項である。

ビシュリーは「イスラームは国教であり，シャリーアの諸原則は立法の〔唯一の〕主たる法源である」とするエジプト憲法第2条について，それがサダト大統領の対イスラーム勢力宥和政策を意図した政治的なものであることを認めつつも，それがエジプトにおけるイスラームの規範性の表明であるとして，肯定的な評価を下している。憲法第2条で定められた国教条項の削除を求める，ごく一部の急進的な世俗主義勢力に対しても，イスラームと政治的無宗教主義の対立を深めるだけであるとして批判的な態度をとる。

> 国家のイスラーム性を弱めるためにこの条文〔＝憲法第2条〕の改正をめざしていた人びとについては，第2条で述べられた条文はエジプトのムスリムにとってのイスラームの規範性を説明したものであり……その改正が状況を変えることはないだろうが，傷を深め，ムスリムとキリスト教徒市民の対立ではなく，イスラームのマルジャイーヤの原則と政治的無宗教主義の原則の対立を深めるだろう。［al-Bishrī 2011a: 68］

2 でも考察したように，ビシュリーは，憲法がイスラームの権威に言及している限り，どのような政体を採用するかは共同体の選択に委ねられていると論じる。逆接的に言えば，国家の統治原理を定める最高法規において，イスラームの規範性について言及することが条件として課せられているのである。

実は，憲法において，イスラームの規範性や，立法におけるイスラーム法の有効性に言及するという方法論は，近代以降のイスラーム思想史の伝統に則ったものである。

イスラーム世界への，憲法の概念および立憲主義の流入は，チュニジア・フサイン朝の宰相ハイルッディーン・トゥーニスィーの主導で1861年に制定されたチュニジア憲法（qānūn al-dawla al-Tūnisīya）に遡る。これは，統治者が一定の権力を残しながらも，彼が最高評議会に対して責任を負うこと，臣民の自由と財産の保障やムスリム－非ムスリム間の権利義務の平等化を定めた，1857年の安全保障契約に反する行為を行わないことを明確にしたものであった。さらに，1876年に制定されたオスマン憲法の復活を求めた青年トルコ人革命，1905年から11年にかけて発生し，成文憲法の制定と議会制度の確立に結実したイラン立憲革命も，立憲主義の確立を求める一連の流れに属している。1881年から82年にかけては，エジプトでも立憲議会の設立と外国人支配からの解放を求めるオラービー運動が起こった。この運動は，最終的にはイギリス軍に鎮圧されるものの，憲法と民族主義的内閣をエジプト副王に認めさせるに至っている。統治者の専制を防ぐ手段として，憲法の制定と議会の設立を主眼として立憲制の樹立を希求する潮流は，大衆運動としても各国に広まっていった。イスラーム思想史の伝統では，党派性（ḥizbīya）に対する一定の忌避感もあり，政党政治に基づく民主主義に先立って，立憲主義・立憲君主制のほうが先に根づいたと言える。

もっとも，これらの憲法が，オスマン帝国がまだ解体されておらず，イスラーム法が一元的法体系として施行されていた時代に制定されたことは重要である。これらの憲法は，憲法の積極的なイスラーム化を志向する1970年代以降の運動とは当然ながら質を異にしているものの，イスラームとの矛盾は特段想定されていない。チュニジア憲法の事例においては，最高評議会のメンバーに対して，カリフ選挙人資格を持つ学識者「解き結ぶ人びと（ahl al-ḥall wa al-‘aqd）」といった表現が用いられており，トゥーニスィー自身，ウラマーの議会への参加を模索し，一貫したイスラーム法の制度を樹立することをめざしていた[(18)]。トゥーニスィーが関わったチュニジア憲法は「イスラーム的ではあるものの民主主義的ではない立憲主義体制を発展させようとする試み」［Brown, N. 2002: 20］とすら評されている。この時期には，シャリーアが最高法規たる法体系として運用されているという社会的現実のもと，西洋から輸入されたものの，あくまでシャリーアと矛盾しない，君主の専制を防ぐ法として，憲法が構想されていたと言えるだろう。

しかし，イギリスから独立した後のエジプトも含め，立憲民主主義が一定の成立を見たのちは，王制と議会の対立，安定を欠く憲法，上からの操作による選挙などの要素から，立憲主義や議会制に対する失望，民主主義に対する欺瞞がアラブ諸国の世論に生まれた［山内 2001; 松本 2004］。

20 世紀に入ると，シリア憲法（1920 年），エジプト憲法（1923 年），イラク基本法（1925 年）を皮切りに，アラブ諸国では国家の独立に次いで，西洋に範をとった世俗的憲法が制定された。1950 年代から 60 年代は，アラブ・ナショナリズムの勃興に伴う国家再編が激しく，憲法は改正・発布が頻繁に行われるなどその安定性を著しく欠くこととなった。英国保護下にあった一部の湾岸諸国は 70 年代になって独立を果たしたため，カタル暫定憲法（1972 年），バハレーン憲法（1973 年）など，憲法の制定時期が比較的遅れた。

多くのアラブ諸国は世俗的憲法を採用しているものの，最高法規としての憲法の性質が至高の法であるシャリーアと対立する可能性を本来有していることから，両者の関係を対立的にとらえる理解や，逆に，憲法が至高の法であるという観点を導入し，クルアーンとスンナを最高法規たる憲法と同一視するような素朴な理解が，20 世紀後半以降のアラブ諸国では観察された。

例えばサウディアラビアは現在に至るまで，成文憲法を持たない。1992 年の「統治基本法（al-niẓām al-asāsī li-l-ḥukm）」の制定によってはじめて同国の政治体制に関する明文化が行われたが，第一条で「サウディアラビア王国は主権を有するイスラーム国家である。王国の宗教はイスラームであり，その憲法はアッラーの書〔＝クルアーン〕とアッラーの使徒のスンナである」と定めている。サウディアラビア国家の性質を定めた統治基本法は，明らかに憲法と同等の性質を持つが，同国の憲法はクルアーンとスンナであるという観点に基づき，あくまで同法を統治基本法という位置づけにとどめる立場を貫いている。また，ムスリム同胞団のスローガンのひとつである「クルアーンはわれらの憲法」も，同様の視点に基づくものである。

裁判官による法の運用や法曹の学説の蓄積からなる不文法であるイスラーム法に代わって，西洋法由来の制定法が法律の形式として国民に受け入れられると，宗教復興以降には，イスラーム法を制定法へと成文化するか，制定法をイスラーム法の内容から策定しようとする動きが生まれた［小杉 1994: 130］。さらに，法のイスラーム化を求める運動が強まると，エジプトの場合，ウラマーや一部文筆家の間から，国の最高法規たる憲法もイスラーム化しようとする思想運動が現れた。

例えば，当時の国家評議会の副議長であったムスタファー・ワスフィーが，1970年代半ばにイスラーム憲法草案を執筆し，80年3月には改訂版も発表している[19]［Waṣfī 2009］。1977年には，アズハルのウラマー集団であるイスラーム研究機構の主導でイスラーム憲法草案が作成されている。同草案は全9部・141条の構成をとり，イスラーム的な政治・社会・経済秩序のありようについて具体的ビジョンを打ち出したものとなっている。また，84年7月には，エジプト人の著作家アリー・ジュライシャによって『イスラーム憲法宣言』が発表されている［Juraysha 1985］。こうした最高法規である憲法とシャリーアの衝突，そもそもシャリーアを成文化することの是非といった論点を乗り越えて，イスラームに立脚した憲法の制定をめざす運動が登場したことは，近代国家の前提としての立憲主義が，リベラリズムとは異なる分岐をみて，イスラーム思想の一部に根づいたことを含意している。もっとも，こうした草案は，論争になりかねない部分を注意深く避け，イスラーム法からの演繹に依ったために，憲法としてはやや具体性を欠き［小杉 1994: 59］，現在から見れば，イスラーム法と実定法，近代国家の関係性が問い直された過渡期における思想運動という性格が強い[20]。

実際の政治レベルにおいては，国の最高法規である憲法において，国教に関する条項などを設けて，統治原理におけるイスラームの位置を説明するという様式が採用された。現在でも，多くのアラブ諸国の憲法には，国教をイスラームとする国教条項が挿入されている[21]。

小杉は，アラブ諸国の憲法のように「イスラームは国家の宗教である」との条項を憲法に含めるという発想は，イスラームと近代国家の邂逅点に生まれるものであると論じている。従来，イスラーム法は国家の上位概念に位置するものであり，国家が定める法にイスラームの位置を示す必要性はない。しかし，成文憲法によって統治の原理を示すことが常態化した近代以降は，国家の上位概念としてのイスラームを不文律として維持することは困難になった。成文憲法を廃し，本来不文法であったイスラーム法を復活させることは時代にそぐわず，憲法においてイスラームの優位性や至上性を説明するというある種の折衷様式が生まれた［小杉 1994: 129］。憲法におけるイスラームの規範性への言及を重視し，そのもとでの自由な政体の樹立を志向するビシュリーの思想も，同様に近代国家の枠組みを踏襲したうえで，イスラームの位置づけを明示するという構造に則ってしているのである。その点で，彼の政治思想は，近代的な国家観を維持し，具体的な政治秩序の樹立を求めるのではなく，既存の構造のなかにいかにイスラーム性の発現を見出すかという点に集中する，ある種の現実主義の様相を呈している。

(2) シャリーア施行問題をめぐる思想史的背景と政治プロセス

さて，イスラーム主義に共感を寄せる一方で，法曹としての職歴を持つビシュリーの思想的独自性がよく発揮されているのは，1970年代以降エジプトで先鋭化した，シャリーア施行問題である。ビシュリーのこの問題に対する立場や法学論を検討するのに先立って，以下の節では，宗教復興以降，シャリーア施行問題がどのように展開したか，そもそもシャリーア施行問題がはらむイスラームの思想史的論点について記述する。

中世のイスラーム法学者であるイブン・タイミーヤとその弟子イブン・カイイム・ジャウズィーヤ（1350年没）が発展させた「シャリーアによる統治」という理論は，現在ではイスラーム政治論の中心的概念として確立されており，統治のレジティマシーを担保するものだと考えられている。「20世紀の多くのイスラーム法思想家が，この理論の語義的・概念的枠組みを採用し，イスラーム国家を再び概念化するにあたっての出発点とした」とロンバルディが述べるように［Lombardi 2006: 49］，「シャリーアによる統治」は，現代のイスラーム国家とはどのようなものであるべきかという論争において，その理念型の中心をなすものである。

歴史的経緯を確認すると，アラブ・イスラーム世界においてイスラーム復興が進展すると，スーダンのヌマイリー政権やアフガニスタンのターリバーン政権下でのイスラーム法の全面的施行など，シャリーアを施行する試みがいくつかの国で行われ，国内外から激しい批判が起こった。ヌマイリー政権下では，極端な事例のひとつとして，進歩的な法解釈を行い政権によるイスラーム法施行を批判した知識人，マフムード・ムハンマド・ターハー（1909－1985年）が背教の罪で処刑される事態にまで至った。

エジプトでは，1980年代初頭に刑法・民法などシャリーアに基づく法案が提出されたが，後述の政治的事情により実施されず，以降シャリーア施行の積極的な推進は見られない。しかし，宗教復興を経た現代において，イスラーム政治理論の核心にあるシャリーアに基づく立法を実施しようとするとき，現代国家が基づく民主主義や立憲主義の原則との関係性や，世俗主義を推進する国家がシャリーアを施行することの可否が必然的に問題となる。そこでは，イスラーム政治理論の現代的展開と現代国家論の緊張関係を観察することができる。

現代のイスラーム主義運動が，シャリーアの施行を求めるとき，そこには「現代国家においてシャリーアによる統治が十分に実施されていない」という含意が存在している[22]。西洋に由来する法制度の到来によって，イスラームの法体系に変容が生じたことがその背景にある。中田が喝破したように，典型的な法曹法とも言われるイスラーム法は，西洋近代法のような形で国法として存在してきたものではない。そのため，「シャリーアの施行」とはより正確には「シャリーアの法制化」「シャリーアに基づく立法」の問題である［中田 1996: 98］。

本項では，近代以降のエジプトで法が西洋化してゆく過程を論じるとともに，現代国家においてイスラームに基づく立法を実施することの思想史上の論点，イスラームに基づく立法をめぐってエジプトで展開した政治プロセスを記述し，次の（3）では，エジプトを代表するリベラル勢力であるとともに，シャリーアに関する解釈主体のひとつである司法界の役割とそこで展開される言説について検討する。そして（4）で，法曹出身のイスラーム思想家であるターリク・ビシュリーの法思想が，シャリーアと現代国家の関係をめぐるこれらの論争関係のなかでどのように位置づけられるのかを考察する。本節で分析対象とするビシュリーのシャリーア施行論争に対する立場は，後に明らかになるとおり，シャリーア施行をめぐって白熱する論争そのものの解体をめざしたものと評価することができる。それは，ひいてはイスラーム主義に深いシンパシーを持ちながらも，対話をめざす思想家のひとりとして登場した彼の立場を象徴する位置取りであり，その思想的独自性も高い。

まずは，近代以降のエジプトの法制度の発展について，簡単に概観したい。

元来，イスラーム法は法曹による学説法であって，前近代において成文化した法典として運用されることがなかった。その背景としては，神の法たるシャリーアのどの部分を法典とすべきか人間が決定するべきではないという思想的問題，ひとつの学派の範囲内でしか法解釈の権威が保たれないという法学上の現実的問題，法典化による国家権力への従属をウラマーが嫌ったという歴史的事情などが挙げられる［飯塚 1993: 71n50］。ウラマーによるファトワーの発行や，カーディー（裁判官）による裁判を通じての運用がなされていた。

理念上，シャリーアはあらゆる領域を包括する規範であると考えられてきたが，国家や社会運営において，イスラーム法では管轄しきれない領域は当然として存在した。実際の統治にあたっては，「カーヌーン（法令・法規）」や「ニザーム（規則）」のような形で行政細則が運用され，これらはシャリーアを補足する下位規範であると説明されてきた〔加藤 2002: 279〕。「19 世紀以降の近代は，このシャリーアとカーヌーンの関係が逆転した時代であった」と加藤〔2002: 279〕が述べるように，シャリーアは近代以降，国法の下位に位置することになった。一方，政教分離のイデオロギーが全面的に肯定されることはなかったために，その後全面的に導入が進んだ西洋近代法も，シャリーアと矛盾しないカーヌーンやニザームにあたるものであると説明されてきた〔飯塚 1993: 62〕。

エジプトでは，1870 年代にオスマン帝国と同様の法改革を経て，近代的な法と司法制度が本格的に導入された。まず，当事者に外国人が含まれる訴訟を管轄する混合裁判所が創設され（1875 年），その裁判官が適用する法律（民法・商法・海商法・刑法・民事訴訟法・刑事訴訟法）が，フランス法をモデルとして制定された。さらに，エジプト人同士の訴訟を管轄する国民裁判所が 1883 年に創設された。他方で，宗教別の伝統的な司法制度も改革され，ムスリムについてはシャリーア裁判所，非ムスリムについてはミッラ裁判所が創設されたものの，これらの宗教別裁判所もアラブ社会主義の時代である 1950 年代に廃止された。

これに対して，当時エジプトの行政官・思想家であったムハンマド・アブドゥフは，「各共同体の慣習と品性（al-ʻawāʼid wa al-akhlāq）に則った法」としてシャリーアの採用を説いた。彼はイスラーム法の硬直状態に対して，イジュティハードに加えて，複数の法学派の規定を組み合わせる手法であるタルフィーク（talfīq），異なる法学派の法解釈の間から適切な見解を選択する手法であるタハイユル（takhayyur）を通じて，現代的問題に対応可能な法の刷新を主張した。また，アブドゥフの思想的後継者であるラシード・リダーは，アブドゥフよりも法学的に厳密な立場を採りつつも，師の立場を踏襲し，イジュティハードに基づく立法を提唱した。

一方，実際にエジプトにおける法の近代化に貢献した法律家・思想家が，アブドゥッラッザーク・サンフーリーである。サンフーリーは1926年に提出した博士論文『カリフ制』で，カリフ制の基礎のためのイスラーム的立法の必要性を論じた。サンフーリーは，エジプトの近代化のためシャリーアに基づいた立法の必要性を認めていたものの，その方法論においてアブドゥフやリダーとはまったく異なる道を採った。リダーがシャリーアを政府が立脚すべき基礎とみなし，その範囲内で実定的な法典の存在を認めたのに対し，サンフーリーはシャリーアを，現代の状況に適合させるために修正を必要とするひとつの法源とみなした［Brown, N. 2002: 165］。彼はエジプト民法典（1949年施行）を起草したが，その際に採用されたのは，各国の既成の法典の比較検討を通じて，シャリーアに矛盾しない原則を抽出する方法論であった。シャリーアは，各国の法典に法的規定がない場合の原理のひとつとされたため，実際に成立したエジプト民法典は，既成の外国の法典の輸入物という性格が強い実定法に基づくものとなった。サンフーリーは，この民法典を，イスラーム法を法源とするものであると主張したものの，後にそれがある種の詭弁だったことを認めている。

さて，エジプトの国教をイスラームと定めた国教条項は，その歴史を1923年憲法に遡る。このときの国教条項は「イスラームは国教であり，アラビア語は国の公用語である」との表現にとどまっていた。1923年憲法から1954年憲法草案に至るまで，同規定は巻末「一般規定」のなかに設置されており，首都や官報について定めた規則の間に置かれていた［竹村 2014a: 116, 150］。1956年憲法で文言はそのままに，同条項は国家の統治原理を説明する第一編に移され，にわかにその重要性を増した。1956年憲法は「『アラブ』のみならず『イスラーム』を国家の自己定義に用いた初めての憲法」となり［竹村 2014a: 117］，国家におけるイスラームの位置づけの変容を示した。

本書で繰り返し述べてきたように，サダトの対イスラーム勢力宥和政策と，1967年の第三次中東戦争敗戦の双方を契機として，エジプトのイスラーム復興は進展した。サダト就任直後の1971年，国民議会に設置された恒久憲法起草準備委員会が専門家を含む国民各層の意見を聴取して検討した結果［伊能 1993: 205］，9月に公布された憲法に「イスラームのシャリーアの諸原則は立法の主たる法源（のひとつ）（maṣdar ra'īsī li-l-tashrī'）である」との文言が新たに加わった。1971年憲法制定の翌年には，アズハルからシャリーアの法典化を要求する運動が起こっている［飯塚 1993: 56］。

憲法以外の制定法の次元で言えば，司法省から背教に対するハッド刑施行を定める背教法法案が提出され，1976年には，複数政党制への移行のさなかにあった単一政党，アラブ社会主義連合内すべてのグループが，選挙キャンペーンを通じてシャリーア施行を求める事態が発生した［Altman 1979: 218–219; 伊能 1993: 196］。1980年代の選挙では，ムスリム同胞団の政治参加がこうした事態をさらに加速させたが，左派の世俗主義政党で知られるタガンムウ党までが，選挙綱領において「立法においてシャリーアの諸原則からインスピレーション（istilhām）を得る」とする表現を用いる状況が生じた［'Abd al-Fattāḥ 1997: 36; Zubaida 2003: 167］。こうしたタガンムウ党の記述が，起草者の自主的な意図によるものなのか，より多くの票を獲得するための戦略であったのかまでは判断がつかない。望む望まざるにかかわらず，あらゆる政党がイスラーム的な政治秩序・法秩序に対する自らの立場を表明せざるをえないような，大衆レベルでの強い社会的要請が生まれていたのは事実である。

政府の姿勢にも変化が生じ，1975－1976年まではイスラーム系宗教勢力から出される立法化要求に対応し受け流す消極的政策から，当時のこの問題の重要性を反映するように，1970年代後半には政府が自ら立法化イニシアティブをとるまでに積極化した［Altman 1979: 210］。司法省によって設立された法案準備委員会が1978年には議会内の特別委員会に置き換えられ，アズハルの諮問を受けた後，1982年7月に民法・刑法・商法・海商法など六つの法典案の作成を完了した［Peters 1988: 236–237］。もっとも，イスラーム法が成文法としての歴史を長く持たなかったために，立法者たちはその条文の大半を既存の法律に依拠せざるをえなかった。西洋から輸入された刑法に定められた条文の多くも，イスラーム法における裁判官の裁量に任された刑罰である矯正刑（タアズィール刑）とみなしえたことから，そのまま維持されたが，身体刑であるハッド刑の対象となる刑罰については，伝統的なイスラーム法学に従い，手足の切断の詳細や死刑に関する記述が加えられた。その他の法典では，利子や保険など，イスラーム法に抵触する部分が削除された［Peters 1988］。

1980年の憲法改正では「立法の（唯一の）主たる法源（al-maṣdar al-ra'īsī li-l-tashrī'）」として，定冠詞 al-を加えて法源の唯一性を強調する形に文言が改められた。このときの憲法改正の真の目的は，第1条の「エジプトの政治体制は，民主主義と社会主義による」を「民主社会主義」に，第4条の「エジプトの経済的基礎は社会主義」も「民主社会主義」に改め，親西欧的な自由経済を追求することにあった［小杉 1994: 248］。また，アラブ社会主義連合が解体され，ナセル主義からの脱却が全面的に打ち出された。一方，大統領の三選禁止が解除され，権威主義体制の強化が進んだ。第2条の改正は，政権批判を強めつつあったイスラーム系勢力を融和するためにいわば「抱き合わせ」的に行われたものであったが，憲法論議において他の法源の存在を示唆する議論を排除した点で，相応の画期をなすものであった［小杉 1994: 248］。

しかし1980年代初頭より，政府はシャリーアの法典化に消極的になる。その理由は第一に，サダト暗殺などを契機として，政府がイスラーム系諸勢力への対抗姿勢を強めたことである。第二に，宗派問題への影響を政府が憂慮したこと，第三に，観光業への影響や，外貨収入およびアメリカからの援助の減少など，イスラーム化政策を進めることによる対外関係への負の影響を政府が懸念したことだった［Peters 1988: 239］。

1985年初頭より，議会内ではシャリーア法典化の議論が激化し，強行採決に至った。イスラーム主義勢力のボイコットのなか，シャリーアの即時施行ではなく，これに反する法を漸進的・科学的に改正するという迂遠な方針が採択された。「シャリーアに反する事項」の定義も政府に委ねられており，問題の事実上の棚上げであった［Rubin 2002: 133］。シャリーア施行問題を棚上げした政権のレジティマシーを担保するため，政府はウラマーを動員したキャンペーンを実施することになった［Peters 1988: 246-247］。1987年人民議会選挙にあたって，同胞団最高指導者のハーミド・アブー・ナスルも，イスラーム法の段階的採用を訴える戦略へと転換したことから，この問題は一定の沈静化をみた［Rubin 2002: 135］。もっとも，第3章で述べたように，文化界の次元では，世俗国家の是非をめぐる論争やシンポジウムの開催は続き，最終的には世俗主義知識人ファラグ・フォウダの過激派による暗殺といった自体も起こっている。こうした一連の政治的・社会的混乱が，共同体の融和と団結を重視するビシュリーに危機感をもたらしたことは疑いを入れない。

政府の方針転換以降，一部の議員から寄せられるシャリーア法典化要求を，サダト大統領は「エジプトはすでにイスラーム国家である」との論理を用いてかわしてきた。一見詭弁に見えるこの政治的発言が，実はイスラーム思想史上で一定の正当性を持っていることを明らかにしたのが飯塚の研究［1993］である。クルアーンとハディースにおいて，法規定を示唆した文章は決して多くないため，これらの法源に基づく立法のみでは，現実に対応することはできない。ウラマーの間ではシャリーアの法典化を，学説法の柔軟さを損なうとして否定的な声が強かったため，成文法のカーヌーンやニザームが，シャリーアを補足する法という理論的説明のもとに機能していた。1970年代以降議論されたシャリーアの法典化は，伝統的な法源学の伝統に従えば，ウラマーの法判断から引き出される立法を想定していたものと思われる［飯塚 1993: 63］。しかし，事実上の西洋法でもカーヌーンやニザームとして承認する伝統に従って，ウラマーの資格を持たないムスリムによる立法であっても，シャリーアの規定に矛盾しない限り，その有効性を認めようとする立場が，近代以降有力な潮流として存在してきたのである(23)［飯塚 1993: 63］。

この政権側の論理に立脚すると，ムスリムによる既存の立法がシャリーアに矛盾しないかどうかという実際的な判断が次に問題となる。次節では，既存の法令とシャリーアの適合性の審査を担うことになった最高憲法裁判所の役割と，それが立脚する法理論について考察する。

(3) シャリーアと現代国家をめぐる思想史的争点
――エジプト司法界の役割に注目して

既存の法令のシャリーア適合性を審査する機関としてエジプトで機能しているのが，サダト大統領の主導で設立された最高憲法裁判所（the Supreme Constitutional Court, al-Maḥkama al-Dustūrīya al-‘Ulyā）である。同裁判所の前身は，1969年の大統領令によって設立された最高裁判所(24)（the Supreme Court）である［Brown, N. 2002: 83］。1971年憲法でその名を最高憲法裁判所に改めたのち，1979年の法令とそれを受けた司法界の議論を経て，より独立性の高い組織へと改編された。同裁判所は，国内の司法界からの独立した司法機関を求める動きと，海外からの圧力を受け，海外からの投資を継続することを目的としてサダト大統領によって設立された(25)。

本項では既往研究の成果に依拠しながら，エジプトにおけるシャリーア解釈を担う一アクターとしての司法の役割を概観したい。エジプト司法における法解釈やリベラル思想の検討を通じて，エジプトにおけるシャリーア解釈の多様性が明らかになる。さらに，4の（5）以降でビシュリー思想の検討を重ねるが，ビシュリーの出身母体である司法と彼自身の思想のつながりを考察するうえでも，最高憲法裁判所の役割の考察は有用である。

ラザフォードの著作『ムバーラク以降のエジプト——アラブ世界におけるリベラリズム，イスラーム，民主主義』［Rutherford 2008］は，リベラル勢力が展開する立憲主義，イスラーム主義勢力による立憲主義，国家主義，市場自由主義の展開を一次資料に基づいて比較検討し，各勢力の間に一定の収斂が生まれつつあることを論じた研究である。ラザフォードの研究は，法廷や弁護士組合などのエジプトの法曹を，同国のリベラリズム，それに基づくリベラルな立憲主義を一貫して担ってきた存在とみなし，その時代的変容を手堅く記述している。

エジプトにおけるリベラリズムの歴史は，20世紀初頭にまで遡る。エジプトの民族主義運動に関わった弁護士や判事の多くが，古典的リベラリズムからの影響を受けていた。エジプトの法曹は，フランスの法体系や政治思想から影響を受け，19世紀末から20世紀にかけて，エリート間の文化や自由主義的言説の担い手となっていった［Rutherford 2008: 37–38］。法曹のなかでも弁護士組合が1970年代以降，教育制度の変容や組合内の権力闘争によって自由主義の担い手としての地位を喪失したのに対し，裁判官は近年まで比較的，法の支配を尊ぶ独立した勢力としての地位を保ってきた[(26)]。

憲法第2条が改正されると，既存の法令のシャリーア適合性を問う訴訟が起こされた。1985年人民議会でシャリーア法典化が棚上げされたのと同時期に，最高憲法裁判所は，シャリーアを立法の主たる（唯一の）法源と定める憲法第2条に従って，国内の法令の違憲性，すなわち既存の法令がシャリーアに適合しているか否かを審査する役割を果たし始めることとなった。

最高憲法裁判所は1985年の5月4日判決によって，第2条改正以前に成立した法の不遡及の原則を明示した[(27)]。ひるがえって，最高憲法裁判所によるこの不遡及の原則の明示は，第2条改正以降の立法がシャリーアに矛盾してはならないという立法府の責任を示唆するものでもあった。1993年になって最高憲法裁判所は，法令のシャリーア適合性を審理する際の基準を明示した[(28)]。審理の対象となった法令が，シャリーアが実現しようとする目的（maqāṣid）に矛盾していないかが，クルアーンの章句のみに基づいて検討されることになった。最高憲法裁判所の審理は，関係者の福利を最大限重視する点でラシード・リダーの理論を部分的に継承していたが，具体的な分析手法においては，裁判所が貫いてきたリベラルの伝統に基づき，保守的なイスラーム法解釈を拒絶した［Lombardi 2006: 257］。

1996年には，ある女子学生の父親によって，目を除いた顔全体を覆うニカーブの学校での着用を禁じた教育省の1994年113号・208号法令がシャリーアに違反するとの訴訟が起こされた。行政裁判所はこの事案を最高憲法裁判所に委ねた。最高憲法裁判所は原告の訴えを却下し，1993年の基準を踏襲した判決を下した。ネイサン・ブラウンの著作［Brown, N. 2002］にその判決文の一部が掲載されている。その判決文で裁判所は，確実性（ithbāt）と指示（dalāla）が明確なシャリーアの諸原則に矛盾する立法は許されず，イジュティハードの余地は存在しないとの見解を下した。しかし，既存の法学者の見解やイジュティハードは神聖で無謬なものではなく，シャリーアの目的をみたすよう理性によって行われる法判断が正当化されると論じた。そして統治者が現代で行うイジュティハードにあたるものとして現行法が正当化された［Brown, N. 2002: 183］。

最高憲法裁判所は，イスラーム法思想史上の理論を組み合わせ，分析手法の精密さに疑問を残すものの，功利主義的見解による柔軟でリベラルな法解釈を行い，現代における「シャリーアによる統治」のひとつのモデルを提示してきた。また，最高憲法裁判所が，第2条に関わる審理を行うにあたって，イスラーム法学の専門家であるウラマー層に意見を聴取しなかったことは［Lombardi 2006: 177］，現代国家におけるシャリーア解釈の権威の多様化を示すものであった。

シャリーアに関して最高憲法裁判所が示してきた解釈は，司法界が担ってきたエジプトの自由主義の伝統の一角をなすものである(29)。エジプトの自由主義は，明確で偏りのない法典，国家権力の分立と組織均衡，個人の権利の保護，基本的権利の保障など，古典的リベラリズムを統合する形で発展している［Rutherford 2008: 32］。しかし，ラザフォードは最高憲法裁判所や国家評議会などの司法界が推進してきたリベラリズムについて，「これらの法廷は，古典的なリベラリストより強力で侵食的な国家に対してはるかに満足している」と指摘する［Rutherford 2008: 55］。

それと関連して，エジプト司法はしばしば，個人の権利よりも共同体への福利を優先する傾向がある。例えば，検閲に関してアズハルに最終的な監督権を認める判決を国家評議会は何度も発しているが，その根拠となってきたのが共同体の福利である。さらに，共同体の福利を優先する司法判断の背景には，19 世紀末にエジプトに導入された「公の秩序」の概念の存在がある［Scott 2014: 66］。この点で，司法界のリベラリズムは体制側が展開してきた国家主義に資する部分を見せる。しかし，後者が法律を国家の政策のための道具とみなしているのに対し，前者は国家を法によって拘束される政体と考え，法を個人の権利を保護するものだとみなす点に決定的な相違がみられる［Rutherford 2008: 162］。アズハルの検閲権に関する判決にはビシュリーも判事として関わったことがある。1993 年に当時のアズハル総長のジャーダルハックは，宗教的な事柄を扱った出版物や芸術作品の検閲権がどの国家機関にあるのか明らかにするよう，国家評議会に求めた。これを受けて，国家評議会は，宗教的な事柄を扱った芸術作品に関してはアズハルが検閲権を持つとの判断を下し，リベラル系の知識人をはじめとして，エジプトの文化界に衝撃を与えた。

このとき，「アズハルは，イスラーム的な要素を評価する最終的な決定者であり，その意見は音響および映像作品の許可に関して文化省を拘束する」［Moustafa 2000: 14］とする趣旨の判決文を執筆したのが，国家評議会判事のひとりであるビシュリーであった。この出来事を，アズハルとイスラーム主義者の共謀関係や，従来リベラルな機関と考えられてきたエジプト司法におけるイスラーム主義の伸長の象徴ととらえる向きもある。

もっとも，ビシュリーは，この判決が自身の判断のみによるものではないことを示唆したうえに，「多くの知識人がこの裁定をよく理解していない」と反論する[(30)]。エジプトの国内法では，ある芸術作品が公の秩序や国家の公益に矛盾するとみなされた場合，文化省がこれを制限する権利を持つ。その芸術作品が宗教に関わる場合，宗教に関する権威としてアズハルの意見を採用する（ta’khudhu ra’y）ことは避けられないと彼は論じる。外交に関する問題が発生すれば外務省の意見を採用し，公衆衛生に関する問題があれば保健省の意見を採用するのと同様に，宗教的な問題に関して，宗教的事案を管轄するアズハルの意見を採用するのは当然であると彼は主張する。文化省による検閲そのものはこの訴訟の管轄外であったことを示唆したうえで，国内の知識人たちは，アズハルではなく文化省による検閲を定めた原則そのものに反対するべきだと彼は批判している。一方この発言からは，国内におけるアズハルの役割に対して比較的楽観的な信頼を寄せていること，公の秩序の概念を司法界と共有し，その範囲内での自由を容認していることがうかがえる。

中東諸国における法の状況を長年観察し続けてきた米国の研究者ネイサン・ブラウンは，20世紀末のエジプトで常に政治的議論の中心をなしてきたシャリーア施行問題に関して，近年大きな変化が起こりつつあると論じる。

> 中道主義への関心は，エジプトに限定されていない。ムスリムが多数派を占める多くの国で，このテーマは会議やイデオロギー的声明を通じて掲げられてきた……アメリカで用いられているような政治的穏健さを超えたものを「中道主義」は示唆している。「中道主義」の用法では，二つの点が強調されている。第一に，イスラームの適切な解釈は狂信主義や過激主義に対して自ずと反対するということ，第二に，これらの解釈は，社会にとってもっとも思慮深く，適切で，有益で，もっとも簡便なものとなるはずだということである。こうして，マカースィド（シャリーアの目的）やマスラハ（公益）をますます強調するようになっている。
> ［Brown, N. 2012: 12］

ブラウンは上記の記述のなかで，中道主義の広がりと合意形成を通じて，シャリーアの過激な解釈がなされる可能性が低減していることを示唆している。しかし，シャリーアの法典化の実施や，既存の法令とシャリーアの適合性の検討にあたって，誰が法解釈の主体となるかという点では，依然として緊張関係が続いている。

近年ではムスリム同胞団の政治言説のなかにも，最高憲法裁判所への言及が見られようになった。シャリーアを立法の法源とするよう定めた第2条は，イスラームの法や倫理，文化に立脚する同胞団の主張と，現在のエジプトの国家構造をつなぐ機能を持つこととなり［Stilt 2010: 88］，ムスリム同胞団は，第2条の規定に基づいて，シャリーアに基づく立法を絶え間なく要求してきた。このことを通じて，同胞団が「法の支配（the rule of law）」を要求し，憲法の擁護者としての自己形成をはかるという逆説的な状況がここに生まれた。

第3章で部分的に触れたように，ムスリム同胞団がシャリーア施行の具体化をどのように構想しているかを知る手がかりとなるのが，2007年に発表された政党綱領である。この2007年政党綱領は，第2条の国教条項，憲法裁判所の存在の受容，市民国家の容認という点で同胞団の言説が新展開を見せ，同胞団が既存の憲法構造を一定程度容認しはじめていることが見て取れる［Stilt 2010: 87］。

> われわれはこのプログラムによって，その際立った特徴，明確に示された原則を提示する。それは憲法に基づき，意見と思想を表現する自由を保障し，国教はイスラームでありシャリーアの諸原則は立法の主たる源泉であると述べるわれわれの憲法の第2条に基づくものである。また，イスラームの道において中道で穏健な見解を範とするよう定めた第2条について，憲法裁判所が定めた解釈に基づくものである。［al-Ikhwān al-Muslimūn 2007］

第2条に対する最高憲法裁判所の役割を承認した点で，同胞団の2007年政党綱領案は画期的なものであったが，この同胞団の綱領を読んだ知識人の間で議論となったのが，女性・非ムスリムの権利と，立法にあたって諮問を受けるウラマー集団（hay'a min kibār 'ulamā' al-dīn）の設置（第1編第3章「政策と戦略」内に記載）であった。(31)

> シャリーアのマルジャイーヤは，……自由選挙によって選ばれた立法権力における議会多数派を通じて，共同体（ウンマ）が合意する見解を採用する。立法権力は，ウラマーのなかから自由な公選によって選出され，政治・財政・行政のすべての面において行政権力から真に独立した，共同体の大ウラマー集団の意見を求めなければならない。［al-Ikhwān al-Muslimūn 2007］

この規定は，ナセルによって廃止されたアズハルの大ウラマー機構（hay'a kibār al-'ulamā'）の復活も想起させるものだが，イランのようなウラマーが権威を持つ政治構造につながるものとして，国内の知識人から多くの批判を浴びた。この規定に関しては，同胞団内でも批判が強く，改革派メンバーのアブドゥルムンイム・アブー・フトゥーフは，ユースフ・カラダーウィーの見解に依拠して，国内において最終的にシャリーア適合性を決定するのは最高憲法裁判所であると主張し，最終的に同胞団最高指導者のアーキフもこれに同意した［Brown and Hamzawy 2008: 9］。

その後，2011 年に発表されたムスリム同胞団を母体とする自由公正党の政党綱領と 2011 年人民議会選挙綱領の双方は，シャリーアの最終的な判断の権限は最高憲法裁判所にあると表明し，ウラマーの立法過程への参与に関する条文は完全に削除された［Ḥizb al-Ḥurrīya wa al-‘Adāla 2011a, 2011b］。この問題は革命後の憲法制定プロセスで再燃することになるが（第 5 章参照），同胞団の「シャリーアによる統治」を核とする政治論が，政治状況や時間的経過に応じて変容しているさまが見て取れる。

こうして，シャリーアの解釈主体が多元化した現在，ネイサン・ブラウンは，彼が「イスラーム立憲主義者[(32)]」と呼ぶ一部の思想家とその批判者の間に横たわる合意と分裂について，シャリーアに基づく立法の困難さを示唆しながら記述している。

> イスラームの政治的な秩序はシャリーアに基づかなければいけない。シャリーアは再解釈されなければならない（そして，ある程度，既存のイスラーム法の規定と距離を置かねばならない）。この合意は真だが，一部の分裂を覆い隠している。既存のイスラーム法学の規定はどれほど適切なのか？　誰が新しい解釈を発展させるのか？　どのような方法論が適切なのか？　熱心な世俗主義者を除けば，すべての人びとがシャリーアの拘束的な性格への恭順を表明しているものの，多くの人びとにとって，これは単に，クルアーンとスンナに明確に矛盾しないならばどんな立法も許されるということを意味するにすぎない。……これは，エジプトにおいて非常に影響力を持った見解として現れてきた。［Brown, N. 2002: 175］

問題は，イスラーム法が成文法としての歴史を長く持たず，イスラーム法の時代に適合した再解釈が有力な見解となっている今，「シャリーアの施行」がいったい何を指すのかが，クルアーンに明文のある身体刑など，論争のある一部の規定を除いて不明瞭なことである。また，いったんシャリーアを法典化し，国内にあまねく施行されるべき成文法としてしまえば，不文法によるイスラーム法学に欠かせないイジュティハードの実践が果たして可能なのかという論点が新たに登場する(33)。次の項で検討するビシュリーの法学論は，この問題に対して，ユニークな示唆を与えている。

(4) シャリーア施行問題をめぐるビシュリーの立場

シャリーア施行論争に関連する先行研究において，ビシュリーは一般的にシャリーア施行を擁護する論者とみなされてきた。例えばフローレス［Flores 1997: 87］は，1987年に発表された以下の文章を例に，ビシュリーをシャリーア施行を擁護する論者に含めている。

> ……シャリーアの原理は，文明化し，独立した，進歩的で公正な社会制度の樹立にあたって，確固とした基礎を含むという信念が存在している。その制度は，変容する社会状況において，公益をもたらし，腐敗を防ぐために，イジュティハードと革新に依拠する。このシステムは，純粋に世俗的な（dunyawīya），プラグマティックな観点からも，実定法の制度に優越する。というのも，それは信仰の側面と行動の倫理の側面，公正と誠実な行いと善行という社会的価値が相互に結びつくシステムと考えられるからである。またそれは，法と倫理，個々人の社会関係を統括する価値と行動する主体の間，われわれの過去と将来の間の間隙を埋める秩序である。また，これらのものすべてによって，祖国や信仰，秩序の観点からの集団への所属感覚が養われる［al-Bishrī 1996d: 75］（傍点筆者）

シャリーア施行論争において，クルアーンとスンナを法源とするイスラーム法と，人定法である実定法は，常に対立するものとしてとらえられてきた。上記の引用文においても，シャリーアの原理が倫理的側面も補いうるために実定法に優越すると述べられており，一見ビシュリーがシャリーア施行を擁護する論者であるように理解される。

しかし，後の節の考察で明らかにするように，彼が長年にわたって発表してきた論考を参照すると，ビシュリー自身が，シャリーア施行論争を，シャリーアと実定法のうちいずれかの選択という単純な二項対立で理解していないことが判明する。

本節で主に用いる資料は，『シャリーア法典化の歴史的・文化的文脈』［al-

Bishrī 2011b],『現代におけるシャリーアと実定法の間の法的状態』[34][al-Bishrī 2005],そのなかでも特に「シャリーアと実定法の間の法的問題(al-Mas'ala al-Qānūnīya bayna al-Sharī'a al-Islāmīya wa al-Qānūn al-Waḍ'ī)」(1984年,以下MQと表記)「正統カリフ時代の後シャリーアは隠れたのか?(Hal Ghābat al-Sharī'a al-Islāmīya ba'd 'Ahd al-Rāshidīn?)」[35](1987年,以下GhSと表記),「シャリーアの施行をめぐって(Ḥawla Taṭbīq al-Sharī'a al-Islāmīya)」[36](1987年,以下TSと表記)の3本,さらに近年のビシュリーの立場を示す論考として,『文明の革新――現代的諸概念と受け継がれた諸マルジャイーヤの相互交渉に関する研究』[al-Bishrī 2015]収録の「概念と実践の間のシャリーア」(2007年)である。[37]

1987年に著された2本の論考で,ビシュリーが反論対象としたのは,預言者と正統カリフたちの時代以外,シャリーアは施行されてこなかったとする議論であった。[38]また,過去における法制度の施行と,他の時代におけるその施行の妥当性の間に相互連関はないとする反論に対しても,現代においてシャリーア施行をめぐる言説は,過去におけるその施行の程度をめぐる議論へと移行したと再反論する。すなわちビシュリーは,一連のシャリーアをめぐる議論で,「過去にシャリーアは存在していなかったのだから,現代においてそれを復活させようとする要求は意味をなさない」とする議論に対して反駁を行ってきた。

ここでビシュリーは,シャリーアが施行されているか否かを判断する基準について記述する。第一に,人びとが集団に帰属意識を持つとき,イスラームがその意識の中心をなしているかどうかである。第二の基準は,統治者と政府がシャリーアを自らの正当性の基礎や権威の枠組み(al-iṭār al-marji'ī)に据えているかどうか。第三に,統治者や政府がシャリーアに基づく裁判を行い,野党勢力を含むすべての政治集団がシャリーアに関する呼びかけを行っているかどうか。第四にシャリーアの原理が人びとの個人的関係(ムアーマラート)を律しているかどうかである[al-Bishrī 2005: 76](TS)。同じ箇所を引用しながら,ビシュリーのこの立場をラザフォードは以下のように的確にまとめている。

> 彼が強調するのは,シャリーアへのコミットメントを表明する国家と共同体である。イスラームの教えに沿って行動する真摯な努力を行うある

共同体の産物である限り，彼らが作り出す特定の立法は重要ではない。「シャリーアの施行」は，特定の法典（legal code）ではない，法（law）と生活へのアプローチに基づくものである。［Rutherford 2008: 107］

ビシュリーはイスラーム法が硬直状態に陥ったことを認めるものの，統治の公正さや特定の立法の有無など，政治的領域のみに着目することによってイスラーム法の後退を論じることには否定的である。彼の視点は，民衆の生活やその空間に介在する法規範，人びとの生きる倫理規範にも向けられている。ラザフォードが指摘していないことだが，この議論は，1970年代から80年代のエジプトの社会・政治・法的現実を肯定するものでもあり，間接的に，イスラーム法がすでに実態としてエジプトで機能していることを強調するものであった(39)。

ところで，人類学者のタラル・アサドは，エジプトにおける法制度改革を事例として，イスラーム世界の世俗化の過程を論じた。19世紀後半から20世紀初頭にかけてのエジプトでは，法・宗教・道徳の相互関係に大きな変容が生じた［アサド, T. 2006: 272］。

前近代のイスラーム世界では，包括的な規範であるシャリーアによって，法と倫理が一体のものとして成立してきたのに対し，実定法は法と倫理の一致が必ずしも必要ないという前提に基づいている。ビシュリーは，宗教と倫理，法の合体（imtizāj）は，イスラーム思想の特徴であると述べ，イスラーム社会における法と倫理の連関について考察する(40)［al-Bishrī 2005: 34］。ビシュリーは，西洋法が渡来したことにより，法と倫理の間だけでなく，イスラーム世界における法と倫理が一体化した様式と，法と倫理が分割された西洋的な様式という二つの様式の間の対立が現在まで続いていると述べる［al-Bishrī 2005: 31-2］（MQ）。

彼は，ムハンマド・アブドゥフの挙げるイスラームの三つの柱，すなわち神の唯一性，死の後の生命（nafs）の状態，フドゥードの確立としてのシャリーアを引用し，イスラームにおける宗教，国家，法の間の相互依存関係を否定することは，イスラームとシャリーアの正しい理解から大衆を遠ざけると論じる［al-Bishrī 2005: 33］（MQ）。ビシュリーのこの思想的立場を，アサドは以下のようにまとめる。

〔ビシュリーは〕イスラーム主義者としてシャリーアの刷新を訴え続けているが，イスラーム法の歴史的置き換えに関する彼の主張が，部分的に法実証主義的な前提に基づいていることは注目に値する。彼は，政治的妥当性は実定法と日常道徳のある程度の一致を必要とするため，現在のエジプトにおける両者間に存在するある種の乖離は国家にとって危険なものであると主張する。つまり，法の妥当性（法の実際的な効力ではなく）は社会の中で生じるものだと考えているのである。具体的には，法の「合法性」は社会規範によって決められると，理解しているのだ。そしてその規範とは，この場合，宗教的伝統によって確立されたものとなる。［アサド, T. 2006: 17］

ビシュリーがイスラーム法の刷新のために必要なこととして挙げるのが，シャリーアとイスラーム法学およびそれによって生み出された法規定（フィクフ）の峻別である。シャリーアは神的状態（al-waḍʻ al-ilāhī）であり，一方のフィクフは変容する生活の要請とともに歩むものである［al-Bishrī 2005: 35］（MQ）。この見解は，現代におけるイスラーム法理解としては——特に改革派の立場としては——きわめて正統かつ主流派の立場である。彼はイスラーム改革思想の系譜に属する思想家として，イスラーム法学が19世紀初頭において停滞したことを否定しないが「一般的にフィクフや法の専門家たちは，注釈において文章に固執する者とイジュティハードを行う者，先人の考えに固執するものと革新主義者に分かれているということを，われわれは認識しなければならない」［al-Bishrī 2015: 286］とイスラーム法学の革新を支持する。

さらに，この実定法と道徳の乖離という問題，およびイスラーム法の刷新にあたって，ビシュリーが重視するのが法の注釈（tafsīr）である。彼によれば，たとえ実定法による条文であったとしても，法の注釈は文（naṣṣ）と可変の現実をつなぐものとして機能する。現実に合わせて革新を続ける法解釈のために，イジュティハードの方法論を用いることが提起される［al-Bishrī 2005: 36］（MQ）。法の成文と現実を接続するものとして，絶え間ない法の注釈を重視するビシュリーの立場は，本節で提示した，イスラーム法を国法とする際，固定的な成文法と，イスラーム法学の重要な方法論であるイジュティハードをどのように両立していくのかという問題に対して，ひとつの解答を与えているように思われる。

ビシュリーは，シャリーアと実定法の関係を現代的に再構築するにあたり，法学者・法律家の役割を重視する。シャリーアと実定法の間に対立関係が存在することは，ビシュリー自身も認めている。彼は，イスラーム法学を，「神の法たるシャリーアとその源泉（クルアーンとスンナ）に依拠するもの」，実定法を「時代と場所を超えて有効とみなされる公益に従って定められた人定法」と説明し，両者の間に矛盾が現れることを指摘する［al-Bishrī 2011b: 57］。そして，政治思想家や政治家たちの間で，シャリーアと実定法の二者択一に関する終わりのない対立が起こると説明する。

> 政治思想家や政治家，単なる哲学思想のみに関心を持つ者たちは，この固定された立場に立ち，この矛盾をめぐる終わらない対立が彼らのもとにおこり，彼らの立場はあれかこれかをめぐって二極化する。［al-Bishrī 2011b: 57］

しかし，法学を専門とする者たちの間では，イスラーム法学が現代の法体系にも根づいていることが知られているため，実定法かイスラーム法かという対立が発生しないとビシュリーは論じる。

> イスラーム法学と実定法という二つの分野において，フィクフと法の専門家たちのもとでは，シャリーアの法源（maṣdarīya al-sharī‘a al-Islāmīya）と実定法の法源（maṣdarīya al-qānūn al-waḍ‘ī）の選択に関する白熱した対立は存在しない。［al-Bishrī 2011b: 68］

> フィクフの専門家や，司法やファトワー発行，説明（sharḥ）や注釈（tafsīr）によってこの知的領域の応用の側面に関与する人びとは，詳細な法規定において，多岐にわたる交渉（ta‘āmul）の側面で相互干渉（tadākhul）が存在すると考えている。その基礎となっているのは，イスラーム法学において，宗教的およびテクストによる正当性（al-shar‘īya al-dīnīya wa al-naṣṣīya）と，公益による正当性（shar‘īya al-maṣāliḥ）の相互干渉が存在するということである。宗教的な正当性は，公益を把握し，それについて表現する……［al-Bishrī 2011b: 57–58］

宗教的な正当性が，実定法が従うような公益による正当性を把握するため，そこに相互交渉が生まれるという認識がここで表明されている。イスラーム法学において，実定法が表現するような公益の精神に立脚する規定が存在するとビシュリーは指摘する。イスラーム法はその法において公益を把握しうるものの，実定法は，イスラーム法が持つ宗教的な正当性を担うことができない。逆に，実定法はイスラーム法における公益を把握しうるとする立場を採ったのが，比較法学によってエジプト民法典を策定したサンフーリーの方法論である。イスラーム法と実定法の間の交渉を見出すビシュリーの立場は，方法論においてサンフーリーと類似するが，イスラーム法の優越性に帰着する点で，彼とは異なる立場を示すのである。

改革派の立場からのシャリーアの法典化の可能性を論じるにあたって，ブラウンが提示した「誰がシャリーアの解釈主体として責任を持つのか？」という疑問に対して，ビシュリーが提示した見解に基づいて踏み込んだ立場で答えるならば，「歴史的実態を踏まえれば，イスラーム法学者と法律家がその役割を担っている」ということになるであろう。ビシュリーの記述は，イスラーム法学者と司法関係者を教育的・職業的背景によって峻別することなく，両者の専門家としての権威を承認している。

> われわれが生きる現在において，ムアーマラートに関する基本的な立法や裁判の手続きにおいて実定法が採用されているにもかかわらず，最高裁判所の言語におけるイスラーム法学の文化の影響を誤解することはほとんど不可能だと，賢明な読者諸君やわれわれは気づかずにいられない。……また，20 世紀を通じて，イスラーム法と西洋法におけるムアーマラートの概念，規定，秩序に関する比較研究のために示された，数多くの書籍，論考，法学雑誌，博士論文や修士論文といった，これらの膨大なあまたの研究をわれわれは参照せずにおれないということも，理解されねばならない。……たとえ，現在採用されている方法論が，シャリーアの枠組みの外での実定法の諸法源によるものだったとしても，イスラーム法学の文化は，真に生きた存在として，この領域における実務に携わる法学者の間に存在しているのである。それゆえ，私の考えでは，生の現実と立法における条文の関係に関する思想的・技術的・職務的問題

は存在しない。……したがって，その解決も対策も不可能ということになる。[al-Bishrī 2015: 289]

シャリーアはわれわれの生活のなかに存在しており，これはイスラーム文化，信仰とイスラーム的な情緒を構成するものの現存である。シャリーアのフィクフは，イバーダートにおけるわれわれの実践，個人の地位の問題と家族関係のすべてに対して，実際に裁定を行うものである。またそれは，倫理的な諸価値や行動規範の基盤である。アラブの憲法の一部が，国教がイスラームであると規定したのは，国家のフィクフ・法（qawānīn）・活動の基盤がイスラームであるということを意味するのにほかならない。[al-Bishrī 2015: 291-292]

ビシュリーは，一方では社会生活におけるイスラーム法の役割や倫理規範に目を向け，シャリーアの社会における役割を説くとともに，一方で，イスラーム法の法典化を推進する一部の法曹に対しても共感を寄せるという立場を採る。上記の引用は，個人の倫理的規範をはじめとするイスラーム的情緒に関連するとともに，個人地位法のような形で生活に関与するシャリーア，国家の法や活動の基盤となるシャリーアなど，ともすれば「個人から社会・国家へ」というイスラーム主義的論理を想起させるかもしれない。しかし彼の議論は，あくまでエジプトにおけるイスラーム法の運用の現状を説くものであり，これ以上の法典化を主張する要求は見られない。むしろ，イスラーム法の社会的役割を説くことによる，法典化をめぐる不毛な社会的対立の回避こそが，彼にとってもっとも重要な問題意識となっている。

ビシュリーのシャリーア施行論争に対する立場は，以下のようにまとめられる。まず彼は，シャリーアの包括性を支持しながら，人定法たる実定法が立脚する公益の精神が，クルアーンとスンナを法源とするイスラーム法のなかにも存在しているさま，実定法とシャリーアが法体系において相互交渉（tadākhul）や融合（tazāwuj）してきたことを指摘する。そして，政治家や政治思想家，哲学思想に関心を持つものとははっきりと異なる法学の専門家としての立場から，過剰なシャリーア施行要求の解体や論争関係そのものの解体を試みている。

その一方で，法学者たちの革新主義的営為，シャリーアの柔軟性を理由に

「受け継がれた（al-mawrūth）」遺産であるシャリーアの放棄に対しては強く反発する。

イスラーム法が立脚する宗教的な正当性が，実定法が立脚する公益の追求についても表現するというビシュリーの論調は，宗教的紐帯による集団の団結が，世俗的利益の追求にも資すると論じた「『マダニーヤ』と『ディーニーヤ』をめぐる議論」（第2節）との共通性を想起させる。すなわち，世俗的（dunyawī）な公益の追求において宗教的なものは決して障害にはなりえないとするのがビシュリーの議論の核心であり，そこには「受け継がれたもの」としてのイスラームのマルジャイーヤやシャリーアの役割を支持する立場に立脚しつつも，両者の融合を試みようとするビシュリーの思想的態度が表出している

ビシュリー思想の特徴に，世俗主義と宗教的なものの脱構築があることに関連して，本節の最後に，イスラーム世界における世俗主義の議論のうちもっとも新しいものを紹介したい。女性の権利，宗教的マイノリティの権利，ハッド刑の施行の是非など，現代のムスリム世界におけるシャリーアの在り方を考察するうえでの論点は多数存在する。これらの問題に対して，英語圏でも活躍する一部の知識人は，よりラディカルな聖典の解釈を行うことによって対応している。ヘフナーが「ムスリム・セキュラリスト」「民主的多元主義者」［Hefner 2011: 9］と呼ぶ人びとがそうである。具体名を挙げると，ヌマイリー政権によって処刑されたマフムード・ムハンマド・ターハーの弟子であるスーダン人のアブドゥッラー・ナイーム，イランのアブドゥルキャリーム・ソルーシュらである。彼らは個人としては神命に従う敬虔な宗教実践を追求するものの，イスラーム主義運動が追求するような形でのイスラーム国家の樹立に対しては，明確に反対の意を表明する。個々人の敬虔な宗教実践を追求するためには，国家が宗教を私物化しないこと，国家がそのような倫理的領域に対して干渉を行わないことが肝要だと考えるからである。一方，個人あるいは集団で神命に従うことの延長として，彼らの多くは，国家の立法がすべて，シャリーアの目的に矛盾しない法令で構成されることも要請している。しかし，クルアーンに明記のあるハッド刑の施行など，聖典の字句通りの解釈には明確に反対し，社会的正義や基本的自由の擁護のような形でシャリーアの究極の目的を解釈する。

> 神が永遠であるよう意図したのは，刑罰ではなく，法の精神，すなわち窃盗や姦通のような問題に関して法が喚起する，高められた倫理的関心である〔と彼らの多くは論じている〕。[Hefner 2011: 10]

このような議論の結果として，自由主義の精神に裏づけられた，近代西洋法に限りなく近い法典も，これらの知識人や思想家は擁護していくようになる。

本書で何度か言及したタラル・アサドも，彼の父ムハンマド・アサド[(41)]（1900－1992年）に関するシンポジウムで，宗教が政治において果たすべき役割に関する彼自身の個人的な見解を表明し，ムハンマド・アサドのイスラーム国家論に反対する立場を示している［アサド, T. 2014］。

ムハンマド・アサドとビシュリーの思想が一定の類似を見せていることは，特筆に値する。ムハンマド・アサドは，主著『イスラームの国家と統治の原則』で，共同体やネイションの真の統合のためには，道徳的意見の一致をみる必要があること，そして宗教一般――特にイスラーム――のみが，道徳的な正邪を判断する根拠を提供しうると論じている［アサド, M. 1989: 3-8］。この見解は，社会におけるマルジャイーヤとしてのイスラームの役割を見出すビシュリーの思想ときわめて類似している。両者の違いは，ムハンマド・アサドが，イスラームを強く念頭に置きつつも，道徳に関する感覚の源泉としての役割を宗教一般に見出すのに対し，ビシュリーは，西洋における正邪の判断の根拠を自然法に見出す点で，宗教的伝統と道徳のつながりに対して，イスラーム世界の事例ほど確信的でない点にあると思われる。

タラル・アサドは，アメリカにおけるリベラリズムを裏づける世俗主義の教理の自明性を解体する議論を行ってきたが，彼自身は，父の政治的立場には必ずしも同意していない。アサド自身は，政治と国家を峻別する必要性を指摘し，個々の市民の正義感や倫理観，道徳に基づいて，特定の問題に関する討議が行われる過程としての政治を重視する。ただ，個々人の政治的価値判断の基準となる道徳の源泉として，宗教は公共的な役割を果たすとアサドは論じる［アサド, T. 2014］。

前述の「ムスリム・セキュラリスト」とビシュリーは，道徳的な正邪判断の基準として宗教が重要な役割を果たすという点で一致しているが，法規範を通じてそうした道徳規範を社会で体現する役割を国家に見出すかどうかという点で，決定的な違いを見ている。エジプトやアメリカ，その他のイスラーム諸国でそれぞれ進行している，公共圏で宗教が果たす役割に関する言論を考察するうえで，示唆的な対照である。

5　ビシュリー思想における中道とは何か

(1)「基礎潮流」概念の提唱――対立の脱構築に向けて

ビシュリーの思想は，エジプトの宗教性に基づく国民文化に立脚しながら，それを突き崩そうとする勢力を批判するという，ある意味で現状維持的なものである。シャリーア施行問題においても，シャリーアの役割を低減させるような動きに対する反発を示しているが，今後法のイスラーム化をさらに進めようとする姿勢は見られない。不毛な対立関係の解体，回避という側面は，ビシュリーの思想の随所で見られる。

『共同体のための基礎潮流に向けて』［al-Bishrī 2011c］は，当初2008年にカタルのアル＝ジャズィーラ出版から刊行されたのち，2011年にエジプト国内有数の出版社であるシュルーク出版から刊行された。この著作のなかでビシュリーは，近代エジプト史の検討を行い，様々な潮流の主張を最大公約数的に集約した「基礎潮流（tayyār asāsī)」という概念を提示している(42)。

> ある国の基礎潮流は，その国における政治・社会・文化的な諸潮流の間での最大公約数，すなわち多くの様々な諸潮流の論調のなかに含まれる一般的な特徴に基づいている。［al-Bishrī 2011c: 7］。

彼はこの著作のなかで，「われわれ」という人称を積極的に用いる。作中で挙げられる事例のほとんどがエジプト近代史上の出来事であることから，エジプト市民を読者層の中心と仮定して執筆を行ったものと考えられる(43)。彼は，自分たち――主としてエジプト国民――の150年来の問題の根源にあるのが，外敵と植民地化に対する恐れ，国家組織と社会運営を効率的に行う方法であると論じる［al-Bishrī 2011c: 18］。

エジプトの中道派思想家が，様々な勢力間での対話を重視していることは第2章で論じた。ビシュリーは，ある話題をめぐる相互理解のための手段としてだけでなく，基礎潮流の主張を集約していく過程として対話を重視している。

政治的な基礎潮流の構成要素たる諸勢力の間では，当然見解の相違や対立が生まれる。その相違点の調整を行うのが「国民計画（mashrū‘ waṭanī）」である［al-Bishrī 2011c: 31］。国民計画とは，ある世代，ある歴史的段階で人びとが掲げる目標の集成であり，個人や集団によって「創造される」ものではなく，既存の文化・政治・社会運動から，おのずから抽出されるものである［al-Bishrī 2011c: 36］。

> 最初の瞬間は，国民計画は，完成した構成要素や〔計画を主張する〕語彙を持ち合わせていない。また，継続的に調和がとれているようにも均質化しているようにも見えず，〔逆に〕計画を構成する要素や語彙の間でのある種の矛盾があらわれ，部分同士が相互に争い，それぞれの政治集団が他の政治集団を捕らえ，ひとつの計画のなかにある多くの要素が互いを攻撃するだろう。それゆえに，国民計画をめぐる対話が，先に強く述べた可能性に直接関係する重要性を持つのである。というのも，対話というものは，政治的・社会的・文化的な語彙や要求を類別し，公的な計画に寄与するものと，そのようにみなせないものを明らかにし，語彙の調和や均質化において，それぞれの語彙の相対的な規模を明らかにするからである。［al-Bishrī 2011c: 32］

基礎潮流は，様々な潮流間での「対話」の結果として生まれるものである。ビシュリーは「無秩序な対話の実践から，秩序だった意識的な対話実践への転換」のために何が必要かを論じる［al-Bishrī 2011c: 29］。国民計画の主張を調整し，洗練させていくための対話は，単なる紙上論争やシンポジウムの開催，限られた議会での意見交換にとどまるものではなく，すべての勢力が参加する社会運動の結果として生まれるものである［al-Bishrī 2011c: 32-33, 36］。すなわち，基礎潮流の内部にある様々な集団が調和のとれた意思発現を行うために，健全に機能する民主主義が必要とされている。集団的な要求を表現する語彙を調和した状態にできるか，将来の世代にナフダ（復興）の可能性を残せるかという責任が，現在の世代に課せられているとビシュリーは論じる［al-Bishrī 2011c: 36］。

また「組織（mu’assasāt）の役割」と題された章で，彼は基礎潮流の形成に参加する様々な集団が，社会的な力そのものを維持するために必要な組織的構造について論じる。人間は本来，氏族，部族，村落や街区，宗派，職業組合，スーフィー教団など多様な帰属意識を持っている［al-Bishrī 2011c: 25, 45］。しかし，ムハンマド・アリー統治下でもたらされた中央集権化は，思想改革を伴わない組織改革であったために，社会に存在する多元的な伝統的組織を損ない，人びとの帰属意識の喪失，自律性によらず外から課せられた規則によって統制される社会関係を招いたと論じる。同時に，ムハンマド・アリーの近代化政策以降，行政機構や国家権力の肥大化が進んだ［al-Bishrī 2011c: 58-59］。それゆえ，1882 年にエジプト軍が敗北してオラービー革命が失敗した際，軍の近代化，代議制の導入，ジャーナリズムの発展，政党運動の存在など，社会や政治制度が 19 世紀初頭に比べてはるかに成熟していたにもかかわらず，軍の瓦解後に主導権を握ることができなかったのだとされる［al-Bishrī 2011c: 59］。彼の一連の議論からは，伝統的組織の解体によって失われた帰属意識の復権と，国家から民間組織への役割の移行によって，社会集団が改革のための主導権を得るという路線が見出せる。

ビシュリーの提示する「基礎潮流」の内容は，最終的には「国民計画」の目標を調整していくための，対話プロセスとしての民主主義の実現という一点に集約される。彼は民主主義のために必要な基礎として，以下の 4 点を挙げる［al-Bishrī 2011c: 74］。

①信仰と文化の組成，言語の統一性，共通の精神構造という観点から，文化的・歴史的形成物から結晶化されたものによって，集団の文明そのものの独立が達成されていること。
②外的な命令から集団の政治的意思を解放し，外的圧力を抑止する努力の継続を確認することを通じて，政治的独立が達成されていること。
③民族的安全を確保するため，政治集団が経済的にも独立していること。この経済的独立のなかには，経済成長に向けた努力や，海外からの圧力を最大限避けることも含まれている。
④政治と軍事の均衡を実現するため，地域的・民族的な安全保障を考慮すること。

社会における様々な集団や運動が自らの意思を発現し，国民計画の下にはたらく基礎潮流となるためには，健全に機能する民主主義が必要である。民主主義の効率性のために必要な条件として，ビシュリーは以下の5点を挙げる［al-Bishrī 2011c: 75］。

①結束と団結の力を享受する政治集団が存在すること。さらに，社会的な規模と重さに釣り合う形で，社会に影響を持つ副次的な集団がこの政治集団のなかで適切に代表されていること。
②政治集団が共通の目標の下に集っていること。
③文化・政治・社会的生活において影響力を持つ諸勢力のレジティマシーが確立されていること。これらすべての勢力が，共同体の構成に不可欠な要素とみなされていること。これらの勢力によって，政治集団の公益に対する共同の貢献が確立されていること。
④公共生活において影響を持つ様々な集団や勢力が，能率的な補助的機関のもとで組織されていること。その機関を通じてこれらの諸集団が自らについて表現できること。
⑤国家の様々な機関（mu'assasāt）が連携し，その組織（ajhiza）間で調和がとれていること。

こうしてビシュリーが論じる「基礎潮流」の主張となる項目は，きわめて宗教色の薄いものである。他方で，民主主義の基礎として挙げる「文明の独立」のなかに「信仰の一体性」という形で，宗教性は不可欠なものとして組み込まれている。またビシュリーが重視する社会・政治集団の活発な役割に関連して，これらの集団の一部が宗教的紐帯によって形作られていることは言うまでもない。

ビシュリーは，民主主義の実現に向けて，イスラームにおける二つの政治的概念について簡単に触れている。第一に，共同体の構成員の平等の達成のために必要な「市民権」の強調である。これは，彼が長年取り組んできた，ムスリムとコプトの共存論を思い起こさせるものである［al-Bishrī 2011c: 62-63］。

第二に，彼は，多くの改革派の論客と同様の視点に立ち，イスラームにおいて「協議」を指す伝統的概念である「シューラー」を，多数派による意思決定と同一視したうえで，民主主義の概念との矛盾を廃する。しかし，彼によれば，シューラーはあくまで「一般的な原則」にすぎない。一般的な原則から出発して，政治的代表や多元主義といったその他の政治原理に合致するように，シューラーは実践レベルでは様々な形態をとりうる。共同体の歴史や環境によって，この理念は多様な形態へと派生し，修正されるものなのである。同様に，イスラーム法による立法にあたっても，どの法学派やどの学説に依拠するかは，共同体の選択に委ねられている。健全な民主主義と国家運営という実現すべき目標が先にあり，それがあくまで「一般原則」であるシューラーの理念と合致するという，いわば「後付け」的な論理が見られる［al-Bishrī 2011c: 73-74］。

この著作『共同体のための基礎潮流』は，国家機関で職歴を重ね政治に強い関心を持つ法律家としての一面，歴史研究家としての一面，イスラーム思想家としての一面が統合された，ビシュリーのひとつの政治的マニフェストとして評価できる。

(2) ビシュリー思想の地平

本章では，中道的なイスラーム思想家であるターリク・ビシュリーに焦点をあて，政教関係論，ムスリム－コプト共存論における論調，シャリーア施行論争に対する立場，近年のエジプト政治に対する発言などの多角的な視角から彼の思想を研究してきた。さらに，エジプトのイスラーム復興の様態を総合的に明らかにするという本書の目的に鑑みて，シャリーア施行をめぐる1970年代以降の政治プロセスや，ムスリム同胞団やエジプト司法などの諸アクターによるシャリーアに関する言説を検討してきた。

その結果として，これまで思想的特徴が十分に明らかにされてこなかったターリク・ビシュリーについては以下のことが指摘できる。シャリーア施行問題に関しては，法曹および歴史研究家としての立場から，西洋法がイスラーム法に取って代わった過程の検討から開始している。イスラームの信仰において政治と宗教が不可分であることは認めつつも，国家における宗教の役割について，ビシュリーはイスラームの信仰箇条の検討は行わない。むしろ彼の議論にあるのは，国家や法制度の在り方は，各共同体の特質と連関するという考え方である。一方，ムスリム社会に樹立されるべき国家の在り方は，憲法においてイスラームの権威が承認され，それが国家のレジティマシーを担保するとともに，立法の法源として機能するという，具体的な政体を指定しないゆるやかな条件にとどまる。さらに，ビシュリーの思想においては，国家によって施行されるシャリーアよりも，人間社会において有機的な役割を果たすシャリーアの在り方が重視されている。そもそも西洋法的な現行法においてもイスラーム法と実定法の相互交渉が継承されており，シャリーアが国家によって再び法典化されるべき後退した法体系とはみなされていないからである。

ビシュリーは一連の著作において，「受け継がれたもの」と「渡来したもの」という二概念を用いて，近代イスラーム世界において，社会生活の様々な面で二重性が立ち現れたことを一貫して問題視している。しかし彼は，メイヘルが指摘したように，それらの関係を二者択一の問題としてとらえず，遺産として引き受けたうえで，イスラーム法の革新によってこの二重性を乗り越えようとする姿勢を見せる。彼はイジュティハードの方法論を用いたイスラーム法の革新を支持するが，同時に一種の現状肯定的姿勢を示している。

二者択一に陥らず，不毛な対立関係を回避しようとする姿勢は，シャリーア施行問題だけでなく近年のエジプト政治に関する発言でも観察される。思想家としてのビシュリーは，いくつかの紙上論争で展開された批判に対しても回答を執筆する対話的な姿勢を示している。彼が仮想敵としているのは，現在のエジプトの社会・政治状況が生まれるまでの歴史的経緯を評価せず，不毛な論争に終始している集団である。

また，シャリーア施行問題をめぐるムスリム同胞団やその他の政治勢力の立場についても，本書では検討を加えてきた。現代においてイスラームの原則に立脚する国家を求める運動において「シャリーアによる統治」の概念がその思想的基盤をなしている。しかし，シャリーアを国法として採用する場合，シャリーアの原則に矛盾しない成文法であれば，たとえ実定的なものであってもシャリーアの一部として認めるという動きが，エジプトのシャリーア施行問題の近年の展開として有力となってきた。「シャリーアによる統治」の概念に基づきつつ，シャリーア解釈が多様化しつつあることが見て取れる。これに関連して，「国家のイスラーム化を求める勢力」として描かれてきたムスリム同胞団が，既存の国家構造を一定程度受容したうえで，イスラーム法の解釈主体をめぐる新たな段階へと移行しつつあることを論じた。最高憲法裁判所のような既存の司法機関の受容や，ビシュリー思想に見る法曹の主体的な役割の重視などを通じて，「シャリーアによる統治」の概念と近代国家の枠組みが高度に接合しつつある過程を，思想的に，あるいはエジプトの制度的実態において観察することができる。

第5章

1月25日革命以降の思想潮流と中道派の眺望

本章は，2011年の1月25日革命以後のエジプトの政治状況と思想状況について記述し，中道派思想家がそのなかでどのような位置づけにあるのかを考察する。1月25日革命は，エジプト人やアラブ人というアイデンティティに関する意識を高揚させるだけでなく，それまでに強権体制によって抑圧されていた多様な政治勢力を伸長させる結果をもたらした。当然，革命前から各勢力の間では，多様な国家観，社会観，政教関係観が存在していたが，革命という大きな国家・社会変動を経験したことで，これらの各勢力の見解が競合する状態が生じた。

本章では，革命後のエジプトにおいて躍進した勢力として，以下のアクターに焦点を当てる。第一に，以前から国内最大のイスラーム運動組織，最大の野党勢力であり，革命後の政治プロセスの一翼を担ったムスリム同胞団である。第二に，革命を通じて政治化したイスラーム主義勢力であるサラフィー主義運動，第三に，1月25日革命において組織としての自律性を希求する動きを強め，2013年以降過激派の台頭に直面しているアズハルである。第四に，革命期前後の世俗リベラル勢力の動向を記述する。これらの勢力の間でどのような合意と見解の相違がもたらされたかについて概括した後，革命以降の政治・社会変動のなかで，中道派思想家が保っている政治的目標について考察する。

1　ムスリム同胞団の隆盛と没落

ムスリム同胞団は，エジプトだけでなく中東における最大のイスラーム運動組織として，長年活動を重ねてきた。1970年代以降，クトゥブ主義の排除に努め，内部に多様な思想傾向を抱えつつも，全体として見れば非暴力路線の中道的なイスラーム運動組織，かつエジプトにおける有力な政治勢力として伸長し続けてきた。本節では，1月25日革命の翌年に成立したムスリム同胞団政権期について概要を記述すると同時に，1990年代から一貫して同胞団内において深刻な問題となってきた組織内の新旧対立や，近年のエジプトの政治的発展に適応する過程で，その政治言説にもたらされた変化についても考察する。

ムスリム同胞団は，ナセル暗殺未遂以降，激しい弾圧を受け，多くのメンバーが湾岸諸国への逃亡や，勾留・服役を余儀なくされた。サダト大統領就任以降は，多くのメンバーが帰国を許され，非合法組織とされつつも，機関紙『ダアワ』の再発行の許可に代表される活動規制の緩和以降は，社会活動部門への傾注，議会選挙における無所属候補の擁立など，様々な戦略を動員しながら，着実に活動を展開させてきた。1990年代半ばには，同胞団の合法政党化に対する首脳部の否定的態度に反発した改革派メンバーがワサト党の設立を試みるなど，組織的な混乱も見られたが，2002年の第5代最高指導者マシュフールの死，2004年の第6代最高指導者マアムーン・フダイビーの死は，同胞団の変容にとってもっとも重要な起点となった［El-Ghobashy 2005a: 389］。フダイビーの死後，最高指導者に選出されたマフディー・アーキフは，当時75歳という高齢であったにもかかわらず，いわゆる古参世代よりむしろ改革派に近い考えを持つ人物であった。またアーキフは，かつて1970－1980年代にアメリカやドイツでイスラーム運動を指導した経験を持っており，同胞団内の「国際派」としても知られていた［横田 2006: 157］。アーキフの就任後には彼の主導で「改革イニシアティブ」が発表されたほか，同胞団の政治的見解をまとめた「政党綱領」（2007年）が国内の主要な知識人に送付されるなど，秘密主義からの一定の改革をめざし，自らの政治綱領を洗練させようとする動きも見られた。

一方，2000年代後半は，ムバーラク政権による権威主義化がいっそう進んだ時代でもあった。改革イニシアティブの発表の2か月後には，同胞団メンバーの一斉逮捕が行われ，1995年以来最大規模の弾圧となった。

このような政治状況下で，同胞団内部では，改革より現状維持を志向する風潮が強まっていった。2009年8月，当時の最高指導者のアーキフは，高齢を理由に翌年1月での辞任を表明した(1)。2009年12月に同胞団内での選挙によって次期最高指導者としてムハンマド・バディーウが選出されたが，その手続の性急さと不透明さに批判の声が上がった。2008年に同胞団を脱退していた若手メンバーのイブラーヒーム・フダイビーは，米国人研究者が行ったインタビューのなかで，当時の経緯を回想している(2)。上記選挙に対する内部からの批判を受けた，外部の法曹であるアウワーかビシュリーに諮問を行うべきとのフダイビーの提案を，同胞団首脳部は拒絶したという［Wickham 2015: 130］。

アーキフの退任は，同胞団内部の人事にも重大な変化をもたらした。アーキフは創設者バンナーと同世代に属するという正統性を持った最後の最高指導者であり，次期指導者のバディーウはサラフィー主義とのつながりが強い人物であった［El Houdaiby 2012: 134］。最高指導者辞任後，アーキフは同胞団指導局に復帰したが，アーキフ在任時に副指導者を務めたムハンマド・ハビーブや，改革派の有力メンバーであるアブー・フトゥーフは指導局メンバーから外れた［横田 2014a: 20］。バディーウは実際には影響力の薄い人物であり，副指導者に就任した実業家のハイラト・シャーティルとその支持者が，絶大な権力を握っていた。

さて，1月25日に始まったエジプトのデモがムバーラクの退陣という結果に終わったのは，ムバーラクの出身母体である軍が，現職の大統領を見限って彼への支持を取りやめたことによる。世俗主義の擁護者を軍が自認するトルコと異なり，エジプトの軍には，イスラーム的な価値観をある程度尊重する傾向があった。ただし，サダト暗殺以降，ムスリム同胞団や過激派組織の軍内部への浸透に対して，エジプト軍は非常に敏感になっており，宗教的に熱心な人物とみなされると，出世コースから外されるという［鈴木 2013: 38］。また，これに関連して，通常独裁政権下では，軍と警察は同一視されることが多いのに対して，エジプトの場合，軍は体制そのものであり，警察はあくまで体制を維持する存在となっている［鈴木 2013: 101］。いわゆる秘密警察にあたる国家治安調査機関の職員は，将校クラスになるとほとんどがムスリムであり，コプトはいないとされる［鈴木 2013: 102］。

エジプト軍の介入に対して，同胞団を含む諸勢力は当初歓迎の意を示し，ムバーラク退陣後の同胞団は，エジプトの政治・社会における自らの公的地位を高めるべく，活動を進めていった。まずは同胞団政治部門の合法化として，2011 年 4 月 30 日に，自らを母体とする政党「自由公正党」を正式に設立した。同党の設立メンバーには約 1000 人の女性と，93 名のキリスト教徒が含まれていた。2013 年 3 月には，同胞団本体が NGO として正式に登録をうけた［横田 2014: 37-38］。

自由公正党の党首に就任したのは，人民議会での同胞団出身議員派閥のトップにあたるムハンマド・ムルスィーである。自由公正党党首就任時，同胞団メンバーとしての彼の知名度は必ずしも高くなかったが，服役経験がのちになって問題とならないよう，拘留期間がごく短いムルスィーが党首に選ばれた［鈴木 2013: 155］。1951 年生まれで，カリフォルニアへの留学経験を持つ工学系の大学教員のムルスィーは，同胞団のなかでは，最古参のメンバーに比べて柔軟な見解を持ち，さほど老齢ではなく，広範な政治経験を持つ「プラグマティックな保守派」［Wickham 2015: 133］に属する人物である。第 8 代最高指導者バディーウのもとで副指導者を務めていたハイラト・シャーティル，ムハンマド・ハビーブ，サアド・カタートニーなどがこの陣営にあたる。ただし，この勢力のなかでも，ムハンマド・ハビーブがそのなかでも改革派に近いのに対し，ムルスィーはより保守派に近い人物である［Wickham 2015: 134］。

1 月 25 日革命後の同胞団の政策に不満を持つか，組織内で周縁化された有力メンバーは，同胞団を脱退する選択肢を採った。例えば，アーキフ指導下で同胞団の副指導者を務めた上述のムハンマド・ハビーブは，2011 年 7 月に「ナフダ（復興）党」を設立した。また，同胞団の指導局に 1987 年から 2009 年まで在籍した有力メンバーのアブドゥルムンイム・アブー・フトゥーフも，自由公正党の結成に反対したこと，同胞団指導局の決定に反して独立系候補として大統領選挙に出馬する意向を示したことから，2011 年 6 月 19 日に同胞団のシューラー議会の決定により追放処分を受けている。アブー・フトゥーフは大統領選挙で健闘したのち，「強いエジプト党」を結成し，党首に就任した。さらに，イスラーム・ルトフィー，ムハンマド・カッサースをはじめとする同胞団の青年勢力も，同胞団を脱退した後「エジプト潮流党」を結成した。

同胞団は当初，大統領選挙に同胞団独自の候補を出さないと表明していた。「当時の厳しい経済の状況を見るなら，大統領選への出馬を見送り，政策実行の責任を取らず，議会の勢力を維持しながら，軍などの既存の国家エリートと妥協しつつ着実に勢力を拡大し，エジプト社会における同胞団の公的地位を高めていくという選択肢はあり得た」と，ムルスィー政権崩壊後に長沢［2015: 4］が評価するとおりである。

実際に同胞団は，良好な関係にある組織外の複数の人物に立候補を打診していたようである。エジプトの政府系新聞であるアフラーム紙は，当初ムスリム同胞団は，イスラーム系勢力への理解のある裁判官のフサーム・ガリヤーニーと，本書で取り上げてきたビシュリーの2名に大統領選への立候補を打診したが，両者がこれを拒絶した旨を報じている［Ezzat 2012］。また，同胞団はガリヤーニーに加え，後にムルスィー政権で一時期副大統領として入閣したマフムード・マッキーにも立候補要請を行ったが，これも失敗した［Ḥabīb 2013: 37; Trager 2016: 129］。また，同胞団が独自候補を輩出する前に，イスラーム系勢力に近しい独立系候補としてアウワーに出馬要請を行ったとする説もある（**6**参照）。アウワーは自身の出馬を自らの意思によるものとしてこれを否定しているが，有力な見解であろう。

しかし，同胞団は当初の表明をひるがえし，経済人として絶大な影響力を持つ副指導者のハイラト・シャーティルと，自由公正党党首のムハンマド・ムルスィーの2名を立候補させる決定を下した。大統領候補を審査する段階において，シャーティルは過去の逮捕歴が問題とされて候補者不適格となり，ムルスィーが同胞団出身の候補となった。なお，サラフィー主義勢力のうちヌール党は，党内で投票を実施した結果，アブー・フトゥーフの支持に回った。(3)

2012年5月23日から24日にかけて国内で実施された大統領選では，票が割れ，いずれの候補者も得票率25%を達成できなかった。そのため，上位候補者であったムハンマド・ムルスィー（一次選挙得票率24.78%，得票数576万4952票）とアフマド・シャフィーク（一次選挙得票率23.66%，得票数550万5327票）の2名で，2012年6月16日から17日にかけて第二次（決戦）投票が行われた。(4)その結果，ムルスィーが51.73%（1313万131票）を獲得して得票率48.47%（1234万7380票）のシャフィークを僅差で下し，大統領に就任することが決定した。ムルスィーの大統領当選は，イスラーム主義政党出身の人物が政権に就く数少ない事例となったほか，エジプト初の文民出身の大統領，民主的選挙で選ばれた初の大統領という意義も持っていた。

ムルスィーは，大統領就任から1か月半後の2012年8月に，軍最高評議会議長のタンターウィー元帥を更迭し，後任に陸軍少将のアブドゥルファッターフ・スィースィーを任命した。軍最高評議会のメンバーのなかからスィースィーが選ばれた理由は明らかにされていないが，鈴木［2013: 193-194］によれば，スィースィーは准将としてアメリカの陸軍大学校に留学中の2006年に，イスラームの政治的役割を自身の論文のなかで積極的に主張していた背景を持つ人物である。そのため，国家におけるイスラームの役割を重視する人物とみなされたことが，この人事の背景としてよく指摘されている。また，同じく鈴木［2013: 193-194］が挙げる第二の理由は，スィースィーが軍上層部のデモ弾圧に批判的な人物とみなされていたことである。後にスィースィーが同胞団排除の立役者となったことを考えれば，同胞団のこの見立てが正しかったかについては疑問の余地がある。いずれにせよ，ムルスィー政権に軍の影響力を排除し，権力掌握を進めようとする狙いがあったことは確かである。

また，革命後における移管プロセスの重要な一段階として，新憲法制定の問題があった。1月25日革命当初，革命運動を担った青年勢力は，各勢力の代表者を選出した起草委員会を結成し，革命精神を反映した憲法策定を要求していた。しかし，ムスリム同胞団やサラフィー主義勢力は，議会選挙を実施した後，議員から選ばれた憲法起草委員会を通じて憲法を制定することを主張した。これは，選挙において動員力や地盤を持つ勢力にとって有利となる主張であり，実際に青年勢力は，議会選挙に向けた勢力の組織化に乗り遅れ，政治プロセスにおいて周縁化された存在となった。実際に結成された憲法起草委員会は，議員枠50名中38名が自由公正党・ヌール党議員で占められていたうえに，その他の50人枠のなかにも同胞団員が含まれていたため，100名中65名がイスラーム系勢力という構成になった。この構成に反対するメンバーは委員会をボイコットするか委員を辞任するという選択肢を採った。さらに，裁判所の命令を受けて起草委員会が再結成され，起草作業は難航した［鈴木 2013: 168-170］。2012年10月の憲法草案の提示を経て，同年12月に憲法草案が国民投票にかけられ，投票率33％，賛成票61％で承認されたことで，2012年憲法が成立した。

国民投票で承認された2012年憲法を政教関係の観点から考察すると，以下のような問題点が含まれていた。憲法第2条の国教条項は，従来の憲法と同じ文言で維持されたものの，サラフィー主義勢力の影響下で，第219条で詳細な規定が追加された（本章**3**参照）。その他に，預言者への侮辱を禁じた第44条（2014年憲法では削除）にも，表現の自由を侵害しうる条項として反対意見が上がった。

さて，大統領に就任したムルスィーの政策には稚拙なものも多く，民衆の間での不満は次第に増大していった。そもそも，2012年大統領選挙における投票率（約46％）や，一次選挙におけるムルスィーの得票率の数値を考慮すれば，ムルスィーが代表する同胞団政権の支持率は決して高かったとは言えない。また，革命プロセスを主導した青年層を含む世俗リベラル系を中心として，ムバーラク政権下で最後の首相を務めたシャフィークの当選を避けたいとの理由で，大統領選の決戦投票において本来支持しないムルスィーへの投票を選択せざるをえなかった層が相当数にのぼったことも知られている[(5)]。

若年層を中心とする高い失業率や高インフレといった前政権から継続している問題に加え，革命の発生による観光収入の低減，世界的な経済不況による海外の出稼ぎ労働者からの送金の減少など，エジプトの歳入は減少の一途をたどっていた。30年間の独裁政権が遺した経済的課題に取り組むのは，同胞団以外の誰が政権を担っても困難であったとする見方も強い。しかし，実際のムルスィー政権下では一貫性を欠く経済政策も多かった。一例として，2012年の断食明けの祝祭（イード）の場で，農民に対して1万エジプト・ポンド以下の債務の免除を発表し，同胞団の強力な支持基盤である農村部への迎合政策を打ち出す一方，IMFからの融資を受ける条件として食料品やガス・電気など資源類に対する補助金カットを計画し，市民の生活を混乱させることとなった[(6)]。

選挙で同胞団に対抗できない新ワフド党などの世俗主義系政党は，同胞団への対抗手段として政権との対話を拒否した。そのため，ムルスィー政権は同胞団と少数の友好政党に依存し，彼らへの迎合政策を進めざるをえなくなった［横田 2014b: 17］。さらに，2012年11月に，遅滞した憲法制定を進めるためにムルスィーが発表した大統領令は，「エジプトの革命の守護者として」大統領の権力がいかなる司法権力にも超越すると定めたものであった。この大統領令に対する反発は大きく，ムルスィーはこれをすぐに撤回したものの，彼の失政を示す決定打となった。また，2013年6月の地方人事において，新知事17名のうち7名が同胞団出身の人物であったこと，ルクソール事件に関与した組織であるイスラーム団出身の人物を同県の知事に配したことも，ムルスィー政権末期において政権批判を加速させる要因となった。

アラビア語で「反乱」を意味する青年組織「タマッルド」が反ムルスィーの政治行動の組織化を進め，ムルスィー大統領就任1周年の記念日である2013年の6月30日に，政権退陣を求める大規模デモがエジプト各地で発生した。翌7月1日，エジプト軍総司令官スィースィー国防相の名において，48時間以内に事態を収拾すべきこと，失敗した場合は軍部が介入する旨を述べた声明が発表された。7月3日，スィースィーは憲法の停止とムルスィー大統領の解任を発表した。軍の介入によってムルスィー政権は退陣を余儀なくされ，翌4日には最高憲法裁判所長官であるアドリー・マンスールが暫定大統領に就任することが発表された。

それとともに，同胞団最高指導者ムハンマド・バディーウ，副指導者ハイラト・シャーティル，自由公正党副党首イサーム・イルヤーンらをはじめとして，数千人の同胞団関係者が逮捕された。ワサト党党首であるアブー・アラー・マーディー（2015年8月に釈放），副党首のイサーム・スルターンも，ムルスィー支持者に対する扇動演説を行った容疑で7月29日早朝に逮捕された。同胞団支持者はカイロ郊外のナスル・シティーに位置するラバア・アダウィーヤ広場を拠点に座り込みを行った。8月14日に軍によって行われた強制排除では，多数の民間人死傷者が出た。

2013年9月23日に，カイロ緊急審判法廷は，同胞団および同胞団から派生した団体・NGOの活動を禁じる判決を下した。同胞団と協力関係にある団体や，資金援助を受けた団体にも同様の判決が下された。また，暫定政権に対しては，同胞団の資金・資産・建造物を凍結し，それらを管理する独立委員会の設置が命じられた。これは実質的に，同胞団の解散を命じた判決であると理解されている［横田 2013］。司法委員会の勧告を受けて，10月には同胞団に対するNGO資格が剥奪された。2013年12月25日に同胞団は正式にテロリスト集団に指定された。さらに2014年8月9日には，自由公正党

の解散を命じる判決が下されている。(7)

ムルスィーを大統領から排除する決定を下した場には，軍部のメンバーだけでなく，コプト正教会総主教のタワドロス2世，アズハル総長のアフマド・タイイブ，タマッルド運動メンバーのマフムード・バドル，タマッルドが支持する元国際原子力機関（IAEA）事務局長のムハンマド・バラーダイー（以下エルバラダイと表記）(1942年－)，ヌール党事務局長のガラール・ムッラが同席していた。こうしてムスリム同胞団政権を排除することで，「アズハル・コプト・軍の『3者同盟』」［長沢 2015: 2］がここに成立した。

アドリー・マンスールの暫定大統領としての移行期間を経て，ムルスィー政権下で国防相を務めたスィースィーが大統領選に出馬した。当初から当選が確実視されていたスィースィーは2014年5月26日，27日に実施された大統領選挙において，唯一の対抗馬であったナセル主義者のハムディーン・サッバーヒーを圧倒的な得票差で破った。2014年6月3日にスィースィーの当選が発表され，8日にアドリー・マンスールから「権力文書」を手渡される形で彼は大統領就任を果たした。

さて，2013年以降，同胞団をはじめとするイスラーム系勢力に対する統制が継続し，同時に中東全域において過激派組織「イスラーム国」の勢力が拡大するなかで，エジプトでもシナイ半島を中心に過激派の脅威が高まった。「イェルサレムの支援者（Anṣār Bayt al-Maqdis）」（後に「イスラーム国シナイ州」に改称）などの過激派組織が検問所の襲撃や要人の暗殺未遂などの活動を展開している。2013年以降弾圧を受けているムスリム同胞団の青年層は，古参世代と異なり，政権からの激しい弾圧に耐えた経験を十分に有していないうえに，指導局の座にあった年長世代の多くが収監状態か国外逃亡のさなかにある。このため，同胞団の一部若手メンバーやシンパ層が，同胞団の非暴力主義を放棄して過激化しつつあることが，各種報道で指摘されている。(8)

2013年7月以降のクーデタ以降の逮捕者は，内務省が公式に認めているだけで2万2000人に達する。また，エジプトの人権団体である「経済・社会的権利のためのエジプト・センター」によれば，2013年7月から2014年5月までの逮捕者は4万1000人にのぼり，うち2万9000人が同胞団員であるとされる［Human Rights Watch 2015］。また，2015年にはテロリズムへの関与の容疑で約1万2000名が逮捕されている［Human Rights Watch 2016］。

同胞団研究の第一人者であるウィカムは，民主化プロセスにおける同胞団のミスを２点指摘している。第一に，同胞団の民主主義に関する概念があまりにも貧弱だったことである。すなわち同胞団は，公正な自由選挙を通じた指導者の選出など，民主主義の手続き的側面に関しては理解していたが，寛容で包摂的なエートス，意見の相違に対する法的な保護，組織の抑制均衡など，民主主義のその他の面に対しては十分な関わりを示してこなかった［Wickham 2015: 296］。同胞団の上層部は，必ずしもムルスィー支持者の投票行動のみによってなしえたのではない大統領選挙の勝利を，同胞団の支配に対する無条件の委任として誤解した側面がある。長年の政治活動を通じて培われた戦略や，選挙のための有効な動員戦略を有する同胞団は，自らの組織に有利になるよう革命後の民主化プロセスを性急に進め，革命で表舞台に立った他の勢力が関与しうる時間を与えなかった。その点で革命後の同胞団が参画した民政移管プロセスは，1月25日革命を通じて希求された民主主義の精神に十分に則っていたとは言えない。第二にウィカムが指摘するのが，「思慮深さ（ḥikma）」の欠如である。政権獲得後の同胞団は，イスラーム主義的な思想傾向の人物を要職につける人事や，憲法草案を強引に国民投票にかけたことなどで，政策の稚拙さが目立った［Wickham 2015: 296］。これらの政策はあくまで民主主義的手続きに則って行われたものだったが，政権の支持基盤が実際は脆弱であることを見落とし，他の政治勢力との合意形成を軽視した。そのような姿勢が，最終的に6月30日のデモに至る事態を引き起こしたと言える。もっとも，同胞団の政治戦略の稚拙さに加えて，世俗リベラル勢力の非妥協的態度や，革命以前から解決を見ない行政機構の肥大や経済的課題，エジプト軍が歴代政権に対して持つ影響力など，当初から政権運営を困難にさせる要因は山積していた。

革命後の同胞団は，自らのめざす国家像に向けて拙速な政策を行いすぎたが，彼らのめざしていた国家像がどれほどラディカルなものであったかについては疑問が残る。同胞団の政治目標は究極的にはシャリーアの施行に集約されるが――その施行の在り方の具体像には時代や派閥ごとの相違がある――，1970年代以降，各勢力が進めたシャリーア施行に向けたイニシアティブがエジプト社会の要請と一致していたことに象徴されるように，同胞団の保守主義は，エジプト人の投票者の持つ保守主義とさほどかけ離れていないからである［Wickham 2015: 300］。エジプト人研究者のM. W. ハンナーも，エジプト人の大半は世俗的でもリベラルでもなく，宗教が公的領域や国家において重要な役割を果たすことを信じていると論じる［Hanna 2014: 67］。次節以降では，同胞団が立脚していた国家観の立ち位置を考察するためにも，同胞団以外の各政治勢力が，革命以降にどのような政教関係観に基づいて政治プロセスに参画したのかを論じる。

2　エジプト2012年憲法に見るサラフィー主義の台頭

1月25日革命後の政治プロセスにおいて新たに脚光を浴びた存在として，サラフィー主義者の存在が挙げられる(9)。第2章でも述べたように，ここでのサラフィー主義とは，クルアーンとハディースの厳密な字義通りの解釈に基づいて，初期イスラームの姿に回帰しようとするいわゆる宗教的厳格派のことを指す。

サラフィー主義の歴史は古く，ムスリム同胞団の設立に先立って，最古のサラフィー主義団体「クルアーンとスンナに従う者たちの正統協会（al-Jamʻīya al-Sharʻīya li-l-ʻĀmilīn bi-l-Kitāb wa al-Sunna al-Muḥammadīya）」（1913年）や，「アンサール・スンナ（Anṣār al-Sunna al-Muḥammadīya）」（1926年）が設立され，現代まで継続している。

現在のエジプト最大のサラフィー主義運動は，1970年代の宗教復興期にアレキサンドリアを基盤として成立した「ダアワ・サラフィーヤ」と呼ばれる運動である。革命前は非政治的な運動であり，ムスリム同胞団への対抗馬として，ムバーラク期には他のイスラーム主義運動が享受しえない一定程度の自由を許されていた［Høigilt and Nome 2014: 39］。ダアワ・サラフィーヤは，医師としても活躍するアレキサンドリア出身の説教師ヤーセル・ブルハーミー（1958年-）をほぼ公式の指導者として仰いでいた。ムバーラク退陣前から，サラフィー系の衛星放送チャンネルが複数開設されるなど，エジプトのサラフィー主義の伸長は著しかった［al-Anani and Malik 2013: 58; Lacroix 2012］。しかし，教育活動や社会サービスに集中していたサラフィー主義団体が政治化したのは，1月25日革命以降のことである。

1月25日革命の当初，サラフィー主義者たちは，抗議運動に対して批判的であり，革命に先立ってアレキサンドリアで発生していたサラフィー主義者の勾留・死亡（第2章参照）に対しても，静観の姿勢をとった(10)。しかし，

2月末に一部の世俗主義の活動家が国教条項にあたる憲法第2条の修正を求めるデモを組織すると，対抗してカイロ市内アッバースィーヤ地区にてサラフィー主義者の大規模なデモが発生した。これは1月25日以降サラフィー主義者が組織した最初のデモであった［El Houdaiby 2012: 140］。1月25日革命によるムバーラク政権の退陣と，その後の政党結成ラッシュなどに見る政治的自由の増加は，サラフィー主義にとって，政治的プロセスを通じて自らのめざす社会像や国家像を実現していく好機であった。「ダアワ・サラフィーヤ」を母体とする「ヌール党」，武装放棄したジハード団を母体とする「建設発展党」，カイロを基盤とする「アサーラ党」などが結成された。ヌール党は，事前の予想を覆して2011年の人民議会選挙で議席の4分の1近くを獲得して第二党となり，その支持基盤の強さを示した。一方，革命後の社会不安とあいまって，キリスト教徒に対する攻撃が見られるなど，サラフィー主義勢力の政治的台頭はリベラル系勢力や市民にとっての不安要素となった。

もっとも有名なサラフィー主義者のひとりとして革命後に台頭したのが，かつて同胞団内のサラフィー系派閥に属していた弁護士のハーズィム・サラーフ・アブー・イスマーイール（1961年-）である[(11)]。大統領選に出馬した彼は，立候補に際して必要とされる支持者の署名を15万名分集めることで，その影響力の大きさを示した。また，彼は大統領選の立候補者のなかで，かつて政権が断行したキャンプ・デーヴィッド合意を公に批判し［Lacroix and Shalata 2016: 166］，国民国家としてのエジプトが拠って立つ基盤を突き崩そうと試みた唯一の候補者であった。後に母親の国籍が法的に問題となって立候補者資格を喪失したものの，非妥協的な政治的姿勢を貫くことによって際立った存在となった。

ラクロワ［Lacroix 2012］はインタビューに基づく現地調査を通じて，ヌール党の政治的イデオロギーや戦略を明らかにしようと試みた。ヌール党は手続きとしての民主主義は受容するが，民主主義の哲学的基礎については拒絶しているとラクロワは指摘する［Lacroix 2012: 5］。サラフィー主義勢力は政治的経験を持たない集団であり，人民議会でもしばしばその異質さが目立つ結果となった。しかし，多くのサラフィー系議員が起草に関与した2012年憲法では，サラフィー主義が自らのめざす国家像の実現に向けて，憲法の条文に対して多くの操作を加えたことが見て取れる。

革命後の憲法制定において，起草委員会内のサラフィー主義勢力は，1980年の部分改正以降一貫して維持されてきた第2条の国教条項に飽き足らず，その精緻化を要求した。本来は，第2条の「シャリーアの諸原則（mabādi'）は立法の主たる法源」という文言を「シャリーアの諸規定（aḥkām）は立法の主たる法源」に変更することを望んでいた［Lacroix 2012; Sabry 2013］。最終的には第2条の文言は「イスラームは国教であり，アラビア語は公式な言語である。シャリーアの諸原則は立法の主たる法源である」と従来通りに維持されたが，新たにアズハルの役割に関する条文（第4条），およびシャリーアの法源性をより具体的に説明した第219条が，国家におけるイスラームの位置づけを示すものとして注目された。第219条の条文は，以下のとおりである。

> シャリーアの諸原則は，その真正性が確立された啓示的法源(12)（adillat-hā al-kullīya），法源学およびイスラーム法学の原則，ならびにスンナ派の〔ある〕法学派（madhāhib）において受け入れられた諸法源を含む。

本条文では，シャリーアの諸規則の法源となりうるのがスンナ派の法学派のみであることが明示された。本条文は，憲法起草委員会におけるサラフィー主義者と非イスラーム系勢力の対立，およびその後の妥協のすえ生まれたものと考えられている(13)。サラフィー主義勢力は，従来その具体的内容が不明であった「シャリーアの諸原則」を「シャリーアの諸規定」へと精緻化することを求めていたが，ここに法曹や旧野党勢力を中心とするリベラル系勢力との間の対立が生まれた。

エジプト憲法第2条は，イスラームが国教であり，シャリーアが立法の主たる法源であることを定めている。しかし，国教条項で述べられた「シャリーアの諸原則」が何を指すのかは，法制史上でも不透明なままであった［Brown and Lombardi 2012］。国教条項の存在にもかかわらず，実際のエジプト法はほとんどが実定法由来のものであり，運用上は「シャリーアに違反する法でない限りはシャリーアと認める」とする立場が採られていた（第4章参照）。ある法がシャリーアに適合するか反するかは，最高憲法裁判所に委ねられている。エジプトの司法は，比較的独立を保つとともに，リベラルな伝統の担い手としての自覚が強い。実際の違憲審査に関しても，最高憲法裁判所は，時としてイスラーム法学の伝統を軽視しかねない，功利主義に基づくリベラルな解釈によって，なるべく多くの法をシャリーアに適合すると判断してきた(14)［Lombardi 2006］。

一方，世俗的な見解を採る勢力は「シャリーアの諸原則は立法の主たる法源」という国教条項の文言に対して，この場合の諸原則とは「自由，正義，平等」のような人道的な原理を指しているとする，字義通りではなく一般的でリベラルな解釈を好んできた［Sabry 2013］。すなわち，従来の国教条項は，シャリーアが唯一の立法の法源であることを明示しながらも，解釈の余地が開かれたものであったと考えられる。ムスリム同胞団だけでなくアズハル，コプト正教会も国教条項の文言を変更なしに維持することを希望していた。

しかし，起草過程での交渉の結果，第2条の条文を従来通り維持する代わりに，第219条でシャリーアの諸原則が何を指すのかが明示されることになった。サラフィー主義勢力が要求するシャリーアの諸原則の明文化は，従来の国教条項のリベラルな解釈を脅かしかねないものであった。

第219条の「真正性が確立された啓示的法源」「スンナ派の諸学派において受け入れられる法源」とは，主にクルアーン，スンナ，イジュマー（合意），キヤース（類推による判断抽出）を指す。サラフィー主義はこのうちクルアーンとスンナに絶対的権威を置き，後代の法学者たちの営為については，聖典の解釈を歪曲するものとして否定的になる傾向が強い。上記リベラル系勢力は，国教条項を精緻化する第219条には当然反対の立場を示したが，サラフィー系勢力に対抗して，クルアーンとスンナ以外の法源を明示するよう求め，条文の存在そのものについては妥協する立場を採った。その結果，サラフィー主義者側もクルアーンとスンナ以外の法源に言及するという妥協を余儀なくされた［Lombardi and Brown 2012］。

さらに，第219条をはじめとする条項の陰で目立たなかったものの，第76条の刑罰の実施に関する条項にも，サラフィー主義勢力の影響は及んでいる。第76条は，「刑罰は個人に属するものとする。犯罪および刑罰は，憲法と法律の条文によってのみ定められ（lā jarīma wa lā ‘uqūba illā bi-naṣṣ dustūrī aw qānūnī），刑罰は司法判決によってのみ科される。法律の施行日以降になされた行為のみが，処罰の対象となる」と，法的根拠を持たない刑罰を禁じ，罪刑法定主義を定めたものである。1971年憲法では，第66条に「犯罪および刑罰は，法律のみに依拠し，刑罰は司法判決のみによって科される（lā jarīma wa lā ‘uqūba illā binā’ ‘alā qānūn）。（以下，2012年憲法と同文）」の条文があり，一見この条文に憲法への言及が追加されただけのように思われる。しかしこれは，ヌール党の指導者ヤーセル・ブルハーミーの発案によるものであり，国教条項を含む憲法に対する言及を付け加えることによって，この条文を間接的にシャリーアへと結びつけるものであった［Sabry 2013; Tadros, S. 2013］。このように1月25日革命以降のサラフィー主義は，既存の憲法の条文に対して微修正を施すことで，自らのめざすシャリーアの施行へと段階的に進んでいったものと考えられる。

さらに実現はされなかったものの，サラフィー主義勢力が上記に挙げた憲法の条文に飽き足らず，政体について定めた条文の「民主主義」の語を「シューラー」と入れ替えること，「主権は人民に属する」を「主権はアッラーに属する」に変更することを望んでいたとする説もある［Tadros, S. 2013: 16］。さらに，憲法起草過程で顕在化することはなかったものの，ムスリム同胞団が最高憲法裁判所の存在を受容し，その受容程度に関して長年試行錯誤を繰り返しているのに比して，サラフィー主義は最高憲法裁判所の存在に否定的な態度を採る傾向がある。このようにして，革命後に政教関係を新たに定義する機会が生まれると，ムスリム同胞団とサラフィー主義勢力の相違が顕在化した。

2013年7月のクーデタの際，サラフィー勢力のうち，旧ジハード団系の建設発展党やアブー・イスマーイールの支持者が同胞団側についたのに対し，ヌール党はスィースィー政権側に回った。同胞団の権力がヌール党やその基盤組織であるダアワ・サラフィーヤを脅かすことを懸念したからと考えられる。その後，マンスール暫定大統領によって新憲法の起草委員が任命され，「50人委員会」が結成されたものの，イスラーム系勢力を代表する人物としては，各政党に割り当てられた2名の委員としてヌール党員が2名参加しただけであった。スィースィー政権下のサラフィー主義勢力は，注目に値する動きを見せているとは言えない(15)。

2014年憲法では，2012年憲法で問題視された条項のほとんどが削除されることとなった。2012年憲法第4条については，アズハル総長の地位について定めた部分は維持されたが，立法に関してアズハルの意見を聴取すると定めた部分は削除された（次節参照）。刑罰にかかる法的根拠について定めた

76条も，1971年憲法と同様の条文へと戻され（第95条），憲法への言及は削除された。預言者への侮辱・中傷を禁じた第44条，シャリーアの諸原則を明文化した第219条も削除された。

1月25日革命以降，政界へと進出したサラフィー主義勢力は，憲法起草過程やその後の法案審議プロセスにおいて，自らのめざす国家像への道筋を着実に作っていった。民主主義の哲学については拒否しているとするラクロワの指摘は妥当だが，手続きとしての民主主義に関して言えば，彼らが民政移管プロセスのなかで示したイスラーム的国家像への実現に向けた動きは非常にプラグマティックである。サラフィー主義も内部に多様な勢力を抱えているものの，同胞団とは異なる路線を採るイスラーム主義勢力として，革命後のその動きは注目に値するものであった。

3　ポスト革命期のアズハル

「アズハルが革命に対して限定的な影響しか持たなかったとしても，革命はアズハルに大きな影響を与えた」とネイサン・ブラウンが述べるように［Brown, N. 2011: 9］，歴史を通じてエジプトの政教関係の中心を占めるアズハルは，1月25日革命以降，その政治的・社会的役割の変容のさなかにある。

1月25日革命において，若手を中心とするアズハルのウラマーが個人として抗議行動に参加する姿は見られたものの，組織としてのアズハルは一貫して抗議運動に対して静観の立場を採った。アズハル総長アフマド・タイイブは，総長に就任する前は，政権与党の国民民主党の事務局に所属しており，アズハルの独立性をめぐって波紋を呼んだ人物である。タイイブは，抗議運動発生当初の2011年2月2日に，革命勢力に対して彼らを代表する集団を選任するよう要求するとともに，抗議運動を停止し自宅に戻るよう呼びかけた。また，当時の国家ムフティーのアリー・ジュムアも，2月2日にテレビで同様の呼びかけを行った。

しかし，ムバーラク政権が退陣すると，アズハルは自らの組織的独立性の確保という長年の目標を実現すべく，革命後の機会を利用することとなった。エジプトの公式な宗教機関かつスンナ派の権威であるアズハルと，ムバーラク政権退陣後，政治アリーナで躍進した同胞団の関係は，本来は良好ではなかった。同胞団がナセル政権下で粛清を受けた際も，アズハルはナセル政権の側を支持したという背景のゆえである。しかし，ムバーラク体制崩壊後，イスラーム政治運動の活性化に対する不安が高まると，ムスリム同胞団は従来の反アズハルの立場を変えざるをえなくなった。同胞団は，社会に対して平和的な言明を行うために，アズハルをイスラーム中道主義の中心として頼るほかなくなった［al-Nimnim 2012: 252］。また，世俗勢力・市民勢力も，伸長するサラフィー主義に対抗するため，アズハルの介入を希望した。革命後のアズハル総長は，同胞団指導者，テレビ説教師のアムル・ハーリド，パレスチナのイスラーム抵抗運動ハマースの指導者であるハーリド・ミシュアルなど，従来迎え入れなかった人物と面会することを通じて，自身の立場の再定置を試みた。同様に，2012 年の大統領選挙でも候補者がアズハル総長に面会に訪れる事態が発生した［Brown, N. 2011: 9］。

政府からのより高い独立性，自律性を求める運動は，革命の 1 か月後にはすでに現れていた。2011 年 3 月には，ウラマーやアズハル卒業生を中心とする説教師が，革命後の政治権力を握っていた軍に対して，アズハルの中心性と独立性の回復を求めて行進を行った［Brown, N. 2011: 10; Morsy 2011］。

また，2011 年 6 月，アズハルは「エジプトの将来に関するアズハル文書（Wathīqa al-Azhar ḥawla Mustaqbal Miṣr）」を発表した。これは，エジプトにおける代表的な知識人とアズハルが共同で策定した文書であり，「明白なイスラームの権威（al-marji‘īya al-Islāmīya al-nayyira）の性質」を規定する計 11 項目の原則が提案されている(16)。このなかには，「近代的で民主的・立憲的な国民国家」の樹立（第 1 項），シューラーの原則を実現する民主主義体制の支持（第 2 項），基本的自由の尊重（第 3 項），アズハルをイスラームに関連する諸問題，知識，遺産，イジュティハードを管轄する機関だとみなすこと（第 11 項）などの原則が含まれていた。本宣言はおおむね国内外で好意的な反応を得たが［Brown, N. 2011: 13］，同文書は第 10 項で，アズハルの独立計画の支援，大ウラマー機構の復活，アズハル総長の選出権を主張している。革命を機に再び自律性を取り戻そうとするアズハルの動きを観察することができる。

これに関連して，「エジプトの将来に関するアズハル文書」以降も，アズハルは自らの思想的立場を表明する文書を数点発表している。パロリン［Parolin 2012］はこのうち 2012 年 1 月に発表された「基本的自由の体系に関するアズハル文書（Wathīqa al-Azhar ḥawla Manẓūma al-Ḥurrīyāt al-Asāsīya）」

の内容を分析し，アズハルが現代のサラフィー主義を拒絶し，中道主義的で穏健なイスラーム理解を，唯一の正しいイスラーム理解として推進していることを論じた。一方同論文では，アズハルが容認する宗教的自由が，イスラーム，キリスト教，ユダヤ教という3宗教のみに限定されている点など，アズハルが基本的自由に関して示している限界が指摘されている。

一方，革命以降の独立性確保に関連して，アズハル内の同胞団化・サラフィー化に対する危機感が組織内部にはあったものと推測される。2011年末には「アズハル組織法」が改正され，かつてナセル政権期に廃止された大ウラマー機構が復活した。このアズハル組織法改正委員会にはビシュリーとアウワーもメンバーとして参加していた［長沢 2014: 71］。しかし，人民議会の開会直前のタイミングでの改正法施行は不自然であり，アウワーはこの点に関して批判を行ったようである。このタイミングでの改正は，同胞団やサラフィー主義の影響力がアズハルに浸透する前に，その自律性を確保するためにアズハルが軍に協力を求めた結果と考えられる。

また，2012年憲法第4条では，アズハルの役割を具体的に規定した条文が新たに付加された。

> 高貴なるアズハルは，独立した総合的なイスラーム機構であり，自らに関わるすべての事柄の実施を，独占的に管轄する。エジプトと世界に対して，イスラームの教導および宗教諸学とアラビア語の普及を担う。シャリーアに関わる事柄においては，アズハルの大ウラマー機構の意見が聴取される（yu'khadhu ra'y）。国家は，アズハルがその目的を実現するために必要とする，十分な財政基盤を保障する。アズハル総長は独立した地位であり，罷免されない。大ウラマー機構の構成員のなかからアズハル総長を選出する方法は，法律で定める……。

実際に憲法をめぐる議論では，新たに付加された219条に対する批判や疑問が集中したものの［Parolin 2015］，アズハルの大ウラマー機構の立法過程への参与を示唆したこの条文は，ウラマーの立法権力への介入を想起させるものであった。「シャリーアに関わる事柄」が何を指すのか定義が不明であるうえに，同胞団がアズハルの人事に関与することによって，アズハルの権威を盾にイスラーム的な立法を推し進めることが懸念された［鈴木 2013:

221-222]。

前章で部分的に論じたように，立法過程におけるアズハルへの諮問に関しては，2007年政党綱領でのムスリム同胞団の言説が示唆的である。同綱領では，立法権力に対するアズハルの大ウラマー機構とは明示されていないものの，共同体内の選挙によって選出されたウラマー集団に対する諮問が義務化されていた。それに対し，2011年に発表された自由公正党の綱領［Ḥizb al-Ḥurrīya wa al-ʻAdāla 2011a, 2011b］では，同様の文言は削除されていた。

かつて同胞団によって提示された立法権力のアズハルへの諮問の必須化に比べれば，憲法で採用された文言は拘束性の低いものであった。R. スコットはこの一連の動きに関して，アズハルと最高憲法裁判所の役割の均衡をどうとるかは同胞団にとってジレンマであったが，ウラマーへの諮問を懸念する同胞団員にとっても，議会がイスラーム的な枠組みに従うことは重要な意味を持っていたと論じている［Scott 2012: 160］。スコットが同胞団の言説におけるウラマーの立法的役割から諮問的役割への変容を肯定的に評価したのに対し，実際にアズハルが果たした諮問的役割は，立法過程において相当拘束力を持つものであった。パロリン［Parolin 2015］がムルスィー政権末期に議会で提出されたイスラーム債法案を事例として示したように，アズハルの本来の役割は，法案のシャリーア適合性を審査するものであったにもかかわらず，実際の諮問結果はその範疇を超えて，債権の発行へのアズハルの積極的な関与を提案するものであった。法案審議過程においてヌール党が憲法第4条の規定に従ってアズハルへの諮問を主張し，自由公正党のイサーム・イルヤーンが人民主権の原則に基づいて反対するなど，法解釈の違いが両党の間で明確になった[(17)]。このとき提出された意見の大部分がその後成立した法案に盛り込まれたことから，アズハルへの諮問は議会での法案審議を相当程度拘束する結果を招いた［Parolin 2015］。2014年に制定された憲法では，第7条でアズハルに関する規定が設けられ，前憲法と変わらず，アズハル総長の独立性と非罷免性，財政基盤の保障が定められた。しかし，シャリーアに関連する法案にかかるアズハルの諮問に関する条文は削除された。

第4条で，シャリーアに関わる立法にあたってアズハルの意見を聴取することが定められたことは，従来，最高憲法裁判所が独占的に維持してきた法の解釈権が侵害される可能性を含んでいた。

従来の1971年憲法では，最高憲法裁判所の役割は第174条・175条で以下のように定められていた。

最高憲法裁判所は，エジプト・アラブ共和国における独立した司法機関（hay'a qaḍā'īya mustaqilla bi-dhāti-hā）であり，その所在地はカイロ市である。（第 174 条）

最高憲法裁判所は，法律と法令の合憲性に関する司法審査（raqāba）と，立法の条文の解釈（tafsīr nuṣūṣ al-tashrī'āt）を独占的に担当する。これらはすべて法律の定める方法に基づく。最高憲法裁判所のその他の権限とそれに伴う手続については，法律が定めるところによる。（第 175 条）

2012 年憲法第 175 条は，最高憲法裁判所の役割に関して，以下のように定めている。

最高憲法裁判所は，独立した司法機関（jiha qaḍā'īya mustaqilla）であり，その所在地はカイロ市である。最高憲法裁判所は，法律と法令の合憲性に関する判断を独占的に担当する。最高憲法裁判所のその他の権限とそれに伴う手続きについては，法律が定めるところによる。

最高憲法裁判所の性質について，従来の 1971 憲法や 2011 年の暫定憲法で述べられてきた「独立した司法機関」は，微修正を施して維持されたものの，アラビア語の「hay'a」から「jiha」へと，若干弱い意味の文言に変更された［Murād 2013: 1019-1020］。さらに，立法の条文の解釈権に関する文言が削除されている。最高憲法裁判所の憲法上の地位は，これらの条文の変更によって微妙に低下したと言えるだろう。違憲立法審査権は独占的に維持されたものの，条文の解釈をめぐって，アズハルと最高憲法裁判所の緊張関係がここに生まれていると考えられる(18)。

2013 年 7 月のクーデタの際，アズハル総長のアフマド・タイイブは，コプト正教会総主教のタワドロス 2 世とともに，スィースィーら軍部のメンバーがムルスィー排除を決定した場面に立ち会っていた。これは，国内の公式な宗教機構であるアズハルが，イスラーム系勢力である同胞団を見限り，軍事政権への支持を明確化したことを意味する。

現在も社会的プレゼンスの大きい人物である前国家ムフティーのアリー・ジュムアは，2013 年 8 月にはムスリム同胞団のことを「ハワーリジュ派」として非難した。2015 年のテレビ番組で「スィースィー大統領に従う者は誰でも預言者ムハンマドに従う者であり，スィースィーに逆らう者は誰でも預言者ムハンマドに逆らう者である」という旨の発言を行い，宗教機関の独立性をめぐって波紋を呼んだ(19)［Wright 2015］。

2013 年以降，過激派が中東全体やエジプト国内において拡大するなかで，エジプト政府やアズハル機構は，中道主義の推進者としての同組織の役割を強調しつつある。スィースィー大統領がアズハルに対して「宗教言説の刷新」を頻繁に求めていることも報道されている［*al-Quds al-ʻArabī* 2015.1.1a, 2015.1.1b, 2015.1.19］。アズハルは，1970 年代以降過激派が台頭するなかで，彼らを非難し，その権威を突き崩すという役割を政府から要請されてきた。アズハルの権威を認めない過激派の存在は，政府からの要請という要素を抜きにしても，組織にとってそもそも受け入れがたいものであった。2015 年 8 月には，アズハル大学シャリーア学部教授のアフマド・カリーマが，宗教言説の刷新に，宗教教育を受けていない知識人の参加は必要ないと発言したことが報道された［Ghunaym 2015］。1 月 25 日革命後の一時期において，リベラル勢力とアズハルの関係が密接になった時期もあったが，排他的に宗教言説を担おうとするアズハルの姿勢には変わりがなく，両者の間には再び溝が生まれつつあると考えられる。

アズハルの行っている過激派対策が十分でないとして，スィースィー大統領がアズハルを非難する様子も報道されているが［*Ahram Online* 2015.7.14］，スィースィー政権と同盟関係にあり，政権に追従するアズハルが中道主義を唱えたとしても，政権やアズハルの権威そのものを承認しない急進派勢力にはほとんど効果を持たない。中道主義の擁護者として自己形成を図るアズハルの動きは，その政治的立場ゆえに困難を迎えている。

4　リベラル勢力と世俗主義の射程

本節では，イスラーム主義者の仮想敵として言及されることの多いリベラル勢力，世俗主義勢力について，その形成からアラブの春以降に至るまでの経緯を記述しながら，彼らのイデオロギーの内実や，イデオロギー的所属を超えたコンセンサス形成の可能性について記述する。

エジプトにおいて，イスラーム主義に同調しない非宗教的勢力を特定の語で形容することには困難が伴う。前述したとおり，エジプトでは「世俗主義」という用語はきわめてネガティヴな意味を持つため，「civil」，「civilian」を意味する語「マダニー（madanī）」が，実質的には世俗主義を指す用語として代わりに用いられている。そのなかでもリベラリズムを擁護する勢力と，ナセル主義に代表される社会主義を擁護する左派が存在し，この二つのイデオロギーが混淆している場合も多い。さらに2000年代には，特定の政治的所属を持たずに活動する青年勢力が台頭し，1月25日革命において主体的な役割を担った。

エジプトのリベラル勢力として司法界が重要な役割を果たしてきたことは，前章で述べた。一方，エジプトにおけるリベラル系政党として最大の勢力は，エジプト最古の民族主義政党であるワフド党，そして1970年代にその流れをくんで復活した，フアード・スィラゲッディーン率いる新ワフド党である。レイモンド・ヒンネブッシュが政党メンバーの職業や学歴に見る新ワフド党の性格を分析していて興味深いが［Hinnebusch 1988］，基本的に新ワフド党は，旧ワフド党の性格を引き継ぎ，地主階級や司法エリートの利益を代表する集団として誕生した。ワフド党の支持勢力と前章で述べた司法界の勢力は，相当程度重複していると考えられる。2001年に新ワフド党から分離して結成されたガド（明日）党も，リベラル系政党のなかでは比較的新しい勢力として活動し続けている。党首を務めるアイマン・ヌールは，リベラリズムの擁護者としてムバーラク政権に挑戦し続けてきた。彼はエジプトで複数候補制大統領選挙がはじめて導入された2005年に，ムバーラクに対抗して新ワフド党のノオマーン・ジュムアとともに大統領選挙に出馬し，「24か月の改革移行計画」を公約に掲げた。この公約では，自由主義経済に基づく経済改革，国民所得向上と失業問題の解決のほか，1981年から続く非常事態令の廃止，司法権独立，出版と報道の自由の拡大，政治犯釈放からなる改革を2005年のうちに実施し，翌2006年以降には新憲法制定，議会政治の健全化，自由・公正な選挙制度を達成することがうたわれていた［横田 2006: 193］。しかし，大統領選挙落選後にヌールは書類不備を理由として逮捕され，5年間の収監を受けている。

だが，これらの伝統的なリベラル勢力や左派勢力は，エジプト政治や社会において，十分な支持基盤を有してきたとは言えない。著名な政治アナリストであるナビール・アブドゥルファッターフは，エジプトにおける「市民勢力」[(20)]であるリベラル勢力，左派・ナセル主義勢力について，以下の欠点を指摘している。まずは，党綱領において一般的な政治スローガンを用いるにとどまり，具体性を持ったプログラム的な言説が確立されていないこと，良質な政治連合を建設できていないこと，一部の古い政党や指導者の長老支配と指導者間の個人的対立，政治言説を易化する能力の欠如，広範な社会基盤や社会集団の利益を代表できていないことである［ʻAbd al-Fattāḥ 2013: 21–22］。特に後半の2点は，宗教的な訴えかけを持ち，農村部を中心に広い動員力を持つイスラーム主義勢力とは対照的な様相を呈している。一方，年長の指導者による組織内での指導権の掌握は，イデオロギーを異にする組織であるムスリム同胞団にも共通する事象であり，歴史あるエジプトの社会・政治運動の共通の課題であると指摘できる。

エジプトは本来，1968年のナセルに対する反体制運動や1970年代における左派学生とイスラーム団の台頭など，学生運動の長い歴史を有している。しかし，1990年代に政府がムスリム同胞団に対決姿勢を強めるにつれて，他の政治・社会運動に対する監視や規制も強化された。しかし近年では，伝統的な世俗主義勢力に加えて，新世代の青年運動が展開しつつある。2000年秋にパレスチナで発生した第二次インティファーダを契機に，青年運動が再び盛んになった。2003年3月には，アメリカのイラク侵攻に抗議して，青年層を中心として数万人がタハリール広場でデモ行進を行ったが，これは1977年の食料暴動（第2章参照）以降で最大のデモであった［Shehata 2008: 4］。青年運動の活動層は主に都市部の上流階級出身の若者たちであり，特定のイデオロギーを信奉していない者が多かった。これらの青年運動は，ムバーラクの大統領五選防止を訴えた2004年のキファーヤ運動や，工場労働者のストライキ支援から始まり，最終的に，経済的公正と政治的自由を訴えるに至った2008年の4月6日運動を主導していった。

また，国際原子力機関（IAEA）の事務局長を務め，任期中にIAEAとともにノーベル平和賞を受賞したエルバラダイも，近年エジプトのリベラル勢力を代表する人物として台頭した。彼は，IAEA事務局長の任期を終えた翌年の2010年2月にエジプトに帰国すると，「変革のための国民連合（al-Jamʻīya al-Waṭanīya li-l-Taghyīr, National Association for Change, NAC）」を立ち上げた。エルバラダイと他のメンバーは，非常事態宣言の停止，大統領選挙における独立系候補への制限の排除，すべての選挙に対する完全な司法の監視など，全7条からなる改革要求をまとめ，この改革要求について団結するよう他の政権批判勢力に呼びかけるとともに，署名活動を実施した。改革要求が政府によって拒絶されると，NACは2010年秋の議会選挙のボイコットを呼びかけた。比較的周縁的存在に置かれた政党であるガド党と国民民主戦線（National Democratic Front）はこれに応じたが，一定の議席獲得の可能性があり，より組織化された新ワフド党，同胞団，左派のタガンムウ党は，エルバラダイの改革要求には賛同したものの，ボイコットには応じなかった［Wickham 2015: 148-150］。結果的に，エルバラダイ主導の改革は，イスラーム主義政党と左派・リベラルを含む世俗系政党の共闘につながる運動であったが，組織の支持基盤の強さや動員力の有無によって，改革への参加程度が分かれる結果となった。エルバラダイやアイマン・ヌールらはその後も，「われらは皆ハーリド・サイード」運動などに参加し，社会運動への関与を深めていった。

1月25日革命後，青年・リベラル勢力のうち比較的若い世代が，反軍政の姿勢を掲げてイスラーム主義勢力と協調する姿勢を見せたのに対し，ムバーラク政権とも協調してきた旧世代は，イスラーム主義者に対抗するため軍と協力する姿勢を示し，ここにリベラル勢力の分裂が生まれた［Dunne and Radwan 2013: 87-88］。憲法起草に先立って議会選挙の実施が決定されたものの，青年・リベラル勢力は反軍政の姿勢を貫くうちに，組織化に乗り遅れていった。

大統領選挙後には，新大統領の就任直前にあたる2012年6月に，左派・リベラルを含む野党勢力がムルスィーに面会し，彼への支持を表明した（「フェアモント合意」）。しかし，ムルスィーが大統領令の超法規性に関する宣言を発布すると，2012年11月には，左派のハムディーン・サッバーヒー，元外交官のアムル・ムーサー，エルバラダイが加わった「国民救国戦線」が結成された。「この社会の二極化はムルシー〔ムルスィー〕や同胞団に対して青年勢力，リベラル，左派が対峙したものであり，その本質はイスラームと世俗主義の対立ではない」と鈴木［2013: 212］は指摘する。すなわち，同胞団のイスラーム主義路線そのものよりも，圧倒的な動員力を持つ同胞団が権力を次々と手中に収めていくことに対する社会の反発こそが，対立の本質であった［鈴木 2013: 212］。ムルスィー政権末期の2013年5月には，青年組織「タマッルド」がムルスィー退陣を求める運動を展開し，結果として軍によるクーデタへの道筋を作ったと言える。ムルスィー政権が退陣し，同胞団が弾圧されるようになると，同胞団やサラフィー主義勢力と異なり広い支持基盤を持たない世俗リベラル勢力は，軍が掌握した政治において主体的な役割を果たしえなくなった。

このように，ムバーラク退陣後の民政移管期と同胞団政権期において，イスラーム主義勢力と世俗リベラル勢力は繰り返し衝突することとなった。しかしその前段階であるムバーラク政権期には，キファーヤ運動や2010年のNACの動きが示すように，イスラーム主義勢力と世俗リベラル勢力の間には，政治改革を求める協力関係が生まれていた。さらに両者はイスラーム主義と世俗リベラル勢力のイデオロギーは，民主主義的な組織建設や法の支配の重要性に関して合意を見るようになってきた［Dunne and Radwan 2013: 98］。同様に，憲法第2条に代表される国教条項に関しても，リベラル勢力のほとんどが容認する姿勢を示している。両者の違いは，国家を社会の変容に責任を持つ倫理的アクターとみなすか否かという点に集約されるが［Dunne and Radwan 2013: 98］，この点に関してはシャリーア法典化問題が激化した1970年代から，アブー・ザイド事件を経ても，未だに解決を見ていないといえるだろう。

絶対的自由を擁護するか，宗教的規範を逸脱しない範囲での自由を認めるかという，西洋近代的な自由主義に基づく価値規範と，イスラーム的な伝統に沿った政治論とが衝突する問題でもある。イスラーム主義勢力が「シャリーアによる統治」を政治目標に据え続ける限り，シャリーアを通じて下されたイスラームの規範を明確に逸脱する行為に対しては，統治機構として何らかの干渉を行うことは避けられない。もっとも，**1**で指摘したように，エジプト人の多くに見られる，宗教に関する保守的な見解を鑑みれば，これはイスラーム主義内部の対応に限られた問題ではない。エジプト社会そのものが，宗教的な社会の価値規範を侵害する行為に対してどのような対応をとるか，その処罰を国家に求めるのか，国家が介入しない場合は個人としてどのように行動するのかという判断を問われている。

5　中道派思想家の構想と立ち位置
――世俗的なるものと宗教的なるものを超えて――

(1) エジプトにおける国家観の競合と収斂

本書では，中道派思想家，アズハル，ムスリム同胞団，サラフィー主義勢力，司法界など，エジプトにおいて様々な政教関係観を提示する勢力がどのように競合しているかを検討してきた。そのなかで示されたのは，エジプトの政教関係をめぐる論争が，シャリーアの施行か世俗主義かという単純な二項対立ではなく，憲法第2条で示された国教条項の下に，シャリーアの解釈主体をめぐる論争など具体的な側面へと発展してきたということである。

他潮流との政治的協力関係や内発的な政治言説の発展などを通じて，エジプトの各勢力の政治思想には，かなりの類似点が見られるようになった。1月25日革命前後の政治・社会運動は，政治的自由と経済的公正に関わる要求が各勢力間で共有される事態をもたらした。また，法の支配・民主主義・立憲主義の必要性については，サラフィー主義勢力を含むほぼすべての勢力の間で合意を見ている。もっとも，民主主義の手続き的側面だけでなく思想的側面にも同意しているか（同胞団の一部保守派・サラフィー主義勢力），法の支配をシャリーアによる支配と同一視していないか（サラフィー主義勢力）など，その理解のありようにおいては相違が見られる。国民国家の枠組みも，同胞団を含む多くの勢力の間で受容されている。その他の共通点として，3宗教以外の宗教に対する権利保障の概念が希薄であること（ムスリム同胞団・アズハル・司法界），時として個人の権利以上に集団的権利（al-ḥaqq al-jamāʻī）を強調する傾向（ムスリム同胞団・ワサト党・司法界・アズハル，表現の自由に関して，本書で取り上げた中道派思想家）などが挙げられる。近代的な法解釈を行う主体である最高憲法裁判所に関しても，サラフィー主義勢力以外はほとんどが受容している。

また，革命後の憲法改正――特に，第2条と第219条は，各勢力が掲げる政教関係観の類似点と相違点が顕在化した場となった。アズハルと同胞団，大半の世俗勢力，コプト教会が国教条項の維持を望んだのに対し，サラフィー主義勢力のみが第2条の精緻化を求める立場を掲げた。その結果，解釈の余地がある条文として第2条を維持することが，エジプトの各政治勢力における合意ラインであったと言えるだろう。

また本書では，イスラーム思想史上の重要な概念として，中道主義をめぐる政治・宗教言説に着目してきた。中道派思想家，ムスリム同胞団，アズハル，ワサト党などの各勢力が，それぞれの中道主義観を提示しており，本人たちの意図はどうあれ競合した状態にあることを明らかにした。一方，アズハルや同胞団，中道派思想家に関して，各アクターが打ち出す中道主義には様々な思想的相違が存在するものの，実際に競合しているのはその内容ではなく，思想を発信する主体であることも多い。上に挙げた政教関係観の収斂はその恰好の例と言え，現代における「シャリーアによる統治」がどのようにあるべきかという一定の合意点を示している。

(2) 1月25日革命後のエジプトと中道派思想家

最後に，資料は限られるが，中道派思想家が1月25日革命を通じてどのように活動していたか，どのような論考を発表していたかを見てみたい。

ビシュリーは「エジプト革命と政治エリート[(21)]」と題された論考で，革命の目標が実現されるためには，現実的見地から，その実現のために何が適切か，議論や対話，意見の相違を喚起する必要があると述べる。しかし実際には，「市民国家か宗教国家か」などの議論が席巻しており，イスラーム主義勢力にもリベラル勢力にもその責任があるとする［al-Bishrī 2015b: 151-152］。革命以前から中道派思想家には，世俗主義とイスラーム主義の対立にこだわらず，全エジプト国民の利益に資するような政治・社会改革への志向が見られていた。ビシュリーがムバーラク政権への抗議として発表した論考「私はあなたがたに不服従を呼びかける」［al-Bishrī 2006a］もその一例である。また，ハーシュキント［Hirschkind 2012: 51-52］は，2008年に彼がフワイディーと接した際の発言として，以下のような言葉を紹介している。

> 80年代や90年代には，イスラーム運動の支持者の間では，世俗化の脅威が主要な関心でした。今の主要な関心は，ムバーラク体制の排除，日常化した国家による暴力を終わらせること，自由で公正な選挙制度の創出です。世俗化はもはや主要な問題ではありません。

ビシュリーやフワイディーは政治的見解を違えることも多いものの，イスラーム社会が必要とするものについての開かれた対話への関与，多くの人びとから尊敬を集めてきた知的態度と実践などを共有しているとハーシュキントは指摘する［Hirschkind 2012: 52］。

一方，サリーム・アウワーのたどった道のりは，中道派思想家のなかでも政治色が強いものである。ムバーラク政権退陣後，アウワーは大統領候補として名前が挙がるようになった。革命後，アウワーはテレビ番組等で大統領選への出馬を否定していたものの，当初の決断をひるがえし，2011年6月という早い段階で大統領選挙への立候補を表明した［*al-Ahrām* 2011.1.19］。立候補の理由について，彼は2011年9月25日付のシュルーク紙のインタビューで，エジプトが革命を通じて困難な状況にあることに触れ，「アッラーが祖国への奉仕という道において，この負債を負うように私に課された」「私は中道的な国民的計画（mashrū‘ wasaṭī waṭanī）のために働いており，それを実行する試みから逃げることは許されない」と語っている。また，同じインタビューのなかで，同胞団の誰にも出馬について相談しなかったことを表明した［Baṣal 2011］。

しかし実際には，ムスリム同胞団が当初，組織から独自候補を出さないと表明するなかで，イスラーム主義に親和性の高い思想傾向を持ち，政治経験も持つ人物であるアウワーが，同胞団が支持する独立系候補として有力視されていた[(22)]。アフラーム戦略研究センターのアナリストであるワヒード・アブドゥルマジードは，そもそもアウワーの出馬が同胞団の戦略的圧力の結果であったという見方を示している［Zakariyā 2011］。2012年2月23日の『シュルーク』紙では，同胞団がアウワー支持を模索していることが報道されている［al-Shurūq 2012.2.23］。

しかし，同胞団が当初の判断を覆し，独自候補としてハイラト・シャーティルとムハンマド・ムルスィーを立候補させる決定を下したことによって，アウワーは梯子を外される形になったと言える。アウワーが大統領選から撤退してシャーティル支援に回るとの報道も流れたが，彼はこれを否定し，大統領選挙に向けたキャンペーンを継続した。また，シャーティルが立候補者不適格となり，ムルスィーが正式な同胞団系立候補者となると，アウワーはムルスィーの勝利に対して警告を発した［Ta‘lab 2012］。2012年2月の段階ではアウワー支持を打ち出していたワサト党も，後にアブー・フトゥーフを党として支持する決定を下した。その後の大統領選の結果については，これまでに述べたとおりである。

ムルスィーの大統領就任後の2012年8月27日には，大統領の顧問およびアドバイザリー・チームが任命・結成されるとの報道がなされた。このアドバイザリー・チームのなかにアウワーの名も挙がっていたほか，イサーム・イルヤーンをはじめとする同胞団員6名，ヌール党員3名，キリスト教徒としては自由公正党のラフィーク・ハビーブ，知識人のサミール・ムルクスが含まれていた(23)。しかし，2012年11月の超法規的憲法宣言の強引な発令によって，サミール・ムルクスらが辞任したことが報道された。アウワーも同様にムルスィーのアドバイザーとしての地位を辞したとの報道がなされたが［*al-Shurūq* 2012.11.25］，本人はムルスィーのアドバイザーに就任したこと自体を否定している［*Ahram Online* 2013.2.19］。このような姿勢が，リベラル勢力などからの彼への疑いを強めてきた面は否定できない。さらにアウワーは，2016年2月までムルスィー元大統領の弁護団の一員を務めている。1月25日革命後，アウワーの政治色の強まりや政治的姿勢の揺れが，リベラル勢力からの批判を招いている可能性は高い。

2013年以降，ムスリム同胞団のみならず，イスラーム主義に対するバッシングがメディアにおいても高まるなかで，中道派の思想家たちは苦衷のさなかにある。2015年8月に，モロッコのテレビ番組のインタビューにおいて，アウワーは，同胞団を含むイスラーム運動に対して，権力を放棄し，トルコのAKPのように政党へ移譲すべきという批判を行った［Ismā‘īl and ‘Arafa 2015］。ムルスィーによる2012年11月の憲法宣言発令を改めて批判するとともに，ムスリム同胞団に対して政治的行為を止めるよう忠告を行った。実はこれはアウワーにとって真新しい姿勢ではなく，1995年から同胞団に対して同様の発言を行っている［Faraḥāt 2007］。これに対する反応として，同月の政府系新聞であるアフラーム紙に「サリーム・アウワーの後悔」（フサイン・ザナーティー筆）［al-Zanātī 2015］と題された社説が発表されている。そこでは，アウワーがムスリム・ウラマー世界連盟の事務局長としてカラダーウィーと協働してきたことなどが問題視され，「このような背景すべてから，われわれはどうしてアウワーを信じることができるだろうか」との厳しい結論で締めくくられている。

2014年7月に筆者がアウワーに行ったインタビューでは，同胞団と軍事政権の対話の可能性に対して，彼は悲観的な見解を示した。一方，今後自身が取り組んでいく課題に対しては，自由（ḥurrīya）および表現の自由（ḥaqq al-ta‘bīr）の問題を挙げていた。

> 私は来たる5年のなかで，エジプトにおいて，自由がもっとも重要な問題になるだろうと考えています。もちろん，大きな経済的問題がありますが，これは思考によっては解決されるものではなく，実務によって解決されなければならないものです。われわれは実務家ではなく思想家です。私はこの二つの問題に，ほとんどの時間を費やすつもりです。

ここまで複数の例を挙げて論じてきたように，アウワーはこれまで，自身が時に行ってきた攻撃的発言や，同胞団への近しさゆえに，リベラル系のメディアなどを中心に批判を浴びてきた。一方同胞団からは，組織とは一定の距離を置きつつも，思想的に共鳴する部分のある人物として，大統領選前後の経緯によくあらわれているような，時には接近し，時には距離を置く複雑な関係を継続してきた。イスラーム主義的な思想傾向を持ちながら，同胞団への批判と協力を絶えず同時に行い，政治や社会の改革を志向するというその独自の立ち位置によって，エジプトの様々な政治勢力の間で有機的な活動を行うことができていた。ムバーラクの独裁政権が続いていた時期には，キファーヤ運動や各種のシンポジウムで存在感を示し，政治的な志向を超えて，幅広い勢力との協同を行うことのできる存在であった。

しかし，独裁政権下での政治的自由の希求という目標から，1月25日革命を経て新しい国造りという課題にエジプトが直面することで，異なる勢力の間での協力関係が崩壊してしまった構図がここからは読み取れる。さらに，イスラーム主義勢力が政権与党となり，2013年のクーデタによって退陣するという政治的経緯を経て，アウワーの立ち位置そのものに根本的な変容が生じたのだと言える。

もっとも，アウワー自身が現在問題視するのは，同胞団支持者であるかないかを問わず，政治的自由を希求する動きや体制批判が激しく抑圧されている軍政回帰後の状況である。革命以降の自身の立ち位置の変化にかかわらず，思想家としての彼の目標は，常に一貫しているのである。

中道派の考えを唱え，記事や著作を出版し，街頭で他の政治集団とともに活動する若い人びとがたくさんいます。ワサト党の設立は，共同体に存在する中道派潮流をひとつにまとめる非常に良いステップでした。(2013年) 7月以降，これまでに起きたことから，われわれは，未来はまさに中道派潮流のためにあり，あらゆる立場の狂信者のためにあるのではないと，確信を強めています。あらゆる潮流に属するムスリム，ムスリムとコプト，イスラーム主義者とリベラリスト，共産主義者，すべての政治思想を持つ人びとをひとつにすることのできる唯一の潮流のために未来はあるのです。これは，中道派潮流の人びとの活動を通じてのみ実現するものです。幸いにして，われわれは毎日多くの貢献者を獲得しています[(24)]。

共同体の団結と社会的融和の実現に一貫した関心を抱いてきたビシュリーも，アウワーと似た展望を抱いている。

中道派潮流とは，すべての潮流がそのもとに集結するという意味で包括的な潮流（tayyār jāmiʻ）です。革命で発生したのは二極化でした。もし人びとの間で対話が行われないならば，思想戦争が起こります。思想戦争の根元には，〔本来〕対話がなければならないのです。われわれは常に，すべての立場の間の合流点を探し続けています。この合流点が中道潮流（tayyār al-wasaṭ）であり，それ〔＝中道派潮流〕はそれぞれの側の間を結ぶものです。思想戦争は，様々な潮流の合流を禁じ，その間でのある種の二極化へと至るものです。すべて〔の潮流〕が他の思想を完全に破壊することを望んでいます。したがって，思想戦争のなかで最初に攻撃されるのが中道（al-wasaṭ）なのです。〔エジプトで〕発生した二極化は，この種の二極化を守るために，中道を破壊するよう作用してきました。しかし，最終的にそれ〔＝中道〕は，エジプト人がこの問題において合流する思想です。それには未来があると私は考えています[(25)]。

ここでビシュリーが示すのは，すべての異なる派閥・党派・潮流を統合し，「様々な思想」の合流点にある潮流として，党派性の差異を乗り越える「中道派」像である。それは，彼が著作で唱えた「基礎潮流」（第4章）を想起させ，むしろこれと同一視しうるものである。もちろん，これまでの彼が著作で主張してきた議論を鑑みれば，この「中道派潮流」あるいは「基礎潮流」をめぐる彼の構想において，エジプトの政治文化や社会生活，その歴史において受け継がれてきたイスラーム的な遺産が重要な機能を果たしていることは疑いを入れない。しかし，イスラーム主義者たちの手からある意味離れて，対話を通じて他の政治勢力や思想潮流との合流を試み，党派性を乗り越えてゆこうとする点に，この「中道派潮流」の特色がある。

これに関連して想起されるのが，2014年3月にジョン・ヴォルがウェブ上で公開した記事である。彼は，ムルスィー政権崩壊後の社会の分極化をイスラーム主義と世俗主義の対立とみなすことは問題の本質を見逃すと警鐘を鳴らす。

> 「世俗」対「宗教」は主要な対立ではない。抗議者たちの目標は，国家が世俗的なものであれ宗教的なものであれ，改善された経済的機会，抑圧からの自由，支配的な警察国家の監視と統制からの自由を通じて，自身の生活を自らつかさどるという，より根源的なものである。［Voll 2014］

中道派のイスラーム思想家たちは，本書の第2章から第4章の具体的事例を通じて示してきたとおり，確かに，改革的なイスラーム理解を通じて，宗教と彼らの生活空間を取り巻く諸問題に対処することをめざしてきた。ただし，彼らが「中道派」を名乗るとき，あるいは「中道派」に未来を仮託するとき，そこにあるのは，世俗主義－過激派という対立軸の中間をとるという単なる思想上の立場や，改革的なイスラーム理解だけではなく，様々な思想潮流や政治志向の主張をすくい上げ，異なる立場の対立を超越してゆく第三項への志向性である。

それゆえに，イスラーム主義に共感を寄せる中道派思想家の立場は，1月25日革命や2013年7月のクーデタを経て変容のさなかにあるが，対立を乗り越えるという志向性と，政治的自由や社会改革を希求するという目標は，一貫しており，むしろその重要性を増している。中道派思想家たちのこうした目標は，エジプトにおける様々な社会運動が，政治的自由や生活基準の向上を求めて，20世紀半ばの学生運動や社会主義運動から，党派性を持たない21世紀の反政府市民運動に結実していった経緯を想起させる。あらゆる思想は，その思想家個人の問題意識や，その思想家が生きた社会の文脈に沿って発展していく。エジプトの中道派思想家の超越的第三項への志向性は，数十年にわたる独裁政権とそれに抗する政治運動，宗教復興以降の世俗主義とイスラーム主義の対立などの，エジプト社会が有する複数の文脈のひとつの思想的結実である。

さて，本書は，世俗派でもなく過激派でもない，あくまでイスラームに沿った路線を貫く「イスラーム中道派」の集団に焦点を当て，そのなかでも特に，ムスリム同胞団や他のイスラーム運動にも，政党や宗教組織アズハルにも属さない，独立系の中道派思想家に焦点を当ててきた。従来の先行研究は，これらの中道派思想家群がイスラーム運動の政治言説に影響を与えてきたことを認めるものの，彼らの社会的影響力の低さを同時に指摘してきた。また，思想研究においても，彼らの思想的試みは，肯定的なものでも「復興主義的革新の範囲内にとどまる」［Diyāb 2002］との評価を受けてきた。その指摘に対して本書は，イスラーム運動の政治言説と，これらの独立した思想家集団の間にある思想的差異を検討することによって，中道派の思想家集団の独自性や特色を積極的に評価することを試みてきた。

先行研究が論じるように，エジプトの中道派思想家たちは，世俗主義にも過激派にもよらない穏健な立場によって，両者を調停する言説を発信してきた。しかし彼らの構想する中道派潮流は，対立の調停と同時に，様々な潮流を受け入れて主張を洗練させ，すべてのエジプト市民に資する改革をめざす，政治指向を超越する思想を有している。エジプトの中道派思想家は 1970 年代後半から 80 年代初頭にかけて台頭して以降，2013 年の政変後に至るまで，一貫してこの立場を継続している。2013 年の政変以降，一見周縁化されているように見えるにもかかわらず，政治指向にとらわれない改革思想と社会的立場を持つゆえに，中道派思想家たちは自らの思想の重要性をよりいっそう強く認識している。

結　論

本書は，総合的地域研究の方法論に基づく中東地域研究として，エジプトを分析対象地域に，現代の政治思想を政治・社会の実態と連関させながら，考察を行ってきた。中心的な主題としては，本書の分析対象とした「イスラーム中道派」勢力が展開している国家論とそれがエジプト政治においてもたらす様態の動態関係を明らかにすることをめざして，総合的な考察を展開した。

本書では，以下の５章に分けて議論を行った。

第１章では，伝統的イスラーム政治論と現代イスラーム政治論の継続性と断絶性について考察した。中世のイスラーム政治論で確立された「シャリーアによる統治」が，カリフ制の危機の後に生まれた現代イスラーム国家論において，基本的な理念型となったことを論じた。一方，司法改革や行政機構の近代化を経て，国民間の平等原理に基づく国家において「シャリーアによる統治」を実現することは，イスラーム国家論の側にも現代的変容を課している。急進的な革命路線から決別した中道派は，近代国家の枠組みを受容し，これを通じてイスラーム的な価値観を実現するという課題に直面したことが明らかとなった。また，20 世紀後半の中道派の社会的台頭が，19 世紀末以降の改革派ウラマーの台頭，改革派運動の大衆的基盤の獲得，高等教育の拡大という段階的発展を経て現れた「権威の断片化」現象の一環として位置づけられることを論じた。

第２章では，現代エジプトの発展過程を，そのイデオロギー的変遷に着目して論じた。国民国家としての基盤が確立したのち，エジプトは，エジプト・ナショナリズム，アラブ・ナショナリズム，イスラーム主義という３種の主要なイデオロギーの間で揺れ動き，これが同国の政教関係を定義するイデオロギーとして機能した。宗教復興以降は，イスラーム主義勢力への宥和と抑圧政策の間で揺れる政府，ムスリム同胞団，イスラーム団やジハード団などの過激派，政府の管理下に置かれつつ政治的影響力の行使を試みるアズハルなどの様々な勢力が台頭し，相互に協力と対立を繰り返したのである。さらに1月25日革命による強権体制の崩壊によって政治潮流が多様化し，これらの勢力の間で，政教関係の再定義をめぐる論争と政争が本格化したことを論究した。また，本章の核心となる分析として，在野の中道派思想家群の自己認識，他潮流との関係，中道派勢力の拡大過程について，インタビューや一次資料に基づく検討を行った。従来，中道派思想家の活動については，宗教言説における影響力の低さや，政治的な存在感の薄さが指摘されてきた。しかし，本書の分析からは，独立した中道派思想家が，あえて運動組織を形成しない姿勢を貫き，様々な思想傾向を受け入れるゆるやかな潮流の形成に携わることを自らの役割として肯定的にとらえていることが解明された。

第3章では，現代エジプトにおいてイスラーム政治思想が直面する課題として，ムスリムとキリスト教徒市民の宗教共存の問題を取り上げた。イスラーム世界における宗教間関係の様態が，イスラーム共同体が主権事項を管轄する宗教共同体ベースの庇護的な共存関係から，すべての構成員の平等を旨とする国民国家の原理へと移行し，宗教的アイデンティティが表面化する際に，二つの原理の間に摩擦が生まれることを，すでに第1章で確認している。そのうえで，エジプトにおいては，世俗主義を掲げる政府が，実際にはイスラーム以外の宗教を抑圧し，宗派問題を深刻化させる要因を有していることを指摘している。重要な個別事例として，主要な中道派思想家のひとりであるサリーム・アウワーに着目し，彼の著作やインタビュー，政治綱領の分析を行った。ムスリム同胞団の政治綱領との比較も行い，その結果，同胞団が古典的理論である宗教共同体ベースの共存を継承し，個々人の市民の生活や権利保障に対する関心が薄いのに対し，中道派思想家であるアウワーは法治国家の下での個人ベースの権利保障をめざしていることを明らかにした。上記の比較を通じて，同胞団との十分な区別なく論じられてきた中道派思想家が，より革新的な思想を提示していることを示した。

第4章では，主要な中道派の思想家であるターリク・ビシュリーの思想について，政教関係論，宗教共存論，シャリーア施行問題に対する見解といった多角的な側面から検討した。それとともに，現代におけるシャリーア施行問題が，いかなる思想史的論点を提起しているのかを考察した。ビシュリーの政教関係論は，ある共同体の底流をなす文化と政治・社会制度の連関を重視するがゆえに，エジプトの政治・社会制度におけるイスラームの役割を主張する立場に基づいている。イスラームの諸原則を政治・社会制度に反映する際の詳細は，環境や歴史を考慮した共同体自身の選択に委ねられるべきとしており，共同体の特質を考慮しない一元的なイスラーム化に潜在的に反対する立場が見てとれる。また，ビシュリーの政教関係論は，社会・政治制度と文化としてのイスラームをつなぐ装置として，憲法の国教条項を想定する近代的な発想に基づいている。それに関連して，イスラーム思想史における憲法の位置づけを検討したうえで，いかなる思想運動が発生したのかを第4章では検討した。まずは，宗教復興以降，国の統治原理を説明する憲法に国教条項が挿入されたことで，国法とシャリーアの関係が再定義され，既存の西洋法中心の法体系に対して「シャリーアによる統治」概念に基づく法典化運動が起きた過程を明らかにした。その後，近代的司法機関である最高憲法裁判所が，国教条項を根拠に，既存法令のシャリーア適合性を審査する機能を担ったことそのものが，近代国家とイスラーム政治論の接合を示す現象であることを論じた。ビシュリーの出身母体である司法界と彼の思想が，公の秩序や集団的福利の重視という点で一定の共通性を見せていることも指摘した。シャリーア施行問題の展開を概観したうえで，ビシュリーが法曹としての専門知に基づいて，イスラーム法と実定法の相互交渉をエジプト社会が継承した遺産として評価し，政教関係をめぐる対立そのものを解体しようとしたことを論じた。この主張に関連して，近年の彼の政治論において，健全に機能する民主主義を通じて，政治潮流の多元性を確保しつつ，それぞれの主張の共通項を集約すべきとする論調が見られることは重要な発見であろう。以上の分析を通じて，中道派思想家としてのビシュリーの特徴が，イスラーム法に対する専門知に基づく理解，社会における多元性の確保と対話の提唱を通じた社会・政治改革，論争の解体による国民的連帯と社会的融和の実現にあることが明らかになった。

第5章では，エジプトの政治社会における各アクターが，2011年の1月25日革命後の新たな政教関係をどのように再定義しようと試みたか，それぞれの勢力が打ち出す政教関係観の間にどのような共通項と相違点が生まれたかを考察した。ムスリム同胞団，アズハル，リベラル勢力が既存の国教条項の維持を試みたのに対し，サラフィー主義勢力は，従来は解釈の余地が開かれていた国教条項の精緻化を要求した。さらに，多様な解釈を許容しうる国教条項の維持をめぐって，革命後の政治勢力間，特にイスラーム主義勢力内部での政教関係観の相違が顕在化すること，逆に国教条項の維持を支持する勢力の間では共通した思想的基盤が存在しうることを論じた。一方，エジプト社会に根づく宗教的価値観の範囲を超える基本的自由が認められるか否かという問題が，1970年代以降解決を見ない課題として残存していることも指摘した。また，従来中道的なイスラームを擁護する存在として自己形成を行ってきたアズハルが，革命後にその傾向を強め，他のイスラーム主義勢力の影響を排除した独立性の確保を進めたことで，アズハル，同胞団，中道派思想家の間で，中道主義をめぐる潜在的競争関係が生まれている。2013年の政変後に，イスラーム主義やリベラルを問わないあらゆる政治勢力の抑圧が進むなかで，中道派思想家の目標が一貫して自由の確保にあることを論じた。

以上に述べた各章の議論を踏まえて，序論で設定した三つの問いに答え，全体を総括する。

第一の問いは，イスラーム政治思想史の系譜のなかで，現代エジプトの中道派思想家群がどのような点で既存のイスラーム政治論を引き継ぎ，どのような点で革新性を示しているかというものであった。エジプトの中道派思想家は，明言はしていないものの「シャリーアによる統治」の枠組みを踏襲しているが，イスラーム的な権威（マルジャイーヤ）に基づき，シャリーアの一般原則に矛盾しない法を施行する国家という，比較的非介入主義的な，緩やかな国家の枠組みを想定している。これは，イスラーム法に矛盾しない範囲での実定法を是認する近代主義的な思潮と，イスラーム法の権威の至上性を主張するイスラーム主義的思潮の折衷に生まれた発想とも評価できる。天啓の最高規範であるシャリーアと人間の営為であるイスラーム法学を峻別し，共同体の特質や人間の福利を重視して後者の刷新を支持する方法論は，マナール派以降の改革派の主流の立場を継承している。その他にエジプトの中道派思想家の特色としては，国民国家の枠組みの受容，法の支配や立憲民主主義に対する強い支持，個人の権利保障への関心，多元的な市民社会への志向などが挙げられる。このような価値観は，イスラーム的な国家の実現を是認しない勢力にとっても本来共有可能なものであり，中道派思想家が取り組んできた様々な潮流間での連携や，対立関係の解消をめざす言論を生み出したものだと言える。近代国家が立脚する国民間の平等原理に対応しうる，イスラーム政治論に基づく市民権の理論的進展にも，現代の中道派思想家の貢献を見出すことができる。一方，非暴力路線を採りつつも論争的性格の強いムスリム同胞団との関係，コプト正教会との対立，エジプト社会と共有する宗教批判に対する否定的姿勢，イスラーム主義勢力を抑圧する政権の性格などが，中道派思想家たちの目標に対する疑念をしばしば生み，その実現も阻んできた。

第二の問いは，1970年代からアラブの春後に至るエジプトの知的・社会的空間において，中道派思想家の位置づけや役割，他潮流との関係性はどのようなものであったかという問いである。中道派思想家たちは，組織に縛られない自らの社会的位置づけを積極的に評価し，同胞団やアズハル，リベラル勢力と時に協力関係を築きつつ，様々な組織や体制の批判も行ってきた。ムバーラク政権期を通じて，ムスリム同胞団の改革派などの中道派勢力とともに，他の勢力との連携関係を強め，政治・社会改革の目標を共有してきたが，1月25日革命とその後の政治闘争は，強権政治に対抗する派閥を超えた連携を崩壊させる結果をもたらした。ただし，革命以降，世俗主義勢力とイスラーム主義勢力の間でエジプト社会が分極化し，後者の政治的後退が目立つなかで，中道派思想家は，権利保障など政治指向を超越しうる価値観への関与を強めるとともに，対立関係の解消をめざす言論を行っている。過激派の台頭を受けて自己形成を図ってきた中道派思想家は，近年では過激派と世俗派の中間的位置をとる言論にとどまらず，あらゆる市民が共有する改革目標を掲げる，政治指向を超越した第三項の形成をめざしている。

第三の問いは，エジプト国家と現代イスラーム政治論の間で，政教関係をめぐる理念や実践においてどのような相互交渉，接近，対立が見られたかというものであった。さらに，宗教復興以降のエジプトで，様々なアクターの間で政教関係がどのように議論されてきたか，そのなかでの中道派勢力の位置づけはどのようなものかという問いも掲げた。宗教復興以降のエジプトは，イスラーム主義勢力やウラマーだけでなく，政府すらも「シャリーアによる統治」の理念型を受容したが，その実践の詳細については見解の相違が生じた。政教関係をめぐる現代的展開として，国法として施行されている実定法と不文法であるイスラーム法をつなぐ近代的装置として，憲法の国教条項が機能することになったほか，最高憲法裁判所がシャリーアに関する新たな解釈主体としての機能を果たすことになった。中道派勢力の代表格であるムスリム同胞団は，段階的なシャリーア施行を一貫して目標に掲げつつも，ウラマーが立法過程に参与する古典的モデルと，議会による立法がなされ，最高憲法裁判所が法判断の最高権威となる近代的な司法モデルとの間で揺れ動いてきた。1月25日革命，特にその後の憲法起草を通じて，政教関係観をめぐるアクターごとの見解の相違がさらに顕在化したと言える。概して，同胞団および在野の思想家を含む中道派勢力は，長年にわたる他の政治勢力との調整，自らの政治経験や思索を通じて，近代的な法解釈主体としての最高憲法裁判所の受容，国家におけるイスラームの位置を明示しつつ解釈の余地を残す国教条項の維持，憲法におけるイスラーム的な権威の承認，聖職者による統治の拒否などの，現代におけるイスラーム的な国家の特徴を見出してきた。細部において中道派内部や各勢力間での見解の相違を残しつつも，これらの特徴は革命後の各勢力の間でも共有されており，現代エジプトにおける中道的なイスラーム国家論のひとつの到達点を示している。

本書は研究の目的として，以下の三つを提示してきた。

第一に，イスラーム思想史研究として，20世紀後半以降の中道派の登場およびその発展過程，思想史上における中道派の貢献を明らかにすることである。これについては，ポスト世俗化の時代において，近代国家が立脚する法・政治制度や諸権力を受容しながら，イスラーム的価値観の発現をめざす中道派の思想的革新性を示した。

第二に，エジプトを対象とする中東地域研究として，1970年代からアラブの春以降に至るまで，政治組織や宗教機関から独立して活動する中道派のイスラーム思想家群が，エジプトの政治・思想潮流の間で果たしてきた社会的役割と彼らの思想的位置づけを明らかにすることである。これについては，中道派思想家の独立した特殊な立ち位置が生み出す様々な勢力との協力・競合・対立関係を指摘し，彼らの思想的な訴えかけの内容そのものが，エジプト社会の様々な政治指向を超越しうるものであることを明らかにすることができた。

第三に，アラブ・イスラーム諸国，広くはアジア・アフリカ諸国における政教関係をめぐる研究として，宗教復興以降のエジプトで，理念と政治プロセスの双方において，政教関係の再定義がどのように進んだのかを考察し，政教関係をめぐる言説空間における中道派の位置づけを明らかにすることである。これについては，近代国家の枠内で進展するイスラーム復興がもたらす緊張関係を指摘するとともに，エジプトにおいて多様な政教関係観が存在するなかで，中道派勢力の国家論が一定の合意形成を生んできたことを解明した。

本書が，現代エジプトの中道派勢力を事例として明らかにした諸点やそれらを分析・考察するうえでの方法論的視座などが，アラブ・イスラーム世界における中道派の思想や実態の理解，さらにはアラブ・イスラーム諸国やアジア・アフリカの諸地域のいっそうの理解に貢献し，また中東地域研究のさらなる深化に貢献することができるならば，本書執筆者の望外の喜びとするところである。

注

■序論

(1)　エジプト社会の宗教性の高さを示唆する一例として，ピュー・リサーチ・センターが2011年から2012年にかけて行った調査では，シャリーアを国法として採用することの是非に対して，エジプト人ムスリムの約74%が賛成意見を示している。もちろん，その具体的な詳細については，人びとの間で相当程度の意見の違いが存在するであろうことは留保せねばならない（http://www.pewforum.org/2013/04/30/the-worlds-muslims-religion-politics-society-beliefs-about-sharia/　2017年9月6日閲覧）。また，2013年春の調査では，生活における宗教の重要性を問う質問に対しては，82%が「非常に重要」，14%が「重要」と回答している。同じアラブ諸国でも，ヨルダンやパレスチナは「非常に重要」「ほぼ重要」の割合が合計95%以上という，エジプトとほぼ同様の回答パターンを示しているが，レバノンは「非常に重要」の回答が57%，「重要」の割合が14%と，対照的な数字を示している（http://assets.pewresearch.org/wp-content/uploads/sites/2/2015/03/Religion-and-GDP-Topline.pdf　2017年9月6日閲覧）。

■第1章

(1)　この法規定の抽出を行う知的営為（すなわちイスラーム法学），および実際に導き出された法細則を「フィクフ（fiqh）」と呼ぶが，非専門家に向けては，原義のシャリーアだけでなくフィクフも総称して「シャリーア」という表現があてられることもある［黒田 2004: 152］。包括的な価値体系であるシャリーアと，そこから具体的な法規定を導き出すフィクフ（イスラーム法学）は，本来は別のものである。以上四つがフィクフの主要な法源だが，他に，何らかの合理的な根拠に基づいて，キヤースと比較してより良いと考える結論を採る「イスティフサーン」，クルアーンとスンナに明記のない公益である「無記の福利」，「慣習」，ある事柄に関して過去に与えられた評価が，反証がない限り現在まで継続しているとみなす「イスティスハーブ（事情継続の推定）」の二次的法源がある。さらにその他に「イスラーム以前の法」，「教友の見解」，行為が禁止あるいは義務とされている場合に，その行為に必然的につながるような前段階の行為に対して禁止や義務の判断を課す「予備的行為」の法源がある［両角 2002］。

(2)　クルアーンのイムラーン家章104節に「また，あなたがたは一団をつくり，（人びとを）善いことに招き，公正なことを命じ，悪行を禁じるようにしなさい。彼らは成功する者である」とある。

(3)　本質主義的見解の問題点は，今日では広く共有されているものと考えられる。それは，宗派がもたらす複雑な社会・経済的要因に目配りせず，社会・政治的文脈や歴史性から切り離されたものとして宗派をとらえるものであり，現存する様々な宗派対立に対して，一面的な理解しか与えることができない。また，社会・経済的要因が宗派対立の根源であり，宗派とは単なる権益に関するコミュニティであるとする還元主義の問題点は，民族・地縁・職縁などの様々なアイデンティティ，民族主義や社会主義といった様々なイデオロギーが存在するなかで，なぜ対立の過程で宗教的イデオロギーとアイデンティティが動員されるのかという問いに答えを与えることができない点である。

(4)　一般的な「宗教」は「ディーン（dīn）」（イスラーム以外の宗教を指す際には「ディヤーナ（diyāna）」も用いられる），宗派は「ターイファ（tā'ifa）」，主にイスラーム以外の宗教の分派を指す「ニフラ（niḥla）」の2種類の語彙が存在する。「ターイファ」は，元は職業などに基づく単なる社会集団を意味する用語であったが，近代以降，もっぱら宗派に基づく集団を指す用語として用いられるようになった。「教会」を意味する語彙「カニーサ（kanīsa）」も，宗教指導者層を頂点とする共同体というニュアンスを含んでいる。

(5)　ズィンマの詳細な内容に関しては，ウマルの統治期における非ムスリムに対する諸規定をまとめたTritton［1970］などを参照。

(6)　その他の宗教については，法学派の間で意見が分かれている。ハナフィー学派とマーリキー学派では，アラブ人の多神教徒というほぼ仮定にすぎない存在については庇護を認めないものの，非アラブの多神教徒は庇護民としての地位を享受しうるとする。実際にハナフィー学派が支配的であるインド亜大陸では，多神教徒が庇護民としての地位を享受していた。

(7)　長年「ミッレト制度」（ミッレト millet はアラビア語「ミッラ」のトルコ語）と呼ばれてきたこの制度だが，近年では，ミッレトという用語が公文書に登場するのは19世紀以降であることから，「ミッレト制度」という用語には疑義が呈されている［Braude 1982］。また，ミッレト制度の実態として，オスマン帝国はギリシア正教・マロン派など宗派ごとの細かな違いには関心を払わず，「キリスト教のミッレト」としてまとめて認識する傾向があった［黒木 2012: 174］。また，マスターズの研究によれば，17世紀のシリア・アレッポの裁判記録で，アラビア語の「ミッラ」の用法が使われているが，これは「キリスト教徒のミッラ（milla al-naṣārā）」という，キリスト教内部の宗派を特定しない用法であった。特定の宗派を指す場合は，当時，社会・経済的な集団のほぼすべてに対して使用可能であった「ターイファ」の用語が用いられていた［Masters 2001: 61］。小杉［2006: 759n5］は，ミッレト制度の実在をめぐる一連の議論をまとめる形で，「歴史的に確かなことは，ズィンマの概念やそれによる啓典の民の保護も，ムハンマド時代に既に始められていたこと，オスマン朝もこの制度は継承していたこと，ある時期から宗派にミッレトの語が用いられるようになり，オスマン朝の末期に見られるような制度に発展したこと」と述べている。鈴木董［2007: 204］は，ズィンミーが各宗教・宗派に基づき，より多数のズィンミーの諸集団に分かれ，独自の集団として，独自の権利義務のもと，自治生活を送っていたと見るほうが実情に近いと論じている。

(8) 初代知事はイスタンブールのアルメニア・カトリック教徒，2代目知事はアレッポのギリシア・カトリック教徒，第3代は帰化イタリア人のカトリック教徒であった［中岡 1991: 75-77］。また，ムタサッリフの元でレバノン行政評議会が設置され，7名のキリスト教徒と5名のムスリムが評議員となった。

(9) クルアーンには「協議（シューラー）」と題された章が存在しており，「どんなことも互いに協議のうえとりきめる者」（第38節）と協議が推奨されている。その他にも，「そして諸事にわたり，彼らと協議しなさい。いったん決まったならば，アッラーを信頼しなさい」（イムラーン家章159節）などの節がシューラーの根拠とされる。リダーはこれを根拠に，シーア派世界の事例であることにとらわれず，イラン立憲革命の際のモザッファロッディーン・シャーによる議会開設を称揚している［Busool 1984: 84］。

(10) 近年の研究では，バンナーの暗殺が，ヌクラーシー首相ではなく秘密警察長官の暗殺に対する報復であるとする説が提示されている［長沢 2012b: 562; Sirrs 2010: 22］。

(11) クルアーンまたはハディースで言及があり，量刑を変えることができないイスラーム刑法上の身体刑。鞭打ち刑（飲酒），石打ちあるいは鞭打ち刑（姦通罪），手首の切断（窃盗罪）などの内容を含むため，残虐な刑罰として現代においては反発が強い。

(12) 現代でも，神の主権のもと，ウンマがその行使権を保有しているとの見解が一般的だが，その他に「ウンマ授権説」「ウンマ代表（国家元首）主権説」「ウンマ・シャリーア二重主権説」などの説が提示されている。詳しくは小杉［1994: 28-44］および中田［1997］参照。

(13) 同宣言の英語版は Mayer［2007］，アラビア語版は Basyūnī［2003］で確認することができる。Basyūnī［2003］は，ほかにもアラブ・イスラーム世界で採択された人権に関する文書が収録されており，もっとも古いものはマディーナ憲章である。この他に，人権宣言に関するものとして，アラブ連盟が策定した「アラブ人権憲章（Arab Charter on Human Rights, al-Mīthāq al-'Arabī li-Ḥuqūq al-Insān）」などがある。

(14) 本書の議論の範囲を超える主題だが，マレーシアの第5代首相アフマド・バダウィーの支援のもと，モロッコ，パキスタン，トルコ，インドなど各国のイスラーム学者が集まって開いた会議の議事録［Abdul Rauf 2015］は，現代国家におけるシャリーアの在り方やイスラームに立脚した人権論に関する最先端の議論を含んでいる。参加者のなかには，「シャリーアの目的論」の専門家であるアメリカ在住のジャースィル・アウダ，その弟子にあたるファイサル・アブドゥルラウーフ，ハナフィー学派に立脚した人権論の研究で知られるトルコのレジェップ・シェントゥルク，アフガニスタン出身でシャリーアの現代的解釈と憲法に関する研究で知られるハーシム・カマーリーなどが含まれていた。本会議が，多民族国家マレーシアのなかで，「文明的イスラーム」を戦略的に推進してきた前マレーシア首相の支援によるものであることには留意が必要だが，イスラーム国家の目的は倫理的コードの施行ではなく正義の実行にあることを核として，多神教や同性愛に対しても国家として非干渉的な立場を貫く，イスラーム世界のなかでは先進的な提言がなされている［Abdul Rauf 2015: 31］。これは，本書を通じて紹介するような，国家がイスラームに関わる問題に関して介入主義的姿勢をとるエジプトの事例とは対照的と言える。

(15)　現代アラビア語において権威ある『ワスィート辞典』は，「ワサト（wasaṭ）」の項に2章143節を用例として引用し，「正義（‘adl）あるいは善（khiyār）」と記載している。「ワサティーヤ」が比較的新しい用語であるのに対し，聖典に由来する「中道の民（umma wasaṭ）」の表現には比較的歴史があり，ハンバル派法学者であるイブン・タイミーヤも，統治における公共財の配分の際に，吝嗇と贈賄に陥る第一の集団，不正を避けんがために政治そのものを避ける第二の集団でなく，他者の福利を優先して財を配分し，自身については慎む第三の「中道の民」の重要性を主張している。

(16)　なお，この後の章構成は，「結婚と離婚におけるイスラームの導き」「男性と女性双方をめぐる社会状況の規定」「法規定の原理」という3章からなっている。

(17)　20世紀を代表するイスラーム学者，政治思想家。ブハイラ県に生まれる。1941年にアズハルを卒業。その後，アズハルのみならずサウディアラビア，カタル，アルジェリアでも教鞭をとった。1953年に，当時の最高指導者ハサン・フダイビーを排除しようと試みたことでムスリム同胞団の政治局を追放処分となる。ハーリド・ムハンマド・ハーリドの著作『われわれはここから始める』に対し，『われわれはここから学ぶ』を出版し，論争を展開した。エジプトの世俗主義の論客であるファラグ・フォウダが暗殺された際，法廷で不信仰者の取扱いに関する証言を行ったことで有名。一方，ナギーブ・マフフーズの暗殺未遂の際には，マフフーズを見舞うとともにテロリストを激しく非難している。ヒジャーブをめぐる論争など，イスラーム社会における女性について扱った著作でも知られる。エジプトの公的な宗教空間において非常に高いプレゼンスを占め，今なお民衆の間で高い人気を誇る人物であるにもかかわらず，ガザーリーに関する研究は多いとはいえない。数少ない例として，Baker［2003］，Scott［2007］，Moosa［2015］がある。また，アラビア語で著されたガザーリーに関する回顧録として，ガザーリーの生前に書かれたユースフ・カラダーウィーの著作などがある［al-Qaraḍāwī 2008］。

(18)　本書の題名は，サイイド・クトゥブの1945年の著作『イスラームにおける社会正義』の最終章の冒頭「われわれはどの方向へ行こうとしているのか」に対する回答となっている［林 1976: 613］。勝畑［2010: 6］は，イスラームは人びとの魂の教導に徹するべきだとハーリドが考えるようになった契機として，彼と学生時代から親交のあったヌクラーシー首相のムスリム同胞団による暗殺を示唆している。また，勝畑［2009］によれば，当時のエジプト大統領であったナセルの社会主義思想は，社会主義的傾向を持つハーリドの改革思想や，シリア・ムスリム同胞団の初代最高指導者ムスタファー・スィバーイーの『イスラーム的社会主義』と高い近似性を持つものであった。

(19)　カイロ出身。当初ワフド党に参加するが，ワフド党指導者であるザグルールが断食を行わないことに失望し，1933 年にムスリム同胞団に参加する。1954 年に入獄。出獄後第 3 代最高指導者に就任し，サダト期の同胞団のイデオローグとなった。

(20)　Zollner［2007］は，当時政府の厳しい管理下にあったアズハルのウラマーが同書の編纂・執筆に携わっていたことをナセルが把握していなかったはずがなく，それ自体がナセル体制と同胞団の関係の緩和を示す証左だと論じている。同論文は，『裁判官でなく宣教者』の真の著者が誰かについて，同胞団員の回想録などを利用しながら詳細に論じている。

(21)　その他に創刊号では，現在では中道派思想家から一定の批判を受けると思われる，マウドゥーディーの人権論の翻訳も紹介されており，この雑誌の方向性が過渡期にあったことがうかがえる。

(22)　例えば，カラダーウィーに近しい立場にある人びとや，門下の人物による著作として，『中道思想の確立とその特徴の強調（ibrāz）におけるカラダーウィーの役割』［Kassāb 2008］，『ユースフ・カラダーウィー古希記念論集』［al-Dīb 2004］がある。

(23)　この連盟の形成は，ウンマにおけるコンセンサス形成や集団的イジュティハードの試みとも考えることができる。しかし，2013 年 7 月のムルスィー政権崩壊に際し，同政権の支持を打ち出すなど，政治性の強さも目立つ。またムハンマド・カースィム・ザマーンは，連盟に誰が参加していないかも同様に重要であると論じる。例えばイラン人のアブドゥルキャリーム・ソルーシュ，シリアのムハンマド・シャフルール，エジプトのナスル・ハーミド・アブー・ザイドなどの名を挙げている。そして，多様な教育的バックグラウンドにもかかわらず，ウラマーと認識されうる人びとが同連盟に参加していることから，「イスラームの規範の全体性と干渉不可能性（nonnegotiability）にコミットする一方の人びとと，ムスリム・コミュニティの内外でこれらの規範を覆しているとみなされる人びと」［Zaman 2012: 155］の間に大きな差異が生じていると論じる。

(24)　中道派思想家の影響を受けたエジプトのワサト党の例は，ポスト・イスラーム主義の典型例とされている。

(25)　実際には，「中道主義（ワサティーヤ）」という概念はイスラーム世界で広く受容されているものの，カラダーウィーが提唱した「イスラーム中道派潮流」は，彼独自の語法に基づいた呼称であり，アラビア語圏では決して一般的な用法とは言えない。

(26)　エジプトの教員養成学校であり，1871 年に初頭教育拡充のためのアラビア語教員養成学校として開設された。当時のカリキュラムはイスラームに関する科目のほか，歴史，地理，数学などの近代的科目もあり，伝統的宗教教育を受けたアズハル出身者を教員として養成した［店田 2002］。1946 年にカイロ大学の一学部となった。

(27)　ムスタファー・マフムードの知的営為やその受容をめぐっては，Aishima and Salvatore［2010］や八木［2011］を参照のこと。

(28)　アムル・ハーリドは世俗教育を受けた説教師として新たな様式を示したが，説教の内容に関しては，アズハルと同様の保守主義を示している部分も大きい。新たな知的権威の登場に関して，出身社会階層や教育的背景，言説発信の様式の新しさは，必ずしも発信される内容の新しさを担保しない。例えば，ムスリム同胞団の創設者ハサン・バンナーの孫にあたり，スイスに居住する思想家ターリク・ラマダーンは，ムスリムがマイノリティにあたる国でのムスリムの生き方を示し，特に欧州に居住する若いムスリムに大きな思想的影響を与えている。しかし，彼の思想の一部には，ムスリム同胞団特有の保守的な部分があるとマンデヴィルは指摘している［Mandaville 2007: 319］。

(29)　1993 年のアイケルマンの論文では，この流通部数に関してより詳細な説明がなされている。1990 年発行のダマスクス版が売り切れた後，3 か月後に再版，1992 年にはベイルート版が発行されることになった。シリアでは 1 万 3000 部が売り切れ，ベイルート版 1 万 5000 部の多くは湾岸諸国へ輸出された。エジプトでもシャフルールの同書が禁止されていたにもかかわらず，1300 部が売れ，同時に書籍のコピーが流通した［Eickelman 1993: 163］。1993 年以降も，シャフルールの同書の流通は進んだものと考えられる。

(30)　シャアラーウィーに関する日本語の研究としては，湯川［1993］がある。湯川［1993］はシャアラーウィーの思想的特徴を「個人的敬虔主義」と名づけており，科学技術などに対する受容的態度は，一見近代主義的に見えるものの，その受け入れ方を観察すると，むしろ素朴で近代主義とは異なるベクトルを示していると指摘する。

(31)　エジプトの市井のムスリムが「彼は中道だ」と語るとき，ウラマー，在野の知識人，説教師など，その対象は多岐にわたる。筆者の観察では，かつてアズハル総長を務めたマフムード・シャルトゥート（1893 - 1963 年）を含むアズハルのウラマー全般，カラダーウィーやムハンマド・ガザーリーなど，ムスリム同胞団とアズハル双方とつながりを持つウラマー，後の章で扱うサリーム・アウワー，ターリク・ビシュリー，ムハンマド・イマーラなど在野の思想家，説教師として国営放送で活躍したウラマーであるシャアラーウィー，世俗教育を受けた若手説教師であるアムル・ハーリド，ムイッズ・マスウードなど，様々な人びとが「中道」として言及されていた。

第2章

(1) エジプト中央統計局（the Central Agency for Public Mobilization and Statistics, CAPMAS）局長の談話を参照（http://www.egyptindependent.com/news/capmas-media-reports-number-copts-untrue; http://www.egyptindependent.com/news/official-number-egyptian-christians-unknown-says-capmas 2013年12月12日閲覧）。

(2) al-Monitorに掲載された記事は，非公式の情報として国内のシーア派住民の数を人口の約1％にあたる約90万人と報じている。また同記事は，シーア派コミュニティの指導者であるターヒル・ハーシミーが，2015年5月に国内の安定を乱した罪で拘留されたことを報じている［al-A'sar 2015］。国内のシーア派ムスリムに対する迫害の事例については，同記事（http://www.al-monitor.com/pulse/originals/2015/05/egypt-shiites-sufis-religion-minority-discrimination.html）や2013年6月のBBCの報道（http://www.bbc.com/news/world-middle-east-23026865）を参照されたい（両記事とも2017/3/22閲覧）。

(3) 2018年に発表されたエジプト中央統計局の統計による［al-Jihāz al-Markazī li-l-Ta'bi'a al-'Āmma wa al-Iḥṣā' al-Miṣrī 2018］。

(4) エジプトの領土問題が皆無になったわけではなく，紅海沿岸のハラーイブ・トライアングルと呼ばれる地域がスーダンとの間で係争地となっている。

(5) エジプトの地理学者ガマール・ヒムダーン（1928－1993年）は，大著『エジプトの個性』の第10部第40章において，エジプトの個性の形成に影響を与えてきた個性として，①「アジア的」，②「アフリカ的」，③「ナイル的」，④「地中海的局面」の四つの局面を挙げた［長沢 2013: 108-117］。エジプト的性格論争の概要については板垣［1992］および長沢［2013］参照。

(6) もっとも，トルコ系とアラブ系の対立はその後も継続している。ムハンマド・アリーから数えて5代目にあたる副王イスマーイール（在位1863－1867年）は軍のエジプト人化政策は継続したものの，高級士官の昇進にあたってはトルコ・チェルケス系を優遇した。アラブ系登用政策は第4代副王サイードによって本格的に推し進められたが，トルコ・チェルケス系とアラブ系の派閥が軍のなかに生まれた。チェルケス系の軍事大臣であるウスマーン・リフキー（1839－1886年）が露骨なチェルケス系優遇人事を行ったことから派閥間の対立は激しくなった［山口 2011: 185］。

(7) ホウラーニーは，タフターウィーのリベラル思想に関連して，彼の時代はムスリム－キリスト教徒の関係が比較的平和な時期であったことを指摘している［Hourani 1983: 81］。

(8) 後にエジプトが「祖国（ワタン）」としてムスリムとキリスト教徒双方に共有可能であることを強く主張したジャーナリストに，アブドゥッラー・ナディーム（1844－1896年）がいるが，彼の思想においてはシリア人を中心とする外国人は，高利貸しや占領者イギリスの手先としてこの郷土概念から排除されていた［Hourani 1983:

196]。

(9) サイードおよびイスマーイール時代の施策と財政負担については，山根［1986: 17-28］を参照のこと。

(10) 1920－1930年代のエジプト議会政治の混乱については，山根［1986: 61-64］および松本［2004］を参照のこと。また，エジプト議会政治史を専門とする池田美佐子は，1930年から35年にかけて，1923年憲法の回復を求めて学生や各政党支持者，労働者らの幅広い層が各地でデモを行った事実を取り上げ，エジプト現代史研究においてこの運動が比較的軽視されてきたことを指摘している［池田 2011: 148］。

(11) フサイニーの研究によれば，バンナー自身が1934年のあるパンフレットで，同胞団が既に50以上の都市に広がっていたと述べており，32年以降の支部数の伸びが著しいことがよく分かる［Husaini 1956: 12］。

(12) 18－19世紀に登場したサラフィー主義思想は，イスラームのうち「サラフ（父祖の意。ムハンマドとその教友らのことを指す）」の時代に存在しなかった宗教実践を，後代の「ビドア（逸脱）」として排斥した。スーフィズムはそのうちもっとも代表的なもののひとつと考えられていたが，同胞団の創設者であるバンナーも青少年期にスーフィー教団であるハサーフィー教団に加入していており，初期の同胞団の活動・組織形態がスーフィズム組織の影響を受けていたことは広く知られている［Lia 1998: 25-26］。エジプトのスーフィー教団のなかでは，シャーズィリー教団がもっとも規模の大きいものであり，他にはブルハーミー教団，リファーイー教団，アフマディー教団なども有力である。

(13) 軍の内部では，自由将校団のほかに，ムハンマド・ラビーブ率いる同胞団系の派閥や，ムスタファー・カマール・スィドキー率いるテロリズム戦略をとる派閥があった。

(14) 後にフダイビーは恩赦によって終身刑に減刑され，さらに短期間服役した後に釈放，以後は自宅軟禁状態に置かれた。同胞団員の待遇に差を設けることは，いわゆる分割統治によって同胞団を分裂状態にもたらそうという政権側の戦略であったと考えられる［Zollner 2007］。

(15) 1930年代から40年代にかけてのエジプト・ナショナリズムから汎アラブ主義への移行については，ゲルショーニーとヤンコウスキーによる研究が有名である［Gershoni and Jankowski 1995］。

(16) ナギーブ将軍が国民の人気を獲得した背景として，彼の第一次中東戦争（1948年）における活躍，上エジプト地方の富裕な家庭に生まれた彼の出自，謙虚で経験なムスリムとしての評判が挙げられる［Dekmejian 1971: 25］。

(17) イエメン内戦のアラブ民族主義への影響については，小杉［2006: 356-362］を参照。

(18) Baker［1990］の第3章にサダト期以降のナセル主義者に関する詳細な記述がある。同書は，それぞれの国家像を模索するオルタナティヴな政治集団として，弁護士組合，アフラーム政治戦略研究所，など計八つの勢力を扱った労作である。

(19) 第1章第4節で『裁判官でなく宣教者』の編纂経緯について紹介したとおり，ナセル政権の後期には，既に政権側とムスリム同胞団の側で雪解けの兆しがあったと考えられる。

(20) アムル・ハーリドなどを中心としたエジプトの俗人説教師の活躍については，八木［2011］に詳しい。

(21) これらのモスク建設にかかる費用の多くは，財産に応じた義務としてムスリムに課せられる喜捨（ザカート）や，湾岸諸国からの資金援助によってまかなわれていた［Wickham 2002: 98］。

(22) エジプトでは，ナセル主義の掲げた社会正義の実現の一環として，食料品や燃料などに対して補助金が投入され，販売価格が低く抑えられている。この補助金はエジプトの国家予算の相当部分を占めるようになっており，IMFによってしばしば是正勧告がなされてきた。IMFの勧告により食糧に対する補助金を削減した結果発生した物価上昇に対して，77年1月にカイロやアレキサンドリアで大規模なデモが起こり，治安部隊との衝突によって40人以上の死者を出す事態となった。

(23) 1945年にエジプト，シリア，レバノン，イラク，ヨルダン，サウディアラビア，イエメンのアラブ諸国によって設立された地域機構。現在は22か国が加盟している。初代事務局長のアブドゥッラフマーン・アッザーム（1893－1976年）は，「エジプト人／アラブ人／ムスリム」というアイデンティティの重層性を語り，アラブの連帯を唱えた人物としても知られている［‘Azzām 2005: 542-547］。

(24) 各地のイスラーム団がイデオロギーをめぐって分裂した過程については，Meijer［2009］に詳しい。

(25) エジプトにおける過激派の隆盛については，Rubin［2002］，Ansari［1984b］，Toth［2003］などを参照。

(26) この場合の「アズハル総長」は，アズハル大学の学長ではなく，様々な組織を含むアズハル機構全体の長を指す。

(27) 小杉によれば，宗教相からの横すべりでアズハル総長に着任する例は珍しくはないが，その逆はない。

(28) エジプトのファトワー庁に関する研究としては，Skovgaard-Petersen［1997］がある。

(29) カイロ大学文学部准教授であったナスル・ハーミド・アブー・ザイドは，1992年の著書『宗教言説批評』で，クルアーンに対して文学批評の手法を用いて研究を行い，クルアーンの多くの表現が比喩的なものであることを論じた。ムスリム同胞団員であるサラフィー系弁護士ユースフ・バドリーをはじめとする原告団は，アブー・ザイドの著書を背教であると非難し，非ムスリム男性とムスリム女性の婚姻を禁じるイスラーム法の規定に基づいて，アブー・ザイドとその妻の婚姻の無効を求めた。1994年の第一審判決は原告に利益がないとして請求を却下したが，第二審判決は原告の訴えを認め，アブー・ザイドと妻の離婚を命じる判決を下した。その結果アブー・ザイド夫妻はオランダへの亡命を余儀なくされた。本事件は，ムスリムに対する不信仰者宣言が市民から起こされ，それが司法において認められたという点で，表現の自由の侵害に関する議論を巻き起こした。

(30) マフフーズが襲撃された背景には，人類の創造から現在までを擬して描かれた小説『わが町内の子どもたち』の出版があった。この小説は当初から，神や預言者を戯化・矮小化しているとの批判を呼び，冒瀆的であるとして発禁処分を受けた。この小説の詳細や反応については，Najjar［1998］を参照。

(31) 1954年にカイロ大学法学部を卒業後，法律家としてのキャリアを積んだ。1978年にハーバード大学法科大学院に留学し，帰国後はテロリズムに反対する立場から，体制側の理論的支柱として積極的に活動し，専門的な著述活動に加わった。最高裁長官として，サダト暗殺に加わったジハード団に対する裁判で，極刑を含む判決を下したことで知られる。1993年に退官した。主著に『政治的イスラーム』『イスラームの本質』などがある。アシュマーウィーの思想については，中村［1997］，塩尻［2008］，Fluehr-Lobban［1998］などを参照。

(32) エジプトの思想家，著述家。アスユート中心部の村に生まれ，幼少期にハーフィズ（クルアーン暗誦者）となるが，世俗教育を受けた。1940年代に西洋の文化的侵略への対決姿勢を示しはじめ，イスラーム文明・政治思想の独自性を説いた。イスラーム学，文学，政治，歴史など幅広い分野で，70年以上にわたって著作を刊行し続けた。マナール派やムスリム同胞団などを扱った評伝も著している。著書に『イスラームと現代世界——文明史的研究』『西洋化，世俗主義，西洋的啓蒙に対するイスラーム思想の強固さ——文学と文化と芸術の問題——西洋化する書物の毒と思想的侵略に関する説明』『イスラーム統一——その必要性と実現のための実践的方法』などがある。

(33) 彼の職歴や業績については，Diyāb［2002: 15-17］，Rutherford［2008: 100］のほか，クウェートの「アラブ諸国間国際関係評議会」のウェブサイト上に投稿されているアブー・マジュドの経歴（http://cfaair.com/ar/council-equipment/council-trustees/members/）を参考にした（2016年11月21日閲覧）。

(34) フワイディーの経歴については，エッセイ形式を採った著作であるものの，Baker［2005: 165-202］に詳しい。この辞任についてベイカーは，「末期のムバーラク政権下での抑圧的な検閲が，フワイディーが辞任する決意を促した」と述べている［Baker 2015: 168］。Dunne［2003］は，フワイディーのコラムに対して言説分析の手法を用いて，現代エジプトにおける民主主義をめぐる言説空間について考察しているが，そのなかでエジプトにおける検閲の問題にも部分的に触れている。国内主要紙の『アフラーム』紙がフワイディーのコラムの内容を問題視し掲載を拒否した場合，フワイディーは他のアラブ諸国の新聞にこれを掲載する。さらに，エジプト国内のイスラーム主義系非主要紙が，検閲の事実とともにこれを転載することによって，非主要紙と著者の両方に，イスラーム主義に親しい立場という信用を高めるメリットが生まれるとする［Dunne 2003: 71］。

(35) 著者の実施したインタビューによる（2014年7月17日，カイロ）。

(36) 2004年10月10日に『アラビー』紙に掲載された。なお，この声明は al-Bishrī［2006a］に再録されている。

(37) アウワーに対する著者のインタビューによる（2014年7月17日，カイロ）。

(38) この点で，カマール・アブー・マジュドがムバーラク政権下で青年相や情報相を務めていたことを，ディヤーブは特に問題視していない。また，任命の意図がどうであれ，独立系の著作家や研究者，いわゆる文化人を政権が登用する事例は他にも見られる。2015年9月にスィースィー政権下で文化相に任命されたヒルミー・ニムニムなども，エジプトのリベラル系独立紙『マスリー・ヨウム（今日のエジプト人）』をはじめとして著作活動を行ってきたジャーナリストである。

(39) ナスル・ハーミド・アブー・ザイドに代表される知識人による，リベラルなテクスト解釈のことを指す。

(40) 哲学教授。カイロに生まれ，学生運動に携わるとともに，1950年代の一時期にムスリム同胞団で活動していた。第二次中東戦争直前にエジプトを離れ，1966年にソルボンヌ大学で博士号を取得した。66年の帰国から現在に至るまでカイロ大学で教鞭を執るが，70年代以降，エジプトを離れ，欧州や米国での客員教授として教鞭を執るようになった。著作では，イスラームの遺産（トゥラース）とモダニティの関係性を中心的に扱い，「左派イスラーム（al-yasār al-Islāmī/the Islamic Left）」のプロジェクトを推進した。ハナフィーの詳細な思想遍歴については，Esposito and Voll［2001: 68-90］などに詳しい。

(41) 例えばサイード・アシュマーウィーの著書の出版時，フワイディーとアウワーはアズハルとともにアシュマーウィーのリベラルなイスラーム解釈に対して激しい批判を行った［Sagiv 2002］。

(42) 著者の実施したインタビューによる（2014年7月17日，カイロ）。

(43) 著者の実施したインタビューによる（2014年7月17日，カイロ）。

(44) イマーラの思想が具体的にどのように変容したかを指摘した研究として，Abaza［1999］がある。

(45) 著者の実施したインタビューによる（2014年7月17日，カイロ）。

(46) ザマーンによれば，中道派ウラマーであるカラダーウィーはシャリーアとムスリムによる立法（フィクフ）の区別を否定する立場を採っている。しかしこれは，フィクフの基本的原理は，聖典のテクストを通じて表明されたシャリーアのなかにしか存在しない一方，フィクフを通じてのみシャリーアを見出すことが可能であるという両者の不可分な関係性を重視した立場であり，人間の営為であるゆえにフィクフを軽視する傾向への反発の意味合いが強い［Zaman 2012: 95］。

(47)　1992年3月23日付の『アフラール（解放）』紙の記事。1992年は，エジプトの過激派の最盛期にあたる時期である。エジプト政府による大規模な掃討の結果，過激派は1990年代後半には壊滅するが，2010年代半ば以降のエジプト政府は，過激派によらず政治改革を求める勢力そのものを幅広く弾圧する方向に向かってゆく。

(48)　『現代イスラームのビジョン』やそれをめぐる反応については，Baker［2003］が著作の冒頭で紹介している。ベイカーは，本書がエジプトの政治アナリストであるサイイド・ヤースィーンから批判を受けたこと，アブー・マジュドがそれに反論したことなどを紹介しているが，本文の詳細な分析は行っていない。なお，本書の抄訳がAbu Rabi'［2010］に収録されている。

(49)　1979年にサダト大統領と当時の同胞団最高指導者ティリムサーニーが面会し，大統領は慈善活動などを統括する社会問題省下での，同胞団の組織化を提案した。ティリムサーニーは，同胞団の活動範囲を社会的・慈善的活動の領域に収め，同胞団の組織的独立に関する妥協を意味する提案であるとして，これを拒否した［Baker 1990: 245］。

(50)　本章**4**で触れたように，イスラーム団のうち穏健派は，後に同胞団に合流している。アブー・フトゥーフはカイロ大学の学生組合の委員長，イルヤーンはカイロ大学医学部におけるイスラーム団の指導者，マーディーはミニヤー大学工学部内のイスラーム団の指導者を務めた経験を持っている。

(51)　イスラーム団から合流した同胞団員についていえば，アブー・フトゥーフが1988年に医師職能組合の事務総長に，マーディーがエンジニア職能組合の事務総長補佐に就任した［横田 2006: 115］。これらの若手・中堅世代の職能組合における活動とそれがもたらした結果については，Wickham［2015］に詳しい。

(52)　Stacher［2002: 422］によれば，ワサト党創設メンバー74名のうち62人が同胞団員であった。

(53)　ラフィーク・ハビーブは，コプト正教ではなくプロテスタント教会に属する人物であり，エジプトのキリスト教徒のなかでは少数派にあたる。また，2004年の「新ワサト党」申請にハビーブは不参加であった。これについて，横田のインタビューにハビーブは「全く個人的な理由によるものであり，しばらくワサト党との距離を置くのにちょうどいい時期であった」と答えている［横田 2006: 135］。一方，横田［2006: 135］は，イスラーム運動研究を専門とする研究者アブドゥルアーティー・ムハンマド氏の「党の戦略と将来性に対する彼の不満・不安が理由である」という，自身が実施したインタビュー内での談話を紹介している。その他にレイチェル・スコットは，ハビーブに2007年に行ったインタビューをもとに，「〔ワサト〕党が，ある種の『固定要素（thawābit）』を放棄することをいとわない点で，あまりにリベラルになりすぎたと感じた際に，ハビーブは同党を去った」と報告している［Scott 2014: 68］。一般的にイスラームに関していえば，「固定要素」とは，クルアーンやスンナを源とする，時代の変化や地域の状況にかかわらず一貫した不変の宗教的要素を指す。

(54) 1996年1月の政府政党委員会への認可申請は，同胞団指導局の圧力によりメンバーのほとんどが同胞団への復帰を選択したため，政党法（1977年法40号）第7条の定める創設委員の最低定員50名を割り込み却下された。1998年の2回目の申請は，「政党の綱領，政策，その他実現形態が他の政党のそれと明確に区別しうること」という政党法第4条第2項の要件を満たしていないとして，再び不認可に終わった。2004年の第3回申請も同様に却下された。処分停止を求める提訴の審議期間中に，キリスト教徒の創設委員6名全員が党から脱退し，ワサト党はイスラームに基づく宗教政党であるとする，政党法第4条第3項に基づく政府の主張が裏付けられる結果となった［横田 2006: 120-122］。

(55) クルアーンの雌牛章256節の表現による。

(56) 同胞団に参加する者は，同調者（muḥibb）と呼ばれる位からはじまって支援者（mu'ayyid），加入者（muntasib），構成員（muntaẓim）へと順に昇格し，最終的に完全な組織内での選挙／被選挙権を持つ「活動メンバー（'uḍw 'āmil）」となる。同胞団に参加する個々人は，それぞれの段階にあった宗教的・文化的プログラムに加わり，同胞団の規範に合致した行動をとっているかが精査されるという［Wickham 2015: 183-184］。ある報告は，支持者は200万人に達するものの，活動メンバーはうち6万−7万人にとどまるとしているが，この場合の「支持者」とは上記のいずれの位階にも属さない，いわゆる「シンパ」も含む数字と推察される。活動メンバー数の正確さについても，検証が必要である［Antar 2006: 15］。

(57) 中道派思想家群のムスリム同胞団への思想的近しさには個人差がある。アブドゥルガニー・イマードは，同胞団員あるいはルーツが同胞団に至る人びととして「カラダーウィー――ムハンマド・ガザーリー――アウワー――フワイディー」の系譜，同胞団と連携しつつ，民族主義や社会主義的背景から来た人びととして，「イマーラ――ビシュリー」の系譜を挙げる［'Imād 2013: 69］。

(58) 「警察の日」とは，1952年1月25日にスエズ運河に駐留したイギリス軍との交戦の結果，50人の警官が殉職した出来事に因む名称である。

(59) マハッラ・クブラー市で2006年から続いていた工場労働者のストライキを支援しようと，若者たちがフェイスブック上で呼びかけたことから始まった運動。マハッラ・クブラーはエジプト北部のガルビーヤ県に位置する都市で，エジプト最大の国有紡績企業であるエジプト紡績織物会社の工場がある。この運動はエジプト国民に対し2008年4月6日にストライキを起こして自宅にとどまるよう呼びかけ，次第にストライキは政治的性格を帯びて拡大していった。非常事態法の撤廃と政治的自由，および最低賃金の保障と食糧価格の引き下げが要求の中には含まれていた。4月6日運動の意義は，従来体制にとって好都合だった政治的運動と社会・経済的運動の分裂が解消されて，一体の運動となって結びついた点にある［ホサム 2011: 112］。

(60)　2010年6月にアレキサンドリア在住のハーリド・サイード青年が，警察の麻薬取引をインターネット上で告発した報復として，麻薬所持の虚偽の疑いで警察に連行され暴行死した事件。生前の彼の顔と死後の顔を並べた画像がインターネット上に広く流布し，グーグル社の中東・北アフリカ地域責任者であるエジプト人ワーイル・グナイムが「我らは皆ハーリド・サイード」と題したフェイスブック上のページを作成し，大規模な抗議運動へと発展した。フェイスブック上に作られた運動のページには，革命期に65万人以上が参加した。

(61)　2011年1月1日にアレキサンドリアの教会でテロが発生し，23名が死亡した。これに対して警察はサラフィー主義者を容疑者として逮捕し，拷問を加えた。拷問の結果，逮捕者のひとりであるサイイド・バラール氏が5日に死亡し，翌日遺体が家族のもとに返された。彼の死をうけて，サラフィー主義者だけでなく，幅広い市民を巻き込んだ抗議運動が1月21日に発生した。

■第3章

(1)　例えば，イスラーム法では，ムスリム男性は啓典の民に属する非ムスリムの女性との婚姻が可能だが，ムスリム女性が非ムスリムの男性と結婚することはできない。この背景には，両者の通婚によって生まれてきた子どもが父系的なつながりによってイスラーム教徒になることが常に想定されていることが挙げられる。また，コプト正教会は基本的に離婚不可能な一夫一妻制であり，離婚を望むコプトの女性がイスラームに改宗し，イスラーム法によって婚姻を無効とさせる事例が頻繁に見られる。

(2)　「ユダヤ人／ユダヤ教徒」を意味する「Jew」という用語は，元は「ユダヤ教徒」という宗教的所属を指すものでしかなかった。シオニズムの提唱者であるテオドール・ヘルツルは，1896年に出版された『ユダヤ人国家』のなかで，ユダヤ問題は社会的問題でも宗教的問題でもなく，国民＝民族的問題であると主張した。シオニズムが生まれる過程で，Jew（ユダヤ教徒）はJew（ユダヤ人）という人種的カテゴリを指す用語へと転化され，そのナショナル・ホームを作ることがナショナリズムの論理のなかで正当化された。以上の過程は，シオニズムを批判する文脈のなかで広く指摘されている。詳しくは臼杵［1998; 2004: 91-99］などを参照。

(3)　元はオスマン帝国が1842年以降，ユダヤ教徒の首席ラビに与えた職名。ハハム・バシーは宗教的・行政的権限を与えられ，いわゆるミッレトの長たる存在であった。ここでは単に，ユダヤ教徒コミュニティの最高指導者の意。

(4)　エジプト国籍を保有していないユダヤ教徒の内訳は，外国籍保有者が20%，残りが無国籍であった。これは，他国籍を持っていることが証明されない限りエジプト市民権を保証することを定めた1929年の国籍法に対し，多くのユダヤ教徒が重要性を見出さず申請を行わなかったことによる。さらに，後の法改正によって，①祖父がエジプト生まれであること，② 1848年以降，家族がエジプトに永久的に居住していることのいずれかを満たすことがエジプト国籍の要件として加えられたため，ユダヤ教徒の多くが無国籍状態のまま留め置かれた［Cohen 1973: 50］。

(5) 本書では，特に注記のない限り「コプト」をエジプトに居住するキリスト教徒全体を指す上記の語法で用いる。

(6) 1970年代までは，コプトとムスリム双方に見られるイブラーヒーム，アシュラフ，シャリーフ，ユースフなどの宗教的にニュートラルな名付けが好まれる傾向があったが，1980年代以降のコプト社会での宗教復興の結果，特に中産階級で，一見してキリスト教徒としてわかる名づけが増加しているとする指摘がある［Pennington 1982: 178; Elsässer 2014: 70–71］。

(7) これは1856年（サイード太守時代）にオスマン帝国のアブデュルメジト1世が発布した改革勅令が，100年以上経った現在もまだ生き続けているためである。この勅令は元来，帝国内のムスリムと非ムスリムの平等を意図したものであり，「教会建築要請は総主教から皇帝に提出され，許可を受ける」との項目が，総主教から国家元首に対して教会建築許可申請を提出するかたちで，エジプト独立後に残った［谷垣 2000: 59–62］。1998年になって許可権者が大統領から各県の県知事に変更されたが，行政当局の許可が必要な状態には変わりない。改革勅令およびエザビー・パシャの10か条については，Ibrahim, S.［1996: 11–12］でも詳しく説明されている。

(8) コプト正教徒を対象とした宣教活動は，主に英国聖公会宣教教会（the Church Missionary Activity, CMS）と北アメリカ合同長老教会（the United Presbyterian Church of North America, UPCNA）によって担われた。CMSの活動は，1820－1830年代にかけてコプトを対象とした教育活動から始まり，1842－1843年からは宗教教育にも力点が置かれるようになった。UPCNAの活動が始まったのは1850年代からであったが，CMSに比較して当初からコプトの改宗を主要な目的としていた［Ibrahim, V. 2011: 27–33］。Wakin［2000: 25］によれば，コプト正教会はIDカードの宗教欄で，他の教会に属する信徒と等しく「キリスト教徒」と規定されることに反発している。

(9) 19世紀に始まったコプト語復興運動に関しては，三代川［2013］を参照。

(10) ザカージークの農村部にあるコプトの名家に生まれる。1907年にイスタンブールに渡り，その後1912年までフランスとロンドンで学ぶ。ロンドンではフェビアン協会の思想的影響を受けた。エジプトの西洋思想・文明の受容をめざしてダーウィン，ニーチェ，フロイトの思想を紹介したほか，アラビア語のローマ字表記を主張して論争を巻き起こした。社会主義の実現のためにはエジプトの独立が不可欠であるとして，エジプト・ナショナリズムの理論家のひとりとなったが，社会の統合を促進するための知識人の指導力を重視する点で，フェビアン主義はエジプト・ナショナリズムが訴える国民統合の精神と矛盾しなかった［八木 2006: 128–129］。独立後は教育職に従事したほか，労働者や農民の待遇改善を訴えた。

(11) エジプトにおける国家と宗教の分離を求めるとともに，コプトの独立国家の樹立を主張した青年過激派組織だが，総主教誘拐事件の発生した1954年に指導者たちが逮捕され，間もなく消滅した。当時のコプトの若者層をひきつけ，そのメンバー数は最盛期で9万2000人に達したとする数字がある。当時，日曜学校の雑誌編集長を務めていたシェヌーダ総主教（当時はナズィール・ガイイド Naẓīr Jayyid という俗名であった）は，この組織に同情的であったとも伝えられている［Nelson 1974: 260］。同様のコプト系の組織として，「われらの人民（sha'b-nā）」が挙げられる。

(12) コプト・コミュニティの内部では，特に教会の寄進財の管理をめぐって，長らく教会の指導部と平信徒の間で対立が起こってきた。平信徒の運動は1874年の信徒会議の設立に帰結した。信徒会議と教会の対立は，マカリウス総主教（在位1944－1945年），ユサーブ総主教（在位1946－1956年）時代に再発した。

(13) 特に，フィクリー・マクラム・ウバイドと，ブトルス・ガーリーの孫にあたり，後に国連事務総長を務めたブトルス・ブトルス・ガーリーが頻繁に入閣した。

(14) 個人の土地所有を一人当たり200フェッダーン（1フェッダーンは約40アール），所有者に子がいる場合は追加で最大100フェッダーンまでに制限した。余剰分の土地は5年以内に政府に収用され，5フェッダーン以下の土地しか所有していない農民に2－5フェッダーン区画ごとに分配された。大土地を所有する一族からの土地収用は補償なしに行われ，1960年までに50万フェッダーンが政府によって収容された［Vatikiotis 1991: 395］。

(15) 1906年6月にナイル・デルタ地帯に位置するディンシャワーイ村で発生したイギリス人将校と村人の衝突事件。アレキサンドリアに移動中の将校5人が，狩猟代わりに村人の食用の鳩を撃ったことが衝突のきっかけとなった。将校1人が事件後の手術が原因で死亡し，残る4人も重軽傷を負った。村人52人が逮捕され，特別法廷により4人が死刑，2人が無期懲役，46人に懲役あるいは鞭打ちという厳しい判決が下された。

(16) 三代川［2010］には，サダトが1980年5月に行った議会演説，81年9月にコプトとムスリム双方の指導者を弾圧した際の諸法令の翻訳，およびその資料解題が収められている。

(17) ムスリム同胞団メンバーが発したファトワーのなかに，いかにコプトに対する差別的な見解が含まれているかを検討した研究に，'Alī［2005］がある。

(18) Elsässer［2014］は，コプト問題をめぐる言説を，①ムスリムとコプトの関係を本質的に調和したものとして描く「国民の団結」言説，②宗教的所属にかかわらず，エジプトを本質的に宗教的な国として描く「宗教的愛国主義」言説，③人権と市民権をめぐる言説の3種類に分類し，それぞれの言説の内容と限界点を指摘した価値の高い研究である。そのうち，様々な思想傾向を持つ勢力によって展開される，人権と市民権をめぐる言説だけが，コプト問題の本質をなす体制そのものの問題や，社会・経済的問題に対する真摯な分析を行っていると評価する。

(19) 後にとりあげるサリーム・アウワーは，この事件における教会側の非民主的な姿勢に対して，強い非難を行っている［al-‘Awwā 2012b: 205-308］。

(20) Altman［1979: 218］によれば，同法案が準備されたタイミングは，1977年1月の食糧暴動発生直後と時期的に一致する。政府が背教法法案に対するイニシアティブを発揮した背景には，食糧暴動の発生責任をサダト大統領に求める対抗的な左派勢力を，同法案を通じて支配・抑制するという意図がはたらいていたと考えられる。

(21) コメンテーターを依頼されたビシュリーは，帝国主義への抵抗運動としてのイスラーム運動の価値を指摘するにとどまったようである。また，同論文によれば，著名なジャーナリストであるファフミー・フワイディーは，後日の雑誌記事で，政治的対話の不調というエジプトの状況を念頭に置きつつ，このシンポジウムにおける知的対話を肯定的に評価したという。

(22) 勝畑氏の論文では，「市民国家（ダウラ・マダニーヤ）」の指す内容が世俗主義側とイスラーム主義側で異なることから「マダニーヤ国家」という用語が採用されていたが，本書では従来通り「市民国家」の訳を採用した。

(23) 2007年の政党綱領草稿は，同胞団が国内の知識人約50人に配布された。第一稿が2007年8月最終週に，第二稿が同年9月に発表されたとされる［el-Awadi 2004］。配布に先立って流出した綱領が，2007年8月10－14日にかけて，4回に分けて独立系日刊紙『マスリー・ヨウム』紙に掲載されたが，改革派に属する同胞団幹部のイサーム・イルヤーンはこれが正式版であることを否定している。

(24) この時発表された2007年綱領は，当初準備されていた草稿とは別のものだとする説がある。2007年綱領については，Brown and Hamzawy［2008］，Stilt［2010］などが詳細な分析を行っている。

(25) アウワーの父は，秘密機関問題をめぐって同胞団から離れたようである［Abdel-Latif 2003］。

(26) ミニヤーの名家に生まれ，法学を学ぶ。1944年にムスリム同胞団に加入し，主要メンバーのひとりとなる。ムニール・ディッラ（1921－1995年）と同様，7月革命期にはナセルと第2代最高指導者ハサン・フダイビーの双方と親しい関係にあった。同胞団の弾圧期に上エジプトを中心に潜伏生活を送ったあと，エジプトを去る。1972年にクウェートで死去。なお，アシュマーウィーの娘のアマーニーとアウワーは，ともに配偶者と死別した後再婚しているため，アシュマーウィーはアウワーの義父にあたる。アウワーのアシュマーウィーに対する思想的評価としては，al-‘Awwā［2012a: 334-340］を参照。

(27) アウワーのその他の経歴については，2017年時点での彼の最新の公式ホームページ（http://al-awa.com/）で確認することができる。

(28) 筆者が確認できる限り，2012年に第10版が新たな序文とともに出版されている。筆者はすべての版を把握できていないが，段階的な加筆もなされているようである。

(29)　なお，公式の投票結果については，選挙委員会が結果発表を行う動画をインターネット上で複数点確認できるが，文字媒体による発表は Carter Center［2012］（http://www.cartercenter.org/index.html）など各機関による記事を参考とした。また，東京大学東洋文化研究所の長沢栄治教授からは，現地で得た情報として，アウワーの祖父がダマスクス出身の人物であることが大統領選挙でエジプト人の共感を呼びにくくしたのではないかというご教示をいただいた。

(30)　なお，Akhavi［2009: 206-212］は中東における政治理論を検討するなかで，アウワーのイスラーム国家論の論法や非歴史性に対する批判を行っている。

(31)　20 世紀のイスラーム世界におけるスンナ派とシーア派の融和運動については，平野［2011］に詳しい。

(32)　この事件は後に，実際に輸入されていたのは玩具であったと警察から発表がなされた。

(33)　本プログラム［Ḥizb al-Ḥurrīya wa al-ʻAdāla 2011a］は，2011 年の人民議会選挙の際の選挙綱領（マニフェスト）として作成されたものであり，より詳細な 90 頁以上にわたる同党のプログラム「自由公正党政党綱領（barnāmaj Ḥizb al-Ḥurrīya wa al-ʻAdāla）」とは異なるものである。後者の自由公正党政党綱領については，現在は中東を専門とする社会学者チャールズ・クルツマンのウェブサイト（http://kurzman.unc.edu/），ムスリム同胞団に関するサイト「イフワーン・ウィキ」（http: //www.ikhwanwiki.com/），2011 年 4 月 5 日付のマスリー・ヨウム紙などで確認することができる（両ウェブサイトとも 2016 年 11 月 27 日閲覧）。

(34)　この表現からは，同胞団は「市民権」と「国のパートナー」という文言を政治的状況によって使い分けるとするサミール・ムルクスの批判（本章 **4**）を想起せずにおれない。

(35)　以下で取り上げる al-ʻAwwā［1998a］で用いられている名称に準じた。同書は，アウワーの公式な著作リスト（http://www.el-awa.com/new2/index.php）には挙げられていないが，ヨルダンのアブドゥルハミード・シューマーン財団（http://www.shoman.org/ar/）が 1986 年から開催している文化フォーラムの講演録として出版されたものである（両ウェブサイトとも 2016 年 11 月 27 日閲覧）。

(36)　アウワーの選挙綱領として，アウワー公式ホームページ内の「政治綱領」（http://www.awa4egypt.com/ar/page/page/279）および，アフバール・ヨウム紙に掲載された al-ʻAwwā［2012c］の 2 種類が確認できる。両者の文章に細かな差はあるものの，法治国家，教育，衛生，経済，外交関係の主要な部門のほかに，本書では詳論を避けるが「エジプト的人間（al-insān al-miṣrī）」論に言及したセクションがある点で共通している。Al-ʻAwwā［2012c］の文章中では「イスラーム文明計画」やそれに類する語は用いられていない。しかし，アウワーの公式ホームページでは，上記の文章を簡略化したものに対して「中道・文明的イスラーム計画」との題名が付けられている。そのため本文中に引用したal-‘Awwā［2012c］内の文章と，ほぼ同一視して良いものと考えられる。

(37)　筆者の実施したインタビューによる（2014年7月17日，カイロ）。

(38)　中道派思想家や同胞団，ワサト党の共存論に対するコプト側の反応については，三代川［2009］およびScott［2010: 166-189］に詳しい。

(39)　一方で，憲法第3条がコプトの離婚を認めない従来の家族法を維持するものとして，市民グループ「コプト38（Aqbāṭ 38）」から反対運動が起こった。2012年4月23日付のアフラーム紙の記事を参照のこと（http://english.ahram.org.eg/NewsContent/1/64/39993/Egypt/Politics-/Coptic-Christians-call-for-divorce-law-relaxation.aspx　2013年12月19日閲覧）。なお，「コプト38」という名称は，コプトが離婚可能な10の条件を定めた身分法をマジュリス・ミッリーが定めた年である1938年に由来している。この名称は，シェヌーダ3世の時代に離婚可能な条件が2条にまで削減されたことに対する抗議の意を含んでいる。

▒第4章

(1)　ファフミー・フワイディーは，2015年にビシュリーが82歳を迎えるにあたって著した論説記事で，ビシュリーとその父・祖父が揃って権力に抵抗してきたことを紹介している。たとえば，ムバーラク大統領が息子の転学部を試みた際，大学の法律顧問を務めていたビシュリーが法的手続きに反するとして拒否したエピソードなどが挙げられている。フワイディーによれば，国家評議会の最高職位である議長職が空席になった際，順当にゆけばビシュリーが就任するはずであったが，これまでの権力に対する様々な抵抗を理由として，政権がその就任を妨げたと述べている［Huwaydī 2015］。

(2)　Ghānim［1999a］は，ビシュリーの判事退職の際に開かれた記念シンポジウムで参加者が寄せた祝辞を収録した第一部，ビシュリー思想に関する論考を収めた第二部，ビシュリーが1986年中に『シャアブ（人民）』紙に筆名で寄せた論考を収録した付録で構成されている。シンポジウムの参加者には，カマール・アブー・マジュド，アウワー，フワイディーに加え，アーディル・フサイン（エジプト左派・労働党の党首。ビシュリーと同様左派から穏健なイスラーム思想へ転向）やワサト党幹部であったサラーフ・アブドゥルカリーム，当時のアズハルのファトワー機構長であったガマール・クトゥブなどが含まれている。また，ユースフ・カラダーウィーからの祝辞も寄せられている。

(3)　なお，サリーム・ビシュリーは，当時のアズハルにおいては保守的な陣営に属しており，アズハル改革に積極的であったムハンマド・アブドゥフの政敵であった。この点については，大東文化大学の松本弘教授からご教示をいただいた。

(4)　ビシュリーの他に，第三次中東戦争を契機に左派から転向した思想家としては，イスラーム知識人であると同時に左派政党である労働党を率いたアーディル・フサインが知られている。ムハンマド・イマーラも，民族主義的背景を持つ人物であったが，イスラームの遺産（トゥラース）を積極的に評価する人物としての転向を遂げた。

(5) なお本書の初版では，表紙に「1945 - 1952 年」との副題が付されていたが，2004 年の新版（第 2 版）では「1945 - 1953 年」と改められている。どの版の時点で副題が変更されたのかについては，筆者は情報を有していない。この序文を中心としたビシュリー思想の検討については，Meijer［1989］に詳しい。

(6) もっとも，行政裁判所の判決を不服とした政府側は，最高憲法裁判所に対して，1966 年法に対する権威的解釈を新たに発行するようにとの要請を行った。最高憲法裁判所は政府の要請に従い，大統領令を容認する決定を行ったため，結局ビシュリーらが下した判決は効力を発揮しなかった［Brown 1997a: 113-114］。

(7) クドゥス・アラビー紙の本記事は，山本薫氏によって日本語に訳されたものである。「エジプト改憲委員会の人選にコプト・キリスト教徒から反対の声」(http://www.el.tufs.ac.jp/prmeis/html/pc/News20110216_110343.html　2016 年 11 月 21 日閲覧)。この委員会は計 8 名からなる憲法学者，判事，法律家から構成されていたが，アレキサンドリア出身の法律家・元議員で，同胞団の主要メンバーのスブヒー・サーリフが含まれていたことが特に問題視された。

(8) ビシュリーらが準備した憲法改正案や政党法・選挙法の改正部分には，SCAF が提案した条項の改正にとどまらず，ビシュリーら委員会メンバーが必要だと考えた部分の改正が含まれていた。こうした憲法改正（暫定憲法の準備）の具体的状況については，ビシュリー自身の著書［al-Bishrī 2012］に詳しい。しかし，2011 年 3 月 30 日に軍が発表した憲法宣言によって，3 月 19 日国民投票で承認された憲法改正案は否定されることとなった。これは国民投票で承認された改正条項に加え，さらに軍の権限を強化した計 63 条からなる憲法制限であり，実質的に軍が一方的に発表した暫定憲法であった。上記の過程もふくめ，革命後の憲法をめぐる政争については鈴木［2013］に詳しい。

(9) 「受け継がれたもの」と「渡来したもの」という二つの概念に焦点をあててビシュリーが著した論考としては，al-Bishrī［2007: 7-47, esp. 7-14］を参照。

(10) 中道派思想家たちの「トゥラース」への態度については，Diyāb［2002: 82］などを参照。ディヤーブは，彼らの言説が，「支配的遺産（al-turāth al-sā'id）」と名付けられうる特定の部分に限定されており，対抗的なトゥラースには関心を示していないと指摘する。対抗的なトゥラースの一例として，ディヤーブはチュニジアの研究者ムハンマド・マフディー・マスウーディーによる，ハッラージュやイブン・ラーワンディーの著作におけるトゥラース研究を挙げる。

(11) もっとも，ビシュリーの著作を詳細に検討すると，エジプト政府を「イスラームの信仰箇条が宗教と政治を集約したものであるにもかかわらず，これを禁じ，コプトの信仰が宗教と政治を分離しているにもかかわらず，政治的行為を許している」［al-

Bishrī 2011a: 22］と批判している箇所もあり，イスラームの信仰箇条において宗教と政治が不可分であるという認識は彼自身も抱いているものと思われる。

(12) 筆者の実施したインタビューによる（2014年7月24日，カイロ）。

(13) 筆者の実施したインタビューによる（2014年7月24日，カイロ）。

(14) ビシュリーは自身の著作で，『国民的枠組みにおけるムスリムとコプト』が1981年の出版後，政府によって半年間市場から引き上げられたことを表明している［al-Bishrī 2011a: 62］。

(15) ビシュリー自身は，『国家と教会』がムスリム－コプト関係に関して彼が著した3冊目の書であるが，自らの評価基準は3冊を通して変わっていないと述べている［al-Bishrī 2011a: 7-8］。ビシュリー自身は，自らの論考が持つ時間的性質については上記のような認識に立ち，筆者も，転向を除いては，問題関心としては一貫性の強い思想家だと考えている。

(16) ビシュリーの批判の出発点となっているのは，彼がかつて判事を務めた国家評議会によるコプトの離婚を容認する判決（2008年3月）を，コプト正教会が拒否した出来事である。第3章で述べたとおり，コプト正教会は，姦通以外での信徒の離婚を認めていない。

(17) 執行のワズィールに課せられる条件は「忠実さ」「正しいことだけを話すこと」「無欲であること」「人びととの間に敵意や憎しみがないこと」「カリフに報告することやカリフから人びとに伝えることについて，確かな記憶を持つこと」「頭の鋭さと賢さ」「感情的でないこと」の7点である。さらに，政治的判断に加わる際は「思慮と経験」という第八の条件が課せられる［アル＝マーワルディー 2006: 56-58］。

(18) Hourani［1983: 65］はムスリム諸国で近代に発布された最初の憲法の背後に誰の思想があるかは明確でないとしながらも，チュニジアの事例においては，英国総領事であったリチャード・ウッドや，イタリア人の政治的亡命者，渡仏などでフランスに親しんだチュニジア人官僚など，憲法の思想を伝えた人々の存在を示唆している。

(19) 同書には，ワスフィーがまとめたイスラーム憲法草案（1970年代作成）と，イスラーム研究機構編纂のイスラーム憲法草案（1977年作成）の双方が収録されている。また，O'kane［1972］は，憲法におけるイスラームの位置をめぐってアフラーム紙上で交わされた議論を紹介しており，シャリーアの法典化が当時のエジプト社会で高い関心を集めていたことを示している。

(20) 例えば，1970年代に作成されたワスフィー案の冒頭は，「国家はイスラーム国家であり，その宗教はイスラームであり，公用語はアラビア語である。イスラームの原則は立法の主たる（唯一の）法源である」（第1条），「この国家の人々は，イスラームのウンマの一部であり，そのすべての団結の実現のために尽力する。国籍は法律によって定められる」（第2条）。「すべての事柄，公および個人の行為，法規定と手段は，神の信仰に基づき，その目的を追求する。公権力はイスラームの規則に拘束され，その超越，恣意的運用，濫用は許されない。イスラームの原則に反する事項は，その実施期間の長短にかかわらず無効となる」「知識と信仰は社会の基礎である。神の法が正義の基礎である。法の主権はイスラームの諸原則から引き出される……」（第4条）などの諸規定からなり［Waṣfī 2009: 112］，近代憲法とは異なる様相を示している。この1970年代半ばに作成された案は，当初は定冠詞なしの表現が用いられていたようである［小杉 1994: 252］。その後のエジプト憲法改正を受けて，筆者が参照した版では，定冠詞ありの表現に改められている。

(21)　例外的に，国内の宗教・宗派別人口が複雑であり，宗派制度をとるレバノン（1926年制定，43年大幅改正）は，「信仰の自由は絶対であり，国家は神に感謝し，すべての宗教・宗派を尊重する」（第9条），シリアは「共和国大統領の宗教はイスラームである」（第3条1項）のような表現にとどまっている。

(22)　中田［1996: 98］は「シャリーアが施行されていないという現実とシャリーアが施行されるべきであるとの理念の間の隠しがたい乖離を前に，イスラーム復興の高まりのなかで浮上してきたのがいわゆる『シャリーアの施行（taṭbīq）』の問題である」と表現している。

(23)　「エジプトはすでにイスラーム国家である」とのサダト大統領の発言に関連して，政権の弾圧が強まるにしたがって，2000年代後半にムスリム同胞団の一部メンバーが「エジプトはすでにイスラーム国家である」との発言を行い，イスラーム国家の樹立を直接の目標としない旨を示唆しはじめたことは興味深い。この場合にも，エジプト国家が第2条でイスラームを国教と認め，シャリーアを法源としている事実が根拠となっている。例えば，Bayat［2013b: 193］に掲載のイルヤーンの発言などを参照のこと。もっとも，エジプトのムスリム同胞団は公式には，イスラーム国家の樹立を放棄する発言を行っておらず，このような姿勢が同胞団において支配的とは考えにくい。自由公正党の政党綱領（2011年春）にも選挙綱領（2011年秋）にも，「イスラーム国家」の文言ははっきりと用いられている。2000年代以降のムスリム同胞団は，2007年や2011年の政党綱領，2012年憲法にみられるように，飯塚が挙げたようなウラマーの法判断によって引き出される立法と，一般のムスリムによる立法の有効性を認める二つの立場で常に揺れ動いてきたのではないかと筆者は考えている。

(24)　この裁判所は，大統領が他のすべての司法機関に対して監督権を行使するための機能を有していた。刑事事件を管轄する最高裁判所に相当する破棄院（Maḥkama al-Naqḍ）とは別の法廷である。

(25)　最高憲法裁判所の設立の経緯については，Moustafa［2007］に詳しい。

(26)　リベラル勢力としての弁護士の地位の低下には，1970年代以降の法学部への進学者数の増加が影響している。当時の教育改革によって，高校卒業時の試験において，各大学の学部が定める一定の点数を獲得した者は，希望学部への入学が保証されるようになった。これに伴う入学者の増員は，法曹教育の水準の低下をもたらした。それに従って，弁護士組合は「リベラリズムに強い関わりを持つ中上流階級の組織から，若いメンバーがリベラル思想への理解やコミットメントをほとんど持たない，概して中流か中下層階級の組織」へと変容した［Rutherford 2008: 47］。教育水準の低下によって，従来の法曹が有していたフランス語を通じた西洋思想へのアクセスも失われた。さらに，組合内での権力闘争が激しくなり，弁護士組合の活動に傾注しなくとも経済的権益を確保できる技術や地位を持った旧世代の弁護士は，組合から距離を置くようになった。この状態の弁護士組合に対して，組合内選挙の動員活動によって地盤を確立したのが，1990年代初頭のムスリム同胞団であった［Rutherford 2008: 48］。

(27) 1985年5月に，最高憲法裁判所は二つの訴訟に対する判決を下した。第一の訴訟は，アズハル大学が自身の抱える債務に関して，遅延利息の支払いを定めた民法226条・227条がシャリーアに反するとして，自ら原告となったものである。第二に審査の対象となったのは，家族法改正に関わる，1979年第44号法令（ジーハーン法）である［Lombardi 2006: 163-171］。同法令は，女性の地位向上を目的としており，①夫による一方的離婚宣言の制限，②一夫多妻制に対する法的規定の創設，③離婚後の男性の子女に対する扶養義務，などを定めたものであった。この訴訟に対して最高憲法裁判所は，1980年の第2条改正以前に定められた法に対するシャリーア適合性は審査しないとの原則を貫いたものの，ジーハーン法に対する違憲判決を下した。これはサダト大統領が当時，緊急事態法の施行下で，国会の会期外に大統領令としてジーハーン法を公布した手続きを違憲としたものである。長沢［1987: 25-26］は，85年春のシェヌーダ総主教釈放以降の宗派対立の顕在化，7月のシャリーア法典化要求デモ，『千夜一夜物語』の発禁事件などの政治状況が，家族法改正をめざす法を無効とする判決に影響を及ぼしたことを示唆している。

(28) Lombardi［2006: 201-258］は，第2条に関わる案件と第2条に関わらない案件それぞれについて，最高憲法裁判所の審理を検討している。一例として，93年にシャリーア違反の疑いで起こされた訴訟は，ジーハーン法に修正を加えた1985年法第100号を対象としている。同訴訟では，1985年法第100号を基準として，永続的に子の親権を持つ妻を扶助するよう夫に求める裁判所命令が，シャリーアに矛盾するのではないかという主張がなされた。イスラーム法学の古典的理論は，ある時期までは子は母の養育（ḥaḍāna）を必要とするが，成長した子は父による教育的指導（wilāya al-tarbiya）を受けるべきという点で合意をみている。しかし，親権が母から父に移る年齢については，法学派ごとに差異が存在していた。また，離婚後の妻に対する支払いの是非も同訴訟で問題とされた。古典的なイスラーム法学では，妻に非がない場合の離婚に支払う費用（mut‘a）には，婚前に交渉によって定めていた婚資の一部を充当し，それに費用を上乗せする必要はないとされていた。そのため，離婚後の子女に対する扶養が，イスラーム法学の上記規定に矛盾するのではないかという主張がなされた。結果として，1985年第100号はシャリーアに矛盾しないとの判決が下された。

以上の経緯については，Lombardi［2006: 202-218］の説明に基づいている。

(29) もっともLombardi［2006: 272-273］は，最高憲法裁判所に比して，刑事事件の最高裁にあたる破棄院や行政裁判所は，法源の検討にあたってハディースの参照も行っており，結果としてより保守的な判決も下してきたと論じている。

(30) 筆者の実施したインタビューによる（2014年7月24日，カイロ）。

(31) 2007年の政党綱領は，2007年8月25日に発表された第1版と，2007年9月に発表された第2版（正式には「第一稿（al-Qirā' al-Ūlā）」という題名で知られる）が存在するが，筆者は後者については未確認である。多くの先行研究で言及されている政党綱領の項目が，第1版を参照していると考えられること，および資料上の制約から，本書では8月発表の第1版を参照した。

(32) タウフィーク・シャーウィー，ラーシド・ガンヌーシー，サリーム・アウワー，カマール・アブー・マジュドなど，イスラームの原則に合致する立憲政府を樹立しようとする一部の思想家たちを指す。なお，ブラウンはビシュリーをこれらの「イスラーム立憲主義者」に含めていないが，これはビシュリー思想における「イスラーム的政治体制」の希薄さが影響していると思われる。なお，上記のクルアーンとスンナに矛盾しないすべての法令を容認する見解を，ブラウンは「イスラーム立憲主義者たちが受け入れるのが難しい見解」と評している。しかし，前章で扱った「イスラーム市民国家はイスラームに矛盾する法を施行しない」とする趣旨のアウワーの発言などは，実際の政治的次元においては，既存の法令と今後の立法におけるイスラーム法適合性を審査することが，「イスラーム立憲主義者」にとっても現実的な立場であることを示している。

(33) エジプト人の論客であるタウフィーク・シャーウィーは，シャリーアの法典化はイジュティハードの可能性を閉ざすものではなく，イスラーム法学の訓練を受けたものによって新たな解釈が生み出されうると論じる［Brown, N. 2002: 171］。

(34) この著作は，『現代イスラームの諸問題』と題された計6冊のシリーズの1冊として発売された。シリーズのうち他の著作の題目は『現代史におけるイスラーム政治思想の一般的特徴』『現代性の本質』『イスラーム主義と世俗主義の対話』『敵に直面するアラブ』『政治思想における宗教的集団と国民的集団のはざま』である。

(35) 1987年7月14日『シャアブ』紙第8号に掲載された論考の再録。

(36) 1987年10月20日『シャアブ』紙に掲載された論考の再録。「正統カリフ時代の後シャリーアは隠れたのか？」に対するある教授からの批判的論考に対する返答として掲載された。al-Bishrī［2005］に当該教授の論考が収録されていないことから，その名前は伏せられている。

(37) 2007年10月に，アラブ統一研究センター主催によるシンポジウム『民族主義とイスラームの対話』で発表されたペーパーの再録。本研究ノートで用いた資料が1980年代のものに限定されているために，近年のビシュリーの立場を示すものとして資料に選定した。ただし，シャリーア施行問題をめぐる論考が1980年代後半に集中していることは，シャリーア施行問題がこの時代に特に白熱した議論であったことをも示している。また，近年のビシュリーの立場に注意を向けたが，テクストの内容から見ても，ビシュリーは時代をこえた思想的一貫性の高い思想家であり，おおよその立場に変化はないものと筆者は考えている。また，al-Bishrī［2011b］は，出版年こそ2011年刊行であるものの，1980年代の人民議会で進んだシャリーア法典化プロセスを扱ったものであり，何らかの再録をうかがわせるものである。

(38)「偉大な教授であるアフマド・バハーウッディーン氏は……シャリーアは預言者と正統カリフたちの時代以外は全く施行されていなかったと語った。また，ムハンマド・タイイブ・ナッジャール博士もこれを支持した」［al-Bishrī 2005］との記述がある。また，Flores［1997］においても，シャリーア施行反対論者の立場として，同様の「シャリーアはそもそも過去にも施行されていなかった」とするムハンマド・ヌール・ファラハートの意見が紹介されている。

(39)「野党を含むすべての政治集団がシャリーアに対する呼びかけを行っているか」とする基準は，まさに，左派政党のタガンムウ党すらが，政治綱領でシャリーアの役割について言及を行っていた政治状況と合致するものである。

(40) 近代以降のイスラーム世界における法と倫理の関係についてのビシュリーの議論に関して，タラル・アサドの論文「植民地時代のエジプトに於ける法と倫理の構造転換」［アサド 2006: 271-337］およびAsad［2006］を大いに参考にした。

(41) ウクライナのリヴィウ（リヴォフ）で，ロシア系ユダヤ人の家系に生まれる。オーストリア国籍を取得し，ドイツ語圏でジャーナリストとして活躍した。数度の中東派遣を経たのち，イスラームに入信。第二次世界大戦後はパキスタンの建国に尽力し，パキスタンに移住してイスラーム復興大臣などを務めた。その後，1951年に国連大使としてニューヨークに赴任。国連大使を辞任したのち，政治活動から再び著述を中心とした活動に携わるようになり，カイロのアズハル大学で教鞭を執った。晩年はスペインで過ごし，同地で逝去。

(42)「基礎潮流（tayyār asāsī）」という語を題名に冠し，この概念に主眼をおいて論じた著作はこれ以外にない。しかし，筆者が確認できた資料では，『マナール・ジャディード』誌の1999年春号にて，ワヒード・アブドゥルマジードが「エジプト・ナショナリズムにおけるイスラーム主義者，民族主義者，リベラリストの間での基礎潮流――ターリク・ビシュリー氏の論考批判」と題する論文を寄稿し，ビシュリーが反論記事「エジプトにおける政治運動の特徴――ワヒード・アブドゥルマジード氏への論評」を寄せている。そのため，書籍としての出版は2008年となったが，この基礎潮流の概念そのものは，彼のなかで長期にわたって構想されていたことが明らかとなる。

(43) もっとも，ビシュリーは中道的なイスラーム思想家でありながら，きわめてエジプト性の強い論調を展開していることは，本章で繰り返し論じてきたところである。

■第5章

(1) なお，同胞団の最高指導者が在職中に辞任を表明し，次期指導者の選任が行われたのはアーキフが初の事例である。その他の最高指導者は，すべて現職の最高指導者の死去に伴い次期最高指導者の選任が行われていた。

(2) 1983年生まれのイブラーヒーム・フダイビーは，第2代最高指導者ハサン・フダイビーのひ孫であり，第6代最高指導者のマアムーン・フダイビーの孫にあたる人物である。同胞団に対して内部から強く批判を行ってきた人物のひとりとして知られる。

(3) この時投票にかけられたのは，ムルスィー，アブー・フトゥーフ，アウワーの3名である。ステファン・ラクロワは，リベラルに近いアブー・フトゥーフに票が集まった理由として，ムルスィー支持によって同胞団の権力のシェアが増すのをヌール党が忌避したこと，アウワーとアブー・フトゥーフでは後者のほうが勝利の可能性が高い候補だったことを挙げている。ラクロワはこの事例を，ヌール党のプラグマティズムが表出した例として分析している［Lacroix 2012: 8］。

(4) 第一次選挙のその他の代表的な候補者については，結果は以下のとおりである［Carter Center 2012］。ハムディーン・サッバーヒー（得票数第3位，得票率20.72%），アブー・フトゥーフ（第4位，得票率17.47%），アムル・ムーサー（元アラブ連盟事務局長，第5位，得票率11.13%）。なお，一次選挙の投票率は全有権者のうち46.42%（投票者数2367万2236名）であった。

(5) これに関連して，一次選挙にて得票数3位と健闘したハムディーン・サッバーヒーに関して，一次選挙直後に掲載されたアフラーム紙の記事も示唆的である。同紙はサッバーヒーを，「多くの人びとにとって，サッバーヒーは前政権の残党でもイスラーム主義者でもない唯一の現実味のある候補者であった」と述べている［Ibrahim, E. 2012］。

(6) このほかに，ムルスィー政権期の経済的課題については，鈴木［2013: 200–204］参照。

(7) 2014年8月10日付のロイター通信を参照。http://www.reuters.com/article/us-egypt-brotherhood-idUSKBN0G90AM20140810（2016年11月1日閲覧）。

(8) 一例として，2014年11月の『モニター』の記事を参照のこと。http://www.al-monitor. com/pulse/originals/2014/11/egypt-youth-turn-to-islamic-state-peaceful-brotherhood.html（2016年9月21日閲覧）。

(9) 厳密にはサラフィー主義のなかでも「知的／静的サラフィー主義」「サラフィー主義運動」「サラフィー・ジハード主義」などの分類がなされるが（第2章参照），本書では武装闘争を行うサラフィー主義者については一貫して「過激派」として言及している。

(10) 一般的にスンナ派には，無秩序や社会の混乱につながる統治者の不在を嫌う思想傾向があり，サラフィー主義には特にその傾向が強い。

(11) ハーズィムの父は，アズハル出身の説教師であり，後に1970年代にシャリーアに基づく立法をもっとも強く推進した同胞団出身の国会議員サラーフ・アブー・イスマーイールである。

(12) 直訳すると「完全な典拠」となる文言であり，イスラーム法学においてはクルアーンならびにスンナという二つの法源を指す［竹村 2014b: 272］。本条文の「真正性が確立された啓示的法源」については，竹村氏の訳語をそのまま採用させていただいた。

(13) 以下に述べる第219条をめぐるサラフィー主義とリベラル系勢力の対立と妥協については，主にLombardi and Brown［2012］の説明に基づいている。

(14) もっとも最高憲法裁判所のこの立場は，問題の核心に踏み込まない「臆病な」姿勢だとしてしばしば批判されてきた［Parolin 2015］。

(15) 2015年10月－12月に行われた人民議会選挙で，ヌール党は獲得議席数11と，全議席の約4分の1にあたる111議席を獲得した前回の人民議会選挙から大幅に議席を減らした。さらに同党は，憲法に定められた「宗教政党の禁止」(2014年憲法第74条）に基づいて，党の解散を求める訴訟を複数回起こされている。

(16) 参加した知識人は，以下のとおりである。アイマン・サイイド，バハー・ターヒル，ガービル・アスフール（文学者，翻訳家。ムバーラク政権末期の11年2月に1週間だけ文化相に就任)，ガラール・アミーン（カイロ・アメリカン大学教授)，ガマール・ギーターニー（世俗主義を擁護する高名な作家，思想家。2015年に死去)，ヒルミー・ニムニム（エジプトの独立系日刊紙『マスリー・ヨウム（今日のエジプト)』紙などに論説を寄稿。後に文化相に就任)，ハムディー・ハサン・アブー・アイネイン，サーミフ・ファウズィー，サミール・ムルクス（コプトの知識人，ジャーナリスト)，サイイド・ヤースィーン（リベラル系の知識人)，サラーフッディーン・ゴウハリー，サラーフ・ファドル，アムル・アブドゥルサミーウ，ライラ・タクラー（コプトの政治家)，ムハンマド・ハーフィズ・ディヤーブ（イスラーム思想研究者。本書で言及した『独立系イスラーム主義者』［Diyāb 2002］のほか，サイイド・クトゥブ研究が有名)，ムハンマド・アフィーフィー，ムハンマド・ファーディル，ムスタファー・フィキー（外交官，NDP出身の議員，体制内知識人)，ムスタファー・ファリード・ラッザーズ，ナビール・アブドゥルファッターフ（国内有数の政治アナリスト，研究者)，ニアム・バーズ，ユースフ・カイード。また，本書で取り上げた中道派著作家のカマール・アブー・マジュドは，アズハルのウラマー側の人間として参加している。

(17) イルヤーンがアズハルへの諮問に反対した背景としては，このような政治的立場やイデオロギーの違いだけでなく，もちろんのこと，イスラーム債に関する法案をスムーズに成立させたい意図があったものと思われる。さらに，イルヤーンが同胞団内の改革派に属していることから，彼自身の立場としてアズハルが立法審議過程に積極的に関与することへの忌避感があったことも推測される。

(18) 2014年憲法では，序文で「われわれはシャリーアの諸原則が立法の主たる法源であること，その解釈の権威は当該問題に関する最高憲法裁判所の判決の集成に含まれているということを確認し，憲法を起草する」との文章が含まれている。最高憲法裁判所の地位に関する条文も，「最高憲法裁判所は，独占的に，法律と法令の合憲性の司法審査と，立法の条文の解釈を担当する」との文言が復活したほか，さらに詳細な説明が加えられたが，2014年の新憲法制定が最高憲法裁判所の地位にどのような影響をもたらすかについては，さらなる検討が必要である。

(19) 本書で何度か言及してきたとおり，大統領による任命制である国家ムフティーは，アズハル総長よりも国家への従属性が高いとみなされている。

(20) もっともアブドゥルファッターフはこの市民勢力という用語について，「精細でない描写」と補足している。

(21) カイロに本部を置く，現代イスラーム思想に関する研究機関「政治研究のための文明センター」発行のシリーズ『世界における私のウンマ』11号『エジプト革命と文明・社会の変革』初出（2011年）。

(22) 筆者が2015年夏の現地調査において接した，大統領選でアウワーに投票したとするある男性の発言が，この点に関して示唆的であり，独自候補を擁立する前の自由公正党の内部にもこのような見解があったものと推察される。「わたしがアウワーに投票した理由は四つあります。第一に，彼は政治的生活の経験者です。彼には経験がある。第二に，彼は中道的な特徴（al-shakhṣīyāt al-wasaṭīya）を持っています。第三に，彼はいかなる政党や集団にも縛られていない。そのため，リベラリストを含む，革命後のすべての政治潮流を受け入れることのできる人物であると考えました。また，彼は元来リベラリストであり，わたしも元来リベラリストだからです。第四に，彼のイスラーム的な見地です。すなわち，イスラーム的なマルジャイーヤです。しかし残念ながら，彼は成功せず，全投票数のうちほんの僅かの得票しか得られませんでした。エジプトの人びとは未だに多くが文盲であり，それゆえサリームを選べなかったのです。」

(23) サミール・ムルクスは，アドバイザリー・チームへの就任は単なる象徴的役割に過ぎないとして消極的な見方をとった。2012年8月28日のアフラーム紙の報道を参照。http://english.ahram.org.eg/News/51450.aspx（2016年10月4日閲覧）

(24) 著者の実施したインタビューによる（2014年7月17日，カイロ）。

(25) 著者の実施したインタビューによる（2014年7月24日，カイロ）。

参考文献

1．日本語文献

青山弘之編．2014．『「アラブの心臓」に何が起きているのか――現代中東の実像』岩波書店

アサド，タラル．2004．『宗教の系譜――キリスト教とイスラムにおける権力の根拠と訓練』中村圭志訳，岩波書店

――――．2006．『世俗の形成――キリスト教，イスラム，近代』中村圭志訳，みすず書房

――――．2008．「グローバルな宗教復興に対する説明――エジプトの事例」島薗進／ヘリー・テル＝ハール／鶴岡賀雄編『宗教――相克と平和』（国際宗教学宗教史会議東京大会（IAHR2005）の討議）秋山書店，114-148.

――――．2014．「宗教と政治のあいだで――我が父，ムハンマド・アサド」（磯前順一・苅田真司訳，磯前順一解題）島薗進・磯前順一編『宗教と公共空間――見直される宗教の役割』東京大学出版会，169-186.

アブドゥフ，ムハンマド．1991．「〈資料・研究ノート〉科学と文明に対するイスラムとキリスト教のかかわり」松本弘訳，『上智アジア学』(9)，146-224.

新井政美．2001．『トルコ近現代史――イスラム国家から国民国家へ』みすず書房

――――編．2013．『イスラムと近代化――共和国トルコの苦闘』講談社

アル＝マーワルディー．2006．『統治の諸規則』湯川武訳，慶應義塾大学出版会

飯塚正人．1990．「オラービー運動期のムハンマド・アブドゥフ――シャリーア施行を巡る戦い」『オリエント』33(2)，20-35.

――――．1992．「アリー・アブドゥッラーズィクの『政教分離』思想」『イスラム世界』(37・38)，1-23.

――――．1993．「現代エジプトにおける2つの『イスラーム国家』論――危機の焦点『シャリーアの実施』問題を巡って」伊能武次編『中東諸国における政治経済変動の諸相』アジア経済研究所，47-74.

――――．2001．「ムスリム同胞団と新世代エリート」小杉泰編『イスラームに何がおきているか――現代世界とイスラーム復興（増補版）』平凡社，100-117.

――――．2008．『現代イスラーム思想の源流』〈世界史リブレット69〉山川出版社

池田美佐子．2011．「エジプトにおける民主主義の系譜――議会と憲法」『アラブ革命　チュニジア・エジプトから世界へ』（現代思想4月臨時増刊号総特集）青土社，144-151.

磯前順一．2008．「ディアスポラの知識人　タラル・アサド――他者と共に在ること」タ

ラル・アサド『自爆テロ』苅田真司訳，青土社，169-247.
磯前順一・山本達也編．2011.『宗教概念の彼方へ』法蔵館
井上順孝・大塚和夫編．1994.『ファンダメンタリズムとは何か――世俗主義への挑戦』新曜社
板垣雄三．1992.『歴史の現在と地域学――現代中東への視角』岩波書店
板垣雄三・飯塚正人．1991.「イスラーム国家論の展開」板垣雄三ほか『国家と革命』〈シリーズ世界史への問い 10〉岩波書店，251-276.
伊能武次．1993a.『エジプトの現代政治』朔北社
――――編．1993b.『中東諸国における政治経済変動の諸相』アジア経済研究所
――――．2001.『エジプト――転換期の国家と社会』朔北社
――――．2015.「ムルシー後の統治と政治――革命から安定へと移行を模索するエジプトの苦悩」（政策提言研究）アジア経済研究所（http://www.ide.go.jp/Japanese/Publish/Download/Seisaku/201503_inou.html　2015年5月26日閲覧）
イブラヒム，サード・エディン．1999.「宗教と民主主義――イスラムの場合，市民社会，および民主主義」猪口孝／エドワード・ニューマン／ジョン・キーン編『現代民主主義の変容――政治学のフロンティア』有斐閣，137-154.
イブン・タイミーヤ．1991.『シャリーアによる統治――イスラーム政治論』湯川武・中田考訳，日本サウディアラビア協会
――――．2017.『イブン・タイミーヤ政治論集』中田考編・訳・解説，作品社
岩崎真紀．2007.「イスラーム社会における宗教的マイノリテイー――エジプトのバハーイー教徒を事例として」『宗教学・比較思想学論集』(8)，45-61.
――――．2013.「コプト復興運動に関する一考察――現代エジプトにおけるもうひとつの宗教復興」『哲学・思想論叢』(31)，29-41.
臼杵陽．1998.『見えざるユダヤ人――イスラエルの〈東洋〉』平凡社
――――．2004.『世界化するパレスチナ／イスラエル紛争』岩波書店
エスポズィト，J. L.，J. O. ボル編．2000.『イスラームと民主主義』宮原辰夫・大和隆介訳，成文堂
大河原知樹・堀井聡江．2014.『イスラーム法の「変容」――近代との邂逅』〈イスラームを知る 17〉山川出版社
大塚和夫．2000.『イスラーム的――世界化時代の中で』講談社
――――．2002.「ジェンダー空間の変容――世俗化とイスラーム復興の混成現象として」大塚和夫編『現代アラブ・ムスリム世界――地中海とサハラのはざまで』世界思想社，88-116.
――――．2004a.『イスラーム主義とはなにか』岩波書店
――――．2004b.「帝国主義と宗教」池上良正ほか編『宗教への挑戦』〈岩波講座 宗教 第9巻〉岩波書店

――――. 2008.「『ユダヤ教徒』と『ユダヤ人』の差異をめぐって」市川裕ほか編『ユダヤ人と国民国家――「政教分離」を再考する』岩波書店，319-347.
小川浩史. 2008.「ナセリズムにおける『アラブ民族主義』の再検討――革命初期のイデオロギー変容と外交政策の展開を中心として」『コア・エシックス』(4)，51-65.
オスマーン，ターレク. 2011.『エジプト　岐路に立つ大国――ナセルからアラブ革命まで』久保儀明訳，青土社
カサノヴァ，ホセ. 1997.『近代世界の公共宗教』津城寛文訳，玉川大学出版部
梶田孝道. 1996.「『民族・国家・エスニシティ』論の現状と課題」井上俊ほか編『民族・国家・エスニシティ』〈岩波講座 現代社会学 24〉岩波書店，245-263.
勝畑冬実. 2009.「ナセルの『社会主義』と近代イスラーム改革思想」『言語・文化地域研究』(15)，185-202.
――――. 2010.「『イスラーム主義』『世俗主義』の枠組みを超えて――1980 年代以降のハーリド・ムハンマド・ハーリドの思想的位置取りから」『イスラム世界』(75)，1-33.
加藤博. 1992.「エジプトにおける『民族』と国民国家」『歴史学研究』(632)，13-25.
――――. 1987.「エジプト・オラービー運動に関する覚書――軍隊・農民・立憲運動」『歴史評論』(452)，49-59.
――――. 1996a.「近代エジプトにおけるギリシア人とシリア人――エジプトの少数集団に関する覚書」『一橋論叢』116(4)，708-725.
――――. 1996b.「遊牧民: Minority or Vagabond?――近代エジプトにおける国家と遊牧民」『上智アジア学』(14)，61-73.
――――. 2002.「カーヌーン」大塚和夫ほか編『岩波イスラーム辞典』岩波書店，279.
――――. 2008.『ナイル――地域をつむぐ川』〈世界史の鏡 7〉刀水書房
川上泰徳. 2012.『イスラムを生きる人びと――伝統と「革命」のあいだで』岩波書店
菊地達也. 2006.『イスラーム教「異端」と「正統」の思想史』講談社
栗田禎子. 1997.「『イスラーム運動』への代案を求めて――'almānīya をめぐる最近の議論と実践」『イスラム世界』(48)，83-103.
――――. 2004.「中東における非宗派主義と政教分離主義の展開」私市正年・栗田禎子編『イスラーム地域の民衆運動と民主化』〈イスラーム地域研究叢書 3〉東京大学出版会，151-176.
黒木英充. 2012.「オスマン帝国におけるギリシア・カトリックのミッレト成立――重層的環境における摩擦と受容」深沢克己編『ユーラシア諸宗教の関係史論――他者の受容，他者の排除』勉誠出版，171-199.
黒田壽郎. 2004.『イスラームの構造――タウヒード・シャリーア・ウンマ』書肆心水
黒田美代子. 1990.「中東における国家――〈民族国家〉からウンマ的共同体へ」『国際大学中東研究所紀要』(4)，157-183.
ケドゥーリー. 2003.『ナショナリズム』小林正之・栄田卓弘・奥村大作訳，学文社

ゲルナー，アーネスト．2000.『民族とナショナリズム』加藤節監訳，岩波書店
小杉泰．1984.「シューラー制度――イスラーム的民主主義の概念」『国際大学大学院国際関係学研究科紀要』(2)，147-154.
――――．1986.「現代イスラームにおける宗教勢力と政治的対立――カイロにおけるアズハル＝フセイン複合体とサラフィー主義」『国立民族学博物館研究報告』(10)，959-100.
――――．1987a.「『イスラーム国家論』について――歴史的・理論的位置づけ」ムハンマド・ラシード・リダー『現代イスラーム国家論――『アル＝マナール派』思想における政府と立法』小杉泰編訳・解説，国際大学国際関係学研究科，26-43.
――――．1987b.『エジプト・文明への旅――伝統と現代』日本放送出版協会
――――編．1989.『ムスリム同胞団――研究の課題と展望』国際大学国際関係学研究科
――――．1994.『現代中東とイスラーム政治』昭和堂
――――．1998.『イスラーム世界』筑摩書房
――――編．2001.『イスラームに何がおきているか――現代世界とイスラーム復興』(増補版) 平凡社
――――．2002.「人権 (イスラーム法上の人権概念・独自の人権論・人権論の現況)」大塚和夫ほか編『岩波イスラーム辞典』岩波書店，516-517.
――――．2003.「未来を紡ぐ糸――新しい時代のイスラーム思想」小松久男・小杉泰編『現代イスラーム思想と政治運動』〈イスラーム地域研究叢書 2〉東京大学出版会，275-312.
――――．2006.『現代イスラーム世界論』名古屋大学出版会
――――．2011.『イスラーム文明と国家の形成』京都大学出版会
――――．2014.『9.11 以後のイスラーム政治』岩波書店
小松久男・小杉泰編．2003.『現代イスラーム思想と政治運動』〈イスラーム地域研究叢書 2〉東京大学出版会
サイード，E. エドワード．1993.『オリエンタリズム (上・下)』板垣雄三・杉田英明監修，今沢紀子訳，平凡社
――――．1994.『知識人とは何か』大橋洋一訳，平凡社
酒井啓子．1993.「国家・部族・アイデンティティー」酒井啓子編『国家・部族・アイデンティティー――アラブ社会の国民形成』アジア経済研究所，3-28.
――――編．2001.『民族主義とイスラーム――宗教とナショナリズムの相克と融和』アジア経済研究所
佐藤次高．2004.『イスラームの国家と王権』〈世界歴史選書〉岩波書店
澤江史子．2008a.「イスラームと世俗主義」小杉泰・林佳世子・東長靖編『イスラーム世界研究マニュアル』名古屋大学出版会，421-424.
――――．2008b.「人権」小杉泰・林佳世子・東長靖編『イスラーム世界研究マニュア

ル』名古屋大学出版会，358-361.
塩尻和子．2008.「背教か改革か――イスラームにおける宗教批判のかたち」『宗教研究』82(2)，547-570.
清水学編．1992.『アラブ社会主義の危機と変容』アジア経済研究所
白井正博．1985.「エジプトの1923年憲法の制定とウンマの概念」『イスラム世界』(23・24)，91-103.
末近浩太．2005.『現代シリアの国家変容とイスラーム』ナカニシヤ出版
―――．2013.『イスラーム主義と中東政治――レバノン・ヒズブッラーの抵抗と革命』名古屋大学出版会
―――．2018.『イスラーム主義――もう一つの近代を構想する』岩波書店
鈴木恵美．2012.「体制移行期における宗教政党の躍進――2012年人民議会選挙の考察」伊能武次・土屋一樹編『エジプト動乱――1.25革命の背景』アジア経済研究所，87-110.
―――．2013.『エジプト革命――軍とムスリム同胞団，そして若者たち』中央公論新社
鈴木董．2007.『ナショナリズムとイスラム的共存』千倉書房
竹村和朗．2014a.「エジプト2012年憲法の読解――過去憲法との比較考察（上）」『アジア・アフリカ言語文化研究』(87)，103-240.
―――．2014b.「エジプト2012年憲法の読解――過去憲法との比較考察（下）」『アジア・アフリカ言語文化研究』(88)，91-284.
店田廣文．2002.「ダール・アル＝ウルーム」大塚和夫ほか編『岩波イスラーム辞典』岩波書店，619.
谷垣博保．2000.「現代エジプトにおけるコプト――中東最大のキリスト教コミュニティの状況」『現代の中東』(28)，49-71.
田村愛理．1986.「近現代エジプトにおけるムスリム＝コプト紛争――国民統合の視点から」『日本中東学会年報』(1)，34-61.
―――．1999.「『イスラム的』共存構造における相互依存と対立――ズィンミー／マイノリティの視点から」『イスラム世界の相互依存と対立・対抗に関する研究』(NIRA研究報告書）総合研究開発機構，95-104.
土屋一樹．2015.「エジプトにおける軍の経済活動――スィースィー体制での役割」『中東レビュー』(2)，157-168.
中岡三益．1991.『アラブ近現代史』岩波書店
長沢栄治．1987.「エジプトにおける家族関係の近代化」『現代の中東』(2)，14-32.
―――．1993a.「現代アラブ思想研究のための覚書――思想的危機と第2のナフダ」伊能武次編『中東諸国における政治経済変動の諸相』アジア経済研究所，3-46.
―――．1993b.「現代アラブ思想と民衆的遺産」『一橋論叢』110(4)，537-555.

――――. 2000.「アラブ主義の現在」木村靖二・長沢栄治編『地域への展望』〈地域の世界史 12〉山川出版社，14-52.
――――. 2012a.『エジプト革命――アラブ世界変動の行方』平凡社
――――. 2012b.『アラブ革命の遺産――エジプトのユダヤ系マルクス主義とシオニズム』平凡社
――――. 2013.『エジプトの自画像――ナイルの思想と地域研究』平凡社
――――. 2014.「アズハルと 2011 年エジプト革命」『ODYSSEUS』（東京大学大学院総合文化研究科地域文化研究専攻紀要）別冊(2)，59-84.
――――. 2015.「『7 月 3 日』体制下のエジプト」『石油・天然ガスレビュー』49(2)，1-16.
中田考. 1990.「イスラーム法学に於けるカリフ論の展開」『オリエント』33(2)，79-95.
――――. 1996.「イスラーム主義とシャリーア」山内昌之編『「イスラム原理主義」とはなにか』岩波書店，93-114.
――――. 1998.「新生『タクフィール・ワ・ヒジュラ』の思想と行動」『地域研究論集』1(2)，91-108.
――――. 2002.「イブン・タイミーヤ」大塚和夫ほか編『岩波イスラーム辞典』岩波書店，160.
中野実. 1998.『宗教と政治』〈シリーズ 21 世紀の政治学 1〉新評論
中村廣治郎. 1989.「イスラームの法思想」中村廣治郎ほか『イスラーム思想 1』〈岩波講座・東洋思想〉，103-117.
――――. 1997.『イスラームと近代』岩波書店
ナセル，G. A. 1956.『革命の哲学』西野照太郎訳，平凡社
西谷修. 2000.「《宗教》と近代――世俗化のゆくえ」小林康夫ほか編『宗教と政治』〈宗教への問い 4〉岩波書店，3-50.
西野正巳. 2001.「サイイド・クトゥブの社会論」『日本中東学会年報』17(1)，97-121.
――――. 2013.「イスラーム主義急進派のイデオロギーの変遷についての一考察――1990 年代以降の急進派内の意見対立を中心に」『防衛研究所紀要』15(2)，83-98.
日本国際問題研究所編. 2001.『中東基礎資料調査：主要中東諸国の憲法（上・下）』（平成 12 年度外務省委託研究報告書）日本国際問題研究所
ハッラーク，ワーイル. 2003.『イジュティハードの門は閉じたのか――イスラーム法の歴史と理論』奥田敦訳，慶應義塾大学出版会
――――（ハッラーク，ワーエル. B.）. 2011.『イスラーム法理論の歴史――スンニー派法学入門』黒田壽郎訳，書肆心水
ハッラーフ，アブドル＝ワッハーブ. 1984.『イスラムの法――法源と理論』中村廣治郎訳，東京大学出版会
バンナー，ハサン. 2015.『ムスリム同胞団の思想――ハサン・バンナー論考集（上・

下)』〈イスラーム原典叢書〉北澤義之・髙岡豊・横田貴之・福永浩一（下のみ）編訳，岩波書店
林武．1976．「ハーリド・ムハンマド・ハーリド――ある『根源主義者』に関する覚え書き」『一橋論叢』76(6)，609-615.
東アラブにおける社会変容の諸側面研究会編．1989．『文献解題　東アラブ近現代史研究』アジア経済研究所
平野淳一．2007a．「〈原典翻訳〉19世紀後半におけるイスラーム改革者による西洋思想批判――ジャマールッディーン・アフガーニー『物質主義者への反駁』」『イスラーム世界研究』1(1)，198-225.
――――．2007b．「〈原典翻訳〉アフガーニー思想におけるイスラームと西洋の布置図――ジャマールッディーン・アフガーニー『物質主義者への反駁』」『イスラーム世界研究』1(2)，372-407.
深沢克己・高山博編．2006．『信仰と他者――寛容と不寛容のヨーロッパ宗教社会史』東京大学出版会
福田歓一．1985．『政治学史』東京大学出版会
ヘイカル，モハメド．1983．『サダト暗殺――孤独な「ファラオ」の悲劇』佐藤紀久夫訳，時事通信社
保坂修司．2017．『ジハード主義――アルカイダからイスラーム国へ』岩波書店
ホサム，ダルウィッシュ．2011．「エジプトにおける民衆運動と政治社会の再構築」『現代思想4月臨時増刊号 総特集 アラブ革命 チュニジア・エジプトから世界へ』青土社，108-117.
ホーラーニー，アルバート．2003．『アラブの人々の歴史』湯川武監訳，阿久津正幸編訳，第三書館
堀井聡江．2004．『イスラーム法通史』山川出版社
松本耿郎．1993．『イスラーム政治神学――ワラーヤとウィラーヤ』未来社
――――．2002．「イマーム」大塚和夫ほか編『岩波イスラーム辞典』岩波書店，168-169.
松本弘．2004．「民主主義の受容と混乱」私市正年・栗田禎子編『イスラーム地域の民衆運動と民主化』〈イスラーム地域研究叢書3〉東京大学出版会，79-99.
――――．2016．『ムハンマド・アブドゥフ――イスラームの改革者』〈世界史リブレット人84〉山川出版社
丸山直起．1989．「中東」有賀貞ほか編『現代世界の分離と統合』〈講座国際政治3〉東京大学出版会，283-301.
三代川寛子．2009．「現代エジプトにおけるコプト・キリスト教徒とイスラーム主義運動」『民族紛争の背景に関する地政学的研究』（大阪大学世界言語研究センター）(13)，134-150.
――――．2010．『現代エジプトにおける国家・教会関係――サーダート大統領の議会演

説の翻訳と解説』〈SOIAS Research Paper Series, 3〉上智大学アジア文化研究所
――――編著. 2013.『東方キリスト教諸教会　基礎データと研究案内（増補版）』〈SOIAS Research Paper Series, 9〉上智大学アジア文化研究所
ムハンマド・アサド. 1989.『イスラームの国家と統治の原則』真田芳憲訳, 中央大学出版部
両角吉晃. 2002.「法源学」大塚和夫ほか編『岩波イスラーム辞典』岩波書店, 885-886.
八木久美子. 2006.『マフフーズ・文学・イスラム――エジプト知性の閃き』第三書館
――――. 2011.『グローバル化とイスラム――エジプトの「俗人」説教師たち』世界思想社
山内昌之. 2002.「民主主義」大塚和夫ほか編『岩波イスラーム辞典』岩波書店, 954-955.
山口直彦. 2011.『新版エジプト近現代史――ムハンマド・アリー朝成立からムバーラク政権成立まで』明石書店
山根学. 1986.『現代エジプトの発展構造――ナセルの時代』晃洋書房
湯川武. 1993.「現代エジプトの宗教と政治――シャイフ・シャァラーウィーの政治的意味」小田英郎ほか編『中東・アフリカ現代政治――民主化・宗教・軍部・政党』〈慶應義塾大学地域研究センター叢書 1〉勁草書房, 35-55.
湯川武・中田考. 1991.「解説」イブン・タイミーヤ『シャリーアによる統治――イスラーム政治論』湯川武・中田考訳, 日本サウディアラビア協会, 1-18.
ユルゲンスマイヤー, マーク. 1995.『ナショナリズムの世俗性と宗教性』阿部美哉訳, 玉川大学出版部
横田貴之. 2006.『現代エジプトにおけるイスラームと大衆運動』ナカニシヤ出版
――――. 2009.『原理主義の潮流――ムスリム同胞団』〈イスラームを知る 10〉山川出版社
――――. 2012.「イスラーム主義運動は何を目指しているのか――エジプト・ムスリム同胞団を中心に」『海外事情』60(3), 31-44.
――――. 2013.「クーデタはエジプトに何をもたらしたか？」『SYNODOS（シノドス）』10月23日（http://synodos.jp/international/5857　2014年3月31日閲覧）
――――. 2014a.「ムバーラク政権によるムスリム同胞団のコオプテーションの再考」『アジア経済』55(1), 9-27.
――――. 2014b.「エジプト――二つの「革命」がもたらした虚像の再考」青山弘之編『「アラブの心臓」に何が起きているのか――現代中東の実像』岩波書店, 1-28.
――――. 2014c.「スィースィー体制へ向かうエジプト――権威主義体制の再構築とムスリム同胞団の政治的排除」『海外事情』62(5), 32-46.
――――. 2014d.「スィースィー待望論は『ムバーラク体制 ver. 2.0』への道筋か」『SYNODOS（シノドス）』3月20日（http://synodos.jp/international/7529　2014年3月31日閲覧）

――――. 2015.「エジプト・ムスリム同胞団の『挫折』――ポスト・イスラーム主義からの一考察」『国際安全保障』43(3)，29-42.

リダー，ムハンマド・ラシード．1987.『現代イスラーム国家論――「アル＝マナール」派思想における政府と立法』小杉泰編訳・解説，国際大学国際関係学研究科

レイプハルト，アーレンド．1979.『多元社会のデモクラシー』内山秀夫訳，三一書房

ローガン，ユージン．2017.『オスマン帝国の崩壊――中東における第一次世界大戦』白須英子訳，白水社

ローゼンタール．1971.『中世イスラムの政治思想』福島保夫訳，みすず書房

2．英語文献

Abaza, M. 1999. "Tanwir and Islamization: Rethinking the Struggle over Intellectual Inclusion in Egypt." *Cairo Papers in Social Science* 22(4): 85-118.

Abdalla, Ahmed. 1985. *The Student Movement and National Politics in Egypt, 1923-1973.* London: al-Saqi Books.

Abdel-Latif, Omayma. 2003. "Mohamed Selim El-Awa: Political Thought, Activism, and the Spaces Between: Faith in the Struggle." *Al-Ahram Weekly Online* (662), October 30-November 5.（http://weekly.ahram.org.eg/Archive/2003/662/profile.htm　2016 年 8 月 13 日閲覧）

Abdul Rauf, Feisal. 2015. *Defining Islamic Statehood: Measuring and Indexing Contemporary Muslim States*. New York: Palgrave Macmillan.

Abou El Fadl, Khaled. 2007. *The Great Theft: Wrestling Islam from the Extremists*. New York: HarperSanFrancisco.

――――. 2014. *Reasoning with God: Reclaiming Shari'ah in the Modern Age*. Lanham: Rowman & Littlefield.

Abu- Rabi', Ibrahim M. 1995. *Intellectual Origins of Islamic Resurgence in the Modern Arab World.* New York: SUNY Press.

――――. 2004. *Contemporary Arab Thought: Studies in Post-1967 Arab Intellectual History*. London: Pluto Press.

―――― ed. 2010. *The Contemporary Arab Reader on Political Islam*. London: Pluto Press.

Adams, Charles C. 1933. *Islam and Modernism in Egypt*. London: Oxford University Press.

El-Affendi, Abdelwahab. 2004. "On the State, Democracy and Pluralism." In *Islamic Thought in the Twentieth Century*, ed. Suha Taj-Farouki and Basheer M. Nafi, 172-194. London: I. B. Tauris.

Agrama, Hussein Ali. 2012. *Questioning Secularism: Islam, Sovereignty, and the Rule of Law in Modern Egypt*. Chicago: The University of Chicago Press.

Ahram Online. 2013. "Morsi's Advisory Team Less Diverse after Months of Walkouts." February 19.（http://english.ahram.org.eg/News/65135.aspx　2016 年 10 月 4 日閲覧）

———. 2015. "El-Sisi Says Al-Azhar Has Failed to Renew Islamic Discourse." July 15.（http://english.ahram.org.eg/News/135369.aspx　2016 年 11 月 21 日閲覧）
Aishima, Hatsuki and Almando Salvatore. 2010. "Doubt, Faith, and Knowledge: The Reconfiguration of the Intellectual Field in Post-Nasserist Cairo." In *Islam, Politics, Anthropology*, ed. Filippo Osella and Benjamin Soares, 39-53. Chichester: Wiley-Blackwell.
Akhavi, Shahrough. 2009. *The Middle East: The Politics of the Sacred and Secular*. London: Zed Books.
Altman, Israel. 1979. "Islamic Legislation in Egypt in the 1970s." *Asian and African Studies* 13 (3): 199-219.
———. 1981. "The Arab Republic of Egypt." *Middle East Contemporary Survey* (4): 325-391.
al-Anani, Khalil. 2015. "Upended Path: The Rise and Fall of Egypt's Muslim Brotherhood." *Middle East Journal* 69(4): 527-543.
al-Anani, Khalil and Maszlee Malik, 2013. "Pious Way to Politics: The Rise of Political Salafism in Post-Mubarak Egypt." *Digest of Middle East Studies* 22(1): 57-73.
Anderson, Norman. 1976. *Law Reform in the Muslim World.* London: The Athlone Press.
Ansari, Hamied N. 1984a. "Sectarian Conflicts in Egypt and the Political Expediency of Religion." *The Middle East Journal* 38(3): 397-418.
———. 1984b. "The Islamic Militants in Egyptian Politics." *International Journal of Middle East Studies* 16(1): 123-144.
Antar, Noha. 2006. *The Muslim Brotherhood's Success in the Legislative Elections in Egypt 2005: Reasons and Implications*. Euro-MeSco Paper, No. 51.
Arjomand, Saïd Amir. 2007. "Islamic Constitutionalism." *Annual Review of Law and Social Science* 2007(3): 115-140.
Asad, Talal. 1986. *The Idea of an Anthropology of Islam*. Occasional Papers Series. Washington, DC: Center for Contemporary Arab Studies, Georgetown University.
———. 2001. *Thinking about Secularism and Law in Egypt* (*ISIM Papers*). Leiden: Leiden ISIM.
———. 2005. "Reflections on Laïcité and the Public Sphere." *Social Science Research Council Items and Issues* 5(3): 1-5.
———. 2006. "Thinking About Law, Morality, and Religion in the Story of Egyptian Modernization." *Journal of the Interdisciplinary Study of Monotheistic Religions*, Special Issue: 13-24.
al-A'sar, Marwa. 2015. "Persecution of Egypt's Shiites Continues." *Al-Monitor*, May 29.（http://www.al-monitor.com/pulse/originals/2015/05/egypt-shiites-sufis-religion-minority-discrimination.html　2017 年 3 月 22 日閲覧）
Al-Awa, Mohammad Salim. 1993. "Political Pluralism: An Islamic Perspective." In *Power-*

Sharing Islam? ed. Azzam Tamimi, 65-76. Translated by Azzam Tamimi. London: Liberty for Muslim World Publications.

Al-Awadi, Hesham. 2004. *The Muslim Brothers in Pursuit of Legitimacy: Power and Political Islam in Egypt under Mubarak*. London: I. B. Tauris.

Ayubi, Nazih. 1991. *Political Islam: Religion and Politics in the Arab World*. London: Routledge.

———. 1995. *Over-Stating the Arab State: Politics and Society in the Middle East.* London: I. B. Tauris.

———. 2009. "Islamic State." in *The Oxford Encyclopedia of the Islamic World*, online edition, ed. John L. Esposito. New York: Oxford University Press.

Baker, Raymond William. 1978. *Egypt Uncertain Revolution under Nasser and Sadat*. Cambridge: Harvard University Press.

———. 1990. *Sadat and After: Struggles for Egypt's Political Soul*. Cambridge: Harvard University Press.

———. 2003. *Islam without Fear: Egypt and the New Islamists*. Cambridge: Harvard University Press.

———. 2009. "Ghazālī, Muḥammad al-." In *The Oxford Encyclopedia of the Islamic World*, online edition, ed. John L. Esposito. Oxford University Press.

———. 2015. *One Islam, Many Other Worlds: Spirituality, Identity, and Resistance across Islamic Lands*. New York: Oxford University Press.

Bano, Masooda. 2015. "Protector of the "al-Wasatiyya" Islam: Cairo's al-Azhar University." In *Shaping Global Islamic Discourses: The Role of al-Azhar, al-Medina and al-Mustafa*, ed. Masooda Bano and Keiko Sakurai, 73-90. Edinburgh: Edinburgh University Press.

Baraka, Magda. 1998. *The Egyptian Upper Class between Revolutions 1919-1952.* Reading: Ithaca Press.

Barraclough, Steven. 1998. "Al-Azhar: Between the Government and the Islamists." *Middle East Journal* 52(2): 236-249.

Bayat, Asef. 2007. *Making Islam Democratic: Social Movements and the Post-Islamist Turn*. Stanford: Stanford University Press.

———. 2013a. "Post-Islamism at Large." In *Post-Islamism: The Changing Faces of Political Islam*, ed. Asef Bayat, 3-32. Oxford: Oxford University Press.

———. 2013b. "Egypt and Its Unsettled Islamism." In *Post-Islamism: The Changing Faces of Political Islam*, ed. Asef Bayat, 185-239. Oxford: Oxford University Press.

Behrens-Abouseif, Doris. 1982. "The Political Situation of the Copts, 1798-1923." In *Christians and Jews in the Ottoman Empire: The Functioning of a Plural Society, vol. 2*, ed. Benjamin Braude and Bernard Lewis, 185-205. New York: Holmes & Meier Publishers.

Beinin, Joel. 1998. *The Dispersion of Egyptian Jewry: Culture, Politics, and the Formation of A*

Modern Diaspora. Berkeley: University of California Press.
Bengio, Ofra and Gabriel Ben-Dor, ed. 1999. *Minorities and the State in the Arab World*. Boulder: Lynne Rienner Publishers.
Belkeziz, Abdelilah. 2009. *The State in Contemporary Islamic Thought: A Historical Survey of the Major Muslim Political Thinkers of the Modern Era*. Translated by Abdullah Richard Lux. London: I. B. Tauris.
Ben-David, Amir. 2001. "Leopold of Arabia." *Haaretz*, November 15.（https://www.haaretz.com/leopold-of-arabia-1.74797　2017年9月28日閲覧）
Berger, Maurits. 2001. "Public Policy and Islamic Law: The Modern Dhimmi in Contemporary Egyptian Family Law." *Islamic Law and Society* 8(1): 88-136.
Berger, Morroe. 1970. *Islam in Egypt Today: Social and Political Aspects of Popular Religion*. Cambridge: Cambridge University Press.
Berger, P. L. 1999. "The Desecularization of the World: A Global Overview." In *The Desecularization of the World: Resurgent Religion and World Politics*, ed. P. L. Burger, 1-18. Washington, D. C.: Ethics and Public Policy Center.
Betts, Robert Brenton. 1978. *Christians in the Arab East: A Political Study, revised edition*. Athens: Lycabettus Press.
Binder, Leonard. 1964. *The Ideological Revolution in the Middle East*. New York: John Wiley and Sons, Inc.
――――. 1988. *Islamic Liberalism: A Critique of Development Ideologies*. Chicago: University of Chicago Press.
Black, Antony. 2001. *The History of Islamic Political Thought: From the Prophet to the Present.* Edinburgh: Edinburgh University Press.
Bosworth, C. E. 1982. "The Concept of Dhimma in Early Islam." In *Christians and Jews in the Ottoman Empire: The Functioning of a Plural Society,* vol. 1, ed. Benjamin Braude and Bernard Lewis, 37-51. New York: Holmes & Meier Publishers.
Boullatta, I. J. 1990. *Trends and Issues in Contemporary Arab Thought*. Albany: State University of New York Press.
Bowering, Gerhard, ed. 2015. *Islamic Political Thought: An Introduction*. Princeton: Princeton University Press.
Braude, Benjamin and Bernard Lewis, eds. 1982. *Christians and Jews in the Ottoman Empire: The Functioning of a Plural Society,* 2 vols. New York: Holmes & Meier Publishers.
Braude, Benjamin. 1982. "Foundation Myths of the Millet System." In *Christians and Jews in the Ottoman Empire: The Functioning of a Plural Society, vol. 1.* ed. Benjamin Braude and Bernard Lewis, 69-88. New York: Holmes & Meier Publishers.
Browers, Michaelle L. 2006. *Democracy and Civil Society in Arab Political Thought:*

Transcultural Possibilities. New York: Syracuse University Press.
———. 2009. *Political Ideology in the Arab World: Accommodation and Transformation*. Cambridge: Cambridge University Press.
———. 2016. "Rethinking Moderation, Attending to the Liminal." *Project on Middle East Political Science*. (http://pomeps.org/2016/02/25/rethinking-moderation-attending-to-the-liminal/ 2017年12月10日閲覧)
———. 2017. "The Struggle for Equality and Citizenship in Arab Political Thought: Ideological Debates and Conceptual Change." In *The Crisis of Citizenship in the Arab World*, ed. Roel Meijer and Nils Butenschøn, 296-319. Leiden: Brill.
Brown, Jonathan. 2011. *Salafis and Sufis in Egypt* (The Carnegie Papers). Washington, D. C.: Carnegie Endowment for International Peace.
Brown, Nathan J. 1997a. *The Rule of Law in the Arab World: Courts in Egypt and the Gulf*. Cambridge: Cambridge University Press.
———. 1997b. "Shari'a and the State in the Modern Middle East." *International Journal of Middle East Studies* 29(3): 359-376.
———. 2002. *Constitutions in a Nonconstitutional World: Arab Basic Laws and the Prospects for Accountable Government*. Albany: State University of New York Press.
———. 2011. *Post-Revolutionary al-Azhar* (*The Carnegie Papers*). Washington, D. C.: Carnegie Endowment for International Peace.
———. 2012. "Debating the Islamic Shari'a in 21st-Century Egypt." *The Review of Faith & International Affairs* 10(4): 9-17.
———. 2014. "Constitutional Revolutions and the Public Sphere." In *The Arab Uprising Explained: New Contentious Politics in the Middle East*, ed. Marc Lynch, 296-312. New York: Columbia University Press.
Brown, Nathan J. and Amr Hamzawy. 2008. *The Draft Party Platform of the Egyptian Muslim Brotherhood: Foray Into Political Integration or Retreat Into Old Positions?* Washington, D. C.: Carnegie Endowment for International Peace.
Brown, Nathan J. and Katie Bentivoglio. 2014. "Egypt's Resurgent Authoritarianism: It's a Way of Life." *Carnegie Endowment for International Peace*, October 9. (http://carnegieendowment.org/2014/10/09/egypt-s-resurgent-authoritarianism-it-s-way-of-life 2015年5月26日閲覧)
Brunner, Reiner. 2004. *Islamic Ecumenism in the 20th Century: The Azhar and Shiism between Rapprochement and Restraint*. Leiden: Brill.
Busool, Assad N. 1984. "Rashid Rida's Struggle to Establish a Modern Islamic State." *American Journal of Islamic Studies* 1(1): 83-99.
Butterworth, Charles E. 1997. "State and Authority in Arabic Political Thought." in *The Foundations of the Arab State*, ed. Ghassan Salamé, 91-111. London: Croom Helm.

Calvert, John. 2010. *Sayyid Qutb and the Origins of Radical Islamism*. London: Hurst.

Campos, Michelle M. 2011. *Ottoman Brothers: Muslims, Christians, and Jews in Early Twentieth-Century Palestine*. Stanford: Stanford University Press.

Cannon, Byron. 1988. *Politics of Law and the Courts in Nineteenth-Century Egypt*. Salt Lake City: University of Utah Press.

Cantori, Louis. 1981. "Religion and Politics in Egypt." in *Religion and Politics in the Middle East*, ed. M. Curtis, 77-90. Boulder: West View Press.

Carter, B. L. 1986. *The Copts in Egyptian Politics*. London: Croom Heim.

Carter Center. 2012. *Presidential Election in Egypt: Final Report*. Atlanta: Carter Center. (http://www. cartercenter. org/resources/pdfs/news/peace_publications/election_reports/egypt-final-presidential-elections-2012.pdf 2014年2月2日閲覧)

Cavanaugh, William T. 2009. *The Myth of Religious Violence: Secular Ideology and the Roots of Modern Conflict*. New York: Oxford University Press.

Cavatorta, Francesco and Fabio Merone, eds. 2017. *Salafism After the Arab Awakening: Contending with People's Power*. New York: Oxford University Press.

Choueiri, Youssef M. 2000. *Arab Nationalism: A History: Nation and State in the Arab World*. Oxford: Blackwell Publishers.

Cohen, H. J. 1973. *The Jews of the Middle East 1860-1972*. Jerusalem: Israel Universities Press.

Cole, Juan. 1983. "Rashid Rida on the Bahat Faith: A Utilitarian Theory of the Spread of Religions." *Arab Studies Quarterly* 5(3): 276-291.

————. 1993. *Colonialism and Revolution in the Middle East: Social and Cultural Origins of Egypt's 'Urabi Movement*. Princeton: Princeton University Press.

Cook, Michael. 2000. *Commanding Right and Forbidding Wrong in Islamic Thought*. New York: Cambridge University Press.

Cook, Steven A. 2007. *Ruling but Not Governing: The Military and Political Development in Egypt, Algeria, and Turkey*. Baltimore: John Hopkins University Press.

Coulson, N. J. 1964. *A History of Islamic Law*. Edinburgh: Edinburgh University Press.

Cragg, Kenneth. 1991. *The Arab Christian: A History in the Middle East*. London: John Knox Press.

Crecelius, Daniel. 1966. "Al-Azhar in the Revolution." *The Middle East Journal* 20(1): 31-49.

————. 1972. "Nonideological Responses of the Egyptian Ulama to Modernization." In *Scholars, Saints, and Sufis: Muslim Religious Institutions in the Middle East since 1500*, ed. Nikki R. Keddie, 167-209. Berkeley: University of California Press.

Dalacoura, K. 2003. *Islam, Liberalism, and Human Rights: Implications for International Relations*, revised edition. London: I. B. Tauris.

Daly, M. W., ed. 1998. *The Cambridge History of Egypt: Volume 2. Modern Egypt, from 1517 to the End of the Twentieth Century*. Cambridge: Cambridge University Press.

Dekmejian, R. Hrair. 1971. *Egypt under Nasir: A Study in Political Dynamics*. Albany: State University of New York Press.

———. 1985. *Islam in Revolution: Fundamentalism in the Arab World*. Syracuse: Syracuse University Press.

Dodge, Bayard. 1974. *Al-Azhar: A Millennium of Muslim Learning*. Washington, D. C.: The Middle East Institute.

Donnelly, Jack. 1982. "Human Rights and Human Dignity: An Analytic Critique of Non-Western Conceptions of Human Rights." *American Political Science Review* 76(2): 303-316.

Dunne, Michele. 2003. *Democracy in Contemporary Egyptian Political Discourse* (*Discourse Approaches to Politics, Society and Culture vol. 6*). Amsterdam: John Benjamins Publishing Company.

Dunne, Michele & Tarek Radwan, 2013. "Egypt: Why Liberalism Still Matters." *Journal of Democracy* 24(1): 86-100.

Dunne, Michele & Katie Bentivoglio. 2015. "Is Sisi Islam's Martin Luther?" *Carnegie Endowment for International Peace*, January 16. (http: //carnegieendowment. org/syriaincrisis/? fa=57738 2015年3月18日閲覧)

Donohue, John. J. and John L. Esposito, eds. 1982. *Islam in Transition: Muslim Perspectives*. New York: Oxford University Press.

Donohue, John J. 1983. "Islam and the Search for Identity in the Arab World." In *Voices of Resurgent Islam*, ed. John L. Esposito, 48-61. New York: Oxford University Press.

Eccel, A. Chris. 1984. *Egypt, Islam and Social Change: Al-Azhar in Conflict and Accommodation*. Berlin: Klaus Schwarz.

Eickelman, Dale F. 1993. "Islamic Liberalism Strikes Back." *Middle East Association Bulletin* 27 (2): 163-168.

———. 2000. "Islam and the Language of Modernity." *Daedalus* 129(1): 119-135.

———. 2006. "Clash of Cultures? Intellectuals, their Publics, and Islam." In *Intellectuals in the Modern Islamic World: Transmission, Transformation, Communication*, ed. Stéphane D. Dudoignon, Komatsu Hisao and Kosugi Yasushi, 289-304. London. Routledge.

Eickelman, Dale F. and James Piscatori. 1996. *Muslim Politics*. Princeton: Princeton University Press.

Eickelman, Dale F. and Anderson, J., eds. 2003. *New Media in the Muslim World: The Emerging Public Sphere*. Bloomington: Indiana University Press.

Elsässer, Sebastian. 2014. *The Coptic Question in the Mubarak Era*. New York: Oxford University Press.

Enayat, Hamid. 1982. *Modern Islamic Political Thought: The Response of the Shīʿī and Sunnī*

Muslims to the Twentieth Century. Austin: University of Texas Press.

Esman, Milton and Itamar Rabinovich, eds. 1988. *Ethnicity, Pluralism, and the State in the Middle East*. Ithaca and London: Cornell University Press.

Esposito, John L., ed. 1983. *Voices of Resurgent Islam*. New York: Oxford University Press.

Esposito, John L. and Azzam Tamimi, eds. 2000. *Islam and Secularism in the Middle East*. New York: C. Hurst.

Esposito, John L. and Emad El-Din Shahin, eds. 2013. *The Oxford Handbook of Islam and Politics*. Oxford: Oxford University Press.

Esposito, John L. and John O. Voll. 2001. *Makers of Contemporary Islam*. Oxford: Oxford University Press.

Euben, Roxanne L. and Muhammad Qasim Zaman eds. 2009. *Princeton Readings in Islamist Thought: Texts and Contexts from al-Banna to Bin Laden*. Princeton; Princeton University Press.

Ezzat, Dina. 2012. "Presidential Hopeful El-Awa is Trying to Fix the Brotherhood-SCAF Fall Out." *Ahram Online*, March 27.（http://english.ahram.org.eg/NewsPrint/37847.aspx　2016 年 10 月 20 日閲覧）

Fahmi, Gerges. 2014. "The Coptic Church and Politics in Egypt." *Carnegie Middle East Center*, December 18.（http: //carnegie-mec. org/2014/12/18/coptic-church-and-politics-in-egypt/hxlt 2015 年 5 月 26 日閲覧）

Fahmy, Khaled. 2002. *All the Pasha's Men: Mehmed Ali, His Army and the Making of the Modern Egypt*. Cairo: The American University in Cairo Press.

Fahmy, Ninette S. 2002. *The Politics of Egypt: State-Society Relationship*. London: RoutledgeCurzon.

Farah, Nadia Ramsis. 1986. *Religious Strife in Egypt: Crisis and Ideological Conflict in the Seventies*. New York: Gordon and Breach Science Publishers.

Ferrecchia, Jenna. 2013. "What Do the Copts Want in the Constitution?/ Sarkha: A New Christian Protest Movement." *Arab West Report*, October 28.（http://www.arabwestreport.info/en/node/46879　2017 年 9 月 8 日閲覧）

Flores, Alexander. 1997. "Secularism, Integralism, and Political Islam: The Egyptian Debate." In *Political Islam: Essays from Middle East Report*, ed. Joel Beinin and Joe Stork, 83–94. Berkeley and Los Angeles: University of California Press.

Fluehr-Lobban, Carolyn, ed. 1998. *Against Islamic Extremism: the Writings of Muhammad Sa'id al-'Ashmawy*. Gainesville: University Press of Florida.

Friedmann, Yohanan. 2003. *Tolerance and Coercion in Islam: Interfaith Relations in the Muslim Tradition*. Cambridge: Cambridge University Press.

———. 2015. "Minorities." In *Islamic Political Thought: An Introduction*, ed. Gerhard Bowering, 123–134. Princeton: Princeton University Press.

Gaffney, Patrick D. 1994. *The Prophet's Pulpit: Islamic Preaching in Contemporary Egypt.* Berkeley: University of California Press.

Gallagher, Nancy E. 1989. "Islam vs. Secularism in Cairo: an Account of the Dar al-Hikma Debate." *Middle Eastern Studies* 25(2): 208-215.

Gerges, Fawaz. 2009. *The Far Enemy: Why Jihad Went Global*, 2nd edition. Cambridge: Cambridge University Press.

Gershoni, Israel and James Jankowski. 1986. *Egypt, Islam, and the Arabs: The Search for Egyptian Nationhood, 1900-1930.* New York: Oxford University Press.

Gershoni, Israel and James Jankowski, eds. 1995. *Redefining the Egyptian Nation, 1930-1945.* Cambridge: Cambridge University Press.

Gershoni, Israel and James Jankowski, eds. 1997. *Rethinking Nationalism in the Arab Middle East.* New York: Colombia University Press.

Gesink, Indira Falk. 2014. *Islamic Reform and Conservatism: Al-Azhar and the Evolution of Modern Sunni Islam.* London: I. B. Tauris.

El-Ghobashy, Mona. 2005a. "The Metamorphosis of the Egyptian Muslim Brothers." *International Journal of Middle East Studies* 37(3): 373-395.

————. 2005b. "Egypt Looks Ahead to Portentous Year." *Middle East Report Online*, February 2.（http://www.merip.org/mero/mero020205　2018年5月11日閲覧）

————. 2016. "Dissidence and Deference Among Egyptian Judges." *Middle East Research and Information Project*（279).（https://www.merip.org/mer/mer279/dissidence-deference-among-egyptian-judges　2018年9月10日閲覧）

Goldschmidt, Arthur. 2004. *Modern Egypt: The Formation of a Nation-State*, 2nd ed. Boulder: Westview Press.

Gordon, Joel. 1992. *Nasser's Blessed Movement: Egypt's Free Officers and the July Revolution.* Cairo: American University in Cairo Press.

Gorman, Anthony. 2003. *Historians, State and Politics in Twentieth Century Egypt: Contesting the Nation.* London: Routledge Curzon.

Gräf, Bettina. 2009. "The Concept of *Wasaṭiyya* in the Work of Yūsuf al-Qaraḍāwī." In *Global Mufti: The Phenomenon of Yūsuf al-Qaraḍāwī*, ed. Bettina Gräf and Jakob Skovgaard-Petersen, 213-238. London: Hurst & Company.

Gräf, Bettina and Jakob Skovgaard-Petersen. 2009. *Global Mufti: The Phenomenon of Yūsuf al-Qaraḍāwī.* London: Hurst & Company.

Haddad, Yvonne Yazbeck. 1995. "Christians in a Muslim State: The Recent Egyptian Debate." In *Christian-Muslim Encounters*, ed. Yvonne Yazbeck Haddad and Wadi Zaidan Haddad, 381-398. Gainesville: California University Press.

Harik, Iliya. 1990. "The Origins of the Arab State System." In *The Arab State*, ed. Giacomo

Luciani, 1-28. London: Routledge.

Harnisch, Chris and Quinn Mecham. 2009. "Democratic Ideology in Islamist Opposition? The Muslim Brotherhood's 'Civil State'." *Middle Eastern Studies* 45(2): 189-205.

Harris, C. P. 1964. *Nationalism and Revolution in Egypt: the Role of Muslim Brotherhood*. The Hague: Hoover Institution on War.

Hasan, S. S. 2003. *Christians versus Muslims in Modern Egypt: The Century-Long Struggle for Coptic Equality*. New York: Oxford University Press.

Hashemi, Nader. 2009. "Secularism." In *The Oxford Encyclopedia of the Islamic World*, online edition, ed. John L. Esposito. Oxford University Press.

———. 2012. *Islam, Secularism, and Liberal Democracy: Toward a Democratic Theory for Muslim Societies*, pbk. New York: Oxford University Press.

Hatina, Meir. 2003. "Historical Legacy and the Challenge of Modernity in the Middle East: The Case of al-Azhar in Egypt." *The Muslim World* 93(1): 51-68.

———. 2007. *Identity Politics in the Middle East: Liberal Thought and Islamic Challenge in Egypt*. London. I. B. Tauris.

Hefner, Robert W., ed. 2005. *Remaking Muslim Politics: Pluralism, Contestation, Democratization*. Princeton: Princeton University Press.

———. 2011. "Introduction: Shari'a Politics: Law and Society in the Modern Muslim World." In *Shari'a and Politics: Islamic Law and Society in the Modern World*, ed. Robert W. Hefner, 1-54. Bloomington: Indiana University Press.

Heyworth-Dunne, J. 1950. *Religious and Political Trends in Modern Egypt*. Washington: Near and Middle East Monographs.

Al-Hibri, Azizah Y. 1992. "Islamic Constitutionalism and the Concept of Democracy." *Case Western Reserve Journal of International Law* 24(1): 1-27.

Hinnebusch, Raymond A., Jr. 1984. "The Reemergence of the Wafd party: Glimpses of the Liberal Opposition in Egypt." *International Journal of Middle East Studies* 16(1): 99-121.

———. 1988. *Egyptian Politics under Sadat: The Post-Populist Development of an Authoritarian-Modernizing State*, updated edition. Boulder: Lynne Rienner Publishers.

Hirschkind, Charles. 2006. *The Ethical Soundscape: Cassette Sermons and Islamic Counterpublics*. New York: Columbia University Press.

———. 2012. "Beyond Secular and Religious: An Intellectual Genealogy of Tahrir Square." *American Ethnologist* 39(1): 49-53.

Høigilt, Jacob. 2011. *Islamist Rhetoric: Language and Culture in Contemporary Egypt*. New York: Routledge.

Høigilt, Jacob & Frida Nome. 2014. "Egyptian Islamism in Revolution." *Journal of Islamic Studies* 25(1): 33-54.

Hopwood, Derek. 1991. *Egypt: Politics and Society 1945-1990*, 3rd ed. London: Routledge.

El Houdaiby, Ibrahim. 2012a. “Islamism in and after Egypt’s Revolution.” In *Arab Spring in Egypt: Revolution and Beyond*, ed. Bahgat Korany and Rabab El-Mahdi, 125-152. Cairo: American University in Cairo Press.

———. 2012b. “Islamism Now.” *Cairo Review* (6): 130-49.

Hourani, Albert. 1947. *Minorities in the Arab World*. London: Oxford University Press.

———. 1983. *Arabic Thought in the Liberal Age 1798-1939*. Cambridge: Cambridge University Press.

Howeidy, Amira. 2005. “Voices of Dissent.” *Al-Ahram Weekly Online* (748), June 23-29. (http://weekly.ahram.org.eg/Archive/2005/748/eg9.htm 2018年9月15日閲覧)

Human Rights Watch 2015. “World Report 2015: Egypt: Events of 2014.” *Human Rights Watch*. (https://www.hrw.org/world-report/2015/country-chapters/egypt 2016年11月27日閲覧)

———. 2016. “World Report 2016: Egypt: Events of 2015.” *Human Rights Watch*. (https://www.hrw.org/world-report/2016/country-chapters/egypt 2016年11月27日閲覧)

Husaini, Ishak Musa. 1956. *The Moslem Brethren: The Greatest of Modern Islamic Movements*. Beirut: Khayat’s College Book Cooperative.

Ibrahim, Ekram 2012. “Why did Sabbahi — ‘One of Us’ — Do So Well?” *Ahram Online*, May 25. (http: //english. ahram. org. eg/WriterArticles/NewsContentP/36/42866/Presidential-elections-/Why-did-Sabbahi--one-of-us--do-so-well.aspx 2016年4月5日閲覧)

Ibrahim, Saad Eddin, *et al*. 1996. *The Copts of Egypt: Minority Rights Group International Report*. London: Ibn Khaldoun Center for Development Studies.

Ibrahim, Vivian. 2011. *The Copts of Egypt: Challenges of Modernisation and Identity*. London: I. B. Tauris.

Iskander, Elizabeth. 2012. “The Mediation of Christian-Muslims Relations in Egypt: the Strategies and Discourses of the Official Egyptian Press during Mubarak’s Presidency.” *Islam and Christian-Muslim Relations* 23(1): 31-44.

Ismail, Salwa. 1998. “Confronting the Other: Identity, Culture, Politics and Conservative Islamism in Egypt.” *International Journal of Middle East Studies* 30(2): 199-225.

———. 2003. *Rethinking Islamist Politics: Culture, the State and Islamism*. London: I. B. Tauris.

Jankowski, James. 1980. “Egyptian responses to the Palestinian Problem in the Interwar Period.” *International Journal of Middle East Studies* (12)1: 1-38.

Jansen, Johannes. 1986. *The Neglected Duty: The Creed of Sadat’s Assassins and Islamic Resurgence in the Middle East*. New York: MacMillan.

Johansen, Baber. 1999. *Contingency in a Sacred Law: Legal and Ethical Norms in the Muslim Fiqh* (*Studies in Islamic Law and Society, vol. 7*). Leiden: Brill.

Johnston, David L. 2007a. "Maqāṣid al-Sharī'a: Epistemology and Hermeneutics of Muslim Theologies of Human Rights." *Die Welt des Islams* 47(2): 149-187.

———. 2007b. "Hassan al-Hudaybi and the Muslim Brotherhood: Can Islamic Fundamentalism Eschew the Islamic State?" *Comparative Islamic Studies* 3(1): 39-56.

———. 2010. *Evolving Muslim Theologies of Justice: Jamal al-Banna, Mohammad Hashim Kamali and Khaled Abou El Fadl*. Pulau Pinang: Universiti Sains Malaysia Press.

Kamali, Mohammad Hashim. 2015. *The Middle Path of Moderation in Islam: The Qur'ānic Principle of Wasaṭiyyah*. New York: Oxford University Press.

Kamrava, Mehran, ed. 2006. *The New Voices of Islam: Reforming Politics and Modernity: A Reader*. London: I. B. Tauris.

Karpat, Kemal H., ed. 1968. *Political and Social Thought in the Contemporary Middle East*. London: Pall Mall Press.

Kassab, Elizabeth Suzanne. 2010. *Contemporary Arab Thought: Cultural Critique in Comparative Perspective*. New York: Columbia University Press.

Keane, John. 2000. "The Limits of Secularism." In *Islam and Secularism in the Middle East*, ed. Azzam Tamimi and John L. Esposito, 29-37. London: Hurst & Company.

Keddie, Nikki R., ed. 1972. *Scholars, Saints, and Sufis: Muslim Religious Institutions in the Middle East since 1500.* Berkeley: University of California Press.

Kedourie, Elie. 1966. *Afghani and 'Abduh: An Essay on Religious Unbelief and Political Activism in Modern Islam*. New York: Humanities Press.

Kepel, Gilles. 1993. *Muslim Extremism in Egypt: The Prophet & Pharaoh*. Translated by Jon Rothschild. Berkeley: University of California Press.

Kerr, Malcolm. 1966. *Islamic Reform: The Political and Legal Theories of Muḥammad 'Abduh and Rashīd Riḍā*. Berkeley: University of California Press.

Khadduri, Majid. 1970. *Political Trends in the Arab World: The Role of Ideas and Ideals in Politics*. Baltimore.

Khalidi, Rashid, *et al*. 1991. *The Origins of Arab Nationalism*. New York: Columbia University Press.

Khoury, Philip S. and Joseph Kostiner. 1990. *Tribes and State Formation in the Middle East*. Berkeley: University of California Press.

Korany, Bahgat and Rabab El-Mahdi, eds. 2012. *Arab Spring in Egypt: Revolution and Beyond*. Cairo: The American University in Cairo Press.

Krämer, Gudrun. 1989. *The Jews in Modern Egypt, 1914-1952.* Seattle: University of Washington Press.

———. 1998. "Dhimmi or Citizen? Muslim-Christian Relations in Egypt." In *The Christian-Muslim Frontier: Chaos, Clash or Dialogue?* ed. Jørgen F. Nielsen, 33-49. London: I. B. Tauris.

———. 2006. "Drawing Boundaries: Yūsuf al-Qaraḍāwī on Apostasy." In *Speaking for Islam: Religious Authorities in Muslim Societies*, ed. Gudrun Krämer and S. Schimidtke, 181–217. Leiden: Brill.

Krämer, Gudrun and S. Schmidtke, eds. 2006. *Speaking for Islam: Religious Authorities in Muslim Societies*. Leiden: Brill.

Kurzman, Charles, ed. 1998. *Liberal Islam: A Sourcebook*. New York: Oxford University Press.

Lacroix, Stéphane. 2004. "Between Islamists and Liberals: Saudi Arabia's New "Islamo-Liberal" Reformists." *The Middle East Journal* 58(3): 345–365.

———. 2012. *Sheikhs and Politicians: Inside the New Egyptian Salafism* (*Policy Briefing*). Doha: Brookings Doha Center.

Lacroix, Stéphane & Ahmed Zaghloul Shalata. 2016. "Revolutionary Salafism in Post-Mubarak Egypt." In *Egypt's Revolutions: Politics, Religion, and Social Movements*, ed. Bernard Rougier and Stéphane Lacroix, trans. by Cynthia Schoch, with the participation of John Angell, 163–178. London: Palgrave Macmillan.

Laskier, Michael M. 1992. *The Jews of Egypt, 1920-1970: In the Midst of Zionism, anti-Semitism, and the Middle East Conflict*. New York: New York University Press.

Lazarus-Yafeh, H. 1982. "Muhammad Mutawalli al-Sha'arawi: A Portrait of a Contemporary 'Alim." in *Islam, Nationalism, and Radicalism in Egypt and the Sudan*, ed. G. Warburg, 281–297. New York: Praeger.

Leghari, Noor al-Amin. 1997. "The Concept of Justice and Human Rights in Islam." in *Justice and Human Rights in Islamic Law*, ed. Gerald E. Lampe, 51–64. Washington, D. C.: International Law Institute.

Lia, Brynjar. 1998. *The Society of the Muslim Brothers in Egypt: The Rise of an Islamic Mass Movement 1928-1942.* Reading: Ithaca Press.

Lombardi, Clark B. 2006. *State Law as Islamic Law in Modern Egypt: The Incorporation of the Sharī'a into Egyptian Constitutional Law*. Leiden: Brill.

Lombardi, Clark B. & Nathan Brown. 2012. "Islam in Egypt's New Constitution." *Foreign Policy*, December 13.

Lynch, Marc. 2010. "Islam Divided between Salafi-Jihad and the Ikhwan." *Studies in Conflict & Terrorism* 33(6): 467–487.

Lynch, Marc, ed. 2014. *The Arab Uprising Explained: New Contentious Politics in the Middle East*. New York: Columbia University Press.

Mahmood, Saba. 2006. "Secularism, Hermeneutics, and Empire: The Politics of Islamic Reformation." *Public Culture* 18(2): 323–347.

———. 2012a. "Sectarian Conflicts and Family Law in Contemporary Egypt." *American Ethnologist* 39(1): 54–62.

———. 2012b. "Religious Freedom, the Minority Question, and Geopolitics in the Middle East." *Comparative Studies in Society and History* 54(2): 418-446.

Makari, Peter E. 2000. "Christianity and Islam in Twentieth Century Egypt: Conflict and Cooperation." *International Review of Mission* 89(352): 88-98.

———. 2007. *Conflict & Cooperation: Christian-Muslim Relations in Contemporary Egypt*. New York: Syracuse University Press.

Mandaville, Peter. 2007. *Global Political Islam*. London: Routledge.

———. 2009. "Qaradāwī, Yūsuf al-." In *The Oxford Encyclopedia of the Islamic World,* online edition, ed. John L. Esposito. Oxford University Press.

———. 2014. *Islam and Politics*, 2nd edition. London: Routledge.

Mansfield, Peter. 1965. *Nasser's Egypt*. Baltimore: Penguin Books.

Makar, Ragai N. 1996. "Book Publishing in Egypt: Its Politics and Economics." *MELA Notes* (63): 20-29.

March, Andrew F. 2009. *Islam and Liberal Citizenship: The Search for an Overlapping Consensus*. New York: Oxford University Press.

———. 2015. "What Can the Islamic Past Teach Us about Secular Modernity?" *Political Theory* 43(6): 838-849.

———. 2015. "Political Islam: Theory." *Annual Review of Political Science* (18): 103-123.

Marsot, Afaf Lutfi al-Sayyid. 1977. *Egypts' Liberal Experiment, 1922-1936*. Berkeley: University of California Press.

———. 1984. *Egypt in the Reign of Muhammad Ali*. Cambridge: Cambridge University Press.

Masoud, Tarek. 2011a. "Egypt." In The Middle East, 12th edition, ed. Ellen Lust, 387-410. Washington, D.C. CQ Press.

———. 2011b. "Liberty, Democracy, and Discord in Egypt." *The Washington Quarterly* 34(4): 117-129.

Masters, Bruce. 2001. *Christians and Jews in the Ottoman Arab World: The Roots of Sectarianism*. Cambridge: Cambridge University Press.

Mayer, Elizabeth Ann. 2007. *Islam and Human Rights: Tradition and Politics*, 4th edition. Boulder: Westview Press.

Meijer, Roel. 1989. *History, Authenticity, and Politics: Tariq al-Bishri's Interpretation of Modern Egyptian History*. MERA Occasional Paper, No. 4. Amsterdam: Middle East Research Associates.

———. 2002. *The Quest for Modernity: Secular Liberal and Left-wing Political Thought in Egypt, 1945-1958*. London: RoutledgeCurzon.

———, ed. 2014. *Global Salafism: Islam's New Religious Movement*, pbk. Oxford: Oxford University Press.

Mitchell, Richard P. 1969. *The Society of the Muslim Brothers*. New York: Oxford University Press.

Mitchell, Timothy. 2002. *Rule of Experts: Egypt, Techno-Politics, Modernity*. Berkeley. University of California Press.

Mizutani, Makoto. 2014. *Liberalism in 20th Century Egyptian Thought: The Ideologies of Ahmad Amin and Husayn Amin*. London: I. B. Tauris.

Morsy, Ahmed. 2011. "An Independent Voice for Egypt's al-Azhar?" *Sada*, July 13. (http://carnegieendowment.org/sada/?fa=45052　2016年11月1日閲覧)

Moussa, Mohammed. 2016. *Politics of the Islamic Tradition: The Thought of Muhammad al-Ghazali*. Abingdon: Routledge.

Moussalli, A. S. 1999. *Moderate and Radical Islamic Fundamentalism: The Quest for Modernity, Legitimacy, and the Islamic State*. Gainesville: University Press of Florida.

———. 2001. *The Islamic Quest for Democracy, Pluralism, and Human Rights*. Gainesville: University Press of Florida.

Moustafa, Tamir. 2000. "Conflict and Cooperation Between the State and Religious Institutions in Contemporary Egypt." *International Journal of Middle East Studies* 32(1): 3-22.

———. 2007. *The Struggle for Constitutional Power: Law, Politics, and Economic Development in Egypt*. Cambridge: Cambridge University Press.

——— 2011. "It's not Revolution Yet." *Foreign Policy*, February 28.

Musallam, Adnan A. 2005. *From Secularism to Jihad: Sayyid Qutb and the Foundations of Radical Islamism*. Westport: Praeger.

Nafi, Basheer M. 2004. "The Rise of Islamic Reformist Thought and Its Challenge to Traditional Islam." In *Islamic Thought in the Twentieth Century*, ed. Suha Taj-Farouki and Basheer M. Nafi, 28-60. London: I. B. Tauris.

An-Na'im, Abdullahi Ahmed. 2009. *Islam and the Secular State. Negotiating the Future of Shari'a*. Cambridge: Harvard University Press.

Najjar, Fauzi M. 1996. "The Debate on Islam and Secularism in Egypt." *Arab Studies Quarterly* 18(2): 1-21.

———. 1998. "Islamic Fundamentalism and the Intellectuals: The Case of Naguib Mahfouz." *British Journal of Middle Eastern Studies* 25(1): 139-168.

———. 2000. "Islamic Fundamentalism and the Intellectuals: The Case of Nasr Ḥāmid Abū Zayd." *British Journal of Middle Eastern Studies* 27(2): 177-200.

Nelson, Cynthia. 1974. "Religious Experience, Sacred Symbols, and Social Reality: an Illustration from Egypt." *Humaniora Islamica* 2: 253-266.

Nielsen, Jorgen S. 2002. "Contemporary Discussions on Religious Minorities in Islam." *Brigham Young University Law Review* 2002(3): 353-370.

Norton, Augustus Richard. 2003. "The New Media, Civic Pluralism, and the Slowly Retreating State." In *New Media in the Muslim World*, ed. Dale F. Eickelman and Jon W. Anderson, 41-56. Bloomington: Indiana University Press.

———. 2005. "Thwarted Politics: The Case of Egypt's Hizb al-Wasat." In *Remaking Muslim Politics: Pluralism, Contestation, and Democratization*, ed. Robert Hefner, 133-160. Princeton: Princeton University Press.

O'kane, Joseph P. 1972. "Islam in the New Egyptian Constitution: Some Discussions in *al-Ahrām*." *The Middle East Journal* 26(2): 137-148.

Osman, Ghada. 2011. *A Journey in Islamic Thought: The Life of Fathi Osman*. London: I. B. Tauris.

Owen, Roger. 2000. *State, Power and Politics in the Making of the Modern Middle East*, 2nd edition. London: Routledge.

Pacini, Andrea, ed. 1998. *Christian Communities in the Arab Middle East: The Challenge of the Future*. Oxford: Oxford University Press.

Parolin, Gianluca P. 2009. *Citizenship in the Arab world: Kin, Religion and Nation-State*. Amsterdam: Amsterdam University Press.

———. 2012. "Al-Azhar (?) on Fundamental Freedoms." *Islamochristiana* (38): 117-127.

———. 2015. "Shall We Ask al-Azhar? Maybe Not: Lessons from the Ṣukūk Bill Incident." *Middle East Law and Governance* 7(2): 212-235.

Pennington, J. D. 1982. "The Copts in Modern Egypt." *Middle Eastern Studies* 18(2): 158-179.

Peters, Rudolph. 1988. "Divine Law or Man-Made Law? Egypt and the Application of the Shari'a." *Arab Law Quarterly* 3(3): 231-253.

Philipp, Thomas. 1985. *The Syrians in Egypt, 1725-1975*. Stuttgart: Steiner.

Pink, Johanna. 2003. "A Post-Qur'ānic Religion between Apostasy and Public Order: Egyptian Muftis and Courts on the Legal Status of the Bahā'ī Faith." *Islamic Law and Society* 10(3): 409-434.

Piscatori, James P. 1986. *Islam in a World of Nation-States*. Cambridge: Cambridge University Press.

Polka, Sagi. 2003. "The Centrist Stream in Egypt and its Role in the Public Discourse Surrounding the Shaping of the Country's Cultural Identity." *Middle Eastern Studies* 39(3): 39-64.

Project on Middle East Political Science, ed. 2013. *The Battle for Egypt's Constitution* (*POMEPS Briefings 17*). Project on Middle East Political Science. (http://pomeps.org/wp-content/uploads/2013/01/POMEPS_BriefBooklet17_Egypt_web.pdf 2014年6月5日閲覧)

———, ed. 2014. *Rethinking Islamist Politics* (*POMEPS Studies 6*). Project on Middle East Political Science. (http://pomeps.org/2014/01/rethinking-islamist-politics-conference/ 2015年3月11日閲覧)

Al-Qaradawi, Yusuf. 1985. *Non-Muslims in the Islamic Society*. trans. by Khalil Muhammad Hamad and Sayed Mahboob Ali Shah. Washington: American Trust Publications.

Ramadan, Abdel Azim. 2004. "Fundamentalist Influence in Egypt: The Strategies of the Muslim Brotherhood and the Takfir Groups." In *Fundamentalisms and the State: Remaking Polities, Economies, and Militance*. ed. Martin E. Marty and R. Scott Appleby, 152-83. The Fundamentalism Project, Vol. 3. Chicago: University of Chicago Press.

Rashed, Dina. 2012. "The Candidate of 'Moderate Islam'." *Al-Ahram Weekly Online* (1097), May 10-16. (http://weekly.ahram.org.eg/Archive/2012/1097/eg2.htm 2016 年 8 月 13 日閲覧)

Reid, Donald M. 1991. *Cairo University and the Making of Modern Egypt*. Cairo: American University of Cairo Press.

———. 2002. *Whose Pharaohs? Archaeology, Museums, and Egyptian National Identity from Napoleon to World War I*. Berkeley: University of California Press.

Roy, Olivier. 1994. *The Failure of Political Islam*. Translated by Carol Volk. Cambridge: Harvard University Press.

Rubin, Barry. 2002. *Islamic Fundamentalism in Egyptian Politics*, updated edition. New York: Palgrave Macmillan.

———, ed. 2010. *The Muslim Brotherhood: The Organization and Policies of a Global Islamist Movement*. New York: Palgrave Macmillan.

———. 2013. "Revolutionary Salafi Islamists in Egypt: an Analysis and Guide." *Middle East Review of International Affairs* 17(2): 37-54.

Runciman, Steven. 1968. *The Great Church in Captivity: A Study of the Patriarchate of Constantinople from the Eve of the Turkish Conquest to the Greek War of Independence*. Cambridge: Cambridge University Press.

Rutherford, Bruce K. 2006. "What Do Egypt's Islamists Want? Moderate Islam and the Rise of Islamic Constitutionalism." *Middle East Journal* 60(4): 707-731.

———. 2008. *Egypt after Mubarak: Liberalism, Islam, and Democracy in the Arab World*. Princeton: Princeton University Press.

Sabry, Bassem. 2013. "22 Key Points in Egypt's New Draft Constitution." *al-Monitor*, August 23. (http://www.al-monitor.com/pulse/originals/2013/08/egypt-draft-constitution-guide.html 2016 年 11 月 1 日閲覧)

Saeed, Abdullah. 1999. "Rethinking Citizenship Rights of Non-Muslims in an Islamic State: Rashīd al-Ghannūshī's Contribution to the Evolving Debate." *Islam and Christian-Muslim Relations* 10(3): 307-323.

Saeed, Abdullah, ed. 2012. *Islam and Human Rights, 2 vols.* Cheltenham: Edward Elgar Publishing.

Safran, Nadav. 1961. *Egypt in Search of Political Community: An Analysis of the Intellectual and*

Political Evolution of Egypt, 1904-1952. Cambridge: Harvard University Press.

Sagiv, David. 1992. "Judge Ashmawi and Militant Islam in Egypt." *Middle Eastern Studies* 28(3): 531-546.

———. 1995. *Fundamentalism and Intellectuals in Egypt, 1973-1993.* Translated by Gila Svirsky. London: F. Cass.

Salvatore, Armando. 1997. *Islam and the Political Discourse of Modernity*. Reading: Ithaca Press.

Sami, Aziza. 2003. "Fahmy Howeidy: He Extends a Bridge to the Other Side, While Standing Firm in His Convictions." *Al-Ahram Weekly Online* (656), September 18-24. (http://weekly.ahram.org.eg/2003/656/profile.htm　2013年7月26日閲覧)

Schacht, Joseph. 1964. *An Introduction to Islamic Law*. Oxford: Clarendon Press.

Scholch, Alexander 1981. *Egypt for Egyptians! The Socio-Political Crisis in Egypt 1878-1882.* London: Ithaca Press.

Schwedler, Jillian. 2006. *Faith in Moderation: Islamist Parties in Jordan and Yemen.* Cambridge: Cambridge University Press.

———. 2011. "Can Islamists Become Moderates? Rethinking the Inclusion-Moderation Hypothesis." *World Politics* 63(2): 347-376.

———. 2015. "Why Academics Can't Get Beyond Moderates and Radicals." *Washington Post*, February 12. (https: //www. washingtonpost. com/blogs/monkey-cage/wp/2015/02/12/why-academics-cant-get-beyond-moderates-and-radicals/　2016年9月5日閲覧)

Scott, David & Charles Hirschkind. 2006. *Powers of the Secular Modern: Talal Asad and His Interlocutors*. Stanford: Stanford University Press.

Scott, Rachel M. 2007. "The Role of the 'Ulama' in an Islamic Order: The Early Islamic Thought of Muhammad al-Ghazali (1916-96)." *The Maghreb Review* 32(2): 149-174.

———. 2010. *The Challenge of Political Islam: Non-Muslims and the Egyptian State*. Stanford: Stanford University Press.

———. 2012. "What Might the Muslim Brotherhood Do with al-Azhar? Religious Authority in Egypt." *Die Welt Des Islams* (52): 131-165.

———. 2014. "Managing Religion and Renegotiating the Secular: The Muslim Brotherhood and Defining the Religious Sphere." *Politics and Religion* 7(1): 51-78.

———. 2017. "Citizenship, Public Order and State Sovereignty: Article 3 of the Egyptian Constitution and the "Divinely Revealed Religions"." In *The Crisis of Citizenship in the Arab World*, ed. Roel Meijer and Nils Butenschøn, 375-405. Leiden: Brill.

Sedra, Paul. 1999. "Class Cleavages and Ethnic Conflict: Coptic Christian Communities in Modern Egyptian Politics." *Islam & Christian Relations* 10(2): 219-235.

Seikaly, S. 1970. "Coptic Communal Reform: 1860-1914." *Middle Eastern Studies* 6(3): 247-275.

Shamir, Shimon, ed. 1995. *Egypt from Monarchy to Republic: a Reassessment of Revolution and Change.* Boulder: Westview Press.

Shboul, Ahmad. 2004. "Islam and Globalization: Arab World Perspectives." In Islamic Perspectives on the New Millennium, ed. Virginia Hooker and Amin Saikal, 43–73. Singapole: Institute of Southeast Asian Studies.

Shehab, Shaden. 2005. "The Contenders?" *Al-Ahram Weekly Online* (732), March 3–9.（http://weekly.ahram.org.eg/Archive/2005/732/eg4.htm 2018年9月15日閲覧）

Shehata, Dina. 2008. *Youth Activism in Egypt* (*Arab Reform Brief 23*). Paris: Arab Reform Initiative.

Shepard, William E. 1996. "Muhammad Sa'id al-Ashmawi and the Application of the Shari'a in Egypt." *International Journal of Middle East Studies* 28(1): 39–58.

————. 2004. "The Diversity pf Islamic Thought: Towards a Typology." In *Islamic Thought in the Twentieth Century*, ed. Suha Taj-Farouki and Basheer M. Nafi, 61–103. London: I. B. Tauris.

Sika, Nadine. 2012. "Dynamics of a Stagnant Religious Discourse and the Rise of New Secular Movements in Egypt." In *Arab Spring in Egypt: Revolution and Beyond*, ed. Bahgat Korany and Rabab El-Mahdi, 63–82. Cairo: The American University in Cairo Press.

Sirrs, Owen L. 2010. *A History of the Egyptian Intelligence Service: A History of the Mukhabarat, 1910-2009.* London: Routledge.

Sivan, Emmanuel. 1985. *Radical Islam: Medieval Theology and Modern Politics*, enlarged edition. New Haven: Yale University Press.

Skovgaard-Petersen, Jakob. 1997. *Defining Islam for the Egyptian State: Muftis and Fatwas of Dār al-Iftā*. Leiden: Brill.

————. 2017. "Brothers and Citizens: The Second Wave of Islamic Institutional Thinking and the Concept of Citizenship." In *The Crisis of Citizenship in the Arab World*, ed. Roel Meijer and Nils Butenschøn, pp 320–337. Leiden: Brill.

Soage, Ana Belén & Jorge Fuentelsaz Franganillo. 2010. "The Muslim Brothers in Egypt." In *The Muslim Brotherhood: The Organization and Policies of a Global Islamist Movement*, ed. Barry Rubin, 39–55. New York: Palgrave Macmillan.

Springborg, Robert. 1989. *Mubarak's Egypt: Fragmentation of the Political Order.* Boulder: Westview Press.

Stacher, Joshua A. 2002. "Post-Islamist Rumblings in Egypt: The Emergence of the Wasat Party." *Middle East Journal* 56(3): 415–432.

Stark, Jan. 2005. "Beyond 'Terrorism' and 'State Hegemony': Assessing the Islamist Mainstream in Egypt and Malaysia." *Third World Quarterly* 26(2): 307–27.

Starrett, Gregory. 1998. *Putting Islam to Work.* Berkeley: University of California Press.

Stewart, Devin J. 2013. "Sharia." In *The Princeton Encyclopedia of Islamic Political Thought*, ed.

Gerhard Bowering *et al.*, 496–505. Princeton and Oxford: Princeton University Press.

Stilt, Kristen. 2010. ""Islam is the Solution": Constitutional Visions of The Egyptian Muslim Brotherhood." *Texas International Law Journal* (46): 73–108.

Sullivan, Denis J. 1994. *Private Voluntary Organizations in Egypt: Islamic Development, Private Initiative, and State Control*. Gainesville: University Press of Florida.

Sullivan, Denis J. & Sana Abed-Kotob. 1999. *Islam in Contemporary Egypt: Civil Society vs. the State*. Boulder: Lynne Rienner Publishers.

Tadros, Mariz. 2010. "Behind Egypt's Deep Red Lines." *Middle East Report Online*, October 13. (http://www.merip.org/mero/mero101310　2016年11月27日閲覧)

————. 2012. *The Muslim Brotherhood in Contemporary Egypt: Democracy Redefined or Confined?* London: Routledge.

————. 2013. *Copts at the Crossroads: The Challenges of Building Inclusive Democracy in Egypt.* Cairo: American University in Cairo Press.

Tadros, Samuel. 2013. "What is a Constitution Anyway?" *Current Trends in Islamist Ideology* (14): 5–26.

Taji-Farouki, Suha, ed. 2004. *Modern Muslim Intellectuals and the Qur'an*. Oxford: Oxford University Press.

Taji-Farouki, Suha & Basheer M. Nafi, eds. 2004. *Islamic Thought in the Twentieth Century*. London: I. B. Tauris.

Tamimi, Azzam. 2001. *Rachid Ghannouchi: A Democrat within Islamism*. Oxford: Oxford University Press.

Tammam, Hosam. 2011. "Islamists and the Egyptian Revolution." *Egypt Independent*, February 8. (http://www.egyptindependent.com/opinion/islamists-and-egyptian-revolution　2016年8月24日閲覧)

Tamura, A. 1985. "Ethnic Consciousness and Its Transformation in the Course of Nation-Building: the Muslim and the Copt in Egypt, 1906–1919." *The Muslim World* 75(2): 102–14.

Tājir, Jāk. 1998 (1951). *Christians in Muslim Egypt: An Historical Study of the Relations between Copts and Muslims from 640 to 1922.* Translated and annotated by Ragai N. Makar. Altenberge: Oros.

Tibi, Bassam. 1997. *Arab Nationalism: Between Islam and the Nation-State*. 3rd edition. London: MacMillan.

Toth, James. 2003. "Islamism in Southern Egypt: A Case study of a Radical Religious Movement." *International Journal of Middle East Studies* 35(4): 547–572.

————. 2013. *Sayyid Qutb: The Life and Legacy of a Radical Islamic Intellectual*. New York: Oxford University Press.

Trager, Eric. 2016. *The Arab Fall: How the Muslim Brotherhood Won and Lost Egypt in 891 Days.*

Washington, DC.: Georgetown University Press.

Tritton, A. S. 1970 (1930). *The Caliphs and Their Non-Muslim Subjects*, new edition. London: Frank Cass.

Vatikiotis, P. J. 1978. *Nasser and His Generation*. London: Croom Helm.

————.1987. *Islam and the State*. London: Croom Helm.

————. 1991. *The History of Modern Egypt: From Muhammad Ali to Mubarak*, 4th ed. London: Weidenfeld and Nicolson.

Voll, John. 2014. "Not Secularism vs. Islamism." *The Immanent Frame: Secularism, Religion, and the Public Sphere*. (http://blogs.ssrc.org/tif/2014/03/25/not-secularism-vs-islamism/ 2015 年 3 月 11 日閲覧)

Volpi, Frédéric, ed. 2011. *Political Islam: A Critical Reader.* Abingdon: Routledge.

Vries, Hent de and Lawrence E. Sullivan, eds. *Political Theologies: Public Religions in a Post-Secular World*. New York: Fordham University Press.

Wagemakers, Joas. 2012. *A Quietist Jihadi: The Ideology and Influence of Abu Muhammad al-Maqdisi*. New York: Cambridge University Press.

Wakin, Edward. 2000. *A Lonely Minority: The Modern Story of Egypt's Copts*. Lincoln: IUniverse. com.

Warburg, Gabriel R. 1982. "Islam and Politics in Egypt: 1952-80." *Middle Eastern Studies* 18(2): 131-157.

Warburg, Gabriel R. & Uri M. Kupferschmidt, eds. 1983. *Islam, Nationalism, and Radicalism in Egypt and the Sudan*. New York: Praeger Publishers.

Warren, David H. & Christine Gilmore. 2014. "One Nation under God? Yusuf al-Qaradawi's Changing Fiqh of Citizenship in the Light of the Islamic Legal Tradition." *Contemporary Islam* 8(3): 217-237.

Waterbury, John. 1983. *The Egypt of Nasser and Sadat: The Political Economy of Two Regimes*. Princeton: Princeton University Press.

Wessels, Antonie. 1995. *Arab and Christian? Christians in the Middle East.* Kampen. Kok Pharos Publishing House.

Wickham, Carrie Rosefsky. 2002. *Mobilizing Islam: Religion, Activism, and Political Change in Egypt*. New York: Columbia University Press.

————. 2004. "The Path to Moderation: Strategy and Learning in the Formation of Egypt's Wasat Party." *Comparative Politics* 36(2): 205-228.

————. 2015. *The Muslim Brotherhood: Evolution of an Islamist Movement*, paperback edition with a new afterword by the author. Princeton: Princeton University Press.

Wiktorowicz, Quintan. 2005. "A Genealogy of Radical Islam." *Studies in Conflict & Terrorism* 28 (2): 75-97.

———. 2006. "Anatomy of the Salafi Movement." *Studies in Conflict & Terrorism* 29 (3): 207–239.

Woltering, Robbert A. F. L. 2014. "Post-Islamism in Distress? A Critical Evaluation of the Theory in Islamist-Dominated Egypt (11 February 2011–3 July 2013)" *Die Welt Des Islams* 54 (1): 107–118.

Wright, Alex. 2015. "Egyptian top cleric says Muslims' must obey Sisi." *The New Arab*, July 28. (https: //www. alaraby. co. uk/english/blog/2015/7/28/prophet-says-shut-up-and-obey-sisi-according-to-ex-mufti 2016年11月1日閲覧)

Zaman, M. Q. 2002. *The Ulama in Contemporary Islam: Custodians of Change*. Princeton: Princeton University Press.

———. 2012. *Modern Islamic Thought in a Radical Age: Religious Authority and Internal Criticism*. Cambridge: Cambridge University Press.

Zeghal Malika. 1999. "Religion and Politics in Egypt: The Ulema of al-Azhar, Radical Islam, and the State (1952–94)." *International Journal of Middle East Studies* 31 (3): 371–399.

———. 2007. "The 'Recentering' of Religious Knowledge and Discourse: The Case of Al-Azhar in Twentieth-Century Egypt." In *Schooling Islam: The Culture and Politics of Modern Muslim Education*, ed. Robert W. Hefner and Muhammad Qasim Zaman, 107–130. Princeton: Princeton University Press.

Ziadeh, Farhat J. 1968. *Lawyers, the Rule of Law and Liberalism in Modern Egypt*. Stanford: Hoover Institution publication.

Zollner, Barbara. 2007. "Prison Talk: The Muslim Brotherhood's Internal Struggle during Gamal Abdel Nasser's Persecution, 1954 to 1971." *International Journal of Middle East Studies* 39 (3): 411–433.

———. 2009. *The Muslim Brotherhood: Hasan al-Hudaybi and Ideology*. New York: Routledge.

Zubaida, Sami. 1993. *Islam, the People and the State: Essays on Political Ideas and Movements in the Middle East*. London: I. B. Tauris.

———. 2003. *Law and Power in the Islamic World*. London: I. B. Tauris.

3．アラビア語文献

'Abd al-Fattāḥ, Nabīl, *et al*. 1996. *Taqrīr al-Ḥāla al-Dīnīya fī Miṣr, 1995*, vol. 1. Cairo: al-Ahram Center for Political and Strategic Studies.

———, *et al*. 1998. *Taqrīr al-Ḥāla al-Dīnīya fī Miṣr, 1995*, vol. 2. Cairo: al-Ahram Center for Political and Strategic Studies.

———. 2013. *al-Nukhba wa al-Thawra: al-Dawla wa al-Islām al-Siyāsī wa al-Qawmīya wa al-Lībrālīya: Siyāsāt al-Taḥawwul fī Miṣr*. Cairo: Dār al-'Ayn li-l-Nashr.

‘Abd al-Ḥalīm, Maḥmūd. 1975. *al-Ikhwān al-Muslimūn: Aḥdāth Ṣana‘at al-Tārīkh: Ru’ya min al-Dākhil,* vol. 3. Alexandria: Dār al-Da‘wa.

Abū al-Majd, Aḥmad Kamāl. 1962. *Naẓarāt ḥawla al-Fiqh al-Dustūrī fī al-Islām*. Cairo: Maṭba‘ al-Azhar.

————. 1985. *Ḥiwār...Lā Muwājaha*. Cairo: Kitāb al-‘Arabī.

————. 1992. *Ru’ya Islāmīya Mu‘āṣira: I‘lān Mabādi’*, 2nd edition. Cairo: Dār al-Shurūq.

Abū Zahra, Muḥammad. 1981（1967）. *al-Mujtama‘ al-Insānī fī Ẓill al-Islām*. Jedda: al-Dār al-Su‘ūdīya li-l-Nashr wa al-Tawzī‘.

‘Abd al-Majīd, Waḥīd. 1999. “al-Tayyār al-Asāsī fī al-Waṭanīya al-Miṣrīya bayna al-Islāmīyīn wa al-Lībrālīyīn: Naqdan li-Uṭrūḥa al-Mustashār Ṭāriq al-Bishrī.” *al-Manār al-Jadīd*（6）: 62-74.

————. 2014. “Zayf Mafhūm al-Wasaṭīya fī Uṭrūḥāt al-Islām al-Siyāsī.” *al-Majalla,* July 14.（http://arb.majalla.com/2014/07/article55251726　2015 年 6 月 16 日閲覧）

‘Abd al-Mun‘im, ‘Amrū & Shaymā’ ‘Īsā. 2015. “al-Bishrī Yaqṭa‘ Ṣamat-hu: al-‘Urba Lan Takūna amāma al-Ḥiṣān... wa Iqṣā’ al-Islāmīyīn Khaṭar.”*al-Muḥīṭ*, May 13.（http://moheet.com/2015/05/13/2263561　2015 年 6 月 14 日閲覧）

Adīb, Munīr. 2015. “al-Minṭaqa al-‘Arabīya Tata‘arraḍ li-Mu’āmara Khārijīya: al-Mufakkir wa al-Mu’arrikh Ṭāriq al-Bishrī: al-Nā’ib al-Awwal li-Ra’īs Majlis al-Dawla Sābiqan.” *al-Yamāma*, February 19.（http://www.alriyadh.com/alyamamah/article/1022329　2016 年 12 月 12 日閲覧）

al-Ahrām. 2011. “al-‘Awwā Ya‘linu Rasmīyan Tarshīḥa-hu li-l-Ri’āsa: Wa Yaṣif Da‘wāt al-Dustūr Awwalan bi-l-Fasād.” January 19.（http://www.ahram.org.eg/archive/568/2011/06/19/25/84607/219.aspx　2016 年 10 月 26 日閲覧）

‘Alī, ‘Abd al-Raḥmān. 2005. *al-Ikhwān al-Muslimūn: Fatāwā fī al-Aqbāṭ wa al-Dīmuqrāṭīya wa al-Mar’a wa al-Fann.* Cairo: Markaz al-Maḥrūsa li-l-Nashr wa al-Khidmāt al-Ṣaḥafīya wa al-Ma‘lūmāt.

al-‘Aqīl, ‘Abd Allāh, ed. 2008. *Min A‘lām al-Da‘wa wa al-Ḥaraka al-Islāmīya al-Mu‘āṣira*, 3vols, 3rd edition. Cairo: Dār al-Bashīr li-l-Thaqāfa wa al-‘Ulūm.

‘Aṭīya, Jamāl al-Dīn. 1974. “Hādhihi al-Majalla.” *Majalla al-Muslim al-Mu‘āṣir*, al-‘Adad al-Iftitāḥī: 5-11.

al-‘Awwā, Muḥammad Salīm. 1987. *al-Aqbāṭ wa al-Islām: Ḥiwār 1987.* Cairo: Dār al-Shurūq.

————, *et al.* 1998a. *al-Islām wa al-Dīmuqrāṭīya*. Amman: Mu’assasa ‘Abd al-Ḥamīd Shūmān.

————. 1998b. *al-Fiqh al-Islāmī fī Ṭarīq al-Tajdīd,* 2nd edition. Beirut: al-Maktab al-Islāmī.

————. 1999. *Ṭāriq al-Bishrī Faqīhan.* Mansoura: Dār al-Wafā’.

————. 2007. *al-Islām wa al-‘Aṣr*. Cairo: Maktaba al-Shurūq al-Dawlīya.

————. 2012a（1975）. *Fī al-Niẓām al-Siyāsī li-l-Dawla al-Islāmīya,* 10th edition. Cairo: Dār al-Shurūq.

———. 2012b (2006). *Li-l-Dīn wa al-Waṭan: Fuṣūl fī 'Alāqa al-Muslimīn bi-Gayr al-Muslimīn,* 4th edition. Cairo: Dār Nahḍa Miṣr li-l-Nashr.

———. 2012c. "al-Barnāmaj al-Intikhābī li-Muḥammad Salīm al-'Awwā." *al-Akhbār al-Yawm*, May 7. (http: //akhbarelyom. com/news/newdetails/30482/0/0. html#. VBN_DPl_s3h 2014 年 5 月 21 閲覧)

———. 2016. *al-Madāris al-Fikrīya al-Islāmīya: Min al-Khawālij ilā al-Ikhwān al-Muslimīn.* Beirut: al-Shabaka al-'Arabīya li-l-Abḥāth wa al-Nashr.

'Azzām, 'Abd al-Raḥmān. 2005 (1946). "al-Jāmi'a al-'Arabīya wa al-Waḥda al-'Ālamīya." In *Turāth al-Fikr al-Siyāsī al-Islāmī*, ed. Yūsuf Ībish and Kosugi Yasushi, 542–547. Beirut: Turāth.

Badawī, Jamāl. 1992. *al-Fitna al-Ṭā'ifīya fī Miṣr : Judhūr-hā wa Asbāb-hā : Dirāsa Tārīkhīya wa Ru'ya Taḥlīlīya.* Cairo: al-Zahrā' li-l-I'lām al-'Arabī.

Baṣal, Muḥammad, *et al.* 2011. "Muḥammad Salīm al-'Awwā fī Ḥiwār Shāmil ma'a al-Shurūq." *al-Shurūq*, September 25–27. (http://www.shorouknews.com/news/view.aspx?cdate=25092011&id=ccbd0ccb-9789-40fe-b539-c30a5a6d5a16; https://www.shorouknews.com/news/view.aspx?cdate=26092011&id=e6158f45-ef8f-403e-af11-127935418e82; http: //www. shorouknews. com/news/view.aspx?cdate=27092011&id=82521784-6dae-4333-9b19-9ab8348feebe 2016 年 10 月 26 日閲覧)

Basyūnī, Maḥmūd Sharīf, ed. 2003. *al-Wathā'iq al-Dawlīya al-Ma'nīya bi-Ḥuqūq al-Insān: al-Mujallad al-Thānī: al-Wathā'iq al-Islāmīya wa al-Iqlīmīya.* Cairo: Dār al-Shurūq.

al-Bishrī, Ṭāriq. 1996. *al-Malāmiḥ al-'Āmma li-l-Fikr al-Siyāsī al-Islāmī fī al-Tārīkh al-Mu'āṣir.* Cairo: Dār al-Shurūq.

———. 1999. "Khaṣā'iṣ al-Ḥarakāt al-Siyāsīya fī Miṣr: Ta'qīban 'alā Duktūr Waḥīd 'Abd al-Majīd." *al-Manār al-Jadīd* (6): 75–78.

———. 2002 (1983). *al-Ḥaraka al-Siyāsīya fī Miṣr,* 2nd edition. Cairo: Dār al-Shurūq.

———. 2004a (1980). *al-Muslimūn wa al-Aqbāṭ fī Iṭār al-Jamā'a al-Waṭanīya*, 4th revised edition. Cairo: Dār al-Shurūq.

———. 2004b. "Fī Bad' al-Ṣuḥba al-Fikrīya l-l-Shaykh Yūsuf al-Qaraḍāwī ." In *Yūsuf al-Qaraḍāwī: Kalimāt fī Takrīmi-hi wa Buḥūth fī Fikri-hi wa Fiqhi-hi Muhdāt ilay-hi bi-Munāsaba Bulūghi-hi al-Sab'īn*, vol. 1, ed. Abd al-'Aẓīm al-Dīb, 356–370. Cairo: Dār al- Salām.

———. 2005. *al-Waḍ' al-Qānūnī al-Mu'āṣir bayna al-Sharī'a al-Islāmīya wa al-Qānūn al-Waḍ'ī.*, 2nd edition. Cairo: Dār al-Shurūq.

———. 2006a. *Miṣr bayna al-'Iṣyān wa al-Tafakkuk.* Cairo: Dār al-Shurūq.

———. 2006b. *al-Ḥiwār al-Islāmī al-'Almānī*, 3rd edition. Cairo: Dār al-Shurūq.

———. 2007. *Māhiya al-Mu'āṣara*, 3rd edition. Cairo: Dār al-Shurūq.

———. 2009. "al-Aḥwāl al-Tārīkhīya li-Iqṣā' al-Sharī'a al-Islāmīya wa li-Isti'ādat-hā fī al-Duwal al-Islāmīya al-Mu'āṣira." In *al-Islām wa al-Taṭarruf al-Dīnī*, ed. Al-Ṭayyib Zayn al-

‘Ābidīn, 12–39. Cairo: Maktaba al-Shurūq al-Dawlīya.

———. 2011a. *al-Dawla wa al-Kanīsa*. Cairo: Dār al-Shurūq.

———. 2011b. *al-Siyāq al-Tārīkhī wa al-Thaqāfī li-Taqnīn al-Sharī‘a al-Islāmīya*. Cairo: Maktaba al-Shurūq al-Dawlīya.

———. 2011c. *Naḥwa Tayyār Asāsī li-l-Umma*. Cairo: Dār al-Shurūq.

———. 2012. *Min Awrāq Thawra Khamsa wa ‘Ishrīn Yanāyir*. Cairo: Dār al-Shurūq.

———. 2013. "‘Alāqa al-Dīn bi-l-Dawla: Ḥāla Miṣr ba‘d al-Thawra." *al-Mustaqbal al-‘Arabī* (407): 80–100.

———. 2014. *Thawra Khamsa wa ‘Ishrīn Yanāyir wa al-Ṣirā‘ ḥawla al-Sulṭa*. Cairo: Dār al-Bashīr li-l-Thaqāfa wa al-‘Ulūm.

———. 2015a. *al-Tajaddud al-Ḥaḍārī: Dirāsāt fī Tadākhul al-Mafāhīm al-Mu‘āṣira ma‘ al-Marji‘īyāt al-Mawrūtha*. Beirut: al-Shabaka al-‘Arabīya li-l-Abḥāth wa al-Nashr.

———. 2015b. Ummatī fī al-‘Ālam: Mugaddi māt al-Ḥakīm al-Bishrī. Cairo: Dār al-Bashīr li-l-Thaqāfa wa al-‘Ulūm.

al-Dīb, ‘Abd al-‘Aẓīm, ed. 2004. *Yūsuf al-Qaraḍāwī: Kalimāt fī Takrīmi-hi wa Buḥūth fī Fikri-hi wa Fiqhi-hi Muhdāt ilay-hi bi-Munāsaba Bulūghi-hi al-Sab‘īn*, 2 vols. Cairo: Dār al- Salām.

Diyāb, Muḥammad Ḥāfiẓ. 2002. *al-Islāmīyūn al-Mustaqillūn: al-Huwīya wa al-Su'āl*. Cairo: Mīrīt li-l-Nashr wa al-Ma‘lūmāt.

Farḥāt, Islām ‘Abd al-‘Azīz. 2007. "al-‘Awwā: Ad‘ū al-Ikhwān ilā Tark al-‘Amal al-Siyāsī." *Islam Online*, June 10. (http://archive.islamonline.net/?p=347　2016年10月14日閲覧)

Ghānim, Ibrāhīm al-Bayyūmī, ed. 1999a. *Ṭāriq al-Bishrī: al-Qāḍī al-Mufakkir*. Cairo: Dār al-Shurūq.

———. 1999b. "Ma‘ālim fī Sīra Ṭāriq al-Bishrī." In *Ṭāriq al-Bishrī: al-Qāḍī al-Mufakkir*, ed. Ibrāhīm al-Bayyūmī Ghānim, 64–111. Cairo: Dār al-Shurūq.

———. 2011. *Taqnīn al-Sharī‘a bayna al-Mujtama‘ wa al-Dawla*. Cairo: Maktaba al-Shurūq al-Dawlīya.

al-Ghannūshī, Rāshid. 1993. *Ḥuqūq al-Muwāṭana: Ḥuqūq Ghayr al-Muslim fī al-Mujtama‘ al-Islāmī*. London: al-Ma‘had al-‘Ālamī li-l-Fikr al-Islāmī.

Ghunaym, Riḍā. 2015. "Aḥmad Karīma: Arfiḍu Mushāraka al-Muthaqqafīn fī Tajdīd al-Khiṭāb al-Dīnī." *Al-Miṣrī al-Yawm*, August 22. (https://www.almasryalyoum.com/news/details/797531 2016年10月26日閲覧)

Ḥabīb, Muḥammad. 2013. *al-Ikhwān al-Muslimūn: Bayna al-Ṣu‘ūd wa al-Ri'āsa wa Ta'ākul al-Shar‘īya*. Cairo: Samā li-l-Nashr wa al-Tawzī‘.

Ḥabīb, Rafīq. 2010. *al-Wasaṭīya al-Ḥaḍārīya: Taḥaddīyāt al-Fikr wa al-Ḥaraka*. Cairo: Maktaba Madbūlī.

Ḥamzāwī, ‘Amrū. 2014. *Hāmish l-l-Dīmuqrāṭīya fī Miṣr 2011-2013: Maḥaṭṭāt wa Qaḍāyā*

Taḥawwul lam Yatimm. Cairo: Dār al-Miṣrīya al-Lubnānīya.

Ḥizb al-Ḥurrīya al-'Adāla. 2011a. *al-Barnāmaj al-Intikhābī l-l-Ḥizb*. (http://www.hurryh.com/Party_Program.aspx　2013年6月15日閲覧)

————. 2011b. *Barnāmaj Ḥizb al-Ḥurrīya wa al-'Adāla*. Cairo: Dār al-Tawzī' wa al-Nashr.

Ḥizb al-Wasaṭ al-Miṣrī. 1998. *Awrāq Ḥizb al-Wasaṭ al-Miṣrī*. Cairo: Ḥizb al-Wasaṭ.

al-Huḍaybī, Ḥasan. 1977. *Du'āt Lā Quḍāt: Abḥāth fī al-'Aqīda al-Islāmīya wa Manhaj al-Da'wa Ilā Allāh*. Cairo. Dār al-Ṭabā'a wa al-Nashr al-Islāmīya.

al-Ḥusaynī, Ḥamdī. 2004. "Naṣṣ Mubādara al-Ikhwān li-l-Iṣlāḥ fī Miṣr." *Islam Online*, March 3. (http://archive.islamonline.net/?p=11232　2016年10月14日閲覧)

Huwaydī, Fahmī. 1991. "al-Wajh al-Ākhar li-l-Ẓāhira al-Islāmīya." *al-Ahrām*, July 30.

————. 1999. "Ḥaraka al-Fikr al-Islāmī al-Mu'āṣir khilāl al-Qarn al-'Ishrīn." *Majalla al-Muslim al-Mu'āṣir* (93/94): 209-220.

————. 2005. "Yasu'alūn-ka 'an al-Wasaṭīya." *al-Sharq al-Awsaṭ*, June 8. (http://cms.aawsat.com/leader.asp?section=3&article=304356&issueno=9689#.XA4aIOLgric　2016年10月13日閲覧)

————. 2007. "al-Ikhwān fī Barnāmaj Ḥizbi-him: Ẓālimūn wa Maẓlūmūn." *al-Sharq al-Awsaṭ*, October 3. (http://archive.aawsat.com/leader.asp?section=3&issueno=10536&article=439645　2016年10月13日閲覧)

————. 2015. "Ṭāriq al-Bishrī." *al-Shurūq*, October 31. (http://www.shorouknews.com/columns/view.aspx?cdate=31102015&id=4bcd9ab4-6e69-4238-983c-ac14cb807a65　2015年11月1日閲覧)

Ībish, Yūsuf and Kosugi Yasushi, eds. 2005. *Turāth al-Fikr al-Siyāsī al-Islāmī*. Beirut: Turāth.

Ibrāhīm, Nājiḥ. 2016. "Ta'allamtu min Hā'ulā'i." *al-Shurūq*, August 12. (http://www.shorouknews.com/columns/view.aspx?cdate=12082016&id=8936684b-8753-4c05-828f-7902d50745b7　2016年10月13日閲覧)

al-Ikhwān al-Muslimūn. 2007. "Barnāmaj Ḥizb al-Ikhwān al-Muslimīn: al-Iṣdār al-Awwal". *Islam Online*, August 26. (https://web.archive.org/web/20081209115126/http://www.islamonline.net/arabic/Daawa/2007/08/ikhwan.pdf　Webアーカイブ，2016年10月14日閲覧)

'Imād, 'Abd al-Ghanī. 2013. *al-Islāmīyūn bayna al-Thawra wa al-Dawla: Ishkālīya Intāj al-Namūdhaj wa Binā' al-Khiṭāb*. Beirut: Markaz Dirāsāt al-Waḥda al-'Arabīya.

Ismā'īl, Muḥammad and Aḥmad 'Arafa. 2015. "Salīm al-'Awwā li-Mawqi' Maghribī: Khaṭa' Muḥammad Mursī Kāna Bālighan. *al-Yawm al-Sābi'*, August 10. (http://www.youm7.com/2300343　2016年11月1日閲覧)

'Izzat, Hiba Ra'ūf. 2015a. *al-Khayāl al-Siyāsī li-Islāmīyīn: mā qabla al-Dawla wa mā ba'd-hā*. Beirut: al-Shabaka al-'Arabīya li-l-Abḥāth wa al-Nashr.

————. 2015b. *Naḥwa 'Umrān Jadīd*. Beirut: al-Shabaka al-'Arabīya li-l-Abḥāth wa al-Nashr.

al-Jayyār, Sūsan. 2007. *Hum…wa al-Ikhwān*. Giza: Halā li-l-Nashr wa al-Tawzī‘.

al-Jazīra. 2010. “Bi-lā-Ḥudūd: Ittihām al-Kanīsa al-Qibṭiya bi-l-Ta‘azzul ‘alā al-Dawla wa al-Qānūn.” August 15.（https: //www. aljazeera. net/home/Getpage/0353e88a-286d-4266-82c6-6094179ea26d/0d83d70c-ba17-4c66-824c-cfb6f4698d58　2016 年 10 月 22 日閲覧）

———. 2013. “Liqā’ al-Yawm: Muḥammad Salīm al-‘Awwā: al-Azma al-Miṣrīya.” August 25.（https://www.aljazeera.net/home/Getpage/0353e88a-286d-4266-82c6-6094179ea26d/686503b1-9331-4a21-a153-ee2c81839cfc　2016 年 8 月 13 日閲覧）

al-Jihāz al-Markazī li-Ta‘bi’a al-‘Āmma wa al-Iḥṣā’ al-Miṣrī. 2018. *al-Kitāb al-Iḥṣā’ī al-Ṣanawī 2018*.（http://www.capmas.gov.eg/Pages/StaticPages.aspx?page_id=5034　2018 年 12 月 1 日閲覧）

Juraysha, ‘Alī. 1985. *I‘lān Dustūrī Islāmī: Mawādd Dustūrīya ma‘ Sharḥ la-hā wa Ta‘līq fī Ṣūra Mudhakkara Īḍāḥīya*. Cairo: Dār al-Wafā’.

Kassāb, Akram. 2008. *Dawr al-Qaraḍāwī fī Ta’ṣīl al-Wasaṭīya wa Ibrāz Ma‘ālim-hā*. Cairo: Maktaba Wahba.

Khaṭīb, Mu‘tazz. 2007. “Fī Naqd al-Qawl bi-l-Wasaṭīya wa al-I‘tidāl.” *Majalla al-Kalima*（54）: 106–120.（http://www.kalema.net/v1/?rpt=754&art　2016 年 11 月 27 日閲覧）

Khayyāl, Muḥammad. 2012. “al-Ikhwān Yabḥathūna Da‘m al-‘Awwā fī Sibāq al-Ri’āsa: al-Ikhwān Taftaḥu Milaff al-Ri’āsa al-Usbū‘a al-Muqbil li-Iḥtiwā’ al-Shabāb al-Muta‘āṭif ma‘ Abū Futūḥ” *al-Shurūq*, February 23.（http://www.shorouknews.com/news/view.aspx?cdate=23022012&id=e49769c6-ccb1-4a99-8eb8-b42df713a72f　2016 年 10 月 26 日閲覧）

al-Madanī, Muḥammad. 2007（1961）. *Wasaṭīya al-Islām*. Kuwait: Dār al-Qalam.

Muḥammad, Maḥmūd. 2007a. “al-Miṣrī al-Yawm Tanshur Tafāṣīl Barnāmaj Ḥizb al-Ikhwān al-Muslimīn al-Jadīd.” *al-Miṣrī al-Yawm*, August 10.（http://today.almasryalyoum.com/article2.aspx?ArticleID=71826&IssueID=762　2016 年 10 月 13 日閲覧）

———. 2007b. “al-Miṣrī al-Yawm Tanshur Tafāṣīl Barnāmaj Ḥizb al-Ikhwān al-Muslimīn al-Jadīd（2）.” *al-Miṣrī al-Yawm*, August 11.（http: //today. almasryalyoum. com/article2. aspx?ArticleID=71861&IssueID=763　2016 年 10 月 13 日閲覧）

———. 2007c. “al-Miṣrī al-Yawm Tanshur Tafāṣīl Barnāmaj Ḥizb al-Ikhwān al-Muslimīn（3）.” *al-Miṣrī al-Yawm*, August 12.（http: //today. almasryalyoum. com/article2. aspx?ArticleID=72042&IssueID=764　2016 年 10 月 13 日閲覧）

———. 2007d. “al-Miṣrī al-Yawm Tanshur Tafāṣīl Barnāmaj Ḥizb al-Ikhwān al-Muslimīn（4）.” *al-Miṣrī al-Yawm*, August 14.（http://today.almasryalyoum.com/article2.aspx?ArticleID=72215&IssueID=766　2016 年 10 月 13 日閲覧）

Murād, ‘Abd al-Fattāḥ. 2013. *Mawsū‘a Sharḥ al-Dustūr al-Miṣrī al-Jadīd li-Sana 2012 wa al-Tashrī‘āt al-Mukammal la-hu*. n. p.

Murquṣ, Samīr. 2010. “Min I‘lām al-Sijāl al-Dīnī ilā I‘lām al-Tawāṣul al-Waṭanī.” *al-Misrī al-*

Yawm, October 5.（http://www.almasryalyoum.com/news/details/198060　2017年8月29日閲覧）

Muṣṭafā, Aḥmad. 2013. "Miṣr: Fashila Wasāṭa bayna al-Ḥukm wa al-Ikhwān." *al-Ḥayāt*, October 13.（http://alhayat.com/Details/561597　2014年5月21日閲覧）

Muṣṭafā, Nādiya. 1999. "Qirā'a fī Fikr al-Bishrī: ḥawla al-Mas'ala al-Islāmīya al-Mu'āṣira." In *Ṭāriq al-Bishrī: al-Qāḍī al-Mufakkir*, ed. Ibrāhīm al-Bayyūmī Ghānim, 170-215.

Muṣṭafā, Nādiya & Ibrāhīm al-Bayyūmī Ghānim, eds. 2006. *Ḥāl Tajdīd al-Khiṭāb al-Dīnī fī Miṣr*. Cairo: Maktaba al-Shurūq al-Dawlīya.

Nāfi', Bashīr Mūsā. 2010. *al-Islāmīyūn*. Beirut: al-Dār al-'Arabiīya li-l-'Ulūm Nāshirūn.

al-Nimnim, Ḥilmī. 2012. *al-Azhar: al-Shaykh wa al-Mashyakha*. Cairo: Maktaba Madbūlī.

al-Qaraḍāwī, Yūsuf. 1999. *Min Fiqh al-Dawla fī al-Islām: Makānat-hā, Ma'ālim-hā, Ṭabī'at-hā Mawqif-hā min al-Dīmuqrāṭīya wa al-Ta'addudīya wa al-Mar'a wa Ghayr al-Muslimīn*, 2nd edition. Cairo: Dār al-Shurūq.

————. 2004（1975）. *Gayr al-Muslimīn fī al-Mujtama' al-Islāmī*, 4th edition. Cairo: Maktaba Wahba.

————. 2008（1995）. *Shaykh al-Ghazālī Kamā 'Ariftu-hu*, 2nd editon. Cairo: Dār al-Shurūq.

al-Quds al-'Arabī. 2015a. "al-Sīsī: Mā Nashhadu-hu Min Ẓawāhir Irhābīya Ya'ūdu ilā al-Fahm al-Khāṭi' li-Ṣaḥīḥ al-Dīn." January 1.（http://www.alquds.co.uk/?p=272959　2016年11月1日閲覧）

————. 2015b. "al-Sīsī Yad'ū li-Tajdīd al-Khiṭāb al-Dīnī bi-Muwājaha al-Taṭarruf wa al-Ṭā'ifīya." January 1.（http://www.alquds.co.uk/?p=273122　2016年11月1日閲覧）

————. 2015. "al-Sīsī Yad'ū ilā Muḥāraba al-Irhāb bi-Tajdīd al-Khiṭāb al-Dīnī." January 19.（http://www.alquds.co.uk/?p=281941　2016年11月1日閲覧）

Rumayḥ, Ṭal'at. n.d. *al-Wasaṭ wa al-Ikhwān: al-Wathā'iq wa al-Qiṣṣa al-Kāmila li-Akhṭar Ṣirā' Siyāsī fī al-Tis'īnāt*. Cairo: Markaz Yāfā li-l-Dirāsāt wa al-Abḥāth.

al-Ṣāwī, Ṣalāḥ, ed. *Miṣr bayna al-Dawla al-Dīnīya wa al-Dawla al-Madanīya*. Cairo: al-Jāmi'a al-Dawlīya bi-Amrīkā al-Lātīnīya.

al-Shūbakī, 'Amrū. 2010. "Dā'ira al-Ṭā'ifīya al-Jahannamīya." *al-Miṣrī al-Yawm*, October 7.（http://www.almasryalyoum.com/news/details/198122　2017年3月22日閲覧）

al-Shurūq. 2012. "Istiqāla Muḥammad Salīm al-'Awwā Mustashār Ra'īs al-Jumhūrīya." November 25.（http://www.shorouknews.com/news/view.aspx?cdate=25112012&id=04c4889a-893c-49a2-8fea-5e2acb25dfc3　2016年11月1日閲覧）

Ta'lab, Ibtisām. 2012. "al-'Awwā Muḥaddhiran min Fawz Mursī: Miṣr Satuṣbiḥu taḥta al-Ḥukm al-Kāmil li-Ikhwān." *al-Misrī al-Yawm*, May 18.（https://www.almasryalyoum.com/news/details/179587　2016年11月21日閲覧）

'Uthmān, Muḥammad Fatḥī. 1969. *al-Fikr al-Islāmī wa al-Taṭawwur*, 2nd revised edition. Kuwait:

al-Dār al-Kuwaytīya.
Waṣfī, Muṣṭafā Kamāl. 2009. *Muṣannafa al-Nuẓm al-Islāmīya: al-Dustūrīya wa al-Dawlīya wa al-Idārīya wa al-Iqtiṣādīya wa al-Ijtimā'īya*. Cairo: Maktaba Wahba.
Zakariyā, Hudā. 2011. "Muthaqqafūn: Tarasshuḥ al-'Awwā Lu'ba min al-Ikhwān." *al-Yawm al-Sābi'*, June 19.（http://www.youm7.com/438111　2016年10月22日閲覧）
al-Zanātī, Ḥusayn. 2015. "Tawba Salīm al-'Awwā." *al-Ahrām*, August 24.（http://www.ahram.org.eg/NewsQ/424403.aspx　2016年10月3日閲覧）

4．雑誌類

Majalla al-Manār al-Jadīd
Majalla al-Muslim al-Mu'āṣir

5．新聞類（電子版も含む）

Al-Ahram Weekly
al-Ahrām al-Raqmī
Ahrām Online
al-'Arabīya
Egypt Independent
al-Ḥayāt
al-Miṣrī al-Yawm
al-Quds al-'Arabī
al-Sharq al-Awsaṭ
al-Shurūq
al-Taḥrīr
al-Yawm al-Sābi'

6．ウェブサイト

Egypt State Information Service（http://www.sis.gov.eg/en/story.aspx?sid=9　2013年6月7日閲覧）
サリーム・アウワー公式サイト（2012年エジプト・アラブ共和国大統領選挙）（http://www.awa4egypt.com/　2013年7月29日閲覧）
サリーム・アウワー旧公式サイト（http://el-awa.com/new2/index.php　2016年11月27日閲覧）
サリーム・アウワー公式サイト（2017年版）（http://al-awa.com/　2017年10月6日閲覧）

7．辞典類・その他

大塚和夫・小杉泰・小松久男・東長靖・羽田正・山内昌之編．2002．『岩波イスラーム辞典』岩波書店

小杉泰・林佳世子・東長靖編．2008．『イスラーム世界研究マニュアル』名古屋大学出版会

日本イスラム協会・嶋田襄平・板垣雄三・佐藤次高監修．2002．『新イスラム事典』平凡社

三田了一訳．1983．『日亜対訳注解・聖クルアーン』日本ムスリム協会

Bowering, Gerhard, *et al.*, eds. 2013. *The Princeton Encyclopedia of Islamic Political Thought*. Princeton: Princeton University Press.

Esposito, John L., ed. 2009. *The Oxford Encyclopedia of the Islamic World*, online edition. Oxford University Press.

Goldschmidt, Arthur. 1994. *Historical Dictionary of Egypt*. Lanham: The Scarecrow Press.

Ḥamwī, Ṣubḥī, ed. 2008. *al-Munjid fī al-Lugha al-ʻArabīya al-Muʻāṣira*, 3rd edition. Beirut: Dār al-Mashriq.

Majmaʻ al-Lugha al-ʻArabīya. 2011. *al-Muʻjam al-Wasīṭ*, 5th revised edition. Cairo: Maktaba al-Shurūq al-Dawlīya.

あとがき

本書は，2017年3月に京都大学アジア・アフリカ地域研究研究科に提出した学位論文「現代エジプトにおける宗教と国家——中道派にみるイスラーム政治思想の現代的展開」を加筆・修正したものである。出版にあたっては，独立行政法人日本学術振興会の2018年度科学研究費補助金（研究成果公開促進費：課題番号18HP5250）の支援を受けた。また，本書の基礎となる調査は，「若手研究者インターナショナル・トレーニング・プログラム（ITP）：地域研究のためのフィールド活用型現地語教育」，独立行政法人日本学生支援機構「JASSOフィールドワーク・インターンシッププログラム」，日本学術振興会特別研究員奨励費（研究課題「国際文化摩擦とグローバル化時代におけるイスラーム国家構想——エジプト思想界の変容」課題番号14J02836および課題番号「グローバル・イスラームの国際連携——過激派に対峙する新思想家群」課題番号17J04693）の支援を受けて行われた。

本書の執筆と刊行にあたっては，様々な機会を通じて，数えきれない方々のお力添えをいただいた。本来ならば，すべての方々に対して個々の謝辞を述べさせていただきたいところではあるが，ここでは特にお世話になった方々のお名前を挙げることで，ひとまずの御礼に代えさせていただきたい。

まず，大学院の恩師であり，博士論文審査の主査を務めてくださった小杉泰先生に，最大限の感謝を申し上げたい。入学以来，何かにつけて自信を喪失しがちな私を，先生はたゆまぬ熱情をもって常に励ましてくださった。先生の厳しくもあたたかい，熱意あるご指導がなければ，私が研究者の道をめざすこともなかったであろう。エジプトへの留学経験を持ち，日本におけるイスラーム思想研究の第一人者である小杉先生のもとで，5年間の充実した学究生活を送ることができたのは，私の人生の中で最大の喜びであった。2019年3月の先生のご退官に間に合うかたちで，本書の上梓がかなったことを，とてもうれしく思っている。

副指導教員を務めてくださった東長靖先生からは，文献学とイスラーム学をご専門とする立場からの厳しいご指導を，長岡慎介先生からは，研究作法などの基礎的な事柄から，現地の書店情報に至るまで，多くのご助言を賜った。学位論文の審査委員を引き受け，政治学をご専門とする立場からコメントをくださった中溝和弥先生にも，御礼を申し上げたい。

大学院で所属していたグローバル地域研究専攻のゼミの場では，田辺明生先生（現・東京大学），稲葉穣先生をはじめとする諸先生方から，研究に対して大変有益なコメントをいただいた。福田義昭先生（大阪大学），竹田敏之先生（京都大学）は，アラビア語文献の講読に際して，大学院に入学したばかりの筆者を辛抱強く指導してくださった。特に竹田先生は，学部入学以来の長きにわたって，著者をあたたかく見守り，励ましてくださったばかりでなく，本書の執筆にあたって，アラビア語の専門家としての立場から，数多くの貴重な助言を与えてくださった。また，岡真理先生（京都大学）も，学部時代の筆者に対して，アラビア語の基礎を丁寧に指導してくださった。多くの原典資料に向き合うことなくして不可能であった本書の刊行が，これらの先生方の学恩に少しでも報いるものであることを願ってやまない。

筆者が学部時代を過ごした京都大学西南アジア史学専修の井谷鋼造教授，故・久保一之准教授にも，感謝を申し上げたい。トルコ語，チャガタイ語をそれぞれ専門とされる両先生からは，演習の場を通じて，文献史学の厳しさと深遠さを教えていただいた。自宅や大学図書館，時には町中で，なかなか読解が進まない中東諸語の文献に朝方まで向き合っていた学部生の日々のことを，今ではとても懐かしく思う。本書の刊行を通じて，両先生の学恩に少しでも報いることができれば望外の喜びである。学部卒業以降も，筆者をあたたかく迎えてくださる西南アジア史学専修の諸先輩方や後輩にも，御礼を申し上げる。

末近浩太先生（立命館大学）には，大学院修了後，日本学術振興会特別研究員（PD）の受け入れ研究者として，常日頃から大変お世話になるとともに，研究者としての姿勢など，多くのことを学んでいる。本書の刊行にあたっても，何度も励ましていただいた。

長沢栄治先生（東京大学），飯塚正人先生（東京外国語大学），松本弘先生（大東文化大学），横田貴之先生（明治大学）をはじめ，これまでエジプト地域研究や政治思想研究の地平を切り開いてこられた諸先生方からは，大学院在学中より多くのご助言やご教示をいただいた。本書に対しても，忌憚なきご意見とご指導，ご叱責をいただければ幸いである。

後藤絵美先生（東京大学），澤井真さん（京都大学），安田慎さん（高崎経済大学）をはじめとする皆様には，研究会や共同研究の場で，日頃から大変お世話になるとともに，大いに刺激を受けている。千葉悠志さん（公立小松大学），二ツ山達朗さん（平安女学院大学）のほか，共同研究「アラブ世界における近代的メディアとイスラーム」（人間文化研究機構・平成29年度現代中東地域研究若手共同研究）のメンバーの皆様は，本書の草稿に目を通したうえで，細やかな指摘をくださった。深く感謝申し上げる。

専門分野を超えて，大学院の仲間と様々なアイデアを交わしてきたことが，研究生活の大きな礎となっている。須永恵美子さん（日本学術振興会），川村藍さん（筑波大学），佐藤麻理絵さん（日本学術振興会）からは，大学院生活の基礎を数多く教えていただいた。ハシャン・アンマールさん（京都大学）は，同門の同期として，常に励ましあう存在であった。イスラーム諸学や古典アラビア語に通暁したアンマール氏と，研究をめぐって議論する大変貴重な機会を得られたことは，大学院在学中の良い思い出である。後輩の皆さんからも，ディシプリンや専門地域の異なる者同士での勉強会や議論を通じて，多くのことを学ばせていただいた。ここでは代表して，山本健介さん，渡邊駿さん，山本直輝さんに御礼を申し上げたい。

大学院入学以来，京都大学イスラーム地域研究センター（KIAS）には，研究会やワークショップに参加する多くの機会や，『イスラーム世界研究』に論文を掲載する機会をいただいた。研究会の開催を通じて，研究成果を発表する機会に恵まれたばかりか，研究会の運営業務についても多くのことを学ばせていただいた。渋谷晴巳さんをはじめとするスタッフの皆様に，ここに記して感謝の意を表したい。

大学院の3年次からは，日本学術振興会特別研究員（DC）として採用され，研究生活に対する支援を受けることができたばかりか，エジプトに渡航して現地調査を行うことも円滑となった。大学院在学中の計4回の渡航を通じて，政情がもたらす現地の生活の変化を肌で感じることができたのは，大変貴重な経験であった。今となっては，カフェや街中，書店の店頭で，エジプトの人びとと社会事情や研究内容について議論を重ねたこと，購入した書籍の日本への輸送に苦労したことをはじめ，多くのことが懐かしく思い出される。特に，購入した書籍の重みを腕に感じながら，灼熱のカイロを歩いていたときの辛さと喜びは，今でも鮮明に思い出すことができる。

日本学術振興会カイロ研究連絡センターの存在は，エジプト滞在中の筆者にとって大変心強い存在であった。エジプトでの調査や生活について助言をいただいたり，センターで開催される懇話会に参加させていただいたりと，大変お世話になった。当時のセンター長を務めておられた長谷川奏先生（早稲田大学），現在のセンター長を務めておられる深見奈緒子先生，センターのスタッフの皆様に感謝を申し上げる。

エジプトの現地調査では，カイロ・アメリカン大学のサナーア・マフルーフ先生とそのご家族に，毎度あたたかい歓迎をうけている。また，貴重な時間を割いてインタビューに応じてくださったサリーム・アウワー氏，ターリク・ビシュリー氏，ナーディヤ・ムスタファー氏（カイロ大学名誉教授）をはじめ，ここではすべてのお名前を挙げることはできないが，現地調査に協力し，筆者に多くの知見を与えてくださったインフォーマントの皆様に感謝を申し上げたい。また，渡航中の筆者の生活を支え，研究に対して惜しみない助言と助力を与えてくれた，エジプトのすべての友人に対して，深い感謝の念を表したい。

筆者はこれまで，エジプトという土地に足を運ぶごとに，その土壌の豊かさと奥深さに，強く惹きつけられてきた。本書は，エジプトの激動を目の当たりにしながら，長きにわたって格闘を続けてきた思想家・知識人の姿を描くことによって，この地域の論理を理解するとともに，イスラーム政治思想の現在地を明らかにしようとする試みである。本書で取り上げることのできなかった人びとを含め，激動のエジプト社会を生き，思想の海のなかで奮闘してきた知識人たちの姿に比すれば，あくまで外部の観察者にとどまる私は，卑小な存在にすぎない。だが，これからも自らの能力のあたう限り，地域研究者としての責任に向き合いながら，思想研究という広い海のなかで格闘を続けてゆければと思っている。

ナカニシヤ出版の石崎雄高さんは，本書の編集をご快諾いただき，出版にあたって右も左も分からず，時には不手際を重ねる著者を，辛抱強く刊行まで導いてくださった。自分の研究成果を一冊の書籍として手にすることができた今，大きな感慨を抱いている。ご献身に対して，格段の謝意を申し上げたい。

最後に，大学院入学以来，筆者の研究生活を支え，応援してくれた家族に対して，感謝の言葉を述べたい。研究に集中し，ともすれば日常生活をおろそかにしがちな私を，時に叱咤し，時に心配しながら励ましてくれた家族の支えがなければ，本書が完成することもなかったであろう。最初は，現代イスラーム世界に関する勉強をしてみたいという単純な思いからの大学院入学であったが，研究を続けることそのものが，多くの人びとの支えや応援によってはじめて成り立つものなのだと，今では深い感謝の念を抱いている。

2018 年 11 月　京都にて

人名索引

ア　行

アウダ，アブドゥルカーディル　59,71
アウダ，サルマーン　54
アウワー，サリーム　15,21,52,54,59,90-95,102,103,111,112,134,137,139-146,149,151-157,171,211,224,234,236,237,241
アーキフ，マフディー　103,146,190,208,209
アサド，タラル　16,41,42,193,199
アサド，ムハンマド　199
アシュマーウィー，サイード　15,88,92,95
アシュマーウィー，ハサン　139,140
アタテュルク，ムスタファ・ケマル　32,39
アブー・イスマーイール，ハーズィム・サラーフ　218,221
アフガーニー，ジャマールッディーン　34,36,94,121
アブー・ザイド，ナスル・ハーミド　15,88,92,95,160,231
アブドゥッラーズィク，アリー　35,42,49,88
アブドゥッラフマーン，ウマル　87,128
アブドゥフ，ムハンマド　8,9,34-36,45,50,54,67,69,94,97,180-181,193
アブドゥルマジード，ワヒード　96,103,234
アブデュルメジト１世　30,33,66,121
アブー・ナスル，ハーミド　82,183
アブー・フトゥーフ，アブドゥルムンイム　101,108,140,189,209-211,234
アブー・マジュド，アフマド・カマール　59,90,92,95-99,134
アリー，ムハンマド　7,63,65,66,72,121,170,202
イブン・アブドゥルワッハーブ，ムハンマド　34
イブン・カイイム・ジャウズィーヤ　178
イブン・ジャマーア　26
イブン・タイミーヤ　26,27,178
イマーラ，ムハンマド　14,93-95,97,103,132,135,141,160
イルヤーン，イサーム　101,214,225,235
ウィカム，キャリー・ロセフスキー　103,216
ウスマーン，ファトヒー　45,50,52,89,104
エルバラダイ　→バラーダイー，ムハンマド
オラービー，アフマド　67

カ　行

ガザーリー，アブー・ハーミド　45
ガザーリー，ムハンマド　49,50,55,58,89,95,104,132,141,161
カマーリー，ハーシム　47,54
カーミル，ムスタファー　66
カラダーウィー，ユースフ　10,11,14,52-55,58,89,91,97,103,104,107,132,138,139,141,142,144,160,162,173,189,235
カワーキビー，アブドゥッラフマーン　94
ガンヌーシー，ラーシド　11,54
クトゥブ，サイイド　43,50,51,59,71,86,94,106
クトゥブ，ムハンマド　43

サ　行

サイイド，ルトフィー　35,67,68
ザグルール，サアド　35,66-68
サダト（サーダート，アンワル）　7,75-77,79-81,86,88,102,110,123,124,126,127,130,131,181,183,184,208,209
サッバーヒー，ハムディーン　108,215,230
サンフーリー，アブドゥッラッザーク　161,181,196
シェヌーダ３世　123,124,127,131
シャアラーウィー，ムハンマド・ムタワッリー　60
シャウカーニー，ムハンマド　52
ジャーダルハック，ジャーダルハック・アリー　86,87,141,187
シャーティビー，アブー・イスハーク　45

シャーティル，ハイラト　209-211,214,
234
シャフィーク，アフマド　109,211,213
シャフルール，ムハンマド　60
ジュムア，アリー　222,227
ジュンディー，アンワル　89
スィースィー，アブドゥルファッターフ　8,95,212,214,215,221,226,227
ズハイリー，ワフバ　141
ソルーシュ，アブドゥルキャリーム　60,
198

タ　行

タイイブ，アフマド　215,222,226
ターハー，マフムード・ムハンマド　198
タフターウィー，リファーア　66,136
タワドロス２世　215,226
ディヤーブ，ムハンマド・ハーフィズ　15,
92,93,96
ティリムサーニー，ウマル　51,71,82,101,
130,131,133,147
トゥーニスィー，ハイルッディーン　175
トゥラービー，ハサン　11

ナ　行

ナイーム，アブドゥッラー　198
ナギーブ，ムハンマド　73,116
ナセル（アブドゥンナースィル，ガマール）
7,37,43,71-76,81,85,87,105,107,108,
123,125-127,189,208,222
ヌール，アイマン　228,230

ハ　行

バディーウ，ムハンマド　209,214
ハナフィー，ハサン　15,92,104
ハビーブ，ムハンマド　209,210
ハビーブ，ラフィーク　102,146,235
バヤート，アーセフ　9,10,16,56,57,61
バラーダイー，ムハンマド（エルバラダイ）
215,229,230
ハーリド，アムル　14,59,160,223
ハーリド，ハーリド・ムハンマド　49,50
バンナー，ハサン　36,37,50,52,59,69-71,
94,97,106,139,141
ビシュリー，ターリク　15,21,59,90-94,
103,106,132,141,144,159,160,162,164-
172,174,178,179,183,185,187,191-194,
196,197,200,201,203-205,211,224,233,
237,241,242
ビン・バイヤ，アブドゥッラー　54
フォウダ，ファラグ　88,132,133,183
フサイン，アーディル　97,132
フサイン，ターハー　68,88
フダイビー，ハサン　50,51,71,89
フダイビー，マアムーン　51,103,132,133,
147,208
ブラウン，ネイサン　186,188,190,196,
222
ブルハーミー，ヤーセル　217,221
フワイディー，ファフミー　90,92-94,98,
105,106,141,160,233
ホウラーニー，アルバート　8,49

マ　行

マウドゥーディー，アブル・アアラー　43,
51,136
マシュフール，ムスタファー　133,134,
208
マスィーリー，アブドゥルワッハーブ　97
マダニー，ムハンマド　48,49
マーディー，アブー・アラー　101-103,
150,214
マフフーズ，ナギーブ　88
マフムード，アブドゥルハリーム　87
マフムード，ムスタファー　59
マラーギー，ムスタファー　35,52
マーワルディー　24,26,35,172,173
マンスール，アドリー　214,215,221
ムバーラク，フスニー　8,81-83,91,102,
103,106,107,109,123,124,131,139,160,
163,208,209,217,222,223,228,229,231,
233,236
ムルクス，サミール　137,235
ムルスィー，ムハンマド　8,17,105,109,
156,157,210-216,230,231,234,235

ラ　行

ライスーニー，アフマド　54
リダー，ラシード　8,9,11,35-37,46,49,
54,55,69,97,141,180,181,186

事項索引

ア　行

アズハル　4,17,18,21,42,48,49,51,52,58,60,80,83-90,92,94,99,100,110,130,142,148,161,170,177,181,182,187-189,207,215,220-223,225,227,232,233,239,240,242-244
　イスラーム研究機構　86,94,177
　大ウラマー機構　189,223-225
　下等ウラマー機構　86
アラブ社会主義連合（ASU）　73,78,127,182,183
アラブ・ナショナリズム　37,65,73-76,79,80,85,116,122,127,240
「アラブの春」　106
アラブ民族主義　20,33,108　→「アラブ・ナショナリズム」も見よ
アル＝ジャズィーラ　52,145
アレキサンドリア　63,66,78,81,107,118,127,139,217
イギリス　30,65,68,74,121
イジュティハード　27,34,35,51,54,89,99,132,140,141,172,173,180,186,191,194,205,223
イスラエル　7,64,72,75,76,79-81,86,116,131,145
イスラーム国家　9,36,38,55,56,90,109-111,133,136,137,140,141,146,147,157,178
イスラーム主義　105,135,238
イスラーム団　81,82,87,102,128,214,229,240
イスラーム中道派　89
イスラーム法施行　131
1月25日革命　8,17,21,82,91,106-108,164,207,208,210,212,216,217,221,222,227,228,230,232,233,235,236,238,242,244,255
イラン　38,60,189
エジプト軍最高評議会　107,212
エジプト・ナショナリズム　65,67,69,116,121,122,156,240
オスマン帝国　7,30-34,36,63,65,66,73,114,121,180
オラービー運動（オラービー革命）　121,175

カ　行

カイロ　7,62,63,66,77,78,83,84,116,118
革命指導評議会　73,123
カリフ　24,26,27,34-36,42,44,63,126,175,181,240
キファーヤ運動　91,106,229,231
キャンプ・デーヴィッド合意　79,80,218
キリスト教　117,118,124,134,136,157
キリスト教徒　15,20,27,29,31,62,63,67,69,72-74,102,108,110,113,114,116,117,119-122,125,127,128,142,143,146,149,157,171,174,210,235　→「コプト」も見よ
クトゥブ主義　51,55,81,101,105,208
軍最高評議会　163
建設発展党　108,221
憲法　21,41,79,90,144,152,155,163,169,172,174-177,190,197,204,216,228,245
憲法第2条　→国教条項
国民民主党　8,132,222
個人地位法　120,125
国教　133
国教条項　41,78,127,130,131,133,157,174,177,181,183,185,186,188,189,213,218-220,231,232,242-245
コプト　21,62,66,68,82,108,110,113,117-124,126-130,149,156,157,170,171,203
コプト（正）教会　117,120,122,124,129,131,145,146,148,149,156,171,215,232,244

サ　行

最高憲法裁判所　16,17,184-186,188-190,219-221,225,226,232,242,244,245
サウディアラビア　38,41,46,55,60,78,85,139,176
サラフィー主義　10,21,34,47,70,80,82,93,105,109,142,157,207,209,221,223,

224,231
サラフィー主義者　81,87,217-219
サラフィー主義勢力　18,108,211,212,220,222,232,242
シーア派　33,38,48,62,63,83,142
シオニズム　97,114,115,117
4月6日運動　106,229
7月革命　59,71-73,76,170,
実定法　32,42,168,177,191,193-198,205,219,242,243
ジハード団　79,81,87,88,108,128,131,218,240
市民権　136-138,142,144,145,147,149,156,157,172,203,243
市民国家　132,146,147,151,152,156,166,189,233
社会主義　44,50,71,77,87,94,97,161,228,238
シャリーアによる統治　26,178,186,190,205,231,233,240,242-244
シャリーア（イスラーム法）の施行　17,21,24,25,38,51,56,82,130,131,146,159,161,169,178,179,182,188,190-192,197,204,205,216,221,232,241
シャリーアの目的　45,54,185,188,198
自由公正党　8,83,108,109,134,147,170,190,210-212,214,225,235
自由主義　→リベラリズム
自由将校団　37,71,72,76,85
主権　25,29,42-44,68,133,221,225,241
主権ミッラ体制　29,33
シューラー　27,35,36,45,55,203,204,221,223
シリア　30-32,37,41,60,65,74,122
人権　12,44-46,68,89,104,136,155,156
人頭税（ジズヤ）　29,133,136
新ワフド党　228
ズィンマ　29,110,136,143,145,149
ズィンミー　29,118
スーダン　38,65,74,79,139,178
スンナ派　19,26,42,62,117,142
青年エジプト　115,116
世俗化　37-40
世俗主義　5,6,13,16,17,32,39-43,46,47,49,53,61,68,91,97,100,108,110,123,125,132,133,135,138,145-147,156,161,162,164,169,171,173,179,198,199,209,218,228,232,233,238,239,241,244
世俗主義者　90
1956年憲法　74,181
1954年憲法草案　181
1919年革命　67,68,122,126
1971年憲法　74,78,130,181,184,220,222,225
1923年憲法　68,122,126,181
1980年の憲法改正　131,182,219

タ　行

ダアワ・サラフィーヤ　81,217,218,221
第一次中東戦争　72
第三次中東戦争　37,75,91,162,181
第二次中東戦争（スエズ戦争）　74,116
第四次中東戦争（10月戦争）　79
タガンムウ党　132,182,230
タクフィール・ワ・ヒジュラ　81
タハイユル　180
タマッルド　214,215,231
ダール・アル＝ウルーム　59,94
タルフィーク　180
中道主義　84
中道派思想家　92,93
同胞団　12,51,55,70,76,77,82,83,88-90,102-104,106,133,137-139,147,150,156,163,183,189,190,210,211,214,216,222,223,231,236,243,244
解き結ぶ人びと（ahl al-ḥall wa al-ʻaqd）35,175

ナ　行

ナセル主義　72,73,75,78,81,89,108,123,130,183,228,229
2012年エジプト大統領選挙　111,139,140,151,211,223
2012年憲法　21,148,213,217,218,221
　第2条　232
　第3条　157
　第4条　221,224
　第76条　220,222
　第175条　226
　第219条　219,220,222,224,232
2014年憲法　148,157,221,225
2007年政党綱領　189,225
ヌビア　64,75
ヌール（光）党　109,212,218,221,235

ハ　行

バハーイー教　124,125
パレスチナ　31,37,63,71,72,80,114,132,142,229
パレスチナ問題　69,115,116
ハワーリジュ派　48,86,227
ヒスバ　26,42
フランス　30,32,185
ポスト・イスラーム主義　56-58

マ　行

マナール　35,37,97
マナール派　37,69,97
マルジャイーヤ　147,150-153,155,166-169,174,189,198,199,243
ミッラ　27,28,30,110,114,125,136,149,155,156
ミッレト制度　29,171
民主主義　11,12,36,43-47,89-91,102,104,147,152,154,155,167,175,176,179,201-204,216,218,221-223,231,232,242
ムスリム同胞団　6,8,9,14,17,18,21,36,37,50,52,55,58,69-71,73,81,85-87,95,100,101,105,107-109,112,115,130-134,139,140,146,157,166,169,170,176,182,188,190,204,205,207,208,212,215,220,221,227,229,232-235,240-242
　2007年政党綱領　104,134,208

ヤ　行

ユダヤ教　117,124,125,136,157
ユダヤ教徒　20,27,28,30,64,68,112-117,130,142,143,157

ラ　行

立憲主義　45,175,176,177,179,232
立憲民主主義　243
リベラリズム（自由主義）　41,141,177,185-187,228,231
リベラル・イスラーム　46,47,57
レバノン　31-33,41,60,65,80,132

ワ　行

ワサト党　11,14,97,102,103,106,108,135,137,139,149,150,208,214,232,233
ワサティーヤ　20,46-49,53,104
ワフド党　67,69,73,82,116,121,123,228

▩著者略歴

黒田　彩加（くろだ・あやか）

1989 年　兵庫県に生まれる。
2012 年　京都大学文学部卒業。
2017 年　京都大学大学院アジア・アフリカ地域研究研究科一貫制博士課程修了。博士（地域研究）。
現　在　日本学術振興会特別研究員（PD）。
著　作　「エジプト・イスラーム中道派の宗教共存論――文明的イスラーム観とアウワーの思想」（『日本中東学会年報』30(2)，2015 年），“What does Islamic Centrism in Egypt Strive for? Reflection on Ṭāriq al-Bishrī’s Formulation of “Tayyār Asāsī”.”（『イスラーム世界研究』10，2017 年），“Rethinking Discussions on “Islam” and “State” in Contemporary Egypt: The Community Based Approach in Ṭāriq al-Bishrī’s Political and Legal Thought.”（『日本中東学会年報』34(2)，2019 年），他。

イスラーム中道派の構想力
――現代エジプトの社会・政治変動のなかで――

2019 年 2 月 21 日　初版第 1 刷発行

著　者　黒 田 彩 加
発行者　中 西 　良

発行所　株式会社　ナカニシヤ出版
〒 606-8161　京都市左京区一乗寺木ノ本町 15
TEL　(075)723-0111
FAX　(075)723-0095
http://www.nakanishiya.co.jp/

印刷・製本／創栄図書印刷
＊落丁本・乱丁本はお取り替え致します。
ISBN978-4-7795-1342-8　Printed in Japan

グローバル・イスラーム金融論

吉田悦章

急激にグローバル化・高度化するイスラーム金融を実証的に分析。その発展史から、地域的特性、金融商品の内容、イスラーム法との関係まで。本分野の第一人者による、イスラーム金融研究書。

四二〇〇円＋税

イスラミック・ツーリズムの勃興
―宗教の観光資源化―

安田　慎

行先は〝聖地〟か〝観光地〟か――。相反する価値観を孕んだ「宗教」と「観光」はいかに結びついたのか。イスラミック・ツーリズムを巡る思想的系譜と市場形成を，宗教観光の発展を通じて明らかに。

三〇〇〇円＋税

現代アラブ・メディア
―越境するラジオから衛星テレビへ―

千葉悠志

国境を超えるメディアがアラブ世界を揺さぶる。国家主導のラジオ放送に始まり、いま国家の枠を超えた衛星放送激増の時代を迎えたアラブ・メディアの姿を、歴史的・地域的な視点から描き出す。

四二〇〇円＋税

難民ホスト国ヨルダンの都市・イスラーム・ＮＧＯ
―現代中東の難民とその生存基盤―

佐藤麻理絵

「イスラーム的ＮＧＯ」の力を抜きに、中東の難民支援は成り立たない。最大級の難民受入国ヨルダンを事例に、フィールドワークや統計資料から、百万もの難民の生活を可能とするメカニズムに迫る。

三八〇〇円＋税

表示は二〇一九年二月現在の価格です。